CBAC

Cemeg

Uwch Gyfrannol

Peter Blake

Elfed Charles

Kathryn Foster

Illuminate
Publishing

CBAC Cemeg Uwch Gyfrannol

Addasiad Cymraeg o *WJEC Chemistry for AS Level* a gyhoeddwyd yn 2015 gan Illuminate Publishing Ltd, P.O. Box 1160, Cheltenham, Swydd Gaerloyw GL50 9RW

Ariennir yn Rhannol gan **Lywodraeth Cymru**
Part Funded by **Welsh Government**

Cyhoeddwyd dan nawdd Cynllun Adnoddau Addysgu a Dysgu CBAC

© Peter Blake, Elfed Charles a Kathryn Foster 2015
(Yr argraffiad Saesneg)

Mae'r awduron wedi datgan eu hawliau moesol i gael eu cydnabod yn awduron y gyfrol hon.

Data Catalogio drwy Gyhoeddi'r Llyfrgell Brydeinig
Mae cofnod catalog ar gyfer y llyfr hwn ar gael gan y Llyfrgell Brydeinig

ISBN 978-1-908682-83-3

Printed by Severn, Gloucester

12.20

Polisi'r cyhoeddwr yw defnyddio papurau sy'n gynhyrchion naturiol, adnewyddadwy ac ailgylchadwy o goed a dyfwyd mewn coedwigoedd cynaliadwy. Disgwylir i'r prosesau torri coed a chynhyrchu papur gydymffurfio â rheoliadau amgylcheddol y wlad y mae'r cynnyrch yn tarddu ohoni.

Gwnaed pob ymdrech i gysylltu â deiliaid hawlfraint y deunydd a atgynhyrchir yn y llyfr. Os cânt eu hysbysu, bydd y cyhoeddwyr yn falch o gywiro unrhyw wallau neu hepgoriadau ar y cyfle cyntaf.

Mae'r deunydd hwn wedi'i gymeradwyo'r gan CBAC ac mae'n cynnig cefnogaeth o ansawdd uchel ar gyfer cyflwyno cymwysterau CBAC. Er bod y deunydd wedi bod drwy broses sicrhau ansawdd CBAC, mae'r cyhoeddwr yn dal yn llwyr gyfrifol am y cynnwys.

Mae'r awduron wedi ystyried y Deunyddiau Asesu Enghreifftiol a gyhoeddwyd gan CBAC wrth ysgrifennu'r cwestiynau a ddefnyddir yn adrannau ymarfer ar gyfer arholiad y gyfrol, ond yr awduron eu hunain sydd wedi'u hysgrifennu. Mae'r cwestiynau yn adlewyrchu barn yr awduron yn unig ac nid y bwrdd arholi sydd wedi'u cynhyrchu.

Dyluniad: Nigel Harriss

Testun a'i osodiad: GreenGate Publishing Services, Tonbridge, Caint

Llun y clawr: © Shutterstock

Cynnwys

Sut i ddefnyddio'r llyfr hwn

Beth sydd yn y llyfr hwn

Mae cynnwys y llyfr hwn yn cyfateb i fanyleb Cemeg UG CBAC. Mae'n cynnig gwybodaeth a chwestiynau arholiad i'w hymarfer a fydd yn eich helpu i baratoi at yr arholiadau ar ddiwedd y flwyddyn.

Mae'r llyfr hwn yn cynnwys pob un o'r tri amcan asesu sy'n ofynnol ar gyfer eich cwrs Cemeg CBAC. Mae'r prif destun yn cynnwys y tri amcan asesu:

- AA1 Gwybodaeth a dealltwriaeth
- AA2 Cymhwyso gwybodaeth a dealltwriaeth
- AA3 Dadansoddi, dehongli a gwerthuso gwybodaeth, syniadau a thystiolaeth

Mae'r llyfr hwn hefyd yn cynnwys:

- Y sgiliau mathemateg sy'n rhan o gemeg, a fydd yn cynrychioli o leiaf 20% o'ch asesiad, gydag esboniadau ac enghreifftiau sy'n dangos y gwaith cyfrifo.
- Gwaith ymarferol. Mae asesu eich sgiliau ymarferol a'ch dealltwriaeth o gemeg arbrofol yn cynrychioli o leiaf 15%; bydd defnyddio'r llyfr hwn yn eu datblygu hefyd. Mae rhai tasgau ymarferol yn cael eu cynnwys yn y penodau.

Mae cynnwys y llyfr yn cael ei rannu'n glir yn ôl unedau'r cwrs hwn:

- Uned 1 – Iaith Cemeg, Adeiledd Mater ac Adweithiau Syml
- Uned 2 – Egni, Cyfradd a Chemeg Cyfansoddion Carbon

Mae pob pennod yn cynnwys un testun. Mae pob testun yn cael ei rannu yn nifer o is-destunau, sy'n cael eu cynnwys ar ddechrau pob pennod ar ffurf rhestr o amcanion dysgu. Yn dilyn y rhain, mae nifer o gwestiynau ymarfer i'ch helpu i ymarfer ar gyfer yr arholiadau ac atgyfnerthu'r hyn rydych wedi'i ddysgu. Mae atebion i'r cwestiynau hyn yng nghefn y llyfr.

Sylwadau ymyl y dudalen

Mae ymyl pob tudalen yn cynnwys amrywiaeth o bethau i'ch helpu i ddysgu:

Term Allweddol

Termau y mae angen i chi wybod sut i'w diffinio. Maen nhw'n cael eu **hamlygu mewn print glas** yng nghorff y testun.

Gwirio gwybodaeth

Cwestiynau byr i'ch helpu i wirio eich bod wedi deall y deunydd yn y testun ar ôl ei ddarllen ac i'ch galluogi i gymhwyso'r wybodaeth rydych wedi'i dysgu. Mae'r atebion yng nghefn y llyfr.

▼ Pwt o eglurhad

Pytiau o gyngor a allai helpu i egluro rhai pwyntiau neu agweddau ar bob testun neu eich helpu i ddeall a defnyddio'r wybodaeth dan sylw.

Estyn a Herio

Efallai nad yw'r deunydd a geir yma yn y prif destun nac yn rhan hanfodol o'r fanyleb a'r arholiad, ond bydd yn berthnasol iddo. Efallai y bydd yn ddeunydd newydd a fydd o ddiddordeb i chi gan helpu i ehangu eich dealltwriaeth yn gyffredinol.

Cyngor arholwr

Mae'r sylwadau hyn yn rhoi cyngor yn seiliedig ar brofiad yr arholwr ac yn tynnu sylw at rai materion sydd yn aml yn peri problemau i fyfyrwyr.

 Cyswllt O bryd i'w gilydd, bydd ffeithiau a phwyntiau yn ymddangos sy'n berthnasol i sawl rhan o'r fanyleb ac felly bydd yn ehangu eich dealltwriaeth yn gyffredinol os ydych yn gwneud y cysylltiadau hyn.

DYLECH WYBOD ›››

Mae amcanion dysgu yn cael eu rhoi ar gyfer pob prif is-destun.

GWAITH YMARFEROL

Weithiau bydd testun yn ymwneud ag arbrawf neu waith ymarferol sy'n **dasg ymarferol benodol**. Mae'r logo hwn yn ymddangos ar ymyl y dudalen i dynnu sylw at bwysigrwydd y gwaith ac i roi gwybodaeth ychwanegol i chi ac awgrymiadau i'ch helpu i'w ddeall yn llawn.

Cymorth Ychwanegol

Awgrymiadau buddiol neu ragor o eglurhad ar bwyntiau allweddol.

MATHEMATEG

Gan fod asesu eich sgiliau mathemategol yn bwysig iawn, mae'r nodwedd hon yn dangos ffyrdd cyffredin o ddefnyddio mathemateg mewn cemeg. Nid oes dim byd anodd yma. Rydych yn paratoi at arholiad cemeg, nid at arholiad mathemateg, ond serch hynny mae'n bwysig cymhwyso dadansoddi rhifiadol; bydd y nodwedd hon yn eich helpu i wneud hynny. Mae'r gofynion mathemategol i'w gweld yn Atodiad B (UG) neu Atodiad C (Safon Uwch), ar ddiwedd cynnwys y cwrs yn y fanyleb. Mae lefel y ddealltwriaeth sydd ei hangen yn cyfateb i Lefel 2, neu TGAU.

SUT MAE GWYDDONIAETH YN GWEITHIO

Weithiau mae'r nodwedd hon yn eich helpu i weld sut mae cemeg ei hun wedi esblygu, i weld y rhyngweithio rhwng theori ac arbrofion, a'r cyfyngiadau hefyd. Mae gwyddoniaeth yn gweithio drwy ddefnyddio damcaniaethau a syniadau, gwybodaeth a dealltwriaeth, TG a TGCh ac ymchwiliadau arbrofol i gael, dadansoddi, dehongli a gwerthuso data. Hefyd, drwy ystyried sut mae gwyddoniaeth yn cael ei chymhwyso, ei manteision, y risgiau a'r materion moesegol, mae hyn yn gwerthuso sut y gall cymdeithas ddefnyddio gwyddoniaeth i fod yn sail i benderfyniadau.

Cemeg UG – crynodeb o'r asesu

Mae'r asesu ym manyleb UG Cemeg CBAC yn cynnwys dau arholiad ysgrifenedig 1 awr 30 munud yr un, sef un arholiad yr un ar gyfer y ddwy uned. Mae Uned 1 yn 50% o'r cymhwyster UG ac Uned 2 hefyd yn 50% o'r un cymhwyster. Mae 80 marc ar gael ar gyfer pob papur.

Mae **Uned 1** yn ymdrin ag Iaith Cemeg, Adeiledd Mater ac Adweithiau Syml.

Mae **Uned 2** yn ymdrin ag Egni, Cyfradd a Chemeg Cyfansoddion Carbon.

Mae pob papur yn cynnwys cwestiynau atebion byr Adran A (10 marc), a chwestiynau atebion strwythuredig ac estynedig Adran B. Mae cwestiynau Adran B yn werth 70 marc.

Nid oes cwestiynau dewis lluosog yn y papurau hyn.

Amcanion asesu (AA) a phwysoli

Amcanion asesu

Caiff cwestiynau arholiad eu hysgrifennu i adlewyrchu'r amcanion asesu a nodir yn y fanyleb. Rhaid i ymgeiswyr gwrdd â'r amcanion asesu canlynol yng nghyd-destun cynnwys y pwnc y manylir arno yn y fanyleb.

AA1 Dangos gwybodaeth a dealltwriaeth o bob agwedd ar y pwnc.

AA2 Cymhwyso'r wybodaeth a'r ddealltwriaeth hon yn ddamcaniaethol, yn ymarferol, yn ansoddol ac yn feintiol.

AA3 Dadansoddi, dehongli a gwerthuso gwybodaeth a thystiolaeth wyddonol, llunio barn, dod i gasgliadau a datblygu ffurf a gweithdrefnau gwaith ymarferol.

Mae pwysoli'r amcanion hyn – sydd yr un fath ar gyfer Uned 1 ac Uned 2 – fel a ganlyn:

AA1 – 17.5%

AA2 – 22.5%

AA3 – 10%

Felly mae cyfanswm y pwysoli dros y ddau arholiad fel a ganlyn:

AA1 – 35%

AA2 – 45%

AA3 – 20%

Sgiliau mathemategol

Caiff y rhain eu hasesu drwy'r ddau bapur a bydd cyfanswm eu pwysoli o leiaf 20%. Mae'r sgiliau sy'n cael eu profi yn cynnwys:

- Trin hafaliadau algebraidd
- Defnyddio cyfrifiannell
- Cymedrau
- Ffigurau ystyrlon
- Plotio a dadansoddi graffiau
- Dadansoddi sbectra
- Deall adeileddau 2D a 3D mewn siapiau moleciwlau

Gwaith ymarferol

Mae hyn yn rhan bwysig a hanfodol o'r fanyleb ac mae'n cael ei gynnwys mewn dwy ffordd: yn gyntaf fel rhan o'r arholiadau ysgrifenedig, lle mae ei bwysoli o leiaf 15%; yn ail drwy waith ymarferol uniongyrchol yn y labordy a fydd yn paratoi ymgeiswyr i wneud y gwaith ysgrifenedig. Er nad oes marciau ar gyfer y gwaith yn y labordy, mae'n rhaid i'r ymarferion y mae'r athro yn eu dewis gael eu cyflawni'n foddhaol, eu cofnodi a'u harchwilio.

Mae'r math o waith ymarferol y bydd angen ei gyflawni yn cael ei restru ym manylebau'r ddwy uned. Mae'n cynnwys defnyddio a chymhwyso dulliau ac arferion gwyddonol, plotio graffiau, dadansoddi data, gwallau a thrachywiredd a defnyddio offer.

Bydd arbrofion yn cynnwys paratoadau, titradiadau, darganfod newidiadau enthalpi a mesur cyfraddau adwaith.

Awgrymiadau ar gyfer gwaith ymarferol

Lle bo modd, rydym wedi rhoi enghraifft i chi yn y testunau perthnasol o'r math o waith ymarferol y gallech ddod ar ei draws, er enghraifft:

Uned 1, Testun 1.6
- Dadansoddiad grafimetrig, er enghraifft, drwy waddodi carbonad metel Grŵp 2 neu glorid metel
- Adnabod hydoddiannau anhysbys drwy ddadansoddi ansoddol

Uned 1, Testun 1.7
- Defnyddio titradu i baratoi halwyn hydawdd
- Safoni hydoddiant asid
- Titradiad yn ôl, e.e. darganfod canran $CaCO_3$ mewn calchfaen
- Titradiad dwbl, e.e. dadansoddi cymysgedd o $NaOH/NaCO_3$

Uned 2, Testun 2.1
- Darganfod newid enthalpi adwaith yn anuniongyrchol fel $MgO + CO_2$ gan ffurfio $MgCO_3$
- Newid enthalpi hylosgiad

Uned 2, Testun 2.2
- Defnyddio dull casglu nwy i ymchwilio i gyfradd adwaith
- Adwaith 'cloc ïodin'

Uned 2, Testun 2.6
- Amnewid niwcliofflig, e.e. 1-bromobwtan gyda NaOH

Uned 2, Testun 2.7
- Paratoi ester a gwahanu'r cynnyrch

Yr arholiadau

Yn ogystal â gallu galw i gof ffeithiau, enwi adeileddau a disgrifio eu swyddogaethau, mae angen hefyd i chi ddeall yn iawn egwyddorion sylfaenol y pwnc a deall cysyniadau a syniadau cysylltiedig. Mewn geiriau eraill, mae angen i chi ddatblygu sgiliau er mwyn gallu cymhwyso beth rydych wedi'i ddysgu i sefyllfaoedd efallai nad ydych wedi dod ar eu traws o'r blaen. Er enghraifft, trosi data rhifiadol yn graffiau ac yn ôl, dadansoddi a gwerthuso data rhifiadol neu wybodaeth ysgrifenedig; dehongli data; ac egluro canlyniadau arbrofol.

Disgwylir i chi ateb cwestiynau mewn gwahanol arddulliau ym mhob papur, er enghraifft:

- **Adran A** Cwestiynau atebion byr – yn aml mae angen ateb un gair neu gyfrifiad syml ar gyfer y cwestiynau hyn.
- **Adran B** Cwestiynau strwythuredig, sy'n gallu bod mewn sawl rhan, fel rheol am thema gyffredin. Byddan nhw'n fwy anodd wrth i chi weithio eich ffordd drwy'r papur. Gall cwestiynau strwythuredig fod yn fyr, gan ofyn am ateb un gair neu gallan nhw gynnwys cyfle i ysgrifennu'n estynedig. Mae nifer y llinellau gwag a'r marciau sy'n cael eu rhoi ar ddiwedd pob rhan o'r cwestiwn yno er mwyn eich helpu. Maen nhw'n nodi hyd yr ateb a ddisgwylir. Os oes tri marc ar gael, yna mae'n rhaid i chi roi tri phwynt gwahanol.
- Ym mhob papur bydd UN cwestiwn hirach gwerth chwe marc, a fydd yn cael ei asesu gan ddefnyddio cynllun marcio sydd â gwahanol lefelau o atebion mewn bandiau. Beth sydd ei angen yw darn ysgrifenedig sy'n ateb y cwestiwn yn uniongyrchol gan ddefnyddio brawddegau sydd wedi'u llunio'n dda a therminoleg gemegol addas. Yn aml mae ymgeiswyr yn rhuthro i ateb cwestiynau o'r fath. Dylech gymryd amser i ddarllen y cwestiwn yn ofalus er mwyn darganfod beth yn union y mae'r arholwr eisiau ei weld yn yr ateb, ac wedyn llunio cynllun. Bydd hyn nid yn unig yn eich helpu i drefnu eich meddyliau yn rhesymegol ond hefyd yn rhoi rhestr wirio i chi y gallwch gyfeirio ati wrth ysgrifennu eich ateb. Fel hyn byddwch yn llai tebygol o ailadrodd, crwydro oddi ar y testun neu adael pwyntiau pwysig allan.

Nodiadau pellach ar y papurau

- Ni fydd cwestiynau dewis lluosog.
- Bydd hyd at 10% yn dibynnu ar alw i gof yn unig, h.y. dim dealltwriaeth.
- Bydd o leiaf 15% yn gysylltiedig â gwaith ymarferol ac o leiaf 20% yn gofyn am sgiliau mathemategol Lefel 2.

Mae geiriau cwestiynau arholiad yn cael eu dewis yn ofalus iawn i sicrhau eu bod yn glir a chryno. Mae'n hanfodol peidio â cholli marciau drwy ddarllen cwestiynau yn rhy gyflym neu'n rhy arwynebol. Cymerwch eich amser i feddwl am union ystyr pob gair yn y cwestiwn er mwyn i chi allu llunio ateb cryno, perthnasol ac eglur. Er mwyn ennill yr holl farciau sydd ar gael, mae'n hanfodol eich bod yn dilyn y cyfarwyddiadau yn fanwl. Dyma rai geiriau sy'n cael eu defnyddio yn aml mewn arholiadau:

- *Cwblhewch:* Efallai y bydd y cwestiwn yn gofyn i chi gwblhau tabl cymhariaeth. Mae hyn yn syml ac, os ydych yn gwybod eich gwaith, gallwch ennill marciau yn hawdd. Er enghraifft: Cwblhewch y tabl i ddangos nifer yr electronau bondio a'r siâp moleciwlaidd. Dilynwch y cyfarwyddiadau yn ofalus. Os byddwch yn gadael lle gwag mewn cwestiwn o'r fath, ni fydd eich arholwr yn tybio bod hyn yn cyfateb i groes. Yn yr un modd, os byddwch yn rhoi tic ac yn newid eich meddwl, peidiwch â rhoi llinell drwy'r tic er mwyn ei drosi'n groes. Croeswch ef allan ac ysgrifennwch groes.
- *Disgrifiwch* Gall y term hwn gael ei ddefnyddio lle mae angen i chi roi disgrifiad cam wrth gam o beth sy'n digwydd.
- *Eglurwch* Gall cwestiwn ofyn i chi ddisgrifio a hefyd egluro. Ni fyddwch yn ennill marc am wneud dim ond disgrifio beth sy'n digwydd – mae angen eglurhad cemegol hefyd.
- *Awgrymwch* Mae'r ferf hon i'w gweld ar ddiwedd cwestiwn yn aml. Efallai nad oes ateb pendant i'r cwestiwn ond disgwylir i chi gynnig syniad synhwyrol ar sail eich gwybodaeth gemegol.
- *Enwch* Mae angen i chi roi ateb heb fod yn fwy nag un gair. Nid oes angen i chi ailadrodd y cwestiwn neu roi eich ateb mewn brawddeg. Byddai hynny'n gwastraffu amser.
- *Nodwch* Rhowch ateb byr, cryno, heb eglurhad.
- *Cymharwch* Os gofynnir i chi gymharu, gwnewch hynny. Gwnewch gymhariaeth glir ym mhob brawddeg, yn hytrach nag ysgrifennu paragraffau ar wahân am y pethau rydych yn eu cymharu.
- *Diddwythwch* Defnyddiwch yr wybodaeth sy'n cael ei rhoi a'ch gwybodaeth eich hun i ateb y cwestiwn.
- *Cyfrifwch* Gweithiwch allan yr ateb sydd ei angen gan ddefnyddio'r wybodaeth sy'n cael ei rhoi a'ch gwybodaeth fathemategol.
- *Rhagfynegwch* Gwerthuswch yr wybodaeth sy'n cael ei rhoi a defnyddiwch eich synnwyr wrth roi ateb.
- *Ysgrifennwch* neu *Cydbwyswch hafaliad* Er mwyn ysgrifennu hafaliad, bydd angen i chi wybod yr adweithyddion a'r cynhyrchion. Er mwyn cydbwyso, bydd angen i chi gymhwyso syniadau falens a deddfau cadwraeth atomau.

Sut i gael y sgôr uchaf posibl

Rydym i gyd yn amrywio o ran ein cyflymder a'n gallu naturiol ond drwy wynebu her Cemeg UG yn y ffordd gywir gallwn sicrhau'r canlyniad gorau posibl. Mae'r llyfr hwn wedi'i ysgrifennu gan arholwyr sydd â blynyddoedd maith o brofiad o berfformiad ymgeiswyr, a'r nod yw dangos y ffordd iawn i fyfyrwyr. Dyma rai o'r awgrymiadau gorau rydym wedi'u casglu dros flynyddoedd lawer o addysgu ac arholi:

1 Cymerwch ddigon o amser. Cymerwch bob testun yn araf, sicrhewch eich bod yn deall unrhyw beth a all fod yn ansicr ac yna rhowch gynnig ar y cwestiynau ymarfer ar gyfer arholiad. Os oes angen, ewch yn ôl at bob testun ymhen ychydig o amser i sicrhau eich bod wedi'i feistroli. Efallai y bydd angen i chi fynd yn ôl ato fwy nag unwaith. Mae'n hysbys bod y meddwl anymwybodol yn dal i weithio a threfnu deunydd sydd wedi cael ei ddysgu ac felly mae'n rhaid rhoi amser i'r broses. Nid yw ceisio stwffio gwybodaeth i mewn ar y munud olaf o fawr o gymorth.

2 Ceisiwch sicrhau eich bod yn deall am beth yn union mae'r cwestiwn yn gofyn. Weithiau mae ymgeiswyr yn rhuthro ar hyd y llwybr anghywir gan golli amser a marciau. Bydd cwestiynau ar AA1 yn gofyn i chi ddangos eich bod yn gwybod a/neu'n deall rhywbeth; bydd cwestiynau ar AA2 yn gofyn i chi gymhwyso gwybodaeth, a'r rhai ar AA3 yn gofyn i chi ddadansoddi, dehongli a gwerthuso rhywbeth.

Gall y geiriau pwysig yn y cwestiynau gynnwys, 'nodwch', 'disgrifiwch', 'lluniwch', 'enwch' ac 'eglurwch' ar gyfer AA1, 'cyfrifwch', ar gyfer AA2, ac 'awgrymwch' a 'dadansoddwch ddata' ar gyfer AA3.

3 Mae'n rhaid gweithio'n galed a chanolbwyntio; nid oes ffordd arall.

Bu Serena Williams yn ymarfer ei serf filoedd o weithiau cyn dod yn chwaraewraig tennis orau'r byd; wrth ymarfer, ciciodd Johnny Wilkinson gannoedd o giciau cosb. Mae ymarfer yn hyfforddi'r meddwl ac yn creu dealltwriaeth a'r hwyl o fod wedi meistroli'r pwnc.

Uned 1

Trosolwg
Iaith Cemeg, Adeiledd Mater ac Adweithiau Syml

1.1 Fformiwlâu a hafaliadau   t10

- Fformiwlâu cyfansoddion cyffredin gan gynnwys cyfansoddion ïonig.
- Pennu rhifau ocsidiad i'r atomau mewn cyfansoddion ac ïonau.
- Llunio hafaliadau cemegol a hafaliadau ïonig cytbwys.

1.2 Syniadau sylfaenol ynghylch atomau   t16

- Mae atomau yn cynnwys protonau, niwtronau ac electronau.
- Mae atomau yn colli neu'n ennill electronau gan ffurfio ïonau.
- Mae ymbelydredd yn digwydd oherwydd niwclysau ansefydlog, ac mae tri math.
- Mae cyfradd dadfeiliad ymbelydrol yn cael ei mesur drwy hanner oes.
- Gall ymbelydredd fod yn niweidiol ond gall fod yn ddefnyddiol hefyd mewn sawl cyd-destun.
- Mae atomau yn cynnwys lefelau egni neu blisg sy'n cynnwys set o is-blisg sy'n cynnwys orbitalau. Mae'r electronau i'w canfod yn yr orbitalau hyn.
- Mae egnïon ïoneiddiad yn darparu tystiolaeth am ffurfwedd electronig elfennau.
- Mae sbectrwm allyrru hydrogen yn digwydd wrth i electronau symud o orbitau â lefelau egni uchel i orbitau â lefelau egni is.
- Mae'n bosibl defnyddio amledd terfan cydgyfeiriant llinellau sbectrol i roi egni ïoneiddiad.
- Mae egni mewn cyfrannedd ag amledd, sydd mewn cyfrannedd gwrthdro â thonfedd.
- Mae egni yn cynyddu wrth fynd o'r rhanbarth isgoch drwy'r gweladwy i'r uwchfioled.

1.3 Cyfrifiadau cemegol   t30

- Mae masau atomau yn fach iawn ac felly rydym yn defnyddio màs atomig (moleciwlaidd) cymharol ar gyfer elfennau (cyfansoddion).
- Gallwn ddefnyddio'r sbectromedr màs i ddarganfod masau atomig cymharol.
- Y môl yw uned swm y cemegydd.
- Cysonyn Avogadro yw nifer yr atomau mewn un môl o unrhyw sylwedd.
- Gallwn drawsnewid molau yn fàs, crynodiad a chyfaint.
- Gallwn gyfrifo màs y cynhyrchion sy'n cael eu ffurfio mewn adweithiau o fasau'r adweithyddion a hafaliadau cytbwys.
- Y mwyaf yw canran cynnyrch ac economi atom adwaith, y mwyaf effeithlon yw'r broses.
- Mae cyfeiliornadau canrannol mewn mesuriadau yn cael eu defnyddio fel sail i benderfynu ar y nifer o ffigurau ystyrlon mewn cyfrifiadau.

1.4 Bondio   t45

- Mae moleciwlau wedi'u gwneud o atomau sydd wedi'u bondio ynghyd gan fondiau ïonig, cofalent neu fetelig.
- Mewn bondio ïonig, caiff electronau eu trosglwyddo rhwng atomau gan ffurfio ïonau sy'n cael eu dal ynghyd gan atyniad electrostatig.
- Mewn bondio cofalent, mae pob atom fel rheol yn rhoi electron i bâr bondio ond mewn bondio cyd-drefnol mae un atom yn darparu'r ddau electron.
- Mae llawer o fondiau yn rhai rhyngol, rhwng ïonig a chofalent, ac rydym yn defnyddio'r gair polar i'w disgrifio.
- Mae polaredd y bond yn dibynnu ar y gwahaniaeth rhwng electronegatifedd yr atomau; gwerth electronegatifedd yw mesur o bŵer yr atom i atynnu electronau.
- Mae grymoedd rhyngfoleciwlaidd yn wannach o lawer na bondiau cofalent ac ïonig o fewn y moleciwl. Maen nhw'n cael eu hachosi gan rymoedd deupol a deupol anwythol rhwng moleciwlau ac yn rheoli priodweddau ffisegol fel tymheredd berwi.
- Grymoedd rhyngfoleciwlaidd cryfach rhwng hydrogen a moleciwlau eraill sy'n cynnwys yr atomau fflworin, ocsigen neu nitrogen yw bondiau hydrogen.
- Mae siapiau moleciwlau syml yn cael eu rheoli gan egwyddor VSEPR ac mae'n rhaid i chi wybod onglau'r bondiau mewn moleciwlau ac ïonau llinol, planar trigonol, tetrahedrol ac octahedrol.

1.5 Adeileddau solidau   t53

- Adeileddau grisial sodiwm clorid a chesiwm clorid a'r rheswm dros y gwahaniaeth rhyngddyn nhw.
- Dylech wybod a chymharu adeileddau diemwnt a graffit. Dylech hefyd wybod adeiledd iâ ac egwyddor adeiledd grisial ïodin.
- Model y 'môr electronau' ar gyfer adeiledd metelau.
- Y berthynas rhwng priodweddau ffisegol solidau, er enghraifft tymheredd ymdoddi a dargludedd trydanol, ac adeiledd a bondio mewn solidau moleciwlaidd enfawr a syml sydd â bondiau ïonig, cofalent a metelig.

1.6 Y tabl cyfnodol   t56

- Trefn y tabl cyfnodol ac adeileddau electronig yr elfennau mewn perthynas â'u safle yn y blociau s, p a d.
- Ocsidiad a rhydwythiad yn nhermau trosglwyddo electronau; adnabod newidiadau o'r fath.
- Y tueddiadau cyffredinol mewn egni ïoneiddiad, electronegatifedd a thymheredd ymdoddi i lawr grwpiau ac ar draws cyfnodau.
- Adweithiau a thueddiadau cyffredinol elfennau Grwpiau 1 a 2 gan gynnwys adweithiau'r elfennau metelig, lliwiau fflamau ac adweithiau catïonau Grŵp 2 ag ïonau hydrocsid, carbonad a sylffad.
- Tueddiadau carbonadau a hydrocsidau elfennau Grŵp 2 o ran sefydlogrwydd thermol a thueddiadau eu hydrocsidau a'u sylffadau o ran hydoddedd.
- Natur fasig hydrocsidau elfennau Grwpiau 1 a 2.
- Adwaith elfennau Grŵp 7 (halogenau) â metelau, eu tueddiadau mewn anweddolrwydd, adweithedd yn nhermau eu pŵer ocsidio cymharol ac adweithiau dadleoli rhydocs.
- Adwaith ïonau halid ag Ag^+ dyfrllyd wedi'i ddilyn gan amonia.
- Y defnydd o glorin ac ïonau fflworid wrth drin dŵr a'r materion iechyd cysylltiedig.
- Gwaith ymarferol ar ffurfio a grisialu halwynau, dadansoddiad grafimetrig a dadansoddiad ansoddol hydoddiannau anhysbys.

1.7 Ecwilibria syml ac adweithiau asid–bas   t62

- Ecwilibriwm dynamig yw pan fydd y blaenadwaith a'r ôl-adwaith yn digwydd ar yr un gyfradd.
- Mae newid tymheredd, gwasgedd neu grynodiad yn effeithio ar system mewn ecwilibriwm.
- Mae asidau yn gyfranwyr protonau ac felly mae asidedd yn fesur o grynodiad H^+(d).
- Oherwydd bod crynodiadau H^+(d) yn fach iawn rydym yn defnyddio graddfa pH i fesur asidedd.
- Mae asidau yn niwtralu basau a charbonadau gan ffurfio halwynau.
- Mae'n bosibl defnyddio titradiadau er mwyn ffurfio halwynau hydawdd yn ogystal ag er mwyn darganfod crynodiadau asidau neu alcalïau.

Uned 1

1.1
Fformiwlâu a hafaliadau

Mewn cemeg, mae gan bob elfen symbol, sef llythyren neu ddwy lythyren sy'n cynrychioli un atom o'r elfen. Rydym yn ysgrifennu fformiwlâu ar gyfer cyfansoddion. Mae fformiwlâu yn cynnwys symbolau'r elfennau sy'n bresennol a'r rhifau sy'n dangos yn ôl pa gymhareb y mae'r atomau yn bresennol. Mae defnyddio symbolau a fformiwlâu yn eich galluogi i ysgrifennu hafaliadau ar gyfer adweithiau cemegol.

Nid oes atomau yn cael eu creu na'u dileu mewn adwaith cemegol ac felly pan fyddwch yn ysgrifennu hafaliad cemegol mae'n rhaid i'r un nifer o atomau o bob elfen fod yn bresennol ar ddwy ochr yr hafaliad. Rydym yn sicrhau hyn drwy gydbwyso'r hafaliad.

Cynnwys

Dylech allu dangos a chymhwyso gwybodaeth a dealltwriaeth o'r canlynol:

- Fformiwlâu cyfansoddion cyffredin ac ïonau cyffredin a sut i ysgrifennu fformiwlâu ar gyfer cyfansoddion ïonig.

- Rhifau ocsidiad atomau mewn cyfansoddyn neu ïon.

- Sut i lunio hafaliadau cemegol cytbwys, gan gynnwys hafaliadau ïonig, gyda symbolau cyflwr priodol.

Fformiwlâu cyfansoddion ac ïonau

Set o symbolau a rhifau yw fformiwla cyfansoddyn. Mae'r symbolau yn nodi pa elfennau sy'n bresennol ac mae'r rhifau yn rhoi cymhareb niferoedd atomau'r gwahanol elfennau yn y cyfansoddyn.

Fformiwla'r cyfansoddyn carbon deuocsid yw CO_2. Mae'n cynnwys dau atom ocsigen ar gyfer pob atom carbon. Y fformiwla ar gyfer asid sylffwrig yw H_2SO_4. Mae'n cynnwys dau atom hydrogen a phedwar atom ocsigen ar gyfer pob atom sylffwr. Mae'r cyfansoddion hyn yn cynnwys moleciwlau lle mae'r atomau wedi'u bondio'n gofalent. I ddangos dau foleciwl, rydych yn ysgrifennu $2H_2SO_4$. Mae'r 2 o flaen y fformiwla yn lluosi popeth ar ei ôl. Felly, mewn $2H_2SO_4$ mae 4 atom H, 2S ac 8O, sef cyfanswm o 14 atom.

Ar gyfer Cemeg safon uwch bydd angen i chi wybod fformiwlâu ystod eang o gyfansoddion. Mae'r tabl isod yn rhestru fformiwlâu rhai cyfansoddion cyffredin. Gan nad yw llawer o gyfansoddion yn cynnwys moleciwlau ond yn cynnwys ïonau ac yn cael eu ffurfio drwy fondio ïonig, mae'r rhestr yn cynnwys cyfansoddion ïonig a chyfansoddion cofalent.

Enw	Fformiwla	Enw	Fformiwla
Dŵr	H_2O	Sodiwm hydrocsid	NaOH
Carbon deuocsid	CO_2	Sodiwm clorid	NaCl
Sylffwr deuocsid	SO_2	Sodiwm carbonad	Na_2CO_3
Methan	CH_4	Sodiwm hydrogencarbonad	$NaHCO_3$
Asid hydroclorig	HCl	Sodiwm sylffad	Na_2SO_4
Asid sylffwrig	H_2SO_4	Copr(II) ocsid	CuO
Asid nitrig	HNO_3	Copr(II) sylffad	$CuSO_4$
Asid ethanöig	CH_3CO_2H	Calsiwm hydrocsid	$Ca(OH)_2$
Amonia	NH_3	Calsiwm carbonad	$CaCO_3$
Amoniwm clorid	NH_4Cl	Calsiwm clorid	$CaCl_2$

Mae'r cyfansoddyn calsiwm clorid yn cynnwys ïonau calsiwm, Ca^{2+}, ac ïonau clorid, Cl^-. Mae dwywaith y nifer o ïonau clorid ag sydd o ïonau calsiwm ac felly y fformiwla yw $CaCl_2$. Nid moleciwl o galsiwm clorid yw hyn ond uned fformiwla calsiwm clorid. Ar gyfer cyfansoddyn ïonig, mae'n rhaid i nifer y gwefrau positif fod yn hafal i nifer y gwefrau negatif mewn un uned fformiwla o'r cyfansoddyn.

Mae'r tabl isod yn rhoi'r fformiwlâu ar gyfer ïonau cyffredin y mae angen i chi eu dysgu.

Ïonau positif		Ïonau negatif	
Enw	Fformiwla	Enw	Fformiwla
Amoniwm	NH_4^+	Bromid	Br^-
Hydrogen	H^+	Clorid	Cl^-
Lithiwm	Li^+	Fflworid	F^-
Potasiwm	K^+	Ïodid	I^-
Sodiwm	Na^+	Hydrogencarbonad	HCO_3^-
Arian	Ag^+	Hydrocsid	OH^-
Bariwm	Ba^{2+}	Nitrad	NO_3^-
Calsiwm	Ca^{2+}	Ocsid	O^{2-}
Magnesiwm	Mg^{2+}	Sylffid	S^{2-}
Copr(II)	Cu^{2+}	Carbonad	CO_3^{2-}
Haearn(II)	Fe^{2+}	Sylffad	SO_4^{2-}
Haearn(III)	Fe^{3+}	Ffosffad	PO_4^{3-}
Alwminiwm	Al^{3+}		

Sylwch fod enwau anfetelau yn newid fel eu bod yn diweddu yn -id, ond os yw anfetelau yn cyfuno ag ocsigen i ffurfio ïonau negatif, mae enw'r ïon negatif yn dechrau gyda'r anfetel ac yn diweddu yn -ad.

 **Cyswllt** Bondio cofalent ac ïonig, tudalennau 46–47

DYLECH WYBOD ›››

››› fformiwlâu cyfansoddion ac ïonau cyffredin

››› sut i ysgrifennu fformiwlâu ar gyfer cyfansoddion ïonig

 1

Gwirio eich gwybodaeth

Faint o atomau o bob elfen sy'n bresennol mewn:
(a) P_4O_{10}
(b) $2Al(OH)_3$?

2

Gwirio eich gwybodaeth

Faint o atomau ocsigen sy'n bresennol mewn $3Fe(NO_3)_3$?

 3

Gwirio eich gwybodaeth

Enwch y cyfansoddion canlynol:
(a) Na_2SO_4
(b) $Ca(HCO_3)_2$
(c) $CuCl_2$.

4

Rhowch y fformiwla ar gyfer:

(a) Alwminiwm ocsid

(b) Potasiwm carbonad

(c) Amoniwm sylffad.

▼ Pwt o eglurhad

I'ch helpu i gofio'r fformiwlâu ar gyfer ïonau syml, defnyddiwch y tabl cyfnodol. Mae metelau yn ffurfio ïonau positif ac felly mae grŵp y metel yn rhoi gwefr yr ïon, e.e. mae sodiwm yng Ngrŵp 1 ac felly y wefr ar gyfer sodiwm yw +1 a'r fformiwla yw Na^+. Mae anfetelau yn ffurfio ïonau negatif ac felly mae 8 – grŵp yr anfetel yn rhoi gwefr yr ïon, e.e. mae ocsigen yng Ngrŵp 6 ac felly y wefr ar gyfer ocsigen yw –2 (8 – 6) a'r fformiwla yw O^{2-}.

Cymorth Ychwanegol

Mae'n fuddiol defnyddio camau syml wrth ddarganfod rhifau ocsidiad, er enghraifft:

Beth yw rhif ocsidiad nitrogen yn yr ïon NO_3^-?

Cam 1 Rhif ocsidiad pob ocsigen yw –2.

Cam 2 Y cyfanswm ar gyfer O_3 yw –6.

Cam 3 Y wefr gyffredinol ar yr ïon yw –1.

Cam 4 Rhif ocsidiad nitrogen yw (–1) – (–6) = +5.

◢ Term Allweddol

Rhif ocsidiad yw nifer yr electronau y mae angen eu hychwanegu at elfen (neu eu tynnu oddi ar elfen) er mwyn ei gwneud yn niwtral.

Mae'n bosibl cyfrifo'r fformiwla ar gyfer cyfansoddion ïonig drwy ddilyn y camau hyn:

1. Ysgrifennwch symbolau'r ïonau yn y cyfansoddyn.

2. Cydbwyswch yr ïonau fel bod cyfanswm yr ïonau positif a'r ïonau negatif yn sero. (Mae'n rhaid i'r cyfansoddyn ei hun fod yn niwtral.)

3. Ysgrifennwch y fformiwla heb y gwefrau a rhowch nifer yr ïonau o bob elfen fel rhif bach mewn is-nod ar ôl symbol yr elfen.

Enghraifft 1

Magnesiwm ocsid

1. Yr ïonau yw Mg^{2+} ac O^{2-}.

2. I wneud cyfanswm y wefr yn sero, mae angen un ïon Mg^{2+} ar gyfer pob ïon O^{2-} (+2 –2 = 0).

3. Y fformiwla yw MgO (nid oes angen ysgrifennu'r '1').

Enghraifft 2

Sodiwm sylffid

1. Yr ïonau yw Na^+ ac S^{2-}.

2. I wneud cyfanswm y wefr yn sero, mae angen dau ïon Na^+ ar gyfer pob ïon S^{2-} (+1 +1 –2 = 0)
   h.y. Na^+ Na^+ S^{2-}.

3. Y fformiwla yw Na_2S.

Enghraifft 3

Calsiwm nitrad

1. Yr ïonau yw Ca^{2+} ac NO_3^-.

2. Mae angen dau ïon NO_3^- i gydbwyso'r wefr ar un ïon Ca^{2+} (–1 –1 +2 = 0)
   h.y. Ca^{2+} NO_3^- NO_3^-.

3. Y fformiwla yw $Ca(NO_3)_2$ (sylwch ein bod yn rhoi cromfachau o amgylch NO_3 cyn ysgrifennu'r 2).

Rhifau ocsidiad

Fel y gwelsoch ar y tudalennau blaenorol, mae gwahaniaethau yng nghymarebau'r atomau sy'n cyfuno â'i gilydd i ffurfio cyfansoddion, e.e. H_2O a HCl. Dull o fynegi'r ffordd y mae elfennau yn cyfuno yw **rhif ocsidiad**. Rhif ocsidiad elfen yw nifer yr electronau y mae angen eu hychwanegu at elfen (neu eu tynnu oddi ar elfen) er mwyn ei gwneud yn niwtral.

Er enghraifft, i wneud atom niwtral, mae angen ychwanegu dau electron at yr ïon haearn, Fe^{2+}, ac felly ei rif ocsidiad yw +2. I wneud atom niwtral, mae angen i'r ïon clorid, Cl–, golli electron, ac felly ei rif ocsidiad yw –1.

Mae'n bosibl ymestyn y syniad o rifau ocsidiad i gyfansoddion cofalent hefyd. Rydym yn rhoi rhifau ocsidiad positif ar gyfer rhai elfennau a rhifau ocsidiad negatif i eraill gan ddilyn rheolau penodol.

Rheol	Enghraifft
Rhif ocsidiad elfen nad yw'n cyfuno yw sero.	Copr metelig, Cu: rhif ocsidiad 0. Nwy ocsigen, O_2: rhif ocsidiad 0.
Cyfanswm y rhifau ocsidiad mewn cyfansoddyn yw sero. Mewn ïon mae'r cyfanswm yn hafal i wefr yr ïon.	Mewn CO_2 cyfanswm rhifau ocsidiad carbon ac ocsigen yw 0. Mewn NO_3^- cyfanswm rhifau ocsidiad nitrogen ac ocsigen yw -1.
Mewn cyfansoddion, rhifau ocsidiad metelau Grŵp 1 yw $+1$ a metelau Grŵp 2 yw $+2$.	Mewn $MgBr_2$ rhif ocsidiad magnesiwm yw $+2$ (rhif ocsidiad pob bromin yw -1).
Rhif ocsidiad ocsigen yw -2 mewn cyfansoddion heblaw gyda fflworin neu mewn perocsidau (ac uwchocsidau).	Mewn SO_2 rhif ocsidiad pob ocsigen yw -2 (rhif ocsidiad sylffwr yw $+4$). Mewn H_2O_2 rhif ocsidiad ocsigen yw -1 (rhif ocsidiad hydrogen yw $+1$).
Rhif ocsidiad hydrogen yw $+1$ mewn cyfansoddion heblaw mewn hydridau metel.	Mewn HCl rhif ocsidiad hydrogen yw $+1$ (rhif ocsidiad clorin yw -1). Mewn NaH rhif ocsidiad hydrogen yw -1 (rhif ocsidiad sodiwm yw $+1$).
Mewn rhywogaethau cemegol sy'n cynnwys atomau o fwy nag un elfen, rydym yn rhoi'r rhif ocsidiad negatif i'r elfen fwyaf electronegatif.	Mewn CCl_4, mae clorin yw fwy electronegatif na charbon, ac felly rhif ocsidiad pob clorin yw -1 (rhif ocsidiad carbon yw $+4$).

Rydym yn defnyddio rhifau ocsidiad mewn adweithiau rhydocs i ddangos pa rywogaeth sy'n cael ei hocsidio a pha un sy'n cael ei rhydwytho.

Rydym yn defnyddio rhifau ocsidiad i enwi cyfansoddion yn ddiamwys, e.e. gall potasiwm, nitrogen ac ocsigen gyfuno i roi dau gyfansoddyn gwahanol, KNO_3 a KNO_2.

Gan fod rhif ocsidiad potasiwm yn $+1$ a rhif ocsidiad ocsigen yn -2, mae'n rhaid i rif ocsidiad nitrogen fod yn $+5$ mewn KNO_3 ac yn $+3$ mewn KNO_2. Felly rydym yn galw KNO_3 yn botasiwm nitrad(V) a KNO_2 yn botasiwm nitrad(III).

Hafaliadau cemegol ac ïonig

Rydym yn ysgrifennu hafaliadau cemegol er mwyn crynhoi beth sy'n digwydd mewn adwaith cemegol. Pan fydd rhuban magnesiwm yn llosgi mewn aer, bydd fflam lachar i'w gweld a bydd ychydig o ludw gwyn ar ôl. Mewn iaith gemegol, dyma beth sy'n digwydd: mae magnesiwm (metel solet) yn llosgi mewn ocsigen (un o'r nwyon yn yr aer) gan ffurfio magnesiwm ocsid (solid gwyn). Gallwn grynhoi hyn drwy ysgrifennu:

$$\text{magnesiwm} + \text{ocsigen} \longrightarrow \text{magnesiwm ocsid}$$

Mae rhoi fformiwlâu yn lle enwau yn rhoi hafaliad cemegol ar gyfer yr adwaith:

$$Mg + O_2 \longrightarrow MgO$$

(Cofiwch fod ocsigen yn bodoli ar ffurf moleciwl deuatomig ac felly ei fformiwla yw O_2.)

Fodd bynnag, gan nad yw atomau yn cael eu creu na'u dileu mewn adwaith cemegol, mae'n rhaid i ni gael yr un nifer o atomau o bob elfen ar ddwy ochr yr hafaliad cemegol. Wrth gyfrif nifer yr atomau rydym yn gweld nad yw'r hafaliad yn gytbwys.

Nifer yr atomau ar yr ochr chwith $= 1Mg + 2O$

Nifer yr atomau ar yr ochr dde $= 1Mg + 1O$

Sut rydym yn cydbwyso'r hafaliad? Mae'n demtasiwn ysgrifennu O ar gyfer yr ocsigen ar yr ochr chwith neu ysgrifennu MgO_2 ar gyfer y magnesiwm ocsid ar yr ochr dde. Rhaid i chi beidio â gwneud hyn.

DYLECH WYBOD ›››

››› sut i bennu rhifau ocsidiad i'r atomau mewn cyfansoddion neu ïonau

Gwirio eich gwybodaeth

Beth yw rhif ocsidiad:

(a) nitrogen mewn NH_3

(b) ffosfforws mewn P_4

(c) manganîs mewn MnO_4^-

(ch) cromiwm mewn $K_2Cr_2O_7$?

▼ **Pwt o eglurhad**

Weithiau rydym yn defnyddio'r term 'cyflwr ocsidiad' yn lle 'rhif ocsidiad'. Yr unig wahaniaeth yw ein bod yn dweud ar gyfer Fe^{2+}, er enghraifft, mai rhif ocsidiad Fe yw $+2$ ond ein bod yn ysgrifennu cyflwr ocsidiad yr ïon hwn fel Fe(II).

 Electronegatifedd, tudalen 48

 Ocsidiad a rhydwythiad, tudalen 58

DYLECH WYBOD ›››

››› sut i lunio hafaliadau cemegol ac ïonig cytbwys.

Nid yw'r naill na'r llall yn fformiwlâu cywir ar gyfer y sylweddau ac felly ni allwn eu defnyddio. Peidiwch byth â newid fformiwla. Y cyfan y gallwch ei wneud i gydbwyso hafaliad yw lluosi fformiwla drwy roi rhif o flaen y fformiwla.

I gydbwyso'r atomau ocsigen, mae angen 2 atom ar yr ochr dde; felly lluoswch yr ochr dde â 2:

$$Mg + O_2 \longrightarrow 2MgO$$

Nifer yr atomau ar yr ochr chwith = 1Mg + 2O

Nifer yr atomau ar yr ochr dde = 2Mg + 2O

Mae angen 2 atom magnesiwm ar yr ochr chwith felly lluoswch y magnesiwm ar yr ochr chwith â 2:

$$2Mg + O_2 \longrightarrow 2MgO$$

Nifer yr atomau ar yr ochr chwith = 2Mg + 2O

Nifer yr atomau ar yr ochr dde = 2Mg + 2O

Mae'r hafaliad yn gytbwys.

I roi mwy o wybodaeth, gallwn gynnwys symbolau cyflwr yn yr hafaliad. Y symbolau cyflwr sy'n cael eu defnyddio yw: (s) ar gyfer solid, (h) ar gyfer hylif, (n) ar gyfer nwy. Y term ar gyfer hydoddiant mewn dŵr yw 'dyfrllyd' ac felly rydym yn defnyddio (d) ar gyfer hydoddiant.

Yr hafaliad terfynol yw:

$$2Mg(s) + O_2(n) \longrightarrow 2MgO(s)$$

Y camau ar gyfer ysgrifennu hafaliad cemegol cytbwys yw:

1. Ysgrifennwch hafaliad geiriau ar gyfer yr adwaith (dewisol).
2. Ysgrifennwch y symbolau a'r fformiwlâu ar gyfer yr adweithyddion a'r cynhyrchion (gwnewch yn siŵr bod y fformiwlâu i gyd yn gywir).
3. Cydbwyswch yr hafaliad drwy luosi fformiwlâu os oes angen (peidiwch byth â newid fformiwla).
4. Gwiriwch eich ateb.
5. Ychwanegwch symbolau cyflwr (os yw'n ofynnol).

Enghraifft

Mae sodiwm carbonad yn adweithio ag asid hydroclorig gwanedig gan roi carbon deuocsid a hydoddiant sodiwm clorid.

Ysgrifennwch hafaliad cemegol cytbwys gan gynnwys symbolau cyflwr ar gyfer yr adwaith hwn.

sodiwm carbonad + asid hydroclorig $\longrightarrow$ sodiwm clorid + carbon deuocsid + dŵr

Mae ysgrifennu'r fformiwlâu yn rhoi:

$$Na_2CO_3 + HCl \longrightarrow NaCl + CO_2 + H_2O$$

Nifer yr atomau ar yr ochr chwith = 2Na + 1C + 3O + 1H + 1Cl

Nifer yr atomau ar yr ochr dde = 1Na + 1C + 3O + 2H +1Cl

Dechreuwch drwy gydbwyso atomau Na, felly lluoswch NaCl ar yr ochr dde â 2:

$$Na_2CO_3 + HCl \longrightarrow 2NaCl + CO_2 + H_2O$$

Nifer yr atomau ar yr ochr chwith = 2Na + 1C + 3O + 1H + 1Cl

Gwirio eich gwybodaeth

Cydbwyswch yr hafaliadau canlynol:

(a) $SO_2 + O_2 \longrightarrow SO_3$

(b) $Fe_2O_3 + CO \longrightarrow Fe + CO_2$.

Nifer yr atomau ar yr ochr dde = 2Na + 1C + 3O + 2H +2Cl

Yna cydbwyswch atomau H drwy luosi HCl ar yr ochr chwith â 2:

$$Na_2CO_3 + 2HCl \longrightarrow 2NaCl + CO_2 + H_2O$$

Nifer yr atomau ar yr ochr chwith = 2Na + 1C + 3O + 2H + 2Cl

Nifer yr atomau ar yr ochr dde = 2Na + 1C + 3O + 2H +2Cl

Mae'r hafaliad yn awr yn gytbwys. Ychwanegwch symbolau cyflwr.

$$Na_2CO_3(s) + 2HCl(d) \longrightarrow 2NaCl(d) + CO_2(n) + H_2O(h)$$

Hafaliadau ïonig

Mae llawer o adweithiau yn cynnwys ïonau mewn hydoddiannau. Fodd bynnag, yn yr adweithiau hyn nid yw'r holl ïonau yn cymryd rhan mewn unrhyw newid cemegol. Gall hafaliad ïonig helpu i ddangos beth sy'n digwydd.

Rydym yn defnyddio hafaliadau ïonig yn aml ar gyfer adweithiau dadleoli a gwaddodi.

Enghraifft 1

Pan gaiff powdr sinc ei ychwanegu at hydoddiant copr(II) sylffad, caiff copr ei ddadleoli a bydd solid coch-brown yn ymffurfio ar y sinc.

Yr hafaliad cemegol ar gyfer yr adwaith yw:

$$Zn(s) + CuSO_4(d) \longrightarrow ZnSO_4(d) + Cu(s)$$

Mae ysgrifennu'r holl ïonau yn rhoi:

$$Zn(s) + Cu^{2+}(d) + SO_4{}^{2-}(d) \longrightarrow Zn^{2+}(d) + SO_4{}^{2-}(d) + Cu(s)$$

Mae ailadrodd i'w weld yma. Nid yw'r ïonau $SO_4{}^{2-}(d)$ wedi cymryd rhan mewn unrhyw newid cemegol o gwbl. Roedden nhw'n bresennol heb eu newid drwy'r cyfan. Rydym yn eu galw'n ïonau segur ac yn eu gadael allan o'r hafaliad ïonig, gan ei ysgrifennu fel hyn:

$$Zn(s) + Cu^{2+}(d) \longrightarrow Zn^{2+}(d) + Cu(s)$$

Mae hafaliad ïonig yn rhoi hafaliad byrrach sy'n canolbwyntio ar y newidiadau sy'n digwydd.

Enghraifft 2

Pan gaiff hydoddiant sodiwm hydrocsid ei ychwanegu at hydoddiant magnesiwm clorid, bydd gwaddod gwyn yn ffurfio.

Yr hafaliad cemegol ar gyfer yr adwaith yw:

$$2NaOH(d) + MgCl_2(d) \longrightarrow 2NaCl(d) + Mg(OH)_2(s)$$

Mae ysgrifennu'r holl ïonau yn rhoi:

$$2Na^+(d) + 2OH^-(d) + Mg^{2+}(d) + 2Cl^-(d) \longrightarrow 2Na^+(d) + 2Cl^-(d) + Mg(OH)_2(s)$$

Nid yw'r ïonau $Na^+(d)$ na'r ïonau $Cl^-(d)$ yn newid yn ystod yr adwaith. Maen nhw'n ïonau segur a gallwn eu gadael allan, gan roi'r hafaliad ïonig:

$$Mg^{2+}(d) + 2OH^-(d) \longrightarrow Mg(OH)_2(s)$$

Estyn a Herio

Cydbwyswch yr hafaliad canlynol:

$Cu + HNO_3 \longrightarrow Cu(NO_3)_2 + NO + H_2O$.

7

Gwirio eich gwybodaeth

Pan gaiff hydoddiant sodiwm sylffad ei ychwanegu at hydoddiant bariwm clorid, mae gwaddod gwyn o fariwm sylffad yn ffurfio. Ysgrifennwch hafaliad ïonig, gan gynnwys symbolau cyflwr, ar gyfer yr adwaith hwn.

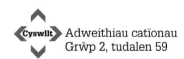

Cyswllt Adweithiau catïonau Grŵp 2, tudalen 59

1.2
Syniadau sylfaenol ynghylch atomau

Astudiaeth o sut mae mater yn ymddwyn yw cemeg. Rydym yn gwybod bod mater wedi'i wneud o ronynnau bach o'r enw atomau. Cafodd y syniad o atomau ei gynnig gan yr athronydd Groegaidd Democritus ddechrau'r bumed ganrif CC, ond ni seiliodd y cynnig ar ganlyniadau arbrofol. Nid tan ddechrau'r bedwaredd ganrif ar bymtheg y cafodd y ddamcaniaeth atomig ei chyflwyno eto gan John Dalton. Erbyn hynny, roedd llawer o ganlyniadau arbrofol wedi cael eu darganfod ac roedd Dalton yn gallu darparu tystiolaeth anuniongyrchol bod mater wedi'i wneud o atomau. Erbyn diwedd y bedwaredd ganrif ar bymtheg a dechrau'r ugeinfed ganrif, roedd gwyddonwyr fel Thomson, Rutherford a Chadwick wedi dangos bod gan atomau adeiledd mewnol sy'n cynnwys protonau, niwtronau ac electronau.

Heddiw mae gwyddonwyr yn credu bod dau fath sylfaenol o ronyn – cwarciau a leptonau. Mae protonau a niwtronau wedi'u gwneud o gwarciau ac mae electronau yn perthyn i deulu lepton o ronynnau. Mae'r uned hon yn edrych ar brotonau, niwtronau ac electronau. Mae'n dangos beth sy'n digwydd pan fydd atom ansefydlog yn ymhollti gan ffurfio gronynnau llai a sut mae egnïon ïoneiddiad a sbectra allyrru yn darparu tystiolaeth ar gyfer ffurfwedd electronig.

Cynnwys

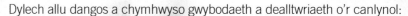

Dylech allu dangos a chymhwyso gwybodaeth a dealltwriaeth o'r canlynol:

- Natur dadfeiliad ymbelydrol a'r newidiadau sy'n digwydd o ganlyniad i'r rhif atomig a rhif màs (gan gynnwys allyrru positronau a dal electronau).
- Ymddygiad ymbelydredd α, ymbelydredd β a phelydriad γ mewn meysydd trydanol a meysydd magnetig a'u pŵer treiddio cymharol.
- Hanner oes dadfeiliad ymbelydrol.
- Effeithiau andwyol cysylltiad ag ymbelydredd ar gelloedd byw a'r defnydd o radioisotopau mewn nifer o gyd-destunau, gan gynnwys ym maes iechyd, meddygaeth, dyddio ymbelydrol, diwydiant a dadansoddi.
- Arwyddocâd egnïon ïoneiddiad molar safonol atomau nwyol a sut maen nhw'n amrywio o'r naill elfen i'r llall.
- Y cysylltiad rhwng gwerthoedd egnïon ïoneiddiad olynol ac adeiledd electronig.
- Siapiau orbitalau s a p a'r drefn y mae orbitalau s, p a d yn cael eu llenwi ar gyfer elfennau 1–36.
- Tarddiad sbectra allyrru ac amsugno yn nhermau trosiadau electronau rhwng lefelau egni atomig.
- Sbectrwm allyrru atomig atom hydrogen.
- Y berthynas rhwng egni ac amledd ($E = hf$) a'r berthynas rhwng amledd a thonfedd ($f = c/\lambda$).
- Trefn egni cynyddol golau isgoch, gweladwy ac uwchfioled.
- Arwyddocâd amledd terfan cydgyfeiriant cyfres Lyman a'i pherthynas ag egni ïoneiddiad yr atom hydrogen.

Adeiledd atomig

Nid yw'r fanyleb yn crybwyll adeiledd atomig yn benodol. Fodd bynnag, gan fod disgwyl i bob dysgwr ddangos gwybodaeth a dealltwriaeth o'r cynnwys sylfaenol sy'n cael ei ddysgu ar lefel TGAU, mae tudalennau 17-18 yn ailadrodd y pethau sylfaenol y mae'n rhaid eu gwybod am adeiledd yr atom a sut mae elfennau ac ïonau yn cael eu darlunio.

Mae atomau wedi'u gwneud o dri gronyn sylfaenol, sef y proton, y niwtron a'r electron.

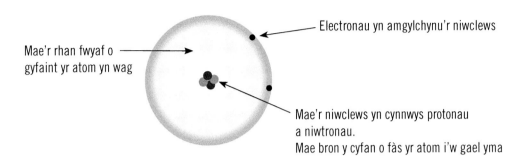

Mae'r rhan fwyaf o gyfaint yr atom yn wag

Electronau yn amgylchynu'r niwclews

Mae'r niwclews yn cynnwys protonau a niwtronau.
Mae bron y cyfan o fàs yr atom i'w gael yma

Mae masau a gwefrau'r gronynnau hyn yn fach iawn ac felly yn anghyfleus. O ganlyniad rydym yn galw màs proton yn 1 a'i wefr yn +1 ac rydym yn disgrifio'r gronynnau eraill drwy eu cymharu â'r gwerthoedd hyn.

Gronyn	Màs cymharol	Gwefr gymharol
proton	1	+1
niwtron	1	0
electron	Dibwys (1/1840)	−1

Mae atom yn drydanol niwtral oherwydd bod nifer yr electronau negatif sy'n amgylchynu'r niwclews yn hafal i nifer y protonau positif yn y niwclews.

Darlunio elfennau ac ïonau

Mae pob atom o'r un elfen yn cynnwys yr un nifer o brotonau. Mae nifer y protonau yn niwclews atom yn diffinio elfen yr atom dan sylw ac rydym yn galw'r nifer hwn yn **rhif atomig**.

Mae hefyd yn fuddiol cael mesur ar gyfer cyfanswm nifer y gronynnau yn niwclews atom. Rydym yn galw'r nifer hwn yn **rhif màs**.

Mae'r symbol llawn ar gyfer elfen yn cynnwys y rhif atomig, y rhif màs a'r symbol

e.e.

$$\text{rhif màs} \longrightarrow 23$$
$$\mathbf{Na} \longleftarrow \text{symbol}$$
$$\text{rhif atomig} \longrightarrow 11$$

Nid yw atomau'r un elfen i gyd yn unfath. Mae ganddyn nhw'r un nifer o brotonau bob tro ond gallan nhw fod â nifer gwahanol o niwtronau. Rydym yn galw atomau o'r fath yn **isotopau**. Mae'r rhan fwyaf o elfennau yn bodoli yn naturiol ar ffurf dau neu ragor o wahanol isotopau. Er enghraifft, mae clorin yn cynnwys dau isotop, y naill â rhif màs 35 a'r llall â rhif màs 37 neu $^{35}_{17}\text{Cl}$ a $^{37}_{17}\text{Cl}$.

Nid atom yw gronyn lle nad yw nifer yr electronau yn hafal i nifer y protonau; **ïon** y byddwn yn ei alw ac mae ganddo wefr drydanol.

Termau Allweddol

Rhif atomig (Z) yw nifer y protonau yn niwclews atom.

Rhif màs (A) yw nifer y protonau + nifer y niwtronau yn niwclews atom.

Isotopau yw atomau sydd â'r un nifer o brotonau ond niferoedd gwahanol o niwtronau.

Ïon yw gronyn lle nad yw nifer yr electronau yn hafal i nifer y protonau.

Cyngor arholwr

Cofiwch, mewn unrhyw atom:

Y rhif atomig = nifer y protonau.

Nifer y protonau = nifer yr electronau.

Nifer y niwtronau = y rhif màs − y rhif atomig.

▼ Pwt o eglurhad

Mae'n anghywir nodi bod y rhif atomig = nifer y protonau a'r electronau.

Mae gan isotopau elfen yr un priodweddau cemegol.

Gwirio eich gwybodaeth

Nodwch nifer y protonau, y niwtronau a'r electronau yn y canlynol: dau brif isotop copr, sef Cu-63 a Cu-65.

Cyswllt Bondio ïonig, tudalen 47

9

Gwirio eich gwybodaeth

Nodwch nifer y protonau a'r electronau mewn

(a) $^{131}I^-$

(b) $^{25}Mg^{2+}$.

Mae niwclysau yn cynnwys protonau wedi'u pacio gyda'i gilydd mewn lle bach iawn. Pam nad yw niwclysau yn chwalu?

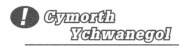
Cymorth Ychwanegol

Os rhoddir i chi rif màs a symbol elfen, defnyddiwch y tabl cyfnodol i ddarganfod rhif atomig yr elfen. Cofiwch y gall fod yn isotop ac felly gall y rhif màs fod yn wahanol i'r rhif màs yn y tabl cyfnodol.

Termau Allweddol

gronynnau α clwstwr o 2 broton a 2 niwtron, felly â gwefr bositif.

gronynnau β electronau sy'n symud yn gyflym, felly â gwefr negatif.

pelydriad γ pelydriad electromagnetig egni uchel, felly dim gwefr.

Gallwn feddwl am ronynnau β fel gronynnau sy'n cael eu ffurfio pan fydd niwtron yn troi'n broton, h.y.

$$^1_0n \longrightarrow {}^1_1p + {}_{-1}\beta.$$

Os bydd atom niwtral yn colli un neu ragor o electronau, mae'n ffurfio ïon positif, sef catïon,

e.e. $$Na \longrightarrow Na^+ + e^-$$

Os bydd atom niwtral yn ennill un neu ragor o electronau, mae'n ffurfio ïon negatif, sef anion,

e.e. $$Cl + e^- \longrightarrow Cl^-$$

Yn y ddwy enghraifft hyn, nid yw nifer y protonau wedi newid ond mae nifer yr electronau wedi newid.

Nifer yr electronau mewn Na^+ yw 10 (rhif atomig – gwefr un ïon).

Nifer yr electronau mewn Cl^- yw 18 (rhif atomig + gwefr un ïon).

Ymbelydredd

Mathau o allyriadau ymbelydrol a'u hymddygiad

Mae rhai isotopau yn ansefydlog ac yn ymhollti gan ffurfio atomau llai. Mae'r niwclews yn ymhollti ac weithiau mae protonau, niwtronau ac electronau yn hedfan allan. Yr enw ar y broses hon yw dadfeiliad ymbelydrol ac rydym yn galw'r elfen yn ymbelydrol. Mae gan isotopau ymbelydrol niwclysau ansefydlog ac maen nhw'n cynhyrchu tri math o belydriad: **alffa (α)**, **beta (β)** a **gama (γ)**.

Mae gronynnau alffa yn cynnwys dau broton a dau niwtron ac maen nhw felly yn niwclysau heliwm. Dyma'r math lleiaf treiddiol o'r tri ac maen nhw'n cael eu rhwystro gan ddalen denau o bapur neu hyd yn oed ychydig gentimetrau o aer.

Mae gronynnau beta yn cynnwys llifoedd electronau ag egni uchel ac maen nhw'n fwy treiddiol. Maen nhw'n gallu teithio drwy hyd at 1 m o aer ond mae dalen o alwminiwm 5 mm o drwch yn eu rhwystro.

Tonnau electromagnetig ag egni uchel yw pelydrau gama a dyma'r mwyaf treiddiol o'r tri math o belydriad. Maen nhw'n gallu mynd drwy sawl centimetr o blwm neu fwy na metr o goncrit.

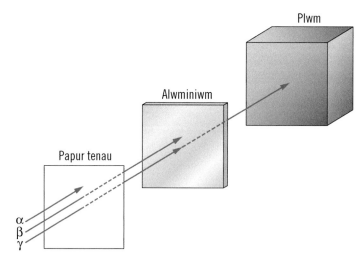

▲ Pwerau treiddiol pelydriad

Pan fydd ymbelydredd alffa a beta a phelydrau gama yn mynd drwy fater, maen nhw'n tueddu i fwrw electronau allan o atomau, gan eu hïoneiddio. Mae gronynnau alffa yn ïoneiddio yn gryf oherwydd eu bod yn fawr, yn gymharol araf a bod ganddyn nhw ddwy wefr bositif. Ar y llaw arall, mae pelydrau gama yn ïoneiddio yn wan.

Mae ïoneiddiad yn trosglwyddo egni o'r pelydriad sy'n mynd drwy'r mater i'r mater ei hun. Gan mai'r gronyn alffa sy'n ïoneiddio gryfaf o'r pelydriadau, y trosglwyddiad hwn sy'n digwydd gyflymaf ac felly dyma'r rhai lleiaf treiddiol. Gan mai pelydrau gama sy'n ïoneiddio wannaf, nhw yw'r mwyaf treiddiol o'r pelydrau.

Pan fydd ymbelydredd alffa a beta a phelydrau gama yn mynd drwy faes trydanol, nid yw pelydrau gama yn gwyro ond mae gronynnau alffa yn gwyro tuag at y wefr negatif a gronynnau beta tuag at y wefr bositif.

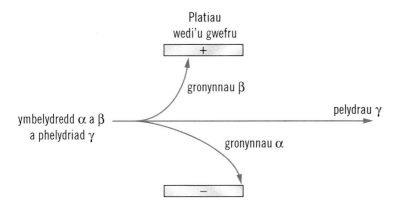

▲ Effaith maes trydanol ar belydriad

Mae meysydd magnetig yn cael effaith debyg ar ymbelydredd alffa a beta a phelydriad gama. Pan fydd gronyn wedi'i wefru yn torri drwy faes magnetig, mae'n teimlo grym yr ydym yn ei alw'n effaith modur.

Caiff gronynnau alffa eu gwyro gan faes magnetig, sy'n cadarnhau bod ganddyn nhw wefr. Mae cyfeiriad y gwyriad (sy'n gallu cael ei ddarganfod drwy ddefnyddio rheol llaw chwith Fleming) yn dangos bod ganddyn nhw wefr bositif.

Caiff gronynnau beta eu gwyro gan faes magnetig i gyfeiriad dirgroes i ronynnau alffa, sy'n cadarnhau bod ganddyn nhw wefr ddirgroes i wefr gronynnau alffa.

Nid yw maes magnetig yn effeithio ar belydrau gama. Mae hyn yn dangos nad oes gan belydrau gama wefr gan nad oes grym yn gweithredu arnyn nhw wrth iddyn nhw fynd drwy linellau maes magnetig.

Effaith ar rif màs a rhif atomig

Mae allyrru gronynnau α a β yn ffurfio niwclews newydd sydd â rhif atomig newydd ac felly mae'r cynnyrch yn elfen wahanol.

Pan fydd elfen yn allyrru gronyn α, mae ei rif màs yn lleihau o 4 ac mae ei rif atomig yn lleihau o 2.

$$^{238}_{92}U \longrightarrow\ ^{234}_{90}Th + ^{4}_{2}\alpha$$

Mae'r cynnyrch ddau le i'r chwith yn y tabl cyfnodol.

Pan fydd elfen yn allyrru gronyn β, nid yw ei rif màs yn newid ac mae ei rif atomig yn cynyddu o 1.

$$^{14}_{6}C \longrightarrow\ ^{14}_{7}N + ^{0}_{-1}\beta$$

Mae'r cynnyrch un lle i'r dde yn y tabl cyfnodol.

Mae proses dadfeiliad beta cildro hefyd yn gallu digwydd. **Dal electron** yw'r enw ar gyfer hyn. Yn y broses dal electron, mae un o'r electronau mewn orbital yn cael ei ddal gan broton yn y niwclews, gan ffurfio niwtron ac allyrru niwtrino electron (ν_e).

▼ Pwt o eglurhad

Mewn hafaliadau: mae $^{4}_{2}He^{2+}$ yn dderbyniol ar gyfer $^{4}_{2}\alpha$.

Mae $^{0}_{-1}e$ yn dderbyniol ar gyfer $_{-1}\beta$.

▼ Pwt o eglurhad

Gallwn ystyried dal electron fel rhywbeth sy'n cyfateb i allyrru positron, gan fod dal electron yn creu'r un trawsnewidiad ag allyrru positron.

Estyn a Herio

Oherwydd bod allyrru positron yn lleihau'r nifer o brotonau o'i gymharu â'r nifer o niwtronau, mae dadfeiliad positron yn digwydd fel rheol mewn radioniwclidau mawr sydd â nifer cymharol fawr o brotonau. Mae dal electron yn ffordd arall o ddadfeilio ar gyfer isotopau ymbelydrol sydd heb ddigon o egni i ddadfeilio drwy allyrru positron. Felly mae'n digwydd mewn atomau llai yn amlach o lawer nag allyrru positron. Mae dal electron bob amser yn cystadlu ag allyrru positron. Fodd bynnag, dyna'r unig fath o ddadfeiliad beta mewn niwclysau sydd â nifer cymharol fawr o brotonau a lle nad oes digon o egni dadfeiliad i gefnogi allyrru positron.

10

Gwirio eich gwybodaeth

Nodwch rif màs a symbol yr isotop sy'n cael ei ffurfio pan fydd ^{234}Th yn dadfeilio drwy allyriad β.

$$^{40}_{19}K + e^- \longrightarrow {}^{40}_{18}Ar$$

Mae'r cynnyrch yn un lle i'r chwith yn y tabl cyfnodol.

Mae **allyriad positron** neu **ddadfeiliad β$^+$** yn isgategori arall o ddadfeiliad beta. Yn y broses hon caiff proton ei drawsnewid yn niwtron wrth ryddhau positron a niwtrino electron. Mae'r positron yn fath o ronyn beta (β$^+$).

$$^{23}_{12}Mg \longrightarrow {}^{23}_{11}Na + β^+$$

Mae'r cynnyrch un lle i'r chwith yn y tabl cyfnodol.

DYLECH WYBOD ›››

››› natur ymbelydredd alffa (α) a beta (β) a phelydriad gama (γ)

››› eu hymddygiad mewn meysydd trydanol a'u pŵer treiddiol cymharol

››› sut mae allyriad α a β yn effeithio ar rif atomig a rhif màs

››› beth mae hanner oes yn ei olygu

Term Allweddol

Hanner oes yw'r amser i hanner yr atomau mewn radioisotop ddadfeilio neu'r amser y mae ymbelydredd radioisotop yn ei gymryd i ostwng i hanner ei werth gwreiddiol.

Hanner oes

Nid yw'n bosibl cyflymu nac arafu'r gyfradd y mae isotop ymbelydrol yn dadfeilio; mae mewn cyfrannedd â nifer yr atomau ymbelydrol sy'n bresennol. Dangosir natur dadfeiliad ymbelydrol isod.

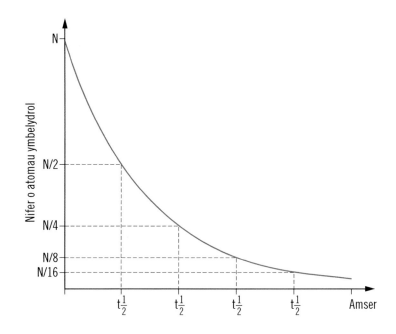

▲ Dadfeiliad ymbelydrol

Mae'r amser y mae *N* atom yn ei gymryd i ddadfeilio i *N*/2 atom yr un fath â'r amser y mae *N*/2 atom yn ei gymryd i ddadfeilio i *N*/4 atom ac i *N*/4 atom ddadfeilio i *N*/8 atom. Yr enw ar yr amser i ddadfeilio i hanner nifer yr atomau ymbelydrol yw **hanner oes**.

Mae'r broses yn debyg i gystadleuaeth ddileu fel Wimbledon lle mae hanner y cystadleuwyr (atomau) yn diflannu ym mhob rownd (hanner oes). Mae nifer y cystadleuwyr sy'n diflannu yn ystod pob rownd (nifer yr atomau sy'n dadfeilio bob hanner oes) yn lleihau o hyd ond mae bob tro yn hanner y rhai sy'n weddill.

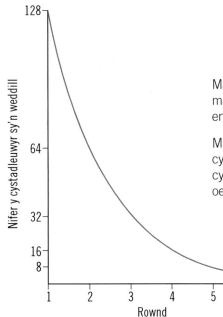

Mae dau fath o gyfrifiad gyda hanner oes:

- Darganfod yr amser y mae'n ei gymryd i ymbelydredd sampl ostwng i ffracsiwn penodol o'i werth gwreiddiol.
- Darganfod màs isotop ymbelydrol sy'n weddill ar ôl amser penodol o wybod y màs gwreiddiol.

Enghraifft

Hanner oes yr isotop ymbelydrol ^{28}Mg yw 21 awr.

(a) Cyfrifwch faint o amser y bydd yn ei gymryd i ymbelydredd yr isotop ddadfeilio i $^1/_8$fed ei werth gwreiddiol.

(b) Os oeddech yn dechrau gyda 2.0 g o ^{28}Mg, cyfrifwch fàs yr isotop hwn sy'n weddill ar ôl 84 awr.

Ateb

(a) $1 \xrightarrow{21} \dfrac{1}{2} \xrightarrow{21} \dfrac{1}{4} \xrightarrow{21} \dfrac{1}{8}$

$21 \times 3 = 63$ awr

(b) 84 awr = 4 hanner oes

$2.0\text{g} \xrightarrow{21} 1.0\text{g} \xrightarrow{21} 0.5\text{g} \xrightarrow{21} 0.25\text{g} \xrightarrow{21} 0.125\text{g}$

Canlyniadau ar gyfer celloedd byw

Gall allyriadau ymbelydrol fod yn niweidiol. Fodd bynnag, rydym i gyd yn derbyn rhywfaint o belydriad o'r pelydriad cefndir sy'n bodoli ym mhob man. Mae gweithwyr mewn diwydiannau lle maen nhw'n agored i belydriad o isotopau ymbelydrol yn cael eu monitro'n ofalus i sicrhau na fyddan nhw'n derbyn mwy o belydriad na'r hyn sy'n cael ei ganiatáu o dan derfynau sy'n cael eu cytuno yn rhyngwladol.

Gall pelydriad sy'n ïoneiddio niweidio DNA cell. Gall niwed i'r DNA beri newidiadau yn y ffordd y mae'r gell yn gweithredu, sy'n gallu achosi mwtaniadau gan ffurfio celloedd canseraidd ar ddos isel, neu farwolaeth celloedd ar ddos uwch.

Gall perygl gan belydriad sy'n ïoneiddio ddod o ffynonellau y tu allan i'r corff neu y tu mewn iddo. Yn achos ffynhonnell y tu allan i'r corff, pelydriad gama sy'n debygol o fod fwyaf peryglus. Fodd bynnag, mae fel arall yn achos ffynonellau y tu mewn i'r corff ac os caiff isotopau sy'n allyrru gronynnau alffa eu hamlyncu, maen nhw'n fwy peryglus o lawer nag ymbelydredd cyfatebol gan isotopau sy'n allyrru beta neu gama.

Defnydd buddiol o ymbelydredd

Er bod pelydriad o radioisotopau yn niweidiol i iechyd, ar yr un pryd mae llawer o ddulliau o ddefnyddio ymbelydredd wedi cael eu darganfod.

Meddygaeth

- Cobalt-60 mewn radiotherapi ar gyfer trin canser. Mae egni uchel pelydriad γ yn cael ei ddefnyddio i ladd celloedd canser ac atal tyfiant malaen rhag datblygu.
- Mae technetiwm-99m yn un o'r radioisotopau mwyaf cyffredin sy'n cael ei ddefnyddio mewn meddygaeth. Mae'n cael ei ddefnyddio fel olinydd, fel rheol er mwyn labelu moleciwl sy'n dod yn rhan o'r feinwe sydd am gael ei hastudio.

Dyddio ymbelydrol

- Mae carbon-14 (hanner oes 5570 mlynedd) yn cael ei ddefnyddio i gyfrifo oed

- gweddillion planhigion ac anifeiliaid. Mae pob organeb byw yn amsugno carbon, sy'n cynnwys cyfran fach o garbon-14, sy'n ymbelydrol. Pan fydd organeb yn marw, ni fydd yn amsugno carbon-14 mwyach a bydd yr hyn sy'n bresennol eisoes yn dadfeilio. Mae'n bosibl defnyddio'r gyfradd y mae dadfeiliad yn lleihau dros y blynyddoedd a'r ymbelydredd sy'n weddill i gyfrifo oed organebau.

- Mae potasiwm-40 (hanner oes 1300 miliwn mlynedd) yn cael ei ddefnyddio i amcangyfrif oed daearegol creigiau. Mae potasiwm-40 yn gallu newid yn argon-40 wrth i'r niwclews ddal un o'r electronau mewnol. Mae mesur y gymhareb potasiwm-40 i argon-40 mewn craig yn rhoi amcangyfrif o'i hoed.

Dadansoddi

- Dadansoddi gwanediad. Defnyddio sylweddau sydd wedi'u labelu gan isotop i ddarganfod màs sylwedd mewn cymysgedd. Mae hyn yn ddefnyddiol os yw'n bosibl arunigo cydran o gymysgedd cymhleth o'r cymysgedd yn bur ond yn amhosibl ei echdynnu'n feintiol.

- Mesur trwch stribedi metel neu ffoil. Mae'r metel yn cael ei roi rhwng dau roler i gael y trwch cywir. Caiff ffynhonnell ymbelydrol (allyrrydd β) ei osod ar un ochr i'r metel gyda chanfodydd ar yr ochr arall. Os yw swm yr ymbelydredd sy'n cyrraedd y canfodydd yn cynyddu, mae'r canfodydd yn gweithredu mecanwaith i symud y rholeri ar wahân; os yw'r swm yn lleihau, mae'n eu symud yn agosach i'w gilydd.

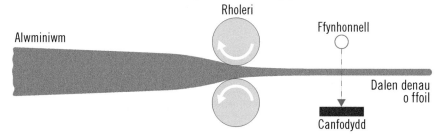

Adeiledd electronig

Mae electronau yn allweddol i bron y cyfan o gemeg gan mai dim ond electronau sy'n cymryd rhan yn y newidiadau sy'n digwydd yn ystod adweithiau cemegol. Mae electronau mewn atomau i'w cael mewn lefelau egni neu blisg sefydlog. Mae plisg yn cael eu rhifo'n 1, 2, 3, 4, a.y.b. Rydym yn galw'r rhifau hyn yn brif rifau cwantwm, n. Yr isaf yw gwerth n, yr agosaf i'r niwclews yw'r plisgyn a'r isaf yw'r lefel egni.

Mewn plisgyn mae rhanbarthau o amgylch y niwclews lle mae tebygolrwydd uchel o gael electron ag egni penodol. Rydym yn galw'r rhanbarthau hyn yn **orbitalau atomig**. Mae orbitalau o'r un fath yn cael eu grwpio ynghyd mewn is-blisgyn. Gall orbital gynnwys dau electron. Yn ogystal â gwefr, mae gan electronau briodwedd o'r enw 'sbin'. Er mwyn i ddau electron fodoli yn yr un orbital mae'n rhaid iddyn nhw fod â sbiniau dirgroes: mae hyn yn lleihau effaith gwrthyriad. Mae gan bob orbital ei siâp tri-dimensiwn ei hun.

Nid oes ond un math o orbital s ac mae'n sfferig.

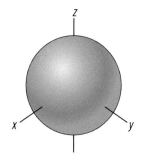

Rydym fel rheol yn ei lunio fel hyn:

Term Allweddol

Orbital atomig yw rhanbarth mewn atom sy'n gallu dal hyd at ddau electron sydd â sbiniau dirgroes.

Cyngor arholwr

Mae angen i chi wybod y ffurfwedd electronig ar gyfer y 36 elfen gyntaf.

Nid yw'r ffurfweddau ar gyfer cromiwm a chopr fel y byddech yn disgwyl iddynt fod; mae'r ddwy yn diweddu mewn 4s[1].

Mae'r orbitalau 4s yn cael eu llenwi cyn yr orbitalau 3d.

Mae tri orbital p (llabedau siâp dymbel), sef orbitalau p_x, p_y a p_z. Maen nhw ar ongl sgwâr i'w gilydd.

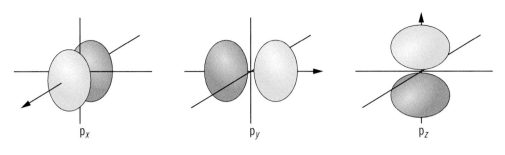

Maen nhw'n cael eu darlunio fel hyn

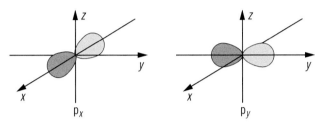

▲ Darluniad o orbitalau p

Mae pum orbital d a saith orbital f.

Felly:

- gall is-blisgyn s ddal 2 electron
- gall is-blisgyn p ddal 6 electron
- gall is-blisgyn d ddal 10 electron
- gall is-blisgyn f ddal 14 electron.

Llenwi plisg ac orbitalau ag electronau

Adeiledd neu ffurfwedd electronig yw'r enw ar gyfer y ffordd y mae electronau atom yn cael eu trefnu yn ei orbitalau atomig. Gallwn weithio allan yr adeiledd electronig drwy ddefnyddio tair rheol sylfaenol:

1. Mae electronau yn llenwi orbitalau atomig yn nhrefn egni cynyddol (egwyddor Aufbau)
2. Gall uchafswm o ddau electron lenwi unrhyw orbital a bydd ganddyn nhw sbiniau dirgroes (egwyddor wahardd Pauli).
3. Bydd yr orbitalau yn derbyn un electron yr un, â'u sbiniau yn baralel, cyn ychwanegu ail electron â'r sbin dirgroes (rheol Hund).

Mae'r diagram ar yr ochr dde yn dangos trefn llenwi'r orbitalau.

Mae'r drefn ddisgwyliedig i'w gweld hyd at is-blisgyn 3p, ond wedyn mae'n newid, gydag is–blisgyn 4s yn cael ei lenwi cyn 3d.

Y ffordd fwyaf cyffredin o ddarlunio **ffurfwedd electronig** atom yw ysgrifennu'r is-blisg llawn yn nhrefn egni cynyddol gyda nifer yr electronau wedyn fel uwchysgrif. Er enghraifft, mae gan nitrogen ddau electron yn orbital 1s, dau electron yn orbital 2s a thri electron yn is-blisgyn 2p ac felly rydym yn ysgrifennu $1s^2 \, 2s^2 \, 2p^3$.

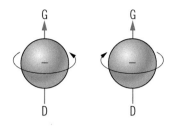
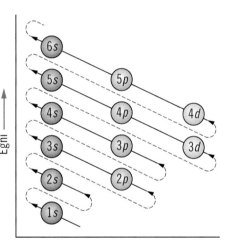

▲ Y drefn y mae electronau'n llenwi orbitalau

▼ **Pwt o eglurhad**

Mae orbitalau 4s yn llenwi cyn orbitalau 3d oherwydd dylanwadau cynyddol gymhleth atyniadau niwclear a gwrthyriadau electron ar electronau unigol.

Term Allweddol

Ffurfwedd electronig yw trefniant yr electronau mewn atom.

Gwirio eich gwybodaeth

(a) Defnyddiwch electronau mewn blychau i ysgrifennu ffurfwedd electronig:

   (i) atom o ffosfforws, P.

   (ii) ïon magnesiwm, Mg^{2+}

(b) Ysgrifennwch y ffurfwedd electronig yn nhermau is-blisg ar gyfer atom cromiwm.

Gwirio eich gwybodaeth

Nodwch nifer yr orbitalau gwahanol yn y trydydd plisgyn cwantwm.

 Safle yn y tabl cyfnodol, tudalen 57

Er cyfleustra rydym yn ysgrifennu $1s^2\ 2s^2\ 2p^6\ 3s^2\ 3p^6$ fel [Ar] yn hytrach na'i ysgrifennu'n llawn bob tro. Er enghraifft, gallwn ysgrifennu ffurfwedd electronig manganîs, rhif atomig 25, fel [Ar] $3d^5\ 4s^2$.

Ffordd gyfleus o ysgrifennu ffurfwedd electronig yw defnyddio 'electronau mewn blychau'. Rydym yn darlunio pob orbital fel blwch a'r electronau fel saethau gyda'u sbin clocwedd neu wrthglocwedd fel ↑ neu ↓.

Dyma'r nodiant 'electronau mewn blychau' a ffurf fer yr adeiledd electronig ar gyfer y deg elfen gyntaf.

Elfen	Ffurfwedd electronig			Electronau mewn blychau				
				1s	2s	2p		
H	$1s^1$			↑				
He	$1s^2$			↑↓				
Li	$1s^2$	$2s^1$		↑↓	↑			
Be	$1s^2$	$2s^2$		↑↓	↑↓			
B	$1s^2$	$2s^2$	$2p^1$	↑↓	↑↓	↑		
C	$1s^2$	$2s^2$	$2p^2$	↑↓	↑↓	↑	↑	
N	$1s^2$	$2s^2$	$2p^3$	↑↓	↑↓	↑	↑	↑
O	$1s^2$	$2s^2$	$2p^4$	↑↓	↑↓	↑↓	↑	↑
F	$1s^2$	$2s^2$	$2p^5$	↑↓	↑↓	↑↓	↑↓	↑
Ne	$1s^2$	$2s^2$	$2p^6$	↑↓	↑↓	↑↓	↑↓	↑↓

▲ Tabl ffurfwedd electronig

Rydym yn darlunio ffurfwedd electronig ïonau yn yr un modd ag ar gyfer atomau.

Mae ïonau positif yn ffurfio drwy golli electronau o'r orbitalau sydd â'r egni uchaf ac felly mae gan yr ïonau hyn lai o electronau na'r atom gwreiddiol.

Mae ïonau negatif yn ffurfio drwy ychwanegu electronau yn yr orbitalau sydd â'r egni uchaf ac felly mae gan yr ïonau hyn fwy o electronau na'r atom gwreiddiol,

e.e.   Na $1s^2\ 2s^2\ 2p^6\ 3s^1$ Na^+ $1s^2\ 2s^2\ 2p^6$

     Cl $1s^2\ 2s^2\ 2p^6\ 3s^2\ 3p^5$ Cl^- $1s^2\ 2s^2\ 2p^6\ 3s^2\ 3p^6$

Egnïon ïoneiddiad

Yr enw ar y broses o dynnu electronau oddi ar atom yw ïoneiddiad. Yr enw ar yr egni sydd ei angen i dynnu pob electron olynol oddi ar atom yw'r egni ïoneiddiad cyntaf, yr ail, y trydydd, a.y.b.

Mae crynodeb o'r broses ar gyfer **egni ïoneiddiad cyntaf** elfen i'w weld yn yr hafaliad:

$$X(n) \longrightarrow X^+(n) + e^-$$

Caiff electronau eu dal yn eu plisg gan eu hatyniad at y niwclews positif ac felly y mwyaf yw'r atyniad, y mwyaf yw'r egni ïoneiddiad. Mae'r atyniad hwn yn dibynnu ar dri ffactor:

- Maint gwefr bositif y niwclews – y mwyaf yw gwefr y niwclews, y mwyaf yw'r grym atynnol ar yr electron allanol a'r mwyaf yn y byd yw'r egni ïoneiddiad.

- Pellter yr electron allanol o'r niwclews – mae grym yr atyniad rhwng y niwclews a'r electron allanol yn lleihau wrth i'r pellter rhyngddyn nhw gynyddu. Y pellaf yw electron o'r niwclews, y lleiaf yw'r egni ïoneiddiad.

- **Effaith gysgodi** gan electronau mewn plisg mewnol llawn – mae pob electron yn gwrthyrru ei gilydd gan fod ganddyn nhw wefr negatif. Mae electronau yn y plisg mewnol llawn yn gwrthyrru electronau yn y plisgyn allanol ac yn lleihau effaith gwefr bositif y niwclews. Y mwyaf o blisg neu is-blisg mewnol llawn sydd, y lleiaf yw'r grym atynnol ar yr electron allanol, a'r lleiaf yw'r egni ïoneiddiad.

Mae tystiolaeth dros fodolaeth plisg ac is-blisg i'w gweld o graff egnïon ïoneiddiad cyntaf yn erbyn yr elfennau (neu eu rhifau atomig). Dyma graff ar gyfer yr ugain elfen gyntaf.

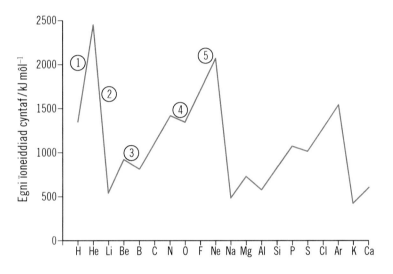

▲ Graff egni ïoneiddiad yn erbyn elfennau

Nodweddion mwyaf arwyddocaol y graff yw:

- Ar y 'brigau' y mae elfennau Grŵp 0.
- Yn y 'gwaelodion' y mae elfennau Grŵp 1.
- Mae cynnydd cyffredinol mewn egni ïoneiddiad ar draws cyfnod, er nad yw'r cynnydd hwn yn unffurf.

Wrth edrych ar y graff yn fanwl (cofiwch y tri phrif ffactor sy'n effeithio ar egni ïoneiddiad), gwelwn:

1. He > H gan fod gan heliwm wefr niwclear fwy yn yr un is-blisgyn ac felly nid oes llawer mwy o gysgodi.

2. He > Li gan fod electron allanol lithiwm mewn plisgyn newydd sydd â mwy o gysgodi ac sy'n bellach o'r niwclews.

3. Be > B gan fod electron allanol boron mewn is-blisgyn newydd sydd â lefel egni ychydig yn uwch ac sy'n cael ei gysgodi'n rhannol gan yr electronau 2s.

4. N > O gan fod y gwrthyriad electron–electron rhwng y ddau electron sydd wedi'u paru mewn un orbital p mewn ocsigen yn golygu ei bod yn haws tynnu un o'r electronau. Nid oes gan nitrogen electronau wedi'u paru yn ei orbital p.

5. He > Ne gan fod electron allanol neon yn cael ei gysgodi'n fwy gan electronau mewnol a'i fod yn bellach o'r niwclews.

Termau Allweddol

Egni ïoneiddiad cyntaf molar elfen yw'r egni sydd ei angen i dynnu un môl o electronau o un môl o'i atomau nwyol.

Cysgodi neu sgrinio electronau yw'r gwrthyriad rhwng electronau mewn plisg gwahanol. Mae electronau mewn plisg mewnol yn gwrthyrru electronau yn y plisgyn allanol.

Cyswllt Tueddiadau ar draws cyfnodau, tudalen 57

Pwt o eglurhad

Os yw'r amodau ar gyfer egni ïoneiddiad yn 298 K ac 1 atm yna rydym yn galw'r broses yn egni ïoneiddiad safonol.

Mae pob egni ïoneiddiad yn bositif gan fod angen egni bob amser i dynnu electron.

14

Gwirio eich gwybodaeth

Y pedwar egni ïoneiddiad cyntaf (mewn kJ môl–1) ar gyfer elfen yw: 738, 1451, 7733 a 10541.

Mae'r elfen yn perthyn i grŵp .... yn y tabl cyfnodol oherwydd bod .... rhwng yr .... a'r .... egnïon ïoneiddiad.

Estyn a Herio

Ar gyfer unrhyw rif positif, *n*, $\log_{10} n$ yw'r pŵer y mae angen codi'r bôn (sef 10 yn yr achos hwn) iddo er mwyn gwneud *n*. Er enghraifft, ar gyfer y rhif 100,

$\text{Log}_{10} 100 = 2$ h.y. $100 = 10^2$

Cyngor arholwr

Mae cynnydd mawr mewn egnïon ïoneiddiad olynol yn dangos bod electron wedi cael ei dynnu o blisgyn newydd sy'n nes at y niwclews ac mae'n rhoi'r grŵp y mae'r elfen yn perthyn iddo.

Mae Li yn dangos naid egni fawr rhwng yr egni ïoneiddiad cyntaf a'r ail ac felly mae yng Ngrŵp 1.

Mae Al yn dangos naid egni fawr rhwng y trydydd a'r pedwerydd egni ïoneiddiad ac felly mae yng Ngrŵp 3.

DYLECH WYBOD ›››

››› y berthynas rhwng egni ac amledd a'r berthynas rhwng amledd a thonfedd

››› trefn egni cynyddol golau isgoch, gweladwy ac uwchfioled

Egnïon ïoneiddiad olynol

Mae'r **egnïon ïoneiddiad olynol** sydd eu hangen i dynnu'r holl electronau o atom yn darparu tystiolaeth bellach dros fodolaeth plisg ac is-blisg.

Mae gan elfen yr un nifer o egnïon ïoneiddiad ag o electronau. Mae gan sodiwm 11 electron ac felly mae ganddo 11 egni ïoneiddiad olynol.

Er enghraifft, mae'r trydydd egni ïoneiddiad yn fesur o ba mor hawdd y bydd ïon 2+ yn colli electron i ffurfio ïon 3+. Dyma hafaliad i gynrychioli trydydd egni ïoneiddiad sodiwm:

$$Na^{2+}(n) \longrightarrow Na^{3+}(n) + e^-$$

Mae egnïon ïoneiddiad olynol bob amser yn cynyddu oherwydd:

- Mae gwefr niwclear effeithiol fwy gan fod yr un nifer o brotonau yn dal llai a llai o electronau.
- Wrth i bob electron gael ei dynnu, mae llai o wrthyriad electron–electron a chaiff pob plisgyn ei dynnu i mewn ychydig yn agosach at y niwclews.
- Wrth i bellter pob electron o'r niwclews leihau, mae atyniad y niwclews yn cynyddu.

Gan fod yr egnïon ïoneiddiad mor fawr mae'n rhaid i ni ddefnyddio logarithmau bôn 10 ($\log_{10}$) er mwyn gwneud i'r rhifau ffitio ar raddfa resymol.

Mae'r graff isod yn dangos egnïon ïoneiddiad olynol sodiwm.

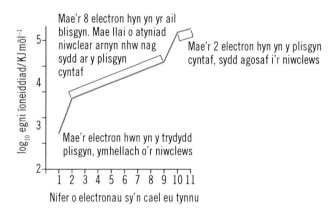

▲ Graff egnïon ïoneiddiad sodiwm

Yn achos sodiwm, mae un electron ar ei ben ei hun, sef yr un hawsaf ei dynnu. Yna mae wyth o electronau ac mae pob un yn fwy anodd ei dynnu na'r un diwethaf. Yn olaf mae dau electron, sef y rhai mwyaf anodd eu tynnu.

Sylwch ar y cynnydd mawr mewn egni ïoneiddiad wrth i'r ail a'r degfed electron gael eu tynnu. Petai'r electronau i gyd yn yr un plisgyn, ni fyddai'r cynnydd neu'r naid yn fawr.

Sbectra allyrru ac amsugno

Golau a phelydriad electromagnetig

Mae golau yn ffurf ar belydriad electromagnetig. Pelydriad electromagnetig yw egni sy'n teithio mewn tonnau. Gallwn ddisgrifio ton yn ôl ei hamledd (*f*) a'i thonfedd (λ).

Dyma'r hafaliad sy'n cysylltu amledd a thonfedd golau:

$c = f\lambda$ (c yw buanedd golau)

Dyma'r hafaliad sy'n cysylltu amledd pelydriad electromagnetig ac egni (*E*):

$E = hf$ (h yw Cysonyn Planck)

Felly, $f \propto E$, ac os bydd amledd yn cynyddu, bydd egni yn cynyddu.

$f \propto 1/\lambda$ ac os bydd amledd yn cynyddu, bydd tonfedd yn lleihau.

Enw'r ystod lawn o amleddau pelydriad electromagnetig yw'r sbectrwm electromagnetig.

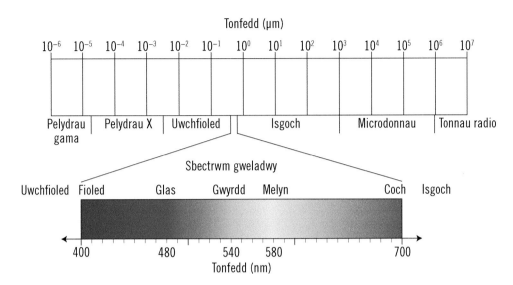

▲ Y sbectrwm electromagnetig

Yn yr uned hon rydym yn ystyried y rhanbarthau isgoch, gweladwy ac uwchfioled yn unig.

Mae'n bwysig nodi bod egni a hefyd amledd yn cynyddu wrth fynd o'r rhanbarth isgoch, drwy'r gweladwy i'r uwchfioled. Felly, mae gan olau glas egni uwch na golau coch. Wrth i'r amledd gynyddu a'r donfedd felly leihau, mae'n dilyn bod gan olau glas donfedd fyrrach na golau coch.

Sbectra amsugno

Mae golau sy'n cynnwys pob tonfedd weladwy yn wyn. Mae pob atom a moleciwl yn amsugno golau â thonfeddi arbennig. Felly, pan fydd golau gwyn yn cael ei ddisgleirio drwy anwedd elfen, bydd rhai tonfeddi yn cael eu hamsugno gan yr atomau a'u dileu o'r golau. Wrth i ni edrych drwy sbectromedr, byddwn yn gweld llinellau du yn y sbectrwm lle mae golau tonfeddi penodol wedi cael ei amsugno. Mae tonfeddi'r llinellau hyn yn cyfateb i'r egni y mae'r atomau yn ei gymryd i godi electronau o lefelau egni is i rai uwch.

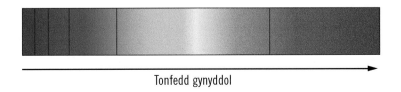

Tonfedd gynyddol

▼ **Pwt o eglurhad**

Pelydriad electromagnetig yn yr ystod o donfeddi sy'n cyfateb i ranbarth gweladwy'r sbectrwm electromagnetig yw golau.

! Cymorth Ychwanegol

Tonfedd yw'r pellter rhwng pwynt ar un don a'r un pwynt ar y don nesaf.

Amledd (mewn Hz) yw'r nifer o weithiau y mae'r don yn ailadrodd mewn un eiliad.

15 Gwirio eich gwybodaeth

Amleddau dwy linell yn sbectrwm allyrru atomig hydrogen yw 460 THz a 690 THz. Nodwch pa un

(a) sydd â'r egni uchaf

(b) sydd â'r donfedd uchaf.

Sbectra allyrru

Pan roddir egni i atomau drwy eu gwresogi neu gan faes trydanol, caiff electronau eu cynhyrfu ac mae'r egni ychwanegol yn eu codi o lefel egni is i lefel egni uwch. Pan gaiff ffynhonnell yr egni ei thynnu a phan fydd yr electronau yn gadael y cyflwr cynhyrfol, maen nhw'n syrthio o'r lefel egni uchaf i lefel egni is ac mae'r egni a gollir yn cael ei ryddhau ar ffurf ffoton (cwantwm o egni golau) ag amledd penodol. Mae'r sbectrwm rydym yn ei weld yn cynnwys nifer o linellau lliw ar gefndir du.

Tonfedd

Mae'r ffaith mai dim ond rhai lliwiau penodol sy'n ymddangos yn sbectrwm allyrru atom yn golygu mai dim ond ffotonau ag egnïon penodol sy'n cael eu hallyrru gan yr atom.

Petai lefelau egni electron heb fod yn gwanteiddiedig ond yn gallu bod ag unrhyw werth, byddem yn gweld sbectrwm di-dor yn hytrach na sbectrwm llinell.

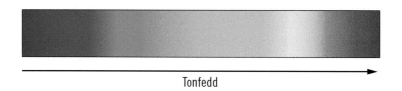

Tonfedd

Sbectrwm hydrogen

Un electron yn unig sydd gan atom hydrogen ac felly mae'n rhoi'r sbectrwm allyrru symlaf. Mae sbectrwm atomig hydrogen yn cynnwys sawl cyfres wahanol o linellau a'r rheini yn bennaf yn rhanbarthau uwchfioled, gweladwy ac isgoch y sbectrwm electromagnetig. Mae chwe chyfres, pob un yn cael ei henwi ar ôl y gwyddonydd a wnaeth ei darganfod. Dim ond un gyfres, cyfres Balmer, sydd yn rhanbarth gweladwy'r sbectrwm.

Diagram sy'n dangos rhan o sbectrwm allyrru atomig hydrogen.

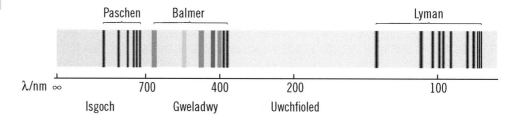

Pan gaiff atom ei gynhyrfu drwy amsugno egni, mae electron yn neidio i fyny i lefel egni uwch. Wrth i'r electron syrthio i lawr yn ôl i lefel egni is, mae'n allyrru egni ar ffurf pelydriad electromagnetig. Gallwn weld yr egni sy'n cael ei allyrru fel llinell yn y sbectrwm oherwydd bod egni'r pelydriad sy'n cael ei allyrru yn hafal i'r gwahaniaeth rhwng y ddwy lefel egni, ΔE, yn y trosiad electronig hwn, h.y. mae'n swm penodol neu'n gwantwm.

Gan fod $\Delta E = hf$, mae trosiadau electronig rhwng lefelau egni gwahanol yn allyrru pelydriad ag amleddau gwahanol ac felly yn cynhyrchu llinellau gwahanol yn y sbectrwm.

Wrth i'r amledd gynyddu, mae'r llinellau yn dod yn nes ac yn nes i'w gilydd oherwydd bod y gwahaniaeth egni rhwng y plisg yn lleihau. Mae pob llinell yng nghyfres Lyman (rhanbarth uwchfioled) yn cael ei hachosi gan electronau yn dychwelyd i'r plisgyn cyntaf neu i lefel egni $n = 1$, ac mae cyfres Balmer (rhanbarth gweladwy) yn cael ei hachosi gan electronau yn dychwelyd i'r ail blisgyn neu i lefel egni $n = 2$.

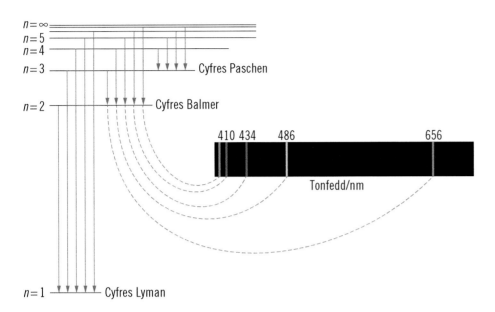

Ïoneiddio'r atom hydrogen

Mae'r llinellau sbectrol yn dod yn nes ac yn nes i'w gilydd wrth i amledd y pelydriad gynyddu nes iddyn nhw gydgyfeirio i derfan. Mae'r terfan cydgyfeiriant yn cyfateb i'r pwynt lle nad yw egni electron yn gwanteiddiedig mwyach. Ar y pwynt hwnnw mae'r niwclews wedi colli pob dylanwad dros yr electron; mae'r atom wedi cael ei ïoneiddio.

Ar gyfer cyfres Lyman, n = 1, mae'r terfan cydgyfeiriant yn cynrychioli ïoneiddiad yr atom hydrogen.

Mae mesur yr amledd cydgyfeiriol (y gwahaniaeth o n = 1 i n = ∞) yn ein galluogi i gyfrifo'r egni ïoneiddiad drwy ddefnyddio $\Delta E = hf$.

Rydym yn lluosi gwerth ΔE â chysonyn Avogadro i roi'r egni ïoneiddiad cyntaf ar gyfer môl o atomau.

Enghraifft sy'n dangos y gwaith cyfrifo

Gwerth y donfedd ar ddechrau'r continwwm yn sbectrwm allyru hydrogen yw 92 nm. Cyfrifwch egni ïoneiddiad cyntaf hydrogen.

(Tybiwch fod $c = 3.00 \times 10^8$ m s^{-1}, h = 6.63×10^{-34} J s ac $L = 6.02 \times 10^{23}$ môl^{-1})

Egni ïoneiddiad = $L \Delta E$ (L = cysonyn Avogadro)

Ond $\Delta E = hf$ ac $f = c/\lambda$ (h = cysonyn Planck, c = buanedd golau)

Felly egni ïoneiddiad
$$= Lhc/\lambda$$
$$= 6.02 \times 10^{23} \times 6.63 \times 10^{-34} \times \frac{3.00 \times 10^8}{(92 \times 10^{-9})}$$
$$= 1\,301\,498 \text{ J môl}^{-1}$$
$$= 1301 \text{ kJ môl}^{-1}$$

Uned 1

1.3
Cyfrifiadau cemegol

Mae gan gemegwyr ddiddordeb yn sut mae atomau yn adweithio â'i gilydd. Maen nhw am wybod am agweddau ansoddol a meintiol adweithiau cemegol. Yn aml iawn mae cemegwyr am fesur symiau union o sylweddau a fydd yn adweithio â'i gilydd – yn enwedig mewn diwydiant, lle bydd ychwanegu gormod o adweithydd yn golygu cost ddiangen neu efallai'n llygru'r cynnyrch. Mae'n fuddiol iawn gallu gweithio'r meintiau hyn allan ar sail nifer atomau (neu foleciwlau) sylweddau sy'n adweithio â'i gilydd. Mae'r uned hon yn dangos sut mae'n bosibl gwneud hyn gan ddefnyddio cysyniad y môl a hafaliadau cemegol cytbwys.

Cynnwys

Dylech allu dangos a chymhwyso gwybodaeth a dealltwriaeth o'r canlynol:

- Y gwahanol dermau màs cymharol (atomig, isotopig, fformiwla, moleciwlaidd).
- Egwyddorion y sbectromedr màs a'i ddefnydd wrth ddarganfod màs atomig cymharol a chyflenwad cymharol isotopau.
- Sbectra màs syml, er enghraifft, sbectrwm màs nwy clorin.
- Sut mae fformiwlâu empirig a moleciwlaidd yn gallu cael eu cyfrifo o ddata sydd wedi cael eu rhoi.
- Y berthynas rhwng cysonyn Avogadro, y môl a màs molar.
- Y berthynas rhwng gramau a molau.
- Cysyniad crynodiad a mynegi hynny yn nhermau gramau neu folau ym mhob uned o gyfaint (gan gynnwys hydoddedd).
- Cyfaint molar a sut i'w gywiro oherwydd newidiadau mewn tymheredd a gwasgedd.
- Hafaliad nwy delfrydol ($pV = nRT$).
- Cysyniad stoichiometreg a'i ddefnydd wrth gyfrifo meintiau sy'n adweithio, gan gynnwys mewn titradiadau asid–bas.
- Cysyniadau economi atom a chanran cynnyrch.
- Sut i amcangyfrif y cyfeiliornad canrannol mewn mesuriad a defnyddio hyn i fynegi atebion rhifol i nifer synhwyrol o ffigurau ystyrlon.

Termau màs cymharol

Masau atomau

Mae masau atomau unigol yn rhy fach i'w defnyddio mewn cyfrifiadau mewn adweithiau cemegol ac felly yn lle hynny rydym yn mynegi màs atom drwy ei gymharu â màs atomig safonol. Cafodd yr isotop carbon-12 ei ddewis fel safon i gyfeirio ati oherwydd rydym yn cyfrifo masau atomig cymharol drwy sbectromedreg màs ac mae cyfansoddion carbon anweddol yn cael eu defnyddio yn eang mewn sbectromedreg màs.

Mae'r rhan fwyaf o elfennau yn bodoli'n naturiol ar ffurf dau neu ragor o isotopau gwahanol. Mae màs elfen yn dibynnu felly ar gyflenwad cymharol yr holl isotopau sy'n bresennol yn y sampl. Er mwyn goresgyn yr anhawster hwn, mae cemegwyr yn defnyddio màs cyfartalog yr holl atomau; yr enw ar hwn yw'r **màs atomig cymharol, A_r**

Nid oes unedau gan fàs atomig cymharol gan mai un màs sy'n cael ei gymharu â màs arall ydyw.

Os ydym yn cyfeirio at fàs isotop arbennig rydym yn defnyddio'r term **màs isotopig cymharol**.

Masau cyfansoddion

Gan fod fformiwla cyfansoddyn yn dangos yn ôl pa gymhareb y mae'r atomau yn cyfuno, mae'n bosibl estyn y syniad o fàs atomig cymharol i gyfansoddion a defnyddio'r term **màs fformiwla cymharol, M_r**.

Er enghraifft, màs fformiwla cymharol copr(II) sylffad, $CuSO_4$, yw:

$$(1 \times 63.5) + (1 \times 32) + (4 \times 16) = 159.5$$

Y sbectromedr màs

Pan fydd sbectromedr màs yn cael ei ddefnyddio i ddarganfod màs atomig cymharol elfen, mae'n mesur dau beth:

- Màs pob isotop o'r elfen.
- Cyflenwad cymharol pob isotop o'r elfen.

Mae'r diagram isod yn dangos sut mae sbectromedr màs yn gweithio.

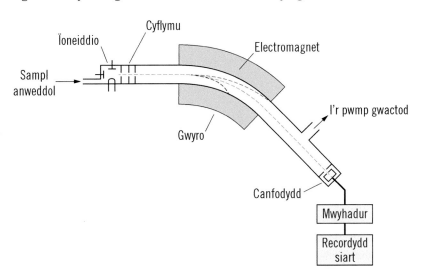

Termau Allweddol

Màs atomig cymharol yw màs cyfartalog un atom o'r elfen o'i gymharu ag un rhan o ddeuddeg o fàs un atom o garbon-12.

Màs isotopig cymharol yw màs un atom o isotop o'i gymharu ag un rhan o ddeuddeg o fàs un atom o garbon-12.

Màs fformiwla cymharol yw màs cyfartalog moleciwl o'i gymharu ag un rhan o ddeuddeg o fàs un atom o garbon-12.

▼ Pwt o eglurhad

Roeddem yn arfer galw màs fformiwla cymharol yn fàs moleciwlaidd cymharol, ond mewn gwirionedd mae màs moleciwlaidd cymharol yn cyfeirio at gyfansoddion sy'n cynnwys moleciwlau yn unig.

18

Gwirio eich gwybodaeth

Cyfrifwch y màs fformiwla cymharol ar gyfer $Na_2S_2O_3.5H_2O$.

DYLECH WYBOD ›››

››› egwyddorion y sbectromedr màs

››› sut i gyfrifo màs atomig cymharol elfen

Mae pedwar prif gam:

Ïoneiddio Mae'r sampl anweddol yn mynd i'r siambr ïoneiddio.

Felly mae'r gronynnau yn y sampl (atomau neu foleciwlau) yn cael eu peledu gan lif o electronau ac mae rhai o'r gwrthdrawiadau yn ddigon egnïol i fwrw un neu ragor o electronau o'r gronynnau yn y sampl gan wneud ïonau positif.

Bydd gan y rhan fwyaf o'r ïonau positif sy'n cael eu ffurfio wefr o +1 oherwydd ei bod yn fwy anodd o lawer tynnu electronau pellach o ïon sydd eisoes yn bositif.

Cyflymu Mae maes trydanol yn cyflymu'r ïonau positif i fuanedd uchel.

Gwyro Caiff ïonau gwahanol eu gwyro gan y maes magnetig drwy onglau gwahanol. Mae maint y gwyriad yn dibynnu ar y canlynol:

- màs yr ïon. Caiff ïonau ysgafn eu gwyro'n fwy na rhai trymach.
- y wefr ar yr ïon. Caiff ïonau sydd â dwy (neu ragor) o wefrau positif eu gwyro'n fwy na rhai sydd ag un wefr bositif yn unig.

Mae'r ddwy ffactor hyn yn cael eu cyfuno i'r gymhareb màs/gwefr.

(Oni nodir fel arall, bydd y sbectra màs sy'n cael eu rhoi yn cynnwys ïonau 1+ yn unig ac felly bydd y gymhareb màs/gwefr yr un maint â màs yr ïon.)

Canfod Caiff y paladr o ïonau sy'n mynd drwy'r peiriant ei ganfod yn drydanol. Dim ond ïonau sydd â'r gymhareb màs/gwefr gywir sy'n mynd yr holl ffordd drwy'r peiriant i'r canfodydd ïonau. (Mae ïonau eraill yn gwrthdaro â'r waliau lle maen nhw'n derbyn electronau ac yn cael eu niwtralu. Yn y pen draw, maen nhw'n cael eu sugno o'r sbectromedr màs gan y pwmp gwactod.) Yna caiff y signal ei fwyhau a'i recordio.

Mae'n bwysig bod yr ïonau sy'n cael eu cynhyrchu yn y siambr ïoneiddio yn gallu mynd drwy'r peiriant yn rhydd heb daro moleciwlau aer fel bod angen gwactod o fewn y cyfarpar.

Cyfrifo màs atomig cymharol

Fel y nodwyd, gallwn ddefnyddio data o sbectromedreg màs i gyfrifo màs atomig cymharol, e.e. dyma sbectrwm màs plwm:

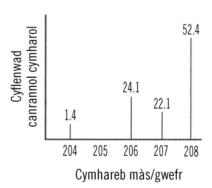

Cyfartaledd pwysol masau'r holl atomau yn y cymysgedd isotopig yw'r màs atomig cymharol, felly

$$\text{Màs atomig cymharol} = \frac{(1.40 \times 204) + (24.1 \times 206) + (22.1 \times 207) + (52.4 \times 208)}{100}$$

$$= 207.2$$

Mae sbectromedreg màs hefyd yn cael ei ddefnyddio er mwyn:

- Adnabod cyfansoddion anhysbys, e.e. profi athletwyr ar gyfer cyffuriau gwaharddedig,
- Adnabod cyfansoddion hybrin mewn gwyddoniaeth fforensig.
- Dadansoddi moleciwlau yn y gofod.

Dehongli sbectra màs

Pan fydd cyfansoddyn anweddol yn mynd drwy sbectromedr màs, caiff electron ei fwrw allan o foleciwl gan ffurfio ïon positif. Rydym yn galw'r ïon hwn yn ïon moleciwlaidd ac mae ei fàs yn rhoi màs fformiwla cymharol y cyfansoddyn.

Mae'r ïonau moleciwlaidd yn ansefydlog o ran egni, a bydd rhai ohonyn nhw yn chwalu'n ddarnau llai.

Mae'n bosibl i'r ïon moleciwlaidd gwreiddiol dorri mewn pob math o ffyrdd – ac mae hyn yn golygu y byddwch yn gweld ystod eang o linellau yn y sbectrwm màs.

Sbectrwm màs clorin

Mae clorin yn cynnwys dau isotop, ^{35}Cl a ^{37}Cl. Mae nwy clorin yn cynnwys moleciwlau, nid atomau unigol a dyma sbectrwm màs clorin:

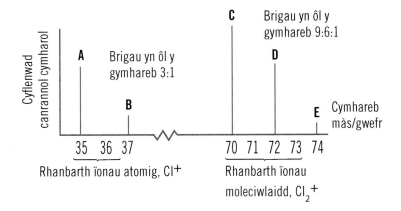

Pan fydd clorin yn mynd i'r siambr ïoneiddio, caiff electron ei fwrw allan o'r moleciwl gan roi ïon moleciwlaidd, Cl_2^+. Nid yw'r ïonau hyn yn sefydlog iawn ac mae rhai yn chwalu gan roi atom clorin ac ïon Cl^+. (Yr enw ar hyn yw darniad.)

Felly mae brig A yn cael ei greu gan $^{35}Cl^+$ a brig B gan $^{37}Cl^+$.

Gan fod tair gwaith cymaint o'r isotop ^{35}C ag sydd o'r isotop ^{37}C, mae uchderau'r brigau yn ôl y gymhareb 3:1.

Yn y rhanbarth ïonau moleciwlaidd ystyriwch y cyfuniadau posibl o atomau ^{35}C a ^{37}Cl mewn ïon Cl_2^+. Gallai'r ddau atom fod yn ^{35}C, gallai'r ddau atom fod yn ^{37}C, neu gallech gael un o bob un.

Felly mae brig C (*m/z* 70) yn cael ei greu gan $(^{35}Cl-^{35}Cl)^+$

Mae brig D (*m/z* 72) yn cael ei greu gan $(^{35}Cl-^{37}Cl)^+$ neu $(^{37}Cl-^{35}Cl)^+$

Mae brig E (*m/z* 74) yn cael ei greu gan $(^{37}Cl-^{37}Cl)^+$

Gan fod y tebygolrwydd bod atom yn ^{35}Cl yn $\frac{3}{4}$ a'r tebygolrwydd ei fod yn ^{37}Cl yn $\frac{1}{4}$, yna

moleciwl	$^{35}Cl-^{35}Cl$	$^{35}Cl-^{37}Cl$ neu $^{37}Cl-^{35}Cl$	$^{37}Cl-^{37}Cl$
tebygolrwydd	$\frac{3}{4} \times \frac{3}{4}$	$\frac{3}{4} \times \frac{1}{4}$ neu $\frac{1}{4} \times \frac{3}{4}$	$\frac{1}{4} \times \frac{1}{4}$
	$\frac{9}{16}$	$\frac{6}{16}$	$\frac{1}{16}$

a chymhareb brigau C : D : E yw 9 : 6 : 1

Mae rhanbarth ïonau moleciwlaidd sbectra màs yn gallu rhoi gwybodaeth am yr isotopau yn y moleciwl.

Mae bromin yn cynnwys dau isotop. Mae rhanbarth ïonau moleciwlaidd ei sbectrwm màs i'w weld ar yr ochr dde.

DYLECH WYBOD ›››

››› sut i ddehongli sbectra màs syml

Cyswllt Sbectromedreg màs, tudalen 161

▼ **Pwt o eglurhad**

Gyda sbectrwm clorin ni allwch wneud unrhyw ragfynegiadau ynghylch uchderau cymharol y llinellau ar *m/z* 35/37 o'u cymharu â'r llinellau ar 70/72/74. Mae'n dibynnu pa gyfran o'r ïonau moleciwlaidd sy'n chwalu'n ddarnau.

20

Gwirio eich gwybodaeth

Yn sbectrwm màs hydrogen, eglurwch pam mae brigau sy'n cael eu creu gan atomau hydrogen yn bresennol er nad yw nwy hydrogen ond yn cynnwys moleciwlau H_2.

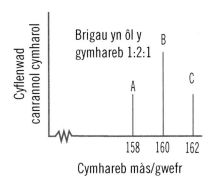

Gan mai dau isotop yn unig sydd ganddo:

mae'n rhaid bod brig A (*m/z* 158) wedi'i greu gan (^{79}Br—^{79}Br)$^+$ a

brig C (*m/z* 162) gan (^{81}Br—^{81}Br)$^+$.

Felly mae brig B (*m/z* 160) wedi'i greu gan (^{79}Br—^{81}Br)$^+$ neu (^{81}Br—^{79}Br)$^+$.

Gan fod cymhareb brigau A : B : C bron yn 1 : 2 : 1, mae'n dilyn bod bromin naturiol yn cynnwys cymysgedd bron 50:50 o ^{79}Br a ^{81}Br.

moleciwl	^{79}Br—^{79}Br	^{79}Br—^{81}Br neu ^{81}Br—^{79}Br	^{81}Br—^{81}Br
tebygolrwydd	$\frac{1}{2} \times \frac{1}{2}$	$\frac{1}{2} \times \frac{1}{2}$ neu $\frac{1}{2} \times \frac{1}{2}$	$\frac{1}{2} \times \frac{1}{2}$
	$\frac{1}{4}$	$\frac{2}{4}$	$\frac{1}{4}$

Swm y sylwedd

Mewn adweithiau cemegol, er mwyn i'r holl adweithyddion newid yn gynhyrchion, mae'n rhaid defnyddio swm cywir o bob adweithydd. Gan fod yr atomau sy'n gwneud yr adweithyddion yn ad-drefnu i ffurfio'r cynhyrchion, byddai'n fuddiol iawn gallu gweithio allan y symiau hyn ar sail nifer yr atomau sy'n adweithio.

Os byddwch yn talu darnau arian i mewn i fanc, ni fydd y clerc yn eu cyfrif yn unigol – mae'n gwybod màs nifer arbennig o ddarnau arian, e.e. gwerth £10 o ddarnau 50c ac felly bydd yn pwyso bag o ddarnau arian i gadarnhau bod y nifer cywir o ddarnau arian yn bresennol.

Yn yr un modd, mae atomau yn rhy fach i gael eu cyfrif yn unigol ac felly maen nhw'n cael eu cyfrif drwy bwyso casgliad ohonyn nhw lle mae màs nifer sefydlog penodol o atomau yn hysbys.

Gan mai carbon-12 yw'r safon sydd wedi'i ddewis ar gyfer màs atomig cymharol, mae nifer yr atomau mewn 12g union o garbon-12 yn cael ei ddewis fel y safon, a'r enw ar hyn yw'r **môl**.

Mae nifer yr atomau mewn môl yn fawr iawn. Drwy ddefnyddio sbectromedr màs, rydym wedi darganfod bod màs un atom o garbon-12 yn 1.993×10^{-23}g ac felly

$$\text{nifer yr atomau ym mhob môl} = \frac{\text{màs môl o } ^{12}\text{C}}{\text{màs un atom o } ^{12}\text{C}}$$

$$= \frac{12\,\text{g môl}^{-1}}{1.993 \times 10^{-23}\,\text{g}}$$

$$= 6.02 \times 10^{23}\,\text{môl}^{-1}$$

Yr enw ar hwn yw **cysonyn Avogadro**, **L**, ar ôl y cemegydd o'r Eidal o'r bedwaredd ganrif ar bymtheg, Amadeo Avogadro.

Yr enw ar fàs un môl o sylwedd yw'r **màs molar**, **M**. Mae ganddo'r un gwerth rhifiadol ag A_r neu M_r ond mae ganddo uned, sef g môl^{-1}.

Mae'r hafaliad isod yn cysylltu swm y sylwedd mewn molau (*n*), y màs (*m*) a'r màs molar (*M*):

$$\text{swm mewn molau } (n) = \frac{\text{màs } (m)}{\text{màs molar } (M)}$$

Gallwn ad-drefnu'r mynegiant ar gyfer swm mewn molau mewn dwy ffordd er mwyn darganfod màs sampl neu fàs molar sylwedd.

Termau Allweddol

Un môl yw swm unrhyw sylwedd sy'n cynnwys yr un nifer o ronynnau â nifer yr atomau mewn 12 g union o garbon-12.

Cysonyn Avogadro yw nifer yr atomau mewn môl.

Màs molar yw màs un môl o sylwedd.

▼ **Pwt o eglurhad**

Dysgwch yr hafaliadau sy'n cysylltu swm y sylwedd â'r màs ar gyfer solid:

$$n = \frac{m}{M}$$

neu $m = nM$

neu $M = \frac{m}{n}$

Enghreifftiau sy'n dangos y gwaith cyfrif

Faint o folau o sodiwm sy'n bresennol mewn 0.23 g o sodiwm?

A_r sodiwm = 23.0

$$\text{Màs molar sodiwm} = 23.0\,\text{g môl}^{-1}$$

$$\text{Swm y sodiwm} = \frac{m}{M} = \frac{0.23\,\text{g}}{23.0\,\text{g môl}^{-1}} = 0.01\,\text{môl}$$

Os oes angen 0.05 môl o sodiwm hydrocsid arnoch, pa fàs o'r sylwedd y mae angen i chi ei bwyso?

$$\text{Màs molar NaOH} = 40\,\text{g môl}^{-1}$$

$$\text{Màs y sampl} = n \times M$$

$$= 0.05 \times 40$$

$$= 2\,\text{g}$$

21

Gwirio eich gwybodaeth

Cyfrifwch fàs y sodiwm sy'n cynnwys

(a) 6×10^{23} atomau

(b) 4×10^{25} atomau.

(Tybiwch fod cysonyn Avogadro yn $6 \times 10^{23}\,\text{môl}^{-1}$.)

22

Gwirio eich gwybodaeth

(a) Cyfrifwch fàs 0.020 môl o sodiwm carbonad.

(b) Cyfrifwch swm 1.36 g calsiwm carbonad (mewn molau).

Cyfrifo masau sy'n adweithio

Mewn adwaith cemegol, mae adweithyddion yn troi'n gynhyrchion. Os bydd màs yr adweithyddion yn cael ei roi i ni, gallwn ddarganfod màs y cynhyrchion sy'n cael eu ffurfio os oes gennym hafaliad cemegol cytbwys ar gyfer yr adwaith.

Mae hafaliad yn dweud wrthym nid yn unig pa sylweddau sy'n adweithio â'i gilydd ond hefyd pa symiau o sylweddau mewn molau sy'n adweithio â'i gilydd. Yr enw ar y gymhareb rhwng symiau mewn molau o adweithyddion a chynhyrchion yw'r gymhareb **stoichiometrig** (cymarebau molar).

Er enghraifft, mae'r hafaliad ar gyfer llosgi magnesiwm mewn ocsigen i gynhyrchu magnesiwm ocsid

$$2Mg + O_2 \longrightarrow 2MgO$$

yn dweud wrthym fod 2 fôl o fagnesiwm yn adweithio ag 1 môl o ocsigen gan gynhyrchu 2 fôl o fagnesiwm ocsid.

Pa fàs o fagnesiwm ocsid sy'n ffurfio os byddwn yn llosgi 1.215 g o fagnesiwm mewn gormodedd o ocsigen?

I gyfrifo hyn, rydym yn dilyn y camau canlynol:

Cam 1 Newid màs Mg yn nifer o folau (rhannu â'r màs molar).

Cam 2 Defnyddio'r hafaliad cytbwys i nodi'r gymhareb folar Mg : MgO a thrwy hyn diddwytho nifer y molau o MgO.

Cam 3 Newid swm MgO mewn molau yn fàs (lluosi â'r màs molar).

Cam 1 Swm Mg mewn molau = $\dfrac{1.215}{24.3}$ = 0.050 môl

Cam 2 Y gymhareb folar yn ôl yr hafaliad yw 2Mg : 2MgO, h.y. 1 : 1

felly mae 0.050 môl Mg yn rhoi 0.050 môl MgO

Cam 3 Màs molar MgO = 24.3 + 16 = 40.3

$$\text{Màs MgO} = 0.05 \times 40.3$$

$$= 2.015\,\text{g}$$

Term Allweddol

Stoichiometreg yw'r berthynas folar rhwng symiau'r adweithyddion a'r cynhyrchion mewn adwaith cemegol

Estyn a Herio

Pan gaiff mwyn haearn (haearn(III) ocsid) ei rydwytho gan garbon monocsid mewn ffwrnais chwyth, mae haearn yn cael ei gynhyrchu. Cyfrifwch faint o haearn sy'n cael ei gynhyrchu o 1 kg o fwyn haearn

▼ **Pwt o eglurhad**

Mae'r term 'gormodedd o ocsigen' yn golygu bod hen ddigon o ocsigen yn bresennol i adweithio â'r holl fagnesiwm sy'n llosgi ynddo. Pan fydd yr adwaith wedi'i gwblhau, bydd yr holl fagnesiwm wedi adweithio a bydd peth ocsigen ar ôl.

DYLECH WYBOD »»

»» sut mae'n bosibl cyfrifo fformiwlâu empirig a moleciwlaidd o ddata sy'n cael eu rhoi

Termau Allweddol

Fformiwla empirig yw'r fformiwla symlaf sy'n dangos y gymhareb cyfanrif symlaf o symiau'r elfennau sy'n bresennol.

Mae **fformiwla foleciwlaidd** yn dangos gwir nifer yr atomau o bob elfen sy'n bresennol yn y moleciwl. Mae'n lluosrif syml o'r fformiwla empirig.

▼ Pwt o eglurhad

Pan fyddwch yn rhannu'r canrannau â'r masau atomig perthnasol, peidiwch â byrhau'r atebion, e.e. 1.25 i 1. Dylai'r ffigurau sy'n cael eu rhoi yn y cwestiwn ddarparu cymarebau eithaf syml ar gyfer y fformiwla empirig.

23

Gwirio eich gwybodaeth

Darganfyddwch fformiwla empirig y cyfansoddyn sy'n cael ei ffurfio pan fydd 1.172 g o haearn yn ffurfio 3.409 g o un o'i gloridau.

Fformiwlâu empirig a moleciwlaidd

Gallwn ddefnyddio cyfrifiadau gyda masau'r elfennau sy'n cyfuno er mwyn darganfod fformiwlâu cyfansoddion.

Fformiwla empirig yw'r fformiwla symlaf sy'n dangos y gymhareb cyfanrif symlaf o symiau'r elfennau sy'n bresennol.

Mae **fformiwla foleciwlaidd** yn dangos gwir nifer yr atomau o bob elfen sy'n bresennol yn y moleciwl. Mae'n lluosrif syml o'r fformiwla empirig. Fel rheol mae angen y màs fformiwla cymharol i gyfrifo'r fformiwla foleciwlaidd .

Gallwn gyfrifo fformiwlâu empirig o fasau hysbys neu ddata ar gyfansoddiad canrannol. Mae tri cham yn y cyfrifiad:

Cam 1 Darganfod swm pob elfen sy'n bresennol, mewn molau (rhannu â'r màs molar).

Cam 2 Darganfod cymhareb nifer yr atomau (rhannu â'r gwerth lleiaf yng ngham 1).

Cam 3 Trawsnewid y niferoedd hyn yn gyfanrifau (mae atomau yn cyfuno â'i gilydd mewn cymarebau cyfanrifau).

Enghraifft sy'n dangos y gwaith cyfrifo

Màs moleciwlaidd cymharol cyfansoddyn carbon, hydrogen ac ocsigen yw 60. Ei gyfansoddiad canrannol yn ôl màs yw C 40.0%; H 6.70%; O 53.3%.

Beth yw (a) y fformiwla empirig a (b) y fformiwla foleciwlaidd?

(a)

	C	:	H	:	O
Cymhareb folar yr atomau	$\dfrac{40}{12}$		$\dfrac{6.7}{1.01}$		$\dfrac{53.3}{16}$
	3.33		6.63		3.33
Rhannu â'r rhif lleiaf	1		2		1

Y fformiwla empirig yw CH_2O

(b) Màs y fformiwla empirig $= 12 + 2.02 + 16 = 30.02$

Nifer yr unedau CH_2O mewn moleciwl $= \dfrac{60}{30.02} = 2$

Y fformiwla foleciwlaidd yw $C_2H_4O_2$

Mae rhai halwynau yn ymgorffori moleciwlau dŵr yn eu hadeiledd. Yr enw ar y rhain yw halwynau hydradol ac rydym yn galw'r dŵr yn ddŵr grisialu. Os ydym yn gwybod màs yr halwyn anhydrus a màs y dŵr yn yr halwyn hydradol gallwn gyfrifo nifer y molau o ddŵr yn yr halwyn hydradol.

Enghraifft sy'n dangos y gwaith cyfrifo

Gall sodiwm carbonad ffurfio hydrad, $Na_2CO_3.xH_2O$. Pan gafodd 4.64 g o'r hydrad hwn ei wresogi, roedd 2.12 g o'r halwyn anhydrus, Na_2CO_3, ar ôl.

Beth yw gwerth x?

Màs y dŵr yn yr hydrad $= 4.64 - 2.12 = 2.52$ g

Molau o $Na_2CO_3 = \dfrac{2.12}{106} = 0.020$

Molau o $H_2O = \dfrac{2.52}{18.02} = 0.140$

Cymhareb folar H_2O : Na_2CO_3

0.140 : 0.020

Rhannu â'r rhif lleiaf   7 : 1

Gwerth $x = 7$ a'r fformiwla yw $Na_2CO_3.7H_2O$

Cyfeintiau nwyon

Ar gyfer adweithiau sy'n cynnwys nwyon, byddwn gan amlaf yn ystyried cyfeintiau'r adweithyddion a'r cynhyrchion yn hytrach na'u masau. Ym 1811, darganfu Avogadro fod cyfeintiau cyfartal o bob nwy yn cynnwys yr un nifer o foleciwlau. (Mae'n rhaid mesur y cyfeintiau o dan yr un amodau o ran tymheredd a gwasgedd.) Mae hyn yn rhoi ffordd o gyfrifo swm y nwy sy'n bresennol mewn cyfaint penodol. Ar dymheredd a gwasgedd safonol, sef 0 °C ac 1 atm, mae un môl o unrhyw nwy yn llenwi $22.4\,dm^3$. Yr enw ar hwn yw **cyfaint molar, v_m**, nwyon.

Mae'r camau mewn cyfrifiadau sy'n cynnwys cyfaint molar yn debyg i'r rhai ar gyfer masau sy'n adweithio.

Er enghraifft: Pa gyfaint o hydrogen sy'n cael ei gynhyrchu, ar dymheredd a gwasgedd safonol, pan fydd 3.00 g o sinc yn adweithio â gormodedd o asid hydroclorig?

(Mae 1 môl o hydrogen yn llenwi $22.4\,dm^3$ ar dymheredd a gwasgedd safonol)

$$Zn + 2HCl \longrightarrow ZnCl_2 + H_2$$

Cam 1   Newid màs y sinc yn folau

Nifer o folau o sinc $= \dfrac{3.00}{65.4} = 0.0459$

Cam 2   Y gymhareb folar yn ôl yr hafaliad yw $1Zn : 1H_2$

felly mae 0.0459 môl Zn yn rhoi 0.0459 môl H_2

Cam 3   Newid y molau yn gyfaint nwy

Cyfaint yr hydrogen $= 0.0459 \times 22.4 = 1.03\,dm^3$

Y deddfau nwy

Mae tri syniad pwysig sy'n disgrifio ymddygiad nwyon: deddf Boyle, deddf Charles ac egwyddor Avogadro.

Deddf Boyle

Ym 1662, cyhoeddodd Robert Boyle ei waith ar gywasgadwyedd nwyon. Nododd:

Ar dymheredd cyson, mae cyfaint màs sefydlog o nwy mewn cyfrannedd gwrthdro â'i wasgedd.

Gallwn ysgrifennu hyn fel $V \propto 1/P$ neu $PV = $ cysonyn.

Dyma graffiau yn dangos deddf Boyle:

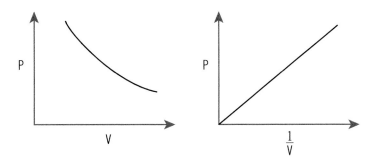

Term Allweddol

Cyfaint molar, v_m, yw cyfaint un môl o nwy. (Bydd yn cael ei roi bob amser mewn cwestiwn.)

▼ **Pwt o eglurhad**

I gyfrifo nifer y molau o nwy o'i gyfaint, defnyddiwch yr hafaliad

$v = n \times v_m$

Cofiwch mai dm^3 yw'r uned ar gyfer v_m.

24

Gwirio eich gwybodaeth

Cyfrifwch gyfaint y carbon deuocsid sy'n cael ei gynhyrchu pan fydd 3.40 g o galsiwm carbonad yn cael ei wresogi ac yn dadelfennu yn ôl yr hafaliad

$$CaCO_3(s) \longrightarrow CaO(s) + CO_2(n)$$

(Tybiwch fod 1 môl o nwy yn llenwi $24.0\,dm^3$ o dan amodau'r arbrawf.)

▼ **Pwt o eglurhad**

Nwy delfrydol yw nwy sy'n ufuddhau i'r deddfau nwy a'r hafaliad nwy delfrydol yn berffaith.

Mae nwyon go iawn yn gwyro oddi wrth yr ymddygiad delfrydol hwn ar wasgeddau uchel a thymereddau isel

Estyn a Herio

Mae damcaniaeth ginetig nwyon yn cynnig model sy'n egluro'r deddfau nwy. Mae'n gwneud y dybiaeth gyffredinol, ar gyfer nwy delfrydol:

- bod y moleciwlau mewn nwy yn symud ar hap yn barhaus;

- nad oes grymoedd rhyngfoleciwlaidd ac felly yr unig ryngweithiadau rhwng moleciwlau yw gwrthdrawiadau;

- bod pob gwrthdrawiad yn berffaith elastig, h.y. mae'r moleciwlau yn adlamu oddi ar ei gilydd heb i gyfanswm eu hegni cinetig newid;

- nad oes gan y moleciwlau faint, h.y. maen nhw'n llenwi cyfaint o sero.

Allwch chi egluro pam mae nwyon go iawn yn gwyro oddi wrth ymddygiad delfrydol ar wasgeddau uchel a thymereddau isel?

⚠ Cymorth Ychwanegol

Rydym fel rheol yn mesur cyfeintiau mewn cm^3 neu dm^3.

$1\,m^3 = 10^6\,cm^3 = 10^3\,dm^3$

(I newid o cm^3 i m^3, rhannwch â 10^6 neu $1\,000\,000$)

Rydym yn aml yn mesur gwasgeddau mewn atmosfferau.

1 atm = 101.325 kPa neu 101 325 Pa

(Felly mae 1 atm tua 100 kPa)

$1\,Pa = 1\,N\,m^{-2}$

Rydym yn aml yn mesur tymereddau mewn °C.

0 °C = 273 K (I newid o °C i kelvin, ychwanegwch 273)

Deddf Charles

Ym 1787 nododd Jacques Charles ei ddeddf ar effaith tymheredd ar gyfaint nwy. Dyma a ddywedodd:

> Mae cyfaint màs sefydlog nwy penodol, ar wasgedd cyson, mewn cyfrannedd union â'i dymheredd mewn kelvin.

Gallwn ysgrifennu'r ddeddf fel $V \propto T$ neu $\frac{V}{T} = $ cysonyn

Dyma graff yn dangos deddf Charles:

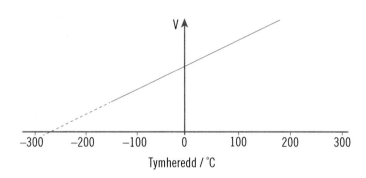

Egwyddor Avogadro

Ym 1811 cynigiodd Amadeo Avogadro y rhagdybiaeth ganlynol ynghylch nwyon:

> Mae cyfeintiau cyfartal o nwyon gwahanol, o'u mesur ar yr un tymheredd a gwasgedd, yn cynnwys yr un nifer o foleciwlau.

Ffordd arall o fynegi hyn yw nodi bod cyfaint nwy yn dibynnu ar nifer y molau neu $V \propto n$

Yr hafaliad nwy delfrydol

Mae cyfuno deddf Boyle a deddf Charles yn rhoi

$$PV \propto T \quad \text{neu} \quad \frac{PV}{T} = \text{cysonyn}$$

Mae'n dilyn o ragdybiaeth Avogadro, gan fod cyfaint mewn cyfrannedd â nifer y molau, os ydym yn ystyried un môl o nwy, y bydd y cysonyn yr un fath ar gyfer pob nwy.

Yr enw ar y cysonyn hwn yw'r cysonyn nwy, a'i symbol yw R.

Felly ar gyfer n môl o nwy $\qquad \frac{PV}{T} = nR$

neu $\qquad\qquad\qquad PV = nRT$

Yr enw ar hwn yw'r hafaliad nwy delfrydol a gwerth R yw $8.314\,J\,K^{-1}\,môl^{-1}$.

Mewn cyfrifiadau sy'n cynnwys yr hafaliad nwy delfrydol mae'n rhaid i ni ddefnyddio unedau SI, h.y.

Mae'n rhaid i'r gwasgedd fod mewn Pa (pascal)

Mae'n rhaid i'r cyfaint fod mewn m^3

Mae'n rhaid i'r tymheredd fod mewn K (kelvin)

Enghraifft sy'n dangos y gwaith cyfrifo

Roedd sampl o sylffwr deuocsid yn llenwi cyfaint o $12.0\,dm^3$ ar 10.0 °C a gwasgedd o 105 kPa.

Cyfrifwch swm, mewn molau, y sylffwr deuocsid yn y sampl hwn.

(Y cysonyn nwy $R = 8.31\,J\,K^{-1}\,môl^{-1}$)

$$PV = nRT$$

Felly

$$n = \frac{PV}{RT}$$

Mae'n rhaid defnyddio unedau SI:

$P = 105000\,Pa$ (105×1000)

$V = 0.012\,m^3$ $(12/1000)$

$T = 283\,K$ $(10 + 273)$

$$n = \frac{105000 \times 0.012}{8.31 \times 283}$$

$$n = 0.536\,môl$$

Gallwn ddefnyddio'r hafaliad nwy delfrydol hefyd i gyfrifo'r cyfaint y byddai nwy yn ei lenwi ar dymereddau a gwasgeddau gwahanol i'r rhai lle cafodd ei fesur.

Os oes gan nwy gyfaint V_1 o'i fesur ar wasgedd P_1 a thymheredd T_1, yna:

$$\frac{P_1 V_1}{T_1} = nR$$

Os ydym yn awr yn mesur cyfaint V_2 yr un nwy ar wasgedd newydd P_2 a thymheredd newydd T_2, yna:

$$\frac{P_2 V_2}{T_2} = nR$$

Felly

$$\frac{P_1 V_1}{T_1} = \frac{P_2 V_2}{T_2}$$

Enghraifft sy'n dangos y gwaith cyfrifo

Cyfaint sampl o nwy a gasglwyd ar 30.0 °C ac $1.01 \times 10^5\,N\,m^{-2}$ oedd 40.0 cm³. Faint yw cyfaint y nwy ar dymheredd a gwasgedd safonol?

(Ar dymheredd a gwasgedd safonol, gwasgedd = $1.01 \times 10^5\,N\,m^{-2}$ a thymheredd = 273 K)

$$\frac{P_1 V_1}{T_1} = \frac{P_2 V_2}{T_2}$$

$P_1 = 1.01 \times 10^5\,N\,m^{-2}$ $\qquad P_2 = 1.01 \times 10^5\,N\,m^{-2}$

$V_1 = 40.0\,cm^3$ $\qquad V_2 = ?$

$T_1 = 30\,°C = 303\,K$ $\qquad T_2 = 273\,K$ (Rhaid i'r tymheredd fod mewn kelvin)

$$\frac{1.01 \times 10^5 \times 40}{303} = \frac{1.01 \times 10^5 \times V_2}{273}$$

$$V_2 = \frac{1.01 \times 10^5 \times 40 \times 273}{1.01 \times 10^5 \times 303}$$

$$V_2 = 36.0\,cm^3$$

Crynodiadau hydoddiannau

Mae crynodiad hydoddiant yn mesur faint o sylwedd hydoddedig sy'n bresennol ym mhob uned cyfaint o'r hydoddiant. Rydym yn galw hydoddiant sydd â llawer o hydoddyn mewn ychydig o hydoddydd yn grynodedig. Rydym yn galw hydoddiant sydd ag ychydig o hydoddyn mewn llawer o hydoddydd yn wanedig.

25

Gwirio eich gwybodaeth

Nodwch yr unedau y mae angen eu defnyddio ar gyfer gwasgedd, cyfaint a thymheredd yn yr hafaliad nwy delfrydol.

26

Gwirio eich gwybodaeth

Cyfrifwch y cyfaint, mewn dm³, y mae 0.10 môl o garbon deuocsid yn ei lenwi ar $1.01 \times 10^5\,N\,m^{-2}$ a 110 °C.

(Cysonyn nwy R = $8.31\,J\,K^{-1}\,môl^{-1}$)

27

Gwirio eich gwybodaeth

Cyfrifwch gyfaint nwy ar dymheredd a gwasgedd safonol os yw'n llenwi 200 cm³ ar 50 °C a 2 atm.

(Yr amodau ar dymheredd a gwasgedd safonol yw 273 K ac 1 atm)

DYLECH WYBOD ›››

››› sut i gyfrifo crynodiad yn nhermau gramau neu folau ym mhob uned o gyfaint

Pwt o eglurhad

Hydoddyn yw'r sylwedd sydd wedi hydoddi. Yr hylif y mae'r hydoddyn yn hydoddi ynddo yw'r hydoddydd (dŵr fel rheol).

Cymorth Ychwanegol

Cofiwch 1 litre = 1 dm³ = 1000 cm³.

1 cm³ = 1 ml.

(I newid cm³ yn dm³, mae'n rhaid i chi rannu â 1000)

Estyn a Herio

Crynodiad ïonau magnesiwm mewn sampl o ddŵr mwynol o Gymru yw 15 mg/litr. Cyfrifwch y crynodiad mewn môl dm⁻³

Pwt o eglurhad

Dysgwch yr hafaliadau sy'n cysylltu swm y sylwedd a chrynodiad ar gyfer hydoddiant:

$n = cv$ neu $c = \frac{n}{v}$ neu $v = \frac{n}{c}$

Cofiwch os yw v yn cael ei roi mewn cm³ rhannwch ef â 1000 er mwyn ei newid yn dm³.

Gwirio eich gwybodaeth

Cyfrifwch grynodiad 0.037 g o galsiwm hydrocsid mewn 200 cm³ o hydoddiant.

DYLECH WYBOD ›››

››› sut i gyfrifo symiau sy'n adweithio mewn titradiadau asid–bas

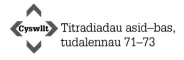

Cyswllt Titradiadau asid–bas, tudalennau 71–73

Mae'n bosibl nodi crynodiad hydoddiant mewn sawl ffordd, e.e. mae crynodiad ïonau mewn potel o ddŵr mwynol yn cael ei nodi mewn mg/litr, ond y ffordd fwyaf cyfleus yw nodi swm, mewn molau, o'r solid sy'n bresennol mewn 1 dm³ o hydoddiant.

$$\text{h.y. crynodiad} = \frac{\text{nifer y molau o hydoddyn}}{\text{cyfaint yr hydoddiant}} \quad \text{neu} \quad c = \frac{n}{V}$$

a'r uned yw molau ym mhob decimetr ciwbig neu fôl dm⁻³.

Gallwn ad-drefnu'r mynegiad hwn mewn dwy ffordd i ddarganfod y swm mewn molau neu'r cyfaint,

e.e. mae 2.1 g o sodiwm hydrogencarbonad, $NaHCO_3$, wedi'i hydoddi mewn 250 cm³ o ddŵr. Beth yw crynodiad yr hydoddiant mewn môl dm⁻³?

$$\text{Màs molar } NaHCO_3 = 84$$

$$\text{Nifer y molau o } NaHCO_3 = \frac{2.1}{84} = 0.025$$

$$\text{Cyfaint y dŵr yw } 250 \, cm^3 = \frac{250}{1000} = 0.25 \, dm^3$$

$$\text{Crynodiad} = \frac{0.025}{0.25} = 0.100 \, \text{môl dm}^{-3}$$

Ffordd arall o fynegi crynodiad yw defnyddio hydoddedd. Rydym fel rheol yn mesur hydoddedd mewn g/100g dŵr a gan fod dwysedd dŵr yn 1 g cm⁻³, mae hyn yr un fath â g/100 cm³. Felly i newid hydoddedd yn grynodiad mewn môl dm⁻³, rydym yn defnyddio'r camau canlynol.

Cam 1 Newid màs yn folau (rhannu â'r màs molar)

Cam 2 Newid 100 cm³ yn dm³ (rhannu â 1000)

Cam 3 Rhannu'r molau â'r cyfaint.

Er enghraifft: Hydoddedd potasiwm nitrad, KNO_3, yw 31.6 g/100 g dŵr. Beth yw'r crynodiad mewn môl dm⁻³?

Cam 1 Màs molar $KNO_3 = 101.1$

$$\text{Swm mewn molau} = \frac{31.6}{101.1} = 0.313$$

Cam 2 100 cm³ dŵr = 0.100 dm³

Cam 3 Crynodiad $= \frac{0.313}{0.100} = 3.13 \, \text{môl dm}^{-3}$

Cyfrifiad titradiadau asid–bas

Mae dadansoddiad cyfeintiol yn ddull o ddarganfod crynodiad hydoddiant. Mae titradiad asid–bas yn fath o ddadansoddiad cyfeintiol. Mewn titradiad asid–bas, rydym yn mesur yn fanwl gywir gyfeintiau hydoddiant asidig a hydoddiant basig sy'n adweithio. Os yw crynodiad un o'r hydoddiannau hyn yn hysbys, gallwn ddarganfod crynodiad yr hydoddiant anhysbys drwy ddefnyddio cymarebau stoichiometrig yr hydoddiannau.

Unwaith eto, mae tri phrif gam i'w dilyn:

Cam 1 Darganfod swm mewn molau yr hydoddiant yr ydych yn gwybod ei grynodiad (e.e. asid).

Cam 2 Defnyddio hafaliad cemegol cytbwys i roi'r gymhareb stoichiometrig (mewn molau) rhwng yr asid a'r bas.

Cam 3 Cyfrifo crynodiad yr ail hydoddiant (e.e. bas) o'r cyfaint hysbys a'r swm mewn molau.

Enghraifft sy'n dangos y gwaith cyfrifo

Cafodd sampl $25.0\,cm^3$ o sodiwm hydrocsid dyfrllyd ei niwtralu yn union gan $21.0\,cm^3$ o asid sylffwrig â chrynodiad $0.150\,môl\,dm^{-3}$.

Cyfrifwch grynodiad yr hydoddiant sodiwm hydrocsid mewn (a) $môl\,dm^{-3}$ (b) $g\,dm^{-3}$.

$$H_2SO_4 + 2NaOH \longrightarrow Na_2SO_4 + 2H_2O$$

Cam 1 Nifer y molau o $H_2SO_4 = 0.150 \times 0.021 = 3.15 \times 10^{-3}\,môl$

(Rhannu $21.0\,cm^3$ â 1000 i'w newid yn dm^3)

Cam 2 O'r hafaliad, mae angen 2 fôl NaOH ar 1 môl H_2SO_4

Mae angen $6.30 \times 10^{-3}\,môl$ NaOH ar $3.15 \times 10^{-3}\,môl\,H_2SO_4$

Cam 3 (a) Crynodiad NaOH $= \dfrac{6.30 \times 10^{-3}}{0.025} = 0.252\,môl\,dm^{-3}$

(Rhannu $25.0\,cm^3$ â 1000 i'w newid yn dm^3)

(b) M_r NaOH $= 40.0$

Crynodiad NaOH $= 40.0 \times 0.252 = 10.1\,g\,dm^{-3}$

Mewn titradiad yn ôl, rydym yn darganfod swm y gormodedd o adweithydd (e.e. asid) sydd heb ei ddefnyddio ar ddiwedd adwaith ac felly gallwn gyfrifo'r swm sydd wedi'i ddefnyddio. Mae defnyddio cymarebau stoichiometrig yr asid a'r bas yn ein galluogi i gyfrifo union swm yr ail adweithydd (e.e. bas) sydd wedi adweithio.

Enghraifft sy'n dangos y gwaith cyfrifo

Cafodd sampl sy'n cynnwys amoniwm sylffad ei gynhesu gyda $100\,cm^3$ o hydoddiant sodiwm hydrocsid â chrynodiad $1.00\,môl\,dm^{-3}$. Ar ôl i'r holl amonia gael ei gynhyrchu, cafodd y gormodedd o hydoddiant sodiwm hydrocsid ei niwtralu gan $50.0\,cm^3$ o asid hydroclorig â chrynodiad $0.850\,môl\,dm^{-3}$.

Pa fàs o amoniwm sylffad oedd yn y sampl?

Y ddau adwaith sy'n digwydd yw

(i) yr adwaith rhwng yr amoniwm sylffad a sodiwm hydrocsid

$(NH_4)_2SO_4(s) + 2NaOH(d) \longrightarrow 2NH_3(n) + Na_2SO_4(d) + 2H_2O(h)$

(ii) niwtraliad y sodiwm hydrocsid

$NaOH(d) + HCl(d) \longrightarrow NaCl(d) + H_2O(h)$

Cam 1 Cyfrifo swm mewn molau yr HCl sydd wedi'i ddefnyddio yn y niwtraliad; bydd hyn yn rhoi swm mewn molau y NaOH sydd heb ei ddefnyddio yn adwaith (i)

Nifer y molau o HCl $= 0.850 \times \dfrac{50.0}{1000} = 0.0425\,môl$

O hafaliad (ii) cymhareb folar HCl : NaOH yw 1 : 1

Felly, nifer y molau o NaOH sydd heb eu defnyddio yw 0.0425

Cam 2 Cyfrifo nifer y molau o NaOH sydd wedi adweithio â'r $(NH_4)_2SO_4$

Swm dechreuol y NaOH $= 1.00 \times \dfrac{100}{1000} = 0.100\,môl$

nifer y molau o NaOH sydd wedi'u defnyddio yn adwaith (i)

$= 0.100 - 0.0425 = 0.0575\,môl$

Cam 3 Cyfrifo swm mewn molau y $(NH_4)_2SO_4$ sydd wedi'u defnyddio

O hafaliad (i) cymhareb folar NaOH : $(NH_4)_2SO_4$ yw 2 : 1

Felly mae 0.0575 môl o NaOH yn adweithio â 0.0288 môl o $(NH_4)_2SO_4$

Cymorth Ychwanegol

Mewn titradiadau asid–bas mae pum peth y mae angen i chi eu gwybod:

Cyfaint yr hydoddiant asid

Crynodiad yr hydoddiant asid

Cyfaint yr hydoddiant bas

Crynodiad yr hydoddiant bas

Yr hafaliad ar gyfer yr adwaith

Os ydych yn gwybod pedwar o'r rhain, gallwch gyfrifo'r pumed.

29

Gwirio eich gwybodaeth

Caiff $25.0\,cm^3$ o asid hydroclorig ei niwtralu gan $18.5\,cm^3$ o hydoddiant sodiwm hydrocsid â chrynodiad $0.200\,môl\,dm^{-3}$. Cyfrifwch grynodiad yr asid.

Cam 4 Cyfrifo màs y $(NH_4)_2SO_4$ yn y sampl

Màs molar $(NH_4)_2SO_4$ yw $132\,g\,môl^{-1}$

Màs $(NH_4)_2SO_4 = 0.0288 \times 132 = 3.80\,g$

Economi atom a chanran cynnyrch

DYLECH WYBOD ›››

››› sut i gyfrifo economïau atom a chanrannau cynnyrch

Termau Allweddol

Rydym yn cael **economi atom** o'r hafaliad cemegol ar gyfer yr adwaith.

Economi atom =

$\dfrac{\text{màs y cynnyrch sydd ei angen}}{\text{cyfanswm màs yr adeweithyddion}}$

$\times\,100\%$

Mae **% cynnyrch** yn cael ei gyfrifo o fàs y cynnyrch rydym yn wironeddol yn ei gael mewn arbrawf.

% cynnyrch =

$\dfrac{\text{màs (neu folau)}}{\text{uchafswm màs (neu folau)}}$
y cynnyrch a geir
damcaniaethol

$\times\,100\%$

30

Gwirio eich gwybodaeth

Cyfrifwch yr economi atom ar gyfer cynhyrchu haearn drwy rydwytho haearn(III) ocsid gan garbon monocsid.

$Fe_2O_3(s) + 3CO(n)$
$\longrightarrow 2Fe(s) + 3CO_2(n)$

Pan fydd adwaith yn digwydd, mae'r cyfansoddion sy'n cael eu ffurfio, ar wahân i'r cynnyrch sydd ei angen, yn wastraff. Mae'n bosibl defnyddio **economi atom** yr adwaith neu ei **ganran cynnyrch** i ddangos pa mor effeithlon yw'r adwaith.

Yr uchaf yw'r economi atom, y mwyaf effeithlon yw'r broses.

Enghreifftiau sy'n dangos y gwaith cyfrifo

Roedd titaniwm yn arfer cael ei gynhyrchu o ditaniwm(IV) ocsid drwy drawsnewid titaniwm(IV) ocsid yn ditaniwm(IV) clorid ac yna ei rydwytho gyda magnesiwm. Mae'r hafaliad isod yn dangos y broses:

$$TiO_2 + 2Cl_2 + 2Mg + 2C \longrightarrow Ti + 2MgCl_2 + 2CO$$

Cyfrifwch ganran y cynnyrch ar gyfer yr adwaith hwn.

$$\text{Economi atom} = \frac{\text{màs y cynnyrch sydd ei angen}}{\text{cyfanswm màs yr adweithyddion}} \times 100$$

$$= \frac{47.9}{79.9 + 142 + 48.6 + 24} \times 100$$

$$= 16.3\%$$

Rydym yn cael $32.1\,g$ o asid ethanöig drwy ocsidio $27.6\,g$ o ethanol. Mae'r hafaliad isod yn dangos yr adwaith:

$$C_2H_5OH + 2[O] \longrightarrow CH_3CO_2H + H_2O$$

Cyfrifwch ganran y cynnyrch ar gyfer yr adwaith hwn.

$$\text{% cynnyrch} = \frac{\text{màs y cynnyrch a geir}}{\text{uchafswm y cynnyrch damcaniaethol}} \times 100$$

I gyfrifo uchafswm y màs, mae'n rhaid dilyn y tri cham ar dudalen 35:

Cam 1 Cyfrifo'r swm, mewn molau, o $27.6\,g$ C_2H_5OH

$n = \dfrac{m}{M} = \dfrac{27.6}{46.0} = 0.600$

Cam 2 Defnyddio'r hafaliad i gyfrifo'r swm, mewn molau, o CH_3CO_2H sy'n cael ei ffurfio

Mae 1 môl C_2H_5OH yn rhoi 1 môl CH_3CO_2H

Mae $0.600\,$môl C_2H_5OH yn rhoi $0.600\,$môl CH_3CO_2H

Cam 3 Cyfrifo màs y CH_3CO_2H

$m = nM = 0.600 \times 60.0 = 36.0\,g$

$\text{% cynnyrch} = \dfrac{32.1}{36.0} \times 100 = 89.2\%$

Cyfeiliornad canrannol

Mae cemeg a'r holl wyddorau yn dibynnu ar fesuriadau meintiol mewn arbrofion. Rydym yn mynegi'r canlyniadau mewn tair rhan – rhif, yr unedau y mae'r rhif yn cael ei roi ynddyn nhw ac amcangyfrif o'r cyfeiliornad yn y rhif. Mae angen bod yn ofalus gyda'r unedau, yn enwedig er mwyn peidio â drysu rhwng J a kJ a g a kg, ond mae'r adran hon ar amcangyfrif y cyfeiliornad.

Yn y bôn mae dwy ffordd o amcangyfrif y cyfeiliornad.

Os yw'n bosibl gwneud sawl mesuriad o fesur, rydym yn cyfartalu'r gwertheoedd i gael gwerth cymedrig ac yn cyfrifo gwyriad safonol.

Os byddwn yn gwneud un neu ddau o fesuriadau yn unig (fel sy'n digwydd fel rheol mewn Cemeg UG), rydym yn amcangyfrif y cyfeiliornad o'r ansicrwydd yn yr offer sy'n cael eu defnyddio, fel bwred, pibed, clorian a thermomedr.

Cofiwch, er bod yr amcangyfrifon hyn yn fras iawn, eu bod yn bwysig ac yn hanfodol.

Fel rheol rydym yn cymryd y cyfeiliornad fel hanner y rhaniad lleiaf ar y cyfarpar, er enghraifft $0.05\,cm^3$ ar fwred, $0.1°$ ar thermomedr $0.2°$ a $0.5\,mg$ ar glorian tri lle. Cofiwch, gyda'r rhan fwyaf o offer, gan fod angen y gwahaniaeth rhwng y darlleniad dechreuol a'r darlleniad terfynol, y byddwn yn gwneud dau ddarlleniad ac felly y cyfeiliornadau fydd $0.1\,cm^3$ ar gyfer bwred, $0.2°$ ar gyfer thermomedr $0.2°$ ac $1.0\,mg\,(0.001\,g)$ ar gyfer clorian tri lle.

Mae'r cyfeiliornadau hyn yn awr yn cael eu mynegi fel cyfeiliornadau canrannol drwy rannu â'r swm sy'n cael ei fesur, gan roi, er enghraifft

bwred – cyfaint sydd wedi'i ddefnyddio $24.65\,cm^3$ (cyfeiliornad $0.1\,cm^3$)

$$\% \text{ cyfeiliornad} = \frac{0.10}{24.65} \times 100 = 0.406\%$$

thermomedr – $\Delta T\ 7.0°$ (cyfeiliornad $0.2°$)

$$\% \text{ cyfeiliornad} = \frac{0.20}{7.0} \times 100 = 2.86\%$$

clorian – $3.610\,g$ (cyfeiliornad $0.002\,g$)

$$\% \text{ cyfeiliornad} = \frac{0.002}{3.610} \times 100 = 0.055\%$$

Enghraifft sy'n dangos y gwaith cyfrifo

Mewn adwaith enthalpi niwtraliad, tymheredd $100\,g$ o hydoddiant cyn yr adwaith oedd $18.6\,°C$ ac ar ôl yr adwaith roedd yn $26.2\,°C$.

Cyfrifwch y cyfeiliornad canrannol a achoswyd gan y thermomedr a'r cyfeiliornad wrth gyfrifo'r gwres a gafodd ei gynhyrchu.

(Roedd y thermomedr yn gywir i $\pm0.1\,°C$ a chynhwysedd gwres sbesiffig yr hydoddiant oedd $4.2\,J\,g^{-1}\,°C^{-1}$)

$$\text{Cynnydd mewn tymheredd} = 26.2 - 18.6 = 7.6\,°C$$

$$\% \text{ cyfeiliornad} = \frac{0.20}{7.6} = 2.63\%$$

$$\text{Gwres a gynhyrchwyd} = 100 \times 4.2 \times 7.6 = 3192\,J$$

Cyfeiliornad yng ngwerth y gwres a gynhyrchwyd = $\pm2.63\%$ o $3192\,J = \pm83.9\,J$

Delio â mwy nag un cyfeiliornad canrannol

Mewn titradiad cyfeintiol gall cyfeiliornadau canrannol o'r fwred, y bibed a'r glorian gyfrannu at gyfanswm y cyfeiliornad. Fel rheol ar gyfer UG, mae'n haws a mwy boddhaol

Estyn a Herio

Os ydym wedi cael sawl gwerth ar gyfer mesur, fel gwerth titradiad, gallwn eu cyfartalu i roi gwerth cymedrig, lledaeniad neu drachywiredd y gwertheoedd a gafwyd ynghyd â'r cyfeiliornad canrannol a gallwn wrthod unrhyw ganlyniadau amheus. Mae hyn yn ganlyniad uniongyrchol o'r arbrawf ac nid oes angen unrhyw amcangyfrif o fanwl gywirdeb y fwred a.y.b.

Cafwyd y gwertheoedd titradiad canlynol, mewn cm^3

22.6 23.1 22.9 23.9 22.5 22.4

Cymedr (cyfartaledd) y rhain yw

$$\frac{137.4}{6} = 22.9$$

I gael yr hyn yr ydym yn ei alw'n wyriad safonol, rydym yn darganfod gwyriad pob gwerth o'r cymedr, er enghraifft −0.3 ar gyfer 22.6, yn sgwario pob un (gan roi +0.09 ar gyfer ein henghraifft), yn adio'r sgwariau, yn rhannu â nifer y gwertheoedd (6) ac yn darganfod yr ail isradd.

Mae hyn yn rhoi gwyriad safonol o 0.51 ac rydym yn gweld bod pob un o'n gwertheoedd heblaw 23.9 yn syrthio o fewn y gwyriad safonol; mae 23.9 yn bell ohono ac mae gennym hawl i'w wrthod.

Gallwn ddefnyddio gwyriadau safonol i gymharu effeithlonrwydd prosesau neu gyffuriau sy'n cystadlu â'i gilydd. Er enghraifft, rydym yn darganfod bod effeithlonrwydd cyffur A yn 75% a chyffur B yn 77%.

A yw hynny'n golygu bod B yn well nag A neu ai dim ond hap yw'r gwahaniaeth? Mae gwyriadau safonol yn rhoi'r ateb i ni. Os yw'r gwyriad safonol ar gyfer y ddau yn 0.5% mae tebygolrwydd o 95% bod y gwahaniaeth yn ddilys, ond os yw'r gwyriadau safonol yn 1.5% mae tebygolrwydd eithaf uchel nad yw'n ddilys.

Mae'r gwyriad safonol yn cyfateb i'r cyfeiliornad canrannol sy'n cael ei gyfrifo drwy ddefnyddio'r dull uchod o amcangyfrif ansicrwydd. Mae mwy na dwy ran o dair y mesuriadau yn syrthio o fewn un gwyriad safonol o'r cymedr.

Mewn titradiad, er enghraifft, gallem dybio bod cyfeiliornad y fwred yn 0.4%, cyfeiliornad y bibed yn 0.2% a chyfeiliornad y glorian yn 0.1%. Rydym yn sgwario'r rhifau hyn, yn adio'r rhifau at ei gilydd ac yn darganfod yr ail isradd ac mae hyn yn rhoi cyfeiliornad cyfun o 0.46%, sef amcangyfrif nad yw'n wahanol iawn i'r 0.4% ar gyfer y fwred ar ei phen ei hun. Felly gallwn yn bendant anwybyddu cyfeiliornad y glorian.

▼ **Pwt o eglurhad**

Os yw cyfeiliornad tua thair gwaith yn fwy nag unrhyw gyfeiliornadau eraill nid oes angen ystyried y gweddill ar gyfer UG.

31

Gwirio eich gwybodaeth

Nodwch nifer y ffigurau ystyrlon ar gyfer y rhifau canlynol:

(a) 17.68 (b) 3.076 (c) 0.004

(ch) 6.05×10^{18} (d) 3000.0

---

adnabod y cyfeiliornad mwyaf a'i ddefnyddio ar ei ben ei hun. Er enghraifft, yn anaml iawn y bydd y cyfeiliornad canrannol yn y glorian o bwys.

Ni all canlyniad cyfrifiad sy'n defnyddio sawl darn o ddata fod â mwy o ffigurau ystyrlon na'r nifer lleiaf o ffigurau ystyrlon sydd gan unrhyw un o'r termau yn y cyfrifiad.

Er enghraifft, mae hydoddiannau A a B yn adweithio yn ôl cymhareb folar 1 : 1 ac roedd ar 10.00 cm³ o hydoddiant B angen 25.16 cm³ o hydoddiant A oedd â chrynodiad 0.10 môl dm⁻³.

Felly crynodiad B yw $\dfrac{25.16 \times 0.10}{10.00}$ = 0.2516 môl dm⁻³.

Fodd bynnag, gan nad yw crynodiad A ond yn hysbys i 2 ffigur ystyrlon, ni allwn ysgrifennu crynodiad B yn fwy manwl na 0.25 môl dm⁻³.

Cyfeiliornadau, talgrynnu i fyny a byrhau gormod

Bydd y rhan fwyaf o gyfeiliornadau mewn gwaith cwrs Cemeg UG tuag 1% gan arwain at dri ffigur ystyrlon, e.e. os oes gan grynodiad o 0.103 môl dm⁻³ gyfeiliornad o 1%, mae'r canlyniad rhwng 0.102 a 0.104.

Nid yw'n beth drwg rhoi pedwerydd digid (mewn cromfachau os nad ydych yn siŵr).

Pan fydd ateb y cyfrifiannell yn rhoi mwy na'r nifer o ffigurau ystyrlon – tri, dyweder – **ni** allwch dalgrynnu'r trydydd ffigur i fyny **oni bai bod** y pedwerydd ffigur yn 5 neu'n fwy. Felly gallwch dalgrynnu 4.268 i fyny i 4.27, sy'n fwy manwl gywir na 4.26.

Camgymeriad difrifol yw dinistrio gwybodaeth a gawsoch yn yr arbrawf drwy fyrhau'r canlyniad yn ormod, er enghraifft drwy ddyfynnu crynodiad o 0.0946 môl dm⁻³ fel 0.09 neu hyd yn oed 0.1!

Ffigurau ystyrlon a lleoedd degol

Wrth gyfrifo'r cyfeiliornad canrannol ar gyfer y fwred uchod mae'r cyfrifiannell yn rhoi 0.405679513.

Beth mae hyn yn ei olygu? Nid yw'r pum rhif olaf yn golygu dim; gan fod y cyfeiliornad tua 0.4%, sef 4 mewn mil, nid oes gan unrhyw beth ar ôl y trydydd neu'r pedwerydd lle degol unrhyw arwyddocâd ffisegol.

Mae'n bwysig iawn peidio â chofnodi allbwn cyfrifiannell fel atebion TERFYNOL; dylech ddefnyddio rhifau sydd ag arwyddocâd ffisegol yn unig. Fodd bynnag, gallwch ddefnyddio'r allbwn llawn mewn camau yng nghanol cyfrifiad.

Dyma'r rheolau ar gyfer gweithio allan ffigurau ystyrlon:

Nid yw seroau i'r chwith i'r digid ansero cyntaf yn ystyrlon, e.e. mae gan 0.0003 un ffigur ystyrlon;

Mae seroau rhwng digidau yn ystyrlon, e.e. mae gan 3007 bedwar ffigur ystyrlon;

Mae seroau i'r dde i bwynt degol sydd â rhif o'i flaen yn ystyrlon, e.e. mae gan 3.0050 bum ffigur ystyrlon.

Lleoedd degol yw nifer y digidau i'r dde i'r pwynt degol ac felly mae gan 0.044 dri lle degol ond dim ond dau ffigur ystyrlon. Byddai nodi'r gwerth i ddau le degol yn rhoi gwerth gwahanol (0.04) i'r gwerth i'r nifer cywir o ffigurau ystyrlon (0.044).

Defnyddiwch ffigurau ystyrlon ac nid lleoedd degol bob amser wrth ystyried cyfeiliornadau.

Ffurf safonol a'r ffurf arferol

Rydym yn defnyddio'r ddwy ffurf yn aml ac mae'r ffurf safonol yn ddefnyddiol wrth ystyried rhifau mawr a bach. Mae'n bwysig defnyddio'r un nifer o ffigurau ystyrlon gyda'r ddwy ffurf. Er enghraifft, ffurf arferol 0.0052 môl dm⁻³, ffurf safonol 5.2×10^{-3} môl dm⁻³; mae dau ffigur ystyrlon yn y ddwy ffurf.

Uned 1

1.4
Bondio

Mae defnyddioldeb defnyddiau yn dibynnu ar eu priodweddau, sydd yn eu tro yn dibynnu ar eu hadeiledd mewnol a'u bondio. Drwy ddeall y berthynas rhwng y pethau hyn, mae cemegwyr yn gallu dylunio defnyddiau defnyddiol newydd. Maen nhw'n astudio'r mathau o rymoedd rhwng gronynnau ac yn pwysleisio pwysigrwydd grymoedd atynnol a grymoedd gwrthyrru electrostatig.

Dylech allu dangos a chymhwyso gwybodaeth a dealltwriaeth o'r canlynol:

- Bondio ïonig yn nhermau ffurfio ïonau a'r atyniad electrostatig rhwng ïonau positif a negatif.

- Bondio cofalent a chyd-drefnol o ganlyniad i bâr o electronau â sbiniau dirgroes rhwng yr atomau, gyda phob atom yn darparu un electron mewn bondio cofalent ac un atom yn darparu'r ddau electron mewn bondio cyd-drefnol.

- Mae bondiau ïonig a chofalent yn disgrifio'r eithafion a dylech sylweddoli bod gan y rhan fwyaf o fondiau natur ryngol, gan arwain at bolaredd bondiau.

- Mae electronegatifedd yn ffordd fras o fesur grym atomau i atynnu electronau mewn bond cofalent a'r mwyaf y gwahaniaeth mewn electronegatifedd rhwng y ddau atom mewn bond, mwyaf polar fydd y bond.

- Mae bondio metelig hefyd yn bwysig a byddwn yn ei drafod ym Mhennod 1.5.

- Mae'r bondio rhwng moleciwlau yn wannach o lawer na'r bondiau ynddyn nhw ac mae'n cael ei achosi gan ddeupolau parhaol a dros dro yn y moleciwl.

- Mae priodweddau ffisegol moleciwlau, fel tymheredd berwi, yn cael eu rheoli gan y bondio rhyngfoleciwlaidd hwn.

- Mae bondio hydrogen yn rym rhyngfoleciwlaidd cryfach sy'n digwydd pan gaiff hydrogen ei gysylltu rhwng atomau fflworin, ocsigen a nitrogen.

- Yr egwyddor VSEPR sy'n nodi ei bod yn bosibl rhagfynegi siapiau moleciwlau o nifer y parau electron bondio a'r parau unig o amgylch yr atom canolog.

- Onglau'r bondiau sy'n digwydd mewn moleciwlau ac ïonau llinol, planar trigonol, tetrahedrol ac octahedrol.

Pan fydd atomau yn bondio gan ffurfio moleciwlau, mae egni'r bond yn cael ei ryddhau mewn adwaith ecsothermig ac mae'r broses hon yn cael ei ffafrio.

Termau Allweddol

Bond ïonig bond sy'n cael ei ffurfio drwy'r atyniad trydanol rhwng ïonau positif a negatif (catïonau ac anionau).

Mae gan **fond cofalent** bâr o electronau â sbiniau dirgroes sy'n cael eu rhannu rhwng dau atom lle mae pob atom yn rhoi un electron.

Bond cyd-drefnol bond cofalent lle mae'r ddau electron yn dod o un o'r atomau.

⟨Cyswllt⟩ Adeileddau, tudalen 54

Bondio

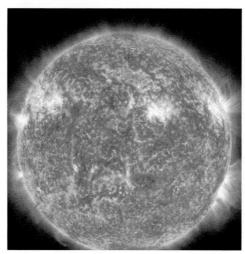

Yr Haul, 5000°C – atomau

Y Ddaear, 20°C – moleciwlau

Ar wahân i'r nwyon anadweithiol, yn anaml y bydd elfennau i'w cael ar ffurf atomau ar y Ddaear: maen nhw'n bondio ynghyd yn ecsothermig gan ffurfio moleciwlau a gallai bod angen tymereddau dros fil gradd – fel yn yr Haul – i dorri'r bondiau hyn. Mewn rhai achosion mae moleciwlau yn cynnwys ychydig o atomau, fel methan, CH_4. Mewn achosion eraill gall miliynau o atomau fondio ynghyd gan ffurfio grisial o halwyn neu ddiemwnt neu fetel. Rydym yn galw adeileddau o'r fath yn foleciwlau enfawr.

Bondio cemegol

Mae gwahanol fathau o fond: **ïonig, cofalent** (gan gynnwys **cyd-drefnol**) a metelig ond mae achos sylfaenol y bondio yr un fath ym mhob achos, sef bod y niwclysau sydd â gwefr bositif a'r electronau sydd â gwefr negatif yn cael eu trefnu yn y fath fodd bod yr atyniadau electrostatig yn drech na'r gwrthyriadau.

Mae'n bosibl dangos bondiau drwy ddiagramau 'dot a chroes' gan ddangos electronau allanol un o'r atomau sy'n ffurfio'r bond fel dotiau neu gylchoedd agored ac electronau allanol yr atom arall fel croesau.

Gallwn lunio'r electronau mewn orbitau crwn.

Bondio cofalent

Mae pob atom yn rhoi un electron gan ffurfio pâr bondio lle mae sbiniau'r electronau yn ddirgroes.

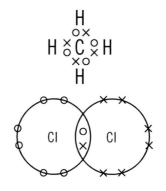

Bondio cyd-drefnol

Yr un fath â bond cofalent heblaw bod y ddau electron sy'n ffurfio'r pâr bondio yn dod o'r un atom.

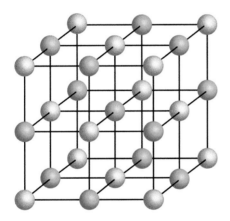

Bondio ïonig

Mae un atom yn rhoi un neu ragor o electronau i'r llall a'r catïon (+) a'r anion (−) sy'n cael eu ffurfio o ganlyniad yn atynnu ei gilydd yn drydanol.

Fel rheol mae ïonau yn ffurfio dellten lle mae pob catïon yn cael ei amgylchynu gan nifer, e.e. 6, o anionau ac mae pob anion yn cael ei amgylchynu gan yr un nifer o gatïonau.

Grymoedd atynnol a grymoedd gwrthyrru

Mae pob bond yn cael ei achosi gan atyniadau a gwrthyriadau trydanol rhwng y protonau a'r electronau, gyda'r atyniadau yn fwy na'r gwrthyriadau.

Mewn bondiau cofalent mae'r electronau yn y pâr rhwng yr atomau yn gwrthyrru ei gilydd ac mae hyn yn cael ei orbwyso gan eu hatyniadau i'r DDAU niwclews. Os bydd atomau yn dod yn rhy agos i'w gilydd, bydd niwclews ac electronau mewnol un atom yn gwrthyrru niwclews ac electronau mewnol yr atom arall ac felly mae gan y bond hyd penodol. Hefyd mae'n rhaid i sbiniau'r electronau fod yn ddirgroes er mwyn i'r bond ffurfio.

Mae dangos yr electronau fel dotiau a chroesau yn ffordd gyfleus o ddisgrifio'r mathau hyn o fondio ond cofiwch mai'r disgrifiad go iawn yw orbitalau sy'n gyfeintiau sy'n cynnwys rhanbarthau o ddwysedd electron. Mae bondiau yn cael eu ffurfio drwy i'r orbitalau atomig hyn orgyffwrdd.

Mae ffurfio'r ïonau yn costio egni; mae angen yr egni ioneiddiad i ffurfio'r cation ond caiff rhywfaint o'r egni hwn ei adennill pan fydd yr electron yn cydio i ffurfio'r anion. Y gwerthoedd mewn NaCl yw

494 − 364 = 130 kJ

ar gyfer ffurfio'r cation a'r anion, yn ôl eu trefn, ond mae hyn yn cael ei orbwyso gan atyniad electrostatig o 771 kJ rhwng yr ïonau yn y ddellten, sy'n rhoi bond cryf.

Hefyd mae adeileddau electronig sy'n rhoi plisg caeedig o electronau, fel Na^+ =[Ne] a Cl^- = [Ar] yn sefydlog iawn ac yn ffafrio bondio ïonig.

Yma mae 'dadleoledig' yn golygu bod yr electronau yn cael eu gwasgaru drwy'r ddellten gyfan heb gael eu cyfyngu i fondiau rhwng atomau.

47

Gwirio eich gwybodaeth

(i) Yr enw ar fond sy'n ffurfio rhwng dau atom lle mae un atom yn rhoi electron cyfan i'r atom arall fel bod y ddau atom yn cael eu gwefru yw bond .... Yr enw ar fond lle mae dau atom yn rhoi electron yr un gan ffurfio pâr bondio yw bond .... Yr enw ar fond lle mae un atom yn rhoi'r ddau electron sy'n ffurfio'r bond yw bond ....

(ii) Cyfatebwch bob sylwedd isod â'r math o fond sydd wedi'i ffurfio:

Math o fond:
ïonig cofalent metelig

Moleciwl:
KCl Cl_2 Cu CH_4 $CaBr_2$

◆Cyswllt◆ gweler Pennod 1.5, tudalen 55

⊘ Cymorth Ychwanegol

Mae polaredd bond yn golygu, er bod y moleciwl cyfan yn niwtral, fod gwefr bositif fach ar un pen i'r bond a gwefr negatif fach, sy'n ei gydbwyso, ar ben arall y bond. Mae hyn yn rhoi DEUPOL.

Mae polaredd bond yn cael ei reoli gan y gwahaniaeth mewn electronegatifedd rhwng y ddau atom sy'n ffurfio'r bond. Mae electronegatifedd yn fesur o allu atom mewn bond cofalent i atynnu'r pâr electron ac ar un raddfa mae'n amrywio o 0.7 mewn cesiwm i 4.0 mewn fflworin; mae Cs yn electropositif ac mae F yn electronegatif iawn.

Term Allweddol

Mesur o allu atom mewn bond cofalent i atynnu electronau yw **electronegatifedd**.

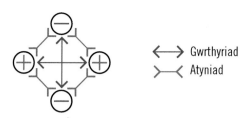

$\longleftrightarrow$ Gwrthyriad
$\rightarrowtail\!\!\!\longleftarrow$ Atyniad

Mewn bondio ïonig mae catïonau ac anionau wedi'u trefnu fel bod pob catïon wedi'i amgylchynu gan sawl anion a phob anion gan sawl catïon er mwyn cael yr atyniad mwyaf posibl a'r gwrthyriad lleiaf posibl. Unwaith eto, mae gwrthyriadau rhwng electronau mewnol a niwclysau yn atal yr ïonau rhag mynd yn rhy agos i'w gilydd.

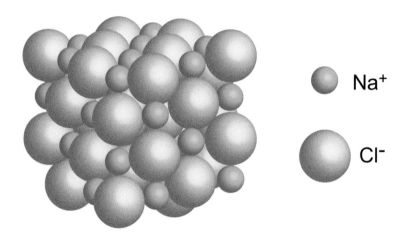

Na⁺

Cl⁻

Bondio metelig

Byddwn yn trafod y math pwysig hwn o fond yn nes ymlaen yn yr adran Adeileddau solidau ond yn y bôn mae'n cynnwys dellten o ïonau positif sy'n cael ei dal ynghyd gan 'fôr' o electronau dadleoledig sy'n cael eu rhyddhau gan bob atom.

Electronegatifedd a pholaredd bond

Mewn bond cofalent nid yw'r pâr electron fel rheol yn cael ei rannu'n hollol gyfartal rhwng y ddau atom oni bai eu bod yn atomau'r un elfen. Felly bydd gan un atom wefr negatif fach a bydd y llall ychydig yn bositif ac rydym yn galw'r bond nawr yn bolar. Rydym yn ysgrifennu'r gwefrau bach hyn dros yr atomau gan ddefnyddio'r symbolau δ+ a δ– fel sydd i'w weld isod:

$$\overset{\delta+}{H} —\!\!— \overset{\delta-}{F}$$

Mae bondiau cyd-drefnol bob amser yn bolar, gan na all yr atom sy'n rhoi'r ddau electron i'r bond golli un electron yn llwyr.

Gwerthoedd electronegatifedd Pauling

Efallai y byddwch yn dod ar draws graddfeydd **electronegatifedd** eraill, ond yr un yma, a gafodd ei llunio gan Linus Pauling, yw'r un fwyaf cyffredin.

Rhai o werthoedd electronegatifedd Pauling:

Li	H	C	N	O	F
1.0	2.1	2.5	3.0	3.5	4.0

Na	Mg	metelau 3d	S	Cl
0.9	1.2	tuag 1.6	2.5	3.0

Cs				I
0.7				2.5

Mae'r rhan fwyaf o'r bondiau sy'n cysylltu atomau nad ydyn nhw'n unfath yn bolar, i ryw raddau. Ar yr eithaf arall, mae gan y rhan fwyaf o fondiau ïonig rywfaint o nodweddion cofalent. Fodd bynnag, mae'n symlach os ydym yn trin bondiau ïonig fel petaen nhw'n hollol ïonig a chymryd bod gan fondiau cofalent wahanol raddau o bolaredd. Mae'r bond mewn hydrogen clorid, er enghraifft, tuag 19% yn ïonig.

Grymoedd rhwng moleciwlau

Mae'n **bwysig** dros ben gwahaniaethu rhwng bondio **rhwng** moleciwlau – **rhyngfoleciwlaidd** – a bondio **o fewn** moleciwlau – **mewnfoleciwlaidd**.

Mae bondio rhyngfoleciwlaidd yn wan ac mae'n rheoli priodweddau ffisegol fel tymheredd berwi; mae bondio o fewn moleciwlau yn gryf ac yn rheoli adweithedd cemegol. Mewn methan, er enghraifft, mae'r grymoedd rhwng y moleciwlau yn wan iawn ac mae'r moleciwlau yn ymwahanu, h.y. mae'r hylif yn berwi ar dymheredd minws 162 gradd, ond mae'r bondiau C—H yn gryf iawn ac mae angen tymheredd o ryw 600 gradd cyn iddynt dorri. Mae bondio rhyngfoleciwlaidd yn cael ei achosi gan atyniad trydanol rhwng gwefrau dirgroes. Er bod y moleciwl cyfan yn niwtral, mae'n cynnwys gwefrau positif a negatif (electronau a phrotonau) ac os nad yw electronegatifeddau'r atomau yn y moleciwl yn gyfartal (gweler Pennod 1.4 tudalen 48), bydd gan y moleciwl ddeupol gyda rhannau sydd â gwefrau cymharol bositif a negatif. Os bydd y deupolau hyn yn eu trefnu eu hunain fel bod rhanbarth negatif un moleciwl yn agos i ranbarth positif moleciwl arall, bydd atyniad net rhyngddyn nhw.

$$\delta^+ \text{———} \delta^- \qquad \delta^+ \text{———} \delta^-$$
$$\delta^- \text{———} \delta^+ \qquad \delta^- \text{———} \delta^+$$

▲ Gwefr rannol barhaol

Mae hyd yn oed moleciwlau heb ddeupol yn dangos bondio rhyngfoleciwlaidd, e.e. mae atomau heliwm yn dod ynghyd i ffurfio hylif ar 4 K. Mae hyn oherwydd bod yr electronau yn symud o amgylch y niwclysau drwy'r amser ac felly nid yw canol y gwefrau positif a'r gwefrau negatif yn yr un lle bob amser ac mae hyn yn rhoi deupol anwadal. Maen nhw'n rhyngweithio â'i gilydd wrth i un deupol anwytho deupol dirgroes mewn moleciwl cyfagos gan roi atyniad rhyngddyn nhw.

$$\delta^+\delta^+ \text{———} \delta^-\delta^- \qquad \delta^+\delta^+ \text{———} \delta^-\delta^-$$
$$\delta^-\delta^- \text{———} \delta^+\delta^+ \qquad \delta^-\delta^- \text{———} \delta^+\delta^+$$

▲ Gwefr anwythol anwadal

I grynhoi, mae gennym ddau fath o fondio rhyngfoleciwlaidd, sef yn gyntaf deupol–deupol ac yn ail deupol anwythol–deupol anwythol a'r enw ar y ddau fath yw **grymoedd van der Waals**.

Cyswllt Mae'r diagramau canlynol yn dangos dosraniad y dwysedd electronau ar gyfer gwahanol fondiau. Maen nhw'n cael eu ffurfio gan orbitalau atomig yn gorgyffwrdd (gweler Pennod 1.2 tudalen 22) ac yn dangos y dwysedd electronau.

Gwahaniaeth electro-negatifedd	Bond	
3.1	NaF	
0.9	H—Cl	
0.00	H—H	

Termau Allweddol

Bondio rhyngfoleciwlaidd yw'r bondio gwan sy'n dal y moleciwlau ynghyd, e.e. mewn hylifau, ac mae'n rheoli priodweddau ffisegol y sylwedd.

Bondio mewnfoleciwlaidd yw'r bondio cryf rhwng yr atomau yn y moleciwl ac mae'n rheoli ei gemeg.

Mae **grymoedd van der Waals** yn cynnwys pob math o rym rhyngfoleciwlaidd, deupol neu ddeupol anwythol.

33

Gwirio eich gwybodaeth

Defnyddiwch y gwerthoedd electronegatifedd uchod i benderfynu pa un o'r moleciwlau canlynol yw'r mwyaf polar.

I_2 O_2 NaCl   MgO   HF

34

Gwirio eich gwybodaeth

Nodwch pa rai o'r newidiadau A, B, C, Ch isod sydd mewn bondio rhyngfoleciwlaidd a pha rai sydd mewn bondio mewnfoleciwlaidd.

A $Ne(h) \longrightarrow Ne(n)$

B $N_2O_4 \longrightarrow 2NO_2$

C $KI + \frac{1}{2}Cl_2 \longrightarrow KCl + \frac{1}{2}I_2$

Ch $H_2O(h) \longrightarrow H_2O(n)$

Cryfder

Mae bondio o fewn moleciwlau ryw 100 gwaith yn gryfach na bondio rhyngddyn nhw ac mae cryfder grymoedd van der Waals tua $3\,kJ\,môl^{-1}$.

Bondio hydrogen

Dyma rym bondio rhyngfoleciwlaidd arbennig. Mae'n digwydd yn unig rhwng moleciwlau sy'n cynnwys atomau hydrogen sydd wedi'u bondio ag elfennau electronegatif iawn sydd â pharau unig, sef fflworin, ocsigen a nitrogen. Er bod bondio hydrogen yn wan o'i gymharu â'r bondio sy'n digwydd o fewn moleciwlau, mae'n gryfach o lawer na grymoedd van der Waals cyffredin. Cryfderau nodweddiadol ar gyfer bondiau hydrogen yw $30\,kJ$ $môl^{-1}$ o'u cymharu â $3\,kJ$ ar gyfer grymoedd van der Waals a $300\,kJ$ ar gyfer bondio o fewn moleciwlau. Mae bondio hydrogen yn gryfach na van der Waals gan fod yr atom hydrogen bach yn y canol rhwng dwy elfen electronegatif ac mae'n caniatáu i'r atomau ddod yn agos i'w gilydd.

Bondiau hydrogen ar waith

▲ Bondiau H mewn iâ

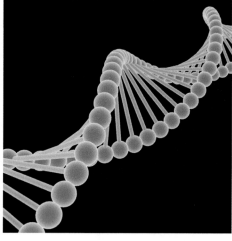

▲ Bondiau H mewn DNA

basau nitrogen ATCG

‒ ‒ ‒ bondiau H

esgyrn cefn siwgr-ffosffad

Bondio hydrogen mewn dŵr ac iâ

Rydym yn gweld bod yr atom hydrogen yn arbennig o δ+ gan ei fod ynghlwm wrth yr atom ocsigen electronegatif ac felly mae'r atom ocsigen ar y moleciwl arall yn cael ei atynnu'n gryf ato. Hefyd, mae'r bondio ar ei gryfaf pan fydd y tri atom mewn llinell syth. Sylwch fod y bond O—H mewnol yn y moleciwl yn fyrrach na'r bond hydrogen, sy'n cael ei ddangos gan linell doredig, sydd wedi'i gysylltu â'r moleciwl arall. Gan fod gan ocsigen ddau bâr unig a dau atom hydrogen, mae adeiledd tetrahedrol â bondiau hydrogen yn cael ei ffurfio.

Effaith bondio hydrogen ar dymereddau berwi a hydoddedd

Mae tymereddau ymdoddi ac yn fwy byth tymereddau berwi yn cynyddu gyda chryfder grymoedd rhyngfoleciwlaidd. Gyda grymoedd van der Waals mae'r tymereddau hyn yn cynyddu'n gyson gyda màs moleciwlaidd a hefyd wrth i ddeupolau ddod yn fwy. Fodd bynnag, mae'r diagram tymheredd berwi yn dangos bod moleciwlau sy'n ffurfio bondiau hydrogen yn mynd yn hollol groes i'r duedd o'u cymharu â'r duedd o fethan i SnH_4. Mewn dŵr mae'r moleciwlau yn ffurfio bondiau hydrogen yn helaeth â'u cymdogion ac mae'n rhaid torri'r bondiau hyn i raddau helaeth cyn y gall y cyfansoddion ferwi ac felly mae angen mwy o egni, h.y. tymheredd uwch. Mae llawer o enghreifftiau tebyg.

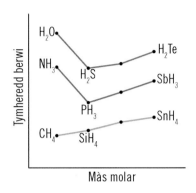

Hydoddedd mewn dŵr

Yn ogystal â ffurfio bondiau hydrogen â moleciwlau dŵr eraill, mae moleciwlau dŵr yn gallu hydoddi moleciwlau eraill, e.e. yr alcoholau isaf lle maen nhw'n gallu ffurfio bondiau hydrogen. Ar y llaw arall, mae moleciwlau organig amholar fel hydrocarbonau na all ffurfio bondiau hydrogen â dŵr yn anhydawdd ynddo ac maen nhw'n fwy tebygol o ryngweithio â'i gilydd drwy rymoedd van der Waals. Mae'r ymadrodd 'mae tebyg yn hydoddi tebyg' yn ganllaw ddefnyddiol.

Siapiau moleciwlau

Mae siapiau moleciwlau cofalent sydd â mwy na dau atom, a siapiau eu hïonau, yn cael eu rheoli gan y parau electron o amgylch yr atom canolog, fel C mewn CH_4. Gall y parau hyn fod yn barau bondio sy'n dal yr atomau ynghyd mewn bondiau cofalent neu'n barau unig ar yr atom canolog nad ydyn nhw fel rheol yn cymryd rhan yn y bondio cofalent.

Mae dau gwestiwn i'w gofyn:

1. Sawl pâr electron sy'n gysylltiedig ag atomau eraill?
2. Faint yw cyfanswm nifer y parau electron sydd o amgylch yr atom canolog?

Felly, mewn amonia, NH_3, mae tri phâr electron bondio ac efallai y gallem feddwl y byddai'r moleciwl yn blanar ac â siâp propelor fel BF_3. Fodd bynnag, mae'r pedwerydd pâr (pâr unig) yn gwthio'r moleciwl yn siâp ymbarél a phan gaiff H^+ ei ychwanegu gan roi NH_4^+, mae gennym detrahedron. Yn yr un modd, efallai y byddem yn disgwyl i ddŵr (H_2O) fod yn llinol fel $BeCl_2$ ond mae'r ddau bâr unig yn ei blygu'n gryf.

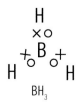

BH₃

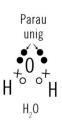

Parau unig

H₂O

! Cymorth Ychwanegol

Gallem ddweud hefyd nad yw olew a dŵr yn cymysgu. Ni all moleciwlau organig nad ydyn nhw'n cynnwys nitrogen, ocsigen na fflworin ffurfio bondiau hydrogen â dŵr ac felly hydoddi ynddo. Yn yr un modd, ni all moleciwlau dŵr sy'n cael eu hychwanegu at betrol ffurfio bondiau hydrogen ag ef ac felly maen nhw'n bondio â'i gilydd mewn diferion ar wahân.

Gan fod pob pâr electron yn gwrthyrru ei gilydd, siâp y moleciwl yw'r siâp sy'n caniatáu i'r parau gadw mor bell oddi wrth ei gilydd ag y bo modd er mwyn lleihau'r egni gwrthyriad. Mae parau bondio yn cael eu rhannu rhwng y ddau atom sy'n bondio yn y moleciwl, ond mae parau unig yn aros yn agos i'r atom canolog ac felly maen nhw'n gwrthyrru'n fwy na'r parau bondio. Mae hyn yn rhoi'r dilyniant gwrthyrru:

pâr unig–pâr unig > pâr unig–pâr bondio > pâr bondio–pâr bondio.

Felly mewn NH_3, sydd ag un pâr unig a thri phâr bondio, mae'r gwrthyriad rhwng y pâr unig a'r parau bondio yn fwy na'r gwrthyriad rhwng y parau bondio a'i gilydd ac felly mae'r ongl H—N—H yn lleihau o 109° i 107°.

Mae'r syniadau hyn yn cael eu cymhwyso yn y Ddamcaniaeth Gwrthyriad Parau Electron Plisgyn Falens (VSEPR) sy'n dilyn.

◆ Cyswllt ◆ gweler Pennod 1.4, tudalen 50

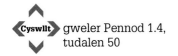

36

Gwirio eich gwybodaeth

(i) Profion ar siapiau

Nodwch siapiau'r moleciwlau canlynol:

CCl_4 NH_4^+ BeI_2 BCl_3 PF_5

(ii) Cyfatebwch y moleciwlau isod â'r onglau bond sy'n cael eu rhestru:

$AlCl_3$ BeH_2 CF_4 SF_6 PF_5

90°   109°   120°   180°

Sylwer: mewn un achos gall dwy ongl fod yn bresennol.

Damcaniaeth VSEPR

Mae'r ddamcaniaeth Gwrthyriad Parau Electron Plisgyn Falens (VSEPR) yn ein galluogi i ragfynegi siâp moleciwlau syml lle mae atomau wedi'u bondio o amgylch atom canolog. Y plisgyn falens yw'r plisgyn electronau lle mae bondio yn digwydd. Mewn VSEPR rydym yn darganfod nifer y parau electron yn gyntaf er mwyn darganfod siâp cyffredinol y moleciwl, gan fod y parau sy'n gwrthyrru yn cadw mor bell oddi wrth ei gilydd ag y bo modd. Mae'n werth ailadrodd y dilyniant gwrthyrru ar siapiau moleciwlau uchod,

pâr unig–pâr unig > pâr unig–pâr bondio > pâr bondio–pâr bondio

ac ystyried sut mae'n cael ei gymhwyso ar gyfer y ffigur ar dudalen 51.

Mae'r siâp yn dilyn yn uniongyrchol o nifer y parau, fel sydd i'w weld isod:

Nifer y parau	Siâp	Ongl y bond	Enghraifft
2	llinol	180°	$BeCl_2$
3	planar trigonol	120°	BF_3
4	tetrahedrol	109.5°	CH_4
5	deubyramid trigonol	90°/120°	PCl_5
6	octahedrol	90°	SF_6

Yn ail, bydd yr union onglau rhwng y bondiau yn newid rhywfaint gan ddibynnu ar y dilyniant gwrthyrru uchod. Felly mewn dŵr, sydd â dau bâr unig, mae'r ongl bond detrahedrol arferol o ryw 109° ar gyfer H—O—H yn lleihau i 104° oherwydd gwrthyriad pâr unig–pâr unig a phâr unig–pâr bondio.

Dylech allu rhagfynegi siâp unrhyw foleciwl syml o wybod ei fformiwla drwy ddefnyddio VSEPR. Sylwch fod yr un rheolau yn ddilys pan fydd y moleciwl cofalent yn ïon fel NH_4^+, lle mae'r holl electronau yn awr mewn parau bondio ac mae'r holl onglau bondiau H—N—H yn 109.5°.

Sylwch hefyd bod disgwyl i chi:

1. wybod ac egluro siapiau BF_3, CH_4, NH_4^+ ac SF_6.

2. rhagfynegi ac egluro siapiau rhywogaethau syml eraill sydd â hyd at chwe phâr electron ym mhlisgyn falens yr atom canolog.

Uned 1

1.5
Adeileddau solidau

Mae priodweddau a defnyddioldeb defnyddiau solet yn dibynnu'n fawr iawn ar eu hadeiledd a'u bondio ar y lefel foleciwlaidd. Y gorau ein dealltwriaeth ohonyn nhw, y mwyaf o ymchwil lwyddiannus fydd yn digwydd i ddyluniadau a gwelliannau.

Dylech allu dangos a chymhwyso gwybodaeth a dealltwriaeth o'r canlynol:

- Adeileddau grisial sodiwm clorid a chesiwm clorid a deall y rheswm dros y gwahaniaeth rhyngddyn nhw.
- Adeileddau diemwnt a graffit.
- Adeiledd iâ a deall adeiledd ïodin.
- Model y 'môr electronau' ar gyfer yr adeiledd a'r bondio mewn metelau.
- Y berthynas rhwng priodweddau ffisegol fel tymereddau ymdoddi a berwi, hydoddedd, caledwch a dargludedd trydanol a'r adeiledd a'r bondio yn y mathau o gyfansoddion uchod, sef moleciwlau enfawr ïonig a chofalent, metelau a grisialau moleciwlaidd

▲ Adeiledd CsCl

Lluniwch adeiledd ïodin. Mewn ïodin solet mae'n bwysig iawn gwahaniaethu rhwng y bondiau cofalent cryf sy'n dal atomau ïodin ynghyd yn y moleciwl I_2 a'r grymoedd rhyngfoleciwlaidd gwan sy'n dal yr unedau I_2 yn y grisial moleciwlaidd

DYLECH WYBOD ›››

››› Mae dros dri chwarter yr elfennau yn fetelau.

››› Yn nodweddiadol mae pob ïon positif yn y ddellten sydd wedi'i phacio'n dynn wedi'i amgylchynu gan wyth neu ddeuddeg o rai eraill.

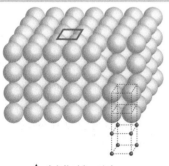

▲ Adeiledd metel

Cyswllt gweler Pennod 1.4, tudalen 51
Hydoddedd mewn dŵr

DYLECH WYBOD ›››

››› Haen o ddefnydd sydd â thrwch un atom neu foleciwl yn unig, sef tua 10^{-9} metr, yw monohaen.

Adeileddau grisial

Ïonig

Dylech wybod sut i ddisgrifio adeileddau grisial ïonig NaCl a CsCl,

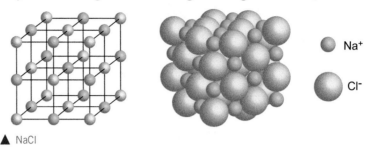

Na⁺

Cl⁻

▲ NaCl

Mewn halidau ïonig, mae ïonau sydd â gwefrau dirgroes yn pacio o amgylch ei gilydd gan gynyddu'r egni bondio drwy greu'r atyniad electrostatig mwyaf posibl a lleihau'r gwrthyriad. Felly mae pob catïon yn cael ei amgylchynu gan 6 neu 8 o anïonau a phob anïon gan 6 neu 8 o gatïonau. Mae'r nifer yn dibynnu dim ond ar faint yr anïon o'i gymharu â'r catïon yn y cloridau. Mae lle i wyth anïon clorid o amgylch yr ïon Cs, sy'n fwy, ond dim ond chwech o amgylch yr ïon Na, sy'n llai. Y **rhifau cyd-drefnol grisial** felly yw 8:8 mewn CsCl a 6:6 mewn NaCl.

Moleciwlau enfawr

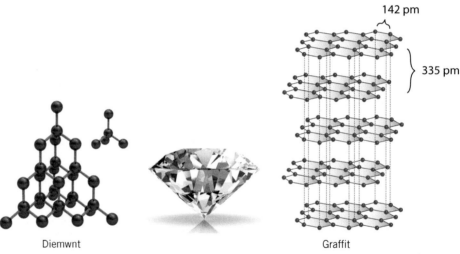

142 pm

335 pm

Diemwnt

Graffit

▲ Adeileddau cofalent diemwnt a graffit

Yn achos diemwnt, dylech ddangos yr adeiledd cofalent cryf tetrahedrol sy'n creu adeiledd tri dimensiwn enfawr ond, yn achos graffit, mae angen dangos haenau o hecsagonau cofalent sy'n cael eu dal ynghyd gan rymoedd gwan.

Grisialau moleciwlaidd

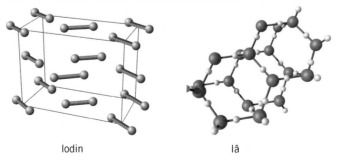

Iodin

Iâ

Dylech wybod a deall adeileddau grisialau moleciwlaidd ïodin ac iâ.

Mewn ïodin solet mae'n bwysig iawn gwahaniaethu rhwng y bondiau cofalent cryf sy'n dal yr atomau ïodin ynghyd yn y moleciwl I_2 a'r grymoedd rhyngfoleciwlaidd gwan sy'n dal yr unedau I_2 ynghyd yn y grisial moleciwlaidd.

Mewn iâ, mae bondiau hydrogen rhwng y moleciwlau dŵr yn eu dal ynghyd mewn adeiledd tetrahedrol eithaf agored; mae'r bondiau cryf o fewn y moleciwlau dŵr yn gofalent a pholar.

Metelau

Er nad oes angen i chi wybod adeileddau metelau, mae angen i chi ddeall y cysyniad cyffredinol bod pob atom o elfennau metelig yn rhoi un neu ragor o electronau gan ffurfio môr neu nwy o electronau dadleoledig. Mae'r môr hwn yn amgylchynu'r ïonau positif sydd wedi'u ffurfio a'u pacio'n dynn ac yn eu clymu ynghyd drwy'r atyniad rhwng gwefrau dirgroes.

Adeiledd a phriodweddau ffisegol

Mae'n bwysig gallu egluro priodweddau'r holl fathau o solid sydd wedi'u trafod uchod yn nhermau eu hadeileddau.

Mae'r adeileddau ïonig enfawr fel y cloridau yn galed a brau fel rheol gydag ymdoddbwyntiau uchel oherwydd y bondiau ïonig cryf. Nid oes dargludiad trydanol yn y cyflwr solet oherwydd bod yr ïonau yn sefydlog yn y grisial ond mae'r halwynau tawdd a'u hydoddiannau dyfrllyd yn dargludo trydan gan eu bod yn awr yn gallu symud pan gaiff foltedd ei roi. Gall solidau ïonig fod yn hydawdd neu'n anhydawdd mewn dŵr, gan ddibynnu ar egnïeg neu ffactorau'n ymwneud ag adweithiau cemegol, ond mae'r rhan fwyaf o gloridau ïonig yn hydawdd.

Yma mae'r moleciwlau dŵr polar yn eu gosod eu hunain o amgylch yr anion a'r catïon, fel sydd i'w weld isod, gan roi gwerth egni hydradiad sy'n ffafrio hydoddedd.

$$\delta^+H \quad \delta^+H$$

Mae gan y moleciwlau cofalent enfawr, diemwnt a graffit, ymdoddbwynt uchel iawn ac maen nhw'n anhydawdd iawn mewn dŵr; mae diemwnt yn galed iawn, gyda phob atom carbon wedi'i fondio'n gofalent â phedwar arall gan ffurfio adeiledd tri dimensiwn; mae'r adeiledd haenog gwan mewn graffit yn ei wneud yn fwy meddal ac yn ddefnyddiol fel iraid. Hefyd mae graffit yn dargludo trydan oherwydd dadleoliad electronau π ym mhlanau'r cylchoedd ond nid yw diemwnt nac ïodin yn gwneud. Mae ïodin yn feddal ac yn anweddol oherwydd bod yr unedau I_2 yn cael eu dal ynghyd gan rymoedd gwan van der Waals yn unig.

Mae dadleoliad electronau mewn metelau yn rhoi dargludedd trydanol a thermol ond mae eu tymereddau ymdoddi a'u caledwch yn cynyddu gyda nifer yr electronau o bob atom sy'n cymryd rhan yn y bondio, e.e.

Metel	Na	Ca	V
nifer o electronau bondio	1	2	5
tymheredd ymdoddi ° C	98	850	1900

Mae sodiwm yn fetel meddal y mae'n hawdd ei dorri â chyllell ond mae fanadiwm yn galed iawn. Hefyd, cofiwch am fercwri, tymheredd ymdoddi minws 39 °C!

Yn ymarferol mae priodweddau solid yn dibynnu nid yn unig ar y bondio ar y lefel atomig ond hefyd ar y ffordd y mae'r unedau, fel y nanotiwbiau carbon, yn cael eu dal ynghyd.

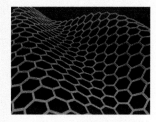
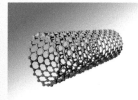

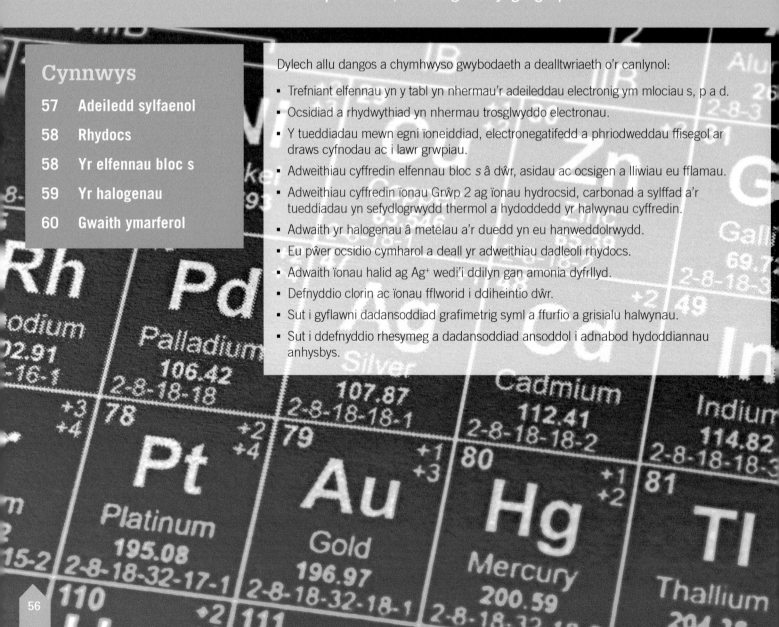

Uned 1

1.6
Y tabl cyfnodol

Mae'r tabl cyfnodol yn arf hanfodol ar gyfer trin y nifer enfawr o elfennau a chyfansoddion cemegol sy'n bodoli. Mae'n ein galluogi i weld tueddiadau a gwneud rhagfynegiadau. Yn y testun hwn byddwn yn gweld sut mae'r tabl yn cael ei osod allan a sut mae'n gweithio a byddwn yn astudio cemeg pwysig elfennau a chyfansoddion bloc s, sef Grwpiau 1 a 2, a'r halogenau yng Ngrŵp 7.

Cynnwys

Dylech allu dangos a chymhwyso gwybodaeth a dealltwriaeth o'r canlynol:

- Trefniant elfennau yn y tabl yn nhermau'r adeileddau electronig ym mlociau s, p a d.
- Ocsidiad a rhydwythiad yn nhermau trosglwyddo electronau.
- Y tueddiadau mewn egni ïoneiddiad, electronegatifedd a phriodweddau ffisegol ar draws cyfnodau ac i lawr grwpiau.
- Adweithiau cyffredin elfennau bloc *s* â dŵr, asidau ac ocsigen a lliwiau eu fflamau.
- Adweithiau cyffredin ïonau Grŵp 2 ag ïonau hydrocsid, carbonad a sylffad a'r tueddiadau yn sefydlogrwydd thermol a hydoddedd yr halwynau cyffredin.
- Adwaith yr halogenau â metelau a'r duedd yn eu hanweddolrwydd.
- Eu pŵer ocsidio cymharol a deall yr adweithiau dadleoli rhydocs.
- Adwaith ïonau halid ag Ag^+ wedi'i ddilyn gan amonia dyfrllyd.
- Defnyddio clorin ac ïonau fflworid i ddiheintio dŵr.
- Sut i gyflawni dadansoddiad grafimetrig syml a ffurfio a grisialu halwynau.
- Sut i ddefnyddio rhesymeg a dadansoddiad ansoddol i adnabod hydoddiannau anhysbys.

Adeiledd sylfaenol

Mae deall tueddiadau ac ymddygiad cyffredinol yn ein galluogi i ragfynegi llawer o bethau. Mae cemeg yr elfennau yn cael ei rheoli'n bennaf gan eu helectronau allanol ac felly mae trefnu elfennau mewn grwpiau yn ôl eu hadeiledd allanol yn symleiddio ein hastudiaeth o'u hymddygiad. Mae egni ïoneiddiad ac electronegatifedd (x) yn cynyddu wrth fynd ar draws cyfnodau'r tabl ac i fyny'r grwpiau. Er enghraifft, mae egni ïoneiddiad cyntaf Cs yn $376\,kJ\,môl^{-1}$, gan gynyddu i egni ïoneiddiad cyntaf F, sef $1680\,kJ\,môl^{-1}$.

Mae'n hawdd colli electronau ym mloc s, gan roi catïonau a ffurfio cyfansoddion ïonig; erbyn bloc p yng Ngrŵp 3 mae'r egnïon ïoneiddiad yn rhy uchel ac felly mae rhannu electronau (cofalens) yn gyffredin, ond mae'r elfennau mwy electronegatif yng Ngrwpiau 6 a 7 yn gallu derbyn electronau gan ffurfio anionau mewn cyfansoddion ïonig.

Mae falens fel rheol yn cynyddu gyda rhif y grŵp hyd at uchafswm o bedwar ac yna yn lleihau (8 minws rhif y grŵp) hyd at un yng Ngrŵp 7.

Mae elfennau fel rheol yn fetelau pan fydd yr egnïon ïoneiddiad yn isel ar y chwith ac yng ngwaelod y tabl ac yn yr elfennau trosiannol ym mloc d; mae anfetelau i'w cael yn y rhan uchaf ar y dde lle mae'r egnïon ïoneiddiad yn uchel. Mae elfennau lled-ddargludol, fel silicon, i'w cael rhwng y ddau ranbarth hyn.

Mae'r tueddiadau mewn tymereddau ymdoddi yn fwy cymhleth, gan ddibynnu ar y màs atomig, y math o fondio a'r math o adeiledd solet, ond maen nhw'n lleihau wrth fynd i lawr Grŵp 1, yn cynyddu wrth fynd i lawr Grŵp 7, yn cynyddu wrth fynd ar draws cyfnodau hyd at Grŵp 4 (mae carbon yn ymdoddi ar dymheredd dros 3500°) ac yna yn lleihau yn sydyn wrth i'r elfennau ffurfio moleciwlau deuatomig sy'n cael eu dal ynghyd yn y cyflwr solet gan rymoedd rhyngfoleciwlaidd gwan.

	bloc s		bloc d				bloc p			
Grŵp	1	2	metelau trosiannol	3	4	5	6	7	8 nwy anadweithiol	
Rhif ocsidiad	1	2					−2	−1		
Rhydocs	rhydwytho						ocsidio			
Ïonau	catïonau						anionau			
Ocsidau	basig						asidig			
Tymheredd ymdoddi	lleihau wrth fynd i lawr		cynyddu hyd at Grŵp 4				cynyddu wrth fynd i lawr			
Math o elfen	metelau						anfetelau			

Mae egni ïoneiddiad ac electronegatifedd yn cynyddu wrth fynd ar draws ac i fyny

▲ Tueddiadau yn y tabl cyfnodol

Grŵp 1	mae pob halwyn yn hydawdd
Grŵp 2	
M(OH)$_2$	mae hydoddedd yn cynyddu wrth fynd i lawr y grŵp – mae Mg(OH)$_2$ yn anhydawdd
MSO$_4$	mae hydoddedd yn lleihau wrth fynd i lawr y grŵp – mae BaSO$_4$ yn anhydawdd
MCO$_3$	i gyd yn anhydawdd

▲ Hydoddedd mewn dŵr

SUT MAE GWYDDONIAETH YN GWEITHIO

Yn dilyn datblygiadau mewn gwybodaeth wyddonol a dealltwriaeth o gemeg dros nifer o flynyddoedd yn y 19eg ganrif, datblygodd Mendeleev ei dabl cyfnodol, sydd wedi cynyddu ein dealltwriaeth a'n gallu i wneud rhagfynegiadau cemegol yn fawr. Roedd bylchau yn y tabl yn helpu gwyddonwyr i chwilio am elfennau a oedd yn anhysbys ar y pryd, fel germaniwm, sy'n lled-ddargludydd pwysig, a phan gafodd ei ddarganfod, roedd ei briodweddau yn union fel roedd Mendeleev wedi rhagfynegi. Mae'r tueddiadau rheolaidd ym mhriodweddau'r elfennau i lawr ac ar draws y grwpiau wedi symleiddio ein dealltwriaeth o gemeg yr elfennau yn fawr ac roedd y tabl yn sail ar gyfer datblygu ein dealltwriaeth o adeileddau electronig ar ddechrau'r 20fed ganrif.

Hydoddedd halwynau

Mae hydoddedd halwynau yn destun cymhleth ond mae cryfder y ddellten mewn grisial ïonig yn bwysig. Mewn MgSO$_4$, er enghraifft, mae'r ïon Mg yn llai o lawer na'r SO$_4$ ac felly nid yw'r ïonau yn gallu ffitio ynghyd yn dda er mwyn ffurfio dellten gryf ac mae MgSO$_4$ yn hydawdd. Mewn BaSO$_4$, mae'r ïon Ba yn fwy o lawer na Mg, mae'r ïonau yn ffitio ynghyd yn well yn y ddellten ac mae BaSO$_4$ yn anhydawdd mewn dŵr.

37

Gwirio eich gwybodaeth

(i) Yn y tabl cyfnodol mae gwerthoedd yr egni ïoneiddiad a'r electronegatifedd yn .... wrth fynd i lawr grŵp ac yn .... wrth fynd ar draws cyfnod.

(ii) Mae hydoddedd hydrocsidau Grŵp II yn .... wrth fynd i lawr y grŵp ac mae hydoddedd sylffadau Grŵp II yn .... wrth fynd i lawr y grŵp.

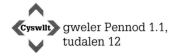
Cyswllt gweler Pennod 1.1, tudalen 12

▲ Metel sodiwm ar ddŵr

Rhydocs

Mewn llawer o adweithiau cemegol mae electronau yn cael eu colli neu eu hennill. Mae rhywogaeth yn cael ei hocsidio os yw'n colli electronau a'i rhydwytho os yw'n eu hennill. Gan nad yw'r electronau yn diflannu nac yn ymddangos o unman, mae'r holl adweithiau hyn yn golygu trosglwyddo electronau o'r rhywogaeth sy'n cael ei hocsidio i'r un sy'n cael ei rhydwytho.

Er enghraifft, yn yr adwaith $Na + \frac{1}{2}Cl_2 \longrightarrow Na^+ + Cl^-$, mae'r Na yn cael ei ocsidio ac yn colli electron ac mae'r Cl yn ennill electron ac yn cael ei rydwytho.

Gall y cofair Saesneg OILRIG fod o gymorth o'i ddefnyddio'n ofalus gyda'r atom, sef 'Oxidised I Lose electrons, Reduced I Gain electrons'.

Mae'n hawdd iawn drysu.

Rhifau (cyflyrau) ocsidiad

Dyma system cyfrifo fuddiol ar gyfer **rhydocs** sydd â rheolau syml:

1. Cyflwr ocsidiad pob elfen yw sero.
2. Cyflwr ocsidiad hydrogen mewn cyfansoddion yw 1 (neu +1) fel rheol.
3. Cyflwr ocsidiad ocsigen fel rheol yw −2 neu −II.
4. Y cyflwr ocsidiad ar gyfer elfennau Grŵp 1 mewn cyfansoddion yw 1 ac ar gyfer elfennau Grŵp 2 mae'n 2.
5. Y cyflwr ocsidiad ar gyfer elfennau Grŵp 6 ac mewn cyfansoddion yw −2 ac ar gyfer elfennau Grŵp 7 mae'n −1 fel rheol.
6. Mae rhif ocsidiad elfen sydd wedi'i bondio â hi ei hun yn dal yn 0.
7. Mae'n rhaid i gyfanswm rhifau ocsidiad yr elfennau mewn cyfansoddyn adio i sero a'r cyfanswm mewn ïon adio i'r wefr ar yr ïon.

Pwysig

Nid yw'r rhif ocsidiad yn awgrymu bod gwefr. Er enghraifft, mewn MnO_4^-, y rhifau ocsidiad yw Mn(7) a phedwar O(4×-2) gan roi cyfanswm gwefr o finws 1. **Nid** oes gwefr o 7+ ar y Mn.

Yr elfennau bloc s

Mae'r elfennau hyn i gyd yn fetelau adweithiol, electropositif (electronegatifedd isel) sy'n ffurfio catïonau sydd â rhifau ocsidiad 1 neu 2 yn ôl rhif eu grŵp.

Maen nhw'n ffurfio ocsidau gydag ocsigen/aer, er enghraifft $Ca + \frac{1}{2}O_2 \longrightarrow CaO$. Maen nhw'n rhyddhau hydrogen wrth adweithio â dŵr gan ffurfio ocsid neu hydrocsid:

$$Na + H_2O \longrightarrow NaOH + \tfrac{1}{2}H_2$$

Mae adwaith elfennau Grŵp 1 a Grŵp 2 ag asidau yn debyg i hyn heblaw bod halwyn yn cael ei ffurfio, er enghraifft:

$$Mg + 2HCl \longrightarrow MgCl_2 + H_2$$

ac mae'r elfennau yn y ddau grŵp yn adweithio yn nodweddiadol fel rhydwythyddion, gan roi electron(au) i rydwytho'r asid neu'r dŵr i hydrogen a chael eu hocsidio wrth wneud hyn.

	$Mg + 2HCl \longrightarrow$	$Mg^{2+} + H_2 + 2Cl^-$		
Rhif ocsidiad	0 2(1)(-1)	2	0	2(-1)

Yn yr holl achosion hyn mae adweithedd yn cynyddu i lawr y grŵp ac mae elfennau Grŵp 1 yn fwy adweithiol na Grŵp 2.

Mae lithiwm yn adweithio'n araf â dŵr ac mae potasiwm yn adweithio'n ffyrnig; mae magnesiwm yn adweithio'n araf ond mae bariwm yn gyflymach. Mae'r metelau bloc s i gyd yn adweithio'n rymus ag asidau.

Maen nhw i gyd yn adweithio ag ocsigen ac yn llosgi mewn aer ac mae cesiwm yn llosgi'n ddigymell.

Mae'r ocsidau i gyd yn fasig, h.y. maen nhw'n adweithio ag asidau gan roi halwynau, er enghraifft

$$CaO + 2HCl \longrightarrow CaCl_2 + H_2O$$

Cofiwch mai $M(OH)_2$ yw fformiwlâu hydrocsidau metelau Grŵp 2 gan fod rhif ocsidiad (OH) yn -1, h.y. $[O(-2) H(+1)]$.

Mae halwynau metelau Grŵp 1 i gyd yn hydawdd, ond mae adweithiau ïonau Grŵp 2 ag ïonau hydrocsid, carbonad a sylffad yn rhoi amrywiaeth o ganlyniadau y mae'n rhaid i chi eu gwybod. Mae $Mg(OH)_2$ yn anhydawdd mewn dŵr ond mae hydoddedd yr hydrocsidau yn cynyddu wrth fynd i lawr y grŵp; mae $BaSO_4$ yn anhydawdd ac mae hydoddedd y sylffadau yn cynyddu wrth fynd i fyny'r grŵp. Er nad oes angen i chi gofio unrhyw werthoedd rhifiadol, fe ddylen nhw eich helpu i ddeall graddfa'r newidiadau. Mae hydoddedd yr hydrocsidau yn cynyddu o 0.01 g dm^{-3} ar gyfer Mg i 3.9 g dm^{-3} ar gyfer Ba; mae hydoddedd sylffadau yn lleihau wrth fynd i lawr y grŵp o 330 g dm^{-3} ar gyfer Mg i 0.002 g dm^{-3} ar gyfer Ba.

Mae pob carbonad Grŵp 2 yn anhydawdd ac mae holl nitradau elfennau bloc s yn hydawdd.

Mae sefydlogrwydd thermol hydrocsidau a charbonadau Grŵp 2 yn cynyddu wrth fynd i lawr y grŵp; er enghraifft mae magnesiwm carbonad yn dadelfennu ar 400° o'i gymharu â 1300° ar gyfer bariwm carbonad.

Er nad yw yn y fanyleb, mae'n fuddiol gwybod, wrth wneud gwaith ymarferol, fod holl nitradau a chloridau elfennau bloc s yn hydawdd mewn dŵr.

Lliwiau fflamau: mae holl elfennau cyffredin Grwpiau 1 a 2 heblaw Mg yn dangos lliwiau fflam nodweddiadol. Mae'n rhaid i chi eu gwybod ac maen nhw'n fuddiol mewn dadansoddi ansoddol.

Dylech fod yn ymwybodol o bwysigrwydd mawr calsiwm carbonad mewn systemau byw a systemau anorganig a phwysigrwydd mwynau calsiwm ffosffad mewn esgyrn ac ysgerbydau byw. Mae ïonau calsiwm a magnesiwm yn chwarae rôl allweddol ym miocemeg systemau byw – cloroffyl, gweithrediad cyhyrau, a.y.b., ac mae symiau enfawr o garbonadau i'w cael mewn creigiau fel sialc, calchfaen a dolomit.

Yr halogenau

Mae'r **elfennau electronegatif**, adweithiol hyn fel arfer yn ffurfio anionau sydd â chyflwr ocsidiad -1 ac felly ocsidiad yw'r adwaith arferol, er enghraifft:

$$Na(0) + \tfrac{1}{2}Cl_2(0) \longrightarrow Na^+(1) + Cl^-(-1)$$

gyda'r Na yn cael ei ocsidio a'r clorin sy'n ocsidydd yn cael ei rydwytho o 0 i -1. Mae'r duedd i ffurfio anionau yn lleihau wrth fynd i lawr y grŵp o fflworin i ïodin; fflworin yw'r elfen fwyaf electronegatif.

Mae tymereddau ymdoddi'r elfennau yn cynyddu wrth fynd i lawr y grŵp o fflworin, sy'n nwy, i ïodin, sy'n solid, oherwydd y grymoedd rhyngfoleciwlaidd cynyddol sy'n dal yr elfennau deuatomig ynghyd mewn hylif neu solid. Mae'r cynnydd hwn yn digwydd oherwydd nifer cynyddol yr electronau yn y moleciwlau sy'n cyfrannu at y grym rhyngfoleciwlaidd deupol anwythol–deupol anwythol.

Mae'r halogenau yn adweithio â'r rhan fwyaf o fetelau gan ffurfio halidau, gyda'r adweithedd yn lleihau wrth fynd i lawr y grŵp o fflworin i ïodin. Mae rhywbeth tebyg i'w weld mewn adweithiau dadleoli lle mae halogen sy'n uwch yn y grŵp yn dadleoli un sy'n is yn y grŵp o halwyn, er enghraifft:

$$Cl_2 + 2NaBr \longrightarrow Br_2 + 2NaCl$$

40

Gwirio eich gwybodaeth

Pa un o'r ychwanegiadau canlynol fydd yn rhoi gwaddod?

(a) $Ba^{2+} + OH^-$

(b) $Ca^{2+} + CO_3^{2-}$

(c) $Ba^{2+} + SO_4^{2-}$

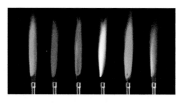

▲ Profion fflam

▲ Ffosiliau $CaCO_3$

41

Gwirio eich gwybodaeth

Nodwch ganlyniad, os oes canlyniad, ychwanegu:

(a) ïodin at hydoddiant potasiwm bromid

(b) clorin at sodiwm bromid dyfrllyd.

▲ Gwaddodion arian halid cyffredin

Mae hyn yn adlewyrchu'r lleihad mewn pŵer ocsidio wrth fynd i lawr y grŵp gyda chlorin yn ocsidio'r ïon bromid i fromin ac yn cael ei rydwytho i glorid:

$$Cl_2(0) + 2\,Br^-(-1) \longrightarrow 2Cl^-(-1) + Br_2(0)$$

Mae adwaith ïonau halid ag ïonau arian mewn asid nitrig gwanedig yn bwysig mewn dadansoddi ansoddol mewn cemeg organig ac anorganig. Yr adwaith cyffredinol yw:

$$Ag^+(d) + X^-(d) \longrightarrow AgX(s)$$

Lliwiau'r gwaddodion yw clorid (gwyn), bromid (hufen golau) ac ïodid (melyn golau) a dim ond arian clorid sy'n hydoddi mewn amonia gwanedig. Mae hyn yn rhoi ffordd syml o adnabod yr halogen sy'n bresennol.

Defnyddio clorin a fflworid i drin dŵr

Caiff clorin ei ddefnyddio yn eang i drin dŵr. Mae'n gwneud dŵr yn ddiogel i'w yfed a'i ddefnyddio drwy ladd bacteria pathogenaidd a firysau ac atal clefydau difrifol fel teiffoid a cholera rhag digwydd. Yn aml mae'n cael ei ychwanegu ar ffurf yr elfen nwyol ac mae'n sefydlu'r ecwilibriwm isod mewn dŵr:

$$Cl_2 + H_2O \longrightarrow HOCl + HCl$$

Mae'n ymddangos mai effeithiau buddiol yn unig sydd ar grynodiadau llai nag un rhan mewn miliwn (ppm).

Caiff fflworid ei ychwanegu at ddŵr a phast dannedd ac unwaith eto mae'n ymddangos mai effeithiau buddiol yn unig sydd iddo ar grynodiadau llai nag 1 ppm, drwy leihau pydredd dannedd sy'n cael ei achosi wrth i geudodau ffurfio a hefyd drwy gryfhau esgyrn, sydd felly yn lleihau osteoporosis. Caiff ei ychwanegu ar ffurf asid fflworosilisig, sodiwm fflworosilicad neu sodiwm fflworid.

Er ei fod yn effeithiol, mae rhai pobl wedi gwrthwynebu ei ychwanegu at gyflenwadau dŵr cyhoeddus ar sail foesegol. Fodd bynnag, mae'r manteision yn fwy na'r anfanteision, yn enwedig yn achos clorin, gan fod clefyd colera, oedd yn arfer lladd miloedd, wedi cael ei ddileu i bob pwrpas.

42

Gwirio eich gwybodaeth

Enwch yr adweithyddion sydd eu hangen i ffurfio copr(II) clorid, dŵr a charbon deuocsid.

Gwaith ymarferol

Ffurfio halwynau hydawdd

Er enghraifft, mae'n bosibl ffurfio copr(II) sylffad drwy niwtralu asid sylffwrig gyda'r bas anhydawdd copr(II) ocsid,

$$H_2SO_4(d) + CuO(s) \longrightarrow CuSO_4(d) + H_2O(h)$$

Dyma'r camau wrth ffurfio'r halwyn.

1. Caiff copr(II) ocsid ei ychwanegu at asid sylffwrig gwanedig. Caiff rhagor ei ychwanegu nes nad oes rhagor yn hydoddi. (Efallai y bydd angen cynhesu'r hydoddiant.) Mae'r hydoddiant yn troi'n las.

2. Mae'r holl asid wedi adweithio. Caiff y gormodedd o solid ei ddileu drwy hidlo. Mae hyn yn gadael hydoddiant glas o gopr(II) sylffad mewn dŵr.

3. Caiff yr hydoddiant ei wresogi er mwyn anweddu rhywfaint o'r dŵr.

4. Mae'n cael ei adael i oeri. Mae grisialau glas o gopr(II) sylffad yn dechrau ffurfio.

Nid ydym yn anweddu'r dŵr yn llawn oherwydd os bydd hyn yn digwydd bydd powdr yn ffurfio yn hytrach na grisialau.

Os caiff copr(II) carbonad ei ddefnyddio mae'r dull yn union yr un fath ond rydym yn gweld eferwad (sïo) pan gaiff y carbonad ei ychwanegu at yr asid oherwydd bod carbon deuocsid yn cael ei ryddhau. Pan nad oes rhagor o eferwad i'w weld, mae'r holl asid wedi adweithio.

▲ Ychwanegu CuO

▲ Ffurfio $CuSO_4$

▲ Anweddu $CuSO_4$

▲ Grisialau $CuSO_4$

Dadansoddiad grafimetrig

Nod
Mesur union grynodiad ïonau calsiwm mewn hydoddiant calsiwm clorid drwy ei waddodi ar ffurf calsiwm carbonad a'i bwyso.

Dull gweithredu
Rhowch 100 cm³ **union** o hydoddiant calsiwm clorid â chrynodiad o tua 0.2 môl dm⁻³ mewn bicer glân ac ychwanegwch tua 110 cm³ o hydoddiant sodiwm carbonad â chrynodiad o tua 0.2 môl dm⁻³ gan droi'r cymysgedd. Gadewch i'r gwaddod setlo a sicrhewch ei fod i gyd wedi gwaddodi drwy ychwanegu mwy o ddiferion o garbonad at yr hydoddiant clir.

Pan na fydd rhagor o waddod yn ffurfio, hidlwch y gwaddod i ffwrdd gan sicrhau ei fod i gyd yn cael ei drosglwyddo i'r hidlen.*

Golchwch y gwaddod â dŵr distyll er mwyn dileu unrhyw amhureddau a'i sychu mewn popty sychu. Pwyswch y gwaddod sych a'r hidlen a thynnwch bwysau'r hidlen i roi màs y calsiwm carbonad. Defnyddiwch hwn i gyfrifo màs y calsiwm yn y sampl 100 cm³ ac felly union grynodiad yr hydoddiant calsiwm clorid.

*Sylwer: bydd y dull gweithredu ar gyfer hidlo yn dibynnu ar y cyfarpar sydd ar gael. Y ffordd symlaf yw hidliad gwactod drwy grwsibl gwydr wedi'i sinteru ond fel arall gallwch ddefnyddio papur hidlo mewn twndis hidlo.

Cyfrifo crynodiad
Cyfaint yr hydoddiant $Ca = V \, dm^3$

Màs y gwaddod/g = m (= màs gwaddod + hidlen − màs hidlen)

Màs $CaCO_3/dm^3$ = m/V

Crynodiad ïonau calsiwm = m/VM lle M yw màs molar $CaCO_3$.

Mae niferoedd yr ïonau calsiwm yn y carbonad a'r hydoddiant clorid yn unfath, wrth gwrs.

GWAITH YMARFEROL

Mae dadansoddiad grafimetrig a dadansoddiad ansoddol yn **dasgau ymarferol penodedig**

Dadansoddiad ansoddol

Gweler cwestiynau 1, 6, 7 a 9 yn yr adran Cwestiynau ymarfer ar gyfer arholiad

1.7
Ecwilibria syml ac adweithiau asid–bas

Hyd yn hyn yn y llyfr hwn, rydym wedi ysgrifennu adweithiau cemegol fel adweithyddion $\longrightarrow$ cynhyrchion. Fodd bynnag, nid yw adweithiau cemegol yn symud ymlaen yn unig o'r chwith i'r dde mewn hafaliad cemegol. Mae rhai adweithiau yn symud yn ôl hefyd, o'r dde i'r chwith Mae'r uned hon yn astudio'r berthynas rhwng y blaenadweithiau a'r ôl-adweithiau a'u heffaith ar gynnyrch yr adwaith.

Mae'r gair 'asid' yn dod o'r gair Lladin 'acerbus', sy'n golygu sur. Fodd bynnag, nid asid yw pob sylwedd sur ac ychydig iawn o asidau sy'n ddiogel i'w blasu i weld a ydyn nhw'n sur! Yn yr uned hon, byddwch yn dysgu am asidau, eu hadweithiau, sut i fesur eu hasidedd a sut i'w niwtralu.

Cynnwys

Dylech allu dangos a chymhwyso gwybodaeth a dealltwriaeth o'r canlynol:

- Beth mae adwaith cildroadwy ac ecwilibriwm dynamig yn ei olygu.
- Egwyddor Le Chatelier wrth ddiddwytho effeithiau newidiadau mewn tymheredd, crynodiad a gwasgedd.
- Y cysonyn ecwilibriwm (K_c) a chyfrifiadau sy'n cynnwys crynodiadau ecwilibriwm a roddir.
- Asidau fel cyfranwyr $H^+(d)$ a basau fel derbynyddion $H^+(d)$.
- Y berthynas rhwng pH a chrynodiad ïonau $H^+(d)$, sef $pH = -\log[H^+(d)]$.
- Titradiadau asid–bas.
- Y gwahaniaeth rhwng asidau cryf ac asidau gwan yn nhermau daduniad cymharol.

Adweithiau cildroadwy

Nid yw pob adwaith cemegol yn 'mynd i'r pen draw', h.y. lle mae'r adweithyddion yn newid yn llwyr gan ffurfio cynhyrchion. Nid yw adweithiau yn symud ymlaen yn unig, mae rhai adweithiau hefyd yn symud yn ôl gyda'r cynhyrchion yn newid yn ôl yn adweithyddion. Yr enw ar yr adweithiau hyn yw adweithiau **cildroadwy** ac mae'r symbol '$\rightleftharpoons$' yn cael ei ddefnyddio mewn hafaliadau.

Byddwch eisoes yn gyfarwydd â nifer o adweithiau cildroadwy yn eich cartref, yn y labordy ac mewn diwydiant. Os ydych yn lleihau tymheredd dŵr dan 0°C mae'n rhewi gan ffurfio iâ. Os ydych yn caniatáu i iâ gyrraedd tymheredd ystafell mae'n ymdoddi gan ddychwelyd yn ddŵr. Gallwn ysgrifennu'r broses fel:

$$\text{Dŵr} \rightleftharpoons \text{Iâ} \quad \text{neu} \quad H_2O(h) \rightleftharpoons H_2O(s)$$

Y fformiwla ar gyfer grisialau glas copr(II) sylffad yw $CuSO_4.5H_2O$ (yr enw ar y dŵr yw dŵr grisialu). Pan gaiff y copr(II) sylffad ei wresogi, mae'r dŵr grisialu yn cael ei ryddhau ar ffurf ager, gan adael powdr gwyn o'r enw copr(II) sylffad anhydrus. Pan gaiff dŵr ei ychwanegu at y powdr gwyn, mae'r powdr yn mynd yn boeth ac yn troi'n las. Gallwn ysgrifennu'r broses fel:

$$\underset{\text{glas}}{CuSO_4.5H_2O} \rightleftharpoons \underset{\text{gwyn}}{CuSO_4} + 5H_2O$$

Enghraifft gyfarwydd mewn diwydiant yw proses Haber, ar gyfer ffurfio amonia o nitrogen a hydrogen:

$$N_2(n) + 3H_2(n) \rightleftharpoons 2NH_3(n)$$

Ecwilibria dynamig

Term yw 'ecwilibriwm' sy'n cael ei ddefnyddio i ddynodi cydbwysedd. Y ddau brif fath rydym yn eu gweld mewn bywyd beunyddiol yw ecwilibriwm sefydlog ac **ecwilibriwm dynamig**. Dychmygwch eich bod yn edrych ar ystafell ddosbarth mewn ysgol. Mae pob un o'r 30 cadair yn yr ystafell yn cael ei defnyddio. Mae'r disgyblion yn sefyll prawf a hanner awr yn ddiweddarach rydych yn gweld bod yr un disgyblion yn eistedd wrth yr un byrddau ac felly nid yw'r sefyllfa wedi newid, h.y. mae'n sefydlog. Rydych yn mynd i mewn i ystafell ddosbarth arall; unwaith eto mae pob un o'r 30 cadair yn yr ystafell yn cael ei defnyddio ond y tro hwn mae'r disgyblion yn gwneud gwaith grŵp. Ymhen ychydig mae rhai o'r disgyblion yn symud i grwpiau eraill ond mae pob cadair yn dal yn llawn. Mae'r sefyllfa hon yn para tan ddiwedd y wers. Mae cydbwysedd rhwng nifer y disgyblion sy'n cyrraedd bwrdd a'r nifer sy'n ei adael. Er nad yw nifer y disgyblion wedi newid, mae mynd a dod cyson, h.y. mae'n ecwilibriwm dynamig.

Enghraifft o ecwilibriwm dynamig yw hydoddi cyfansoddyn ïonig mewn dŵr. Pan gaiff grisialau copr(II) sylffad eu hychwanegu at ddŵr, mae'r grisialau yn dechrau hydoddi ac mae'r hydoddiant yn troi'n las. Y mwyaf o gopr(II) sylffad sy'n cael ei ychwanegu, y tywyllaf yw'r lliw glas. Pan na fydd rhagor yn hydoddi a bod y grisialau copr(II) sylffad yn aros yn yr hydoddiant, mae'r hydoddiant wedi dod yn ddirlawn ac mae dwysedd y lliw glas yn aros yn gyson.

Dŵr — Grisialau $CuSO_4.5H_2O$ — Hydoddiant $CuSO_4$ — Hydoddiant dirlawn

DYLECH ›››

››› ddeall beth mae adwaith cildroadwy ac ecwilibriwm dynamig yn ei olygu.

Termau Allweddol

Adwaith cildroadwy yw adwaith sy'n gallu mynd ymlaen neu'n ôl gan ddibynnu ar yr amodau.

Ecwilibriwm dynamig yw'r sefyllfa pan fydd cyfradd y blaenadwaith a'r ôl-adwaith yn hafal

Cyswllt Defnyddio ymbelydredd, tudalen 22

Yn awr mae'r hydoddiant mewn ecwilibriwm gyda'r solid sydd heb hydoddi. Er ei bod yn ymddangos nad oes dim byd yn digwydd, gan fod crynodiad yr hydoddiant dirlawn yn aros yr un fath, mae'r copr(II) sylffad yn dal i hydoddi ond wrth iddo wneud hynny mae copr(II) sylffad yn ailgrisialu o'r hydoddiant ar yr un gyfradd.

Mae'n bosibl profi hyn drwy ddefnyddio olinyddion ymbelydrol. Os ydym yn ychwanegu grisialau sy'n cynnwys ^{35}S ymbelydrol at yr hydoddiant dirlawn, ar ôl ychydig byddwn yn gweld bod yr ymbelydredd wedi'i rannu rhwng yr hydoddiant a'r grisialau sydd heb hydoddi.

Gall ecwilibria dynamig ddatblygu hefyd yn ystod newidiadau cemegol. Yr enw ar y cydbwysedd rhwng adweithyddion a chynhyrchion ar ecwilibriwm yw'r cymysgedd ecwilibriwm. Os yw'r cymysgedd ecwilibriwm yn cynnwys cynhyrchion yn bennaf a bron dim adweithyddion, rydym yn dweud bod yr adwaith wedi'i gwblhau (e.e. llosgi magnesiwm mewn aer). Ar y llaw arall, os yw'r cymysgedd ecwilibriwm yn cynnwys adweithyddion yn bennaf a bron dim cynhyrchion, rydym yn dweud nad yw'r adwaith yn digwydd dan yr amodau hyn (e.e. mewn anwedd dŵr ar dymheredd ystafell, mae'n anodd canfod unrhyw hydrogen neu ocsigen yn bresennol).

Ar ecwilibriwm ni allwn weld unrhyw newid; mae'r priodweddau y gallwn eu gweld neu eu mesur (e.e. crynodiadau'r adweithyddion a'r cynhyrchion) yn aros yn gyson. Rydym yn galw'r rhain yn briodweddau macrosgopig. Fodd bynnag, mae'r system yn newid drwy'r amser – gyda'r newidiadau dynamig yn digwydd ar lefel foleciwlaidd. Er mwyn i hyn ddigwydd, mae'n rhaid i'r adweithyddion a'r cynhyrchion fod mewn cysylltiad â'i gilydd drwy'r amser ac felly mae angen system gaeedig, h.y. un lle na all sylweddau adael neu ddod i mewn.

Pan fydd ecwilibriwm yn cael ei sefydlu mewn proses gemegol, fel rheol bydd crynodiadau'r adweithyddion a'r cynhyrchion yn newid yn gyflym i ddechrau ac yna yn cyrraedd gwerthoedd cyson. Yn awr mae'r adweithyddion yn cael eu trawsnewid yn gynhyrchion ar union yr un gyfradd ag y mae'r cynhyrchion yn cael eu trawsnewid yn adweithyddion.

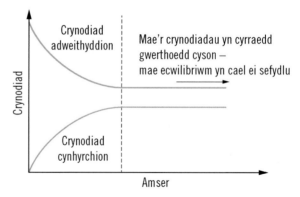

Mae'r crynodiadau yn cyrraedd gwerthoedd cyson – mae ecwilibriwm yn cael ei sefydlu

Safle ecwilibriwm

Os byddwn yn newid amodau adwaith cemegol ar ecwilibriwm, rydym hefyd yn newid yr ecwilibriwm. Er enghraifft, pan fyddwn yn newid crynodiad un sylwedd, bydd crynodiadau'r holl sylweddau eraill yn yr ecwilibriwm yn newid, h.y. bydd crynodiad yr adweithyddion a'r cynhyrchion yn newid. Yr enw ar gymhareb y cynhyrchion i'r adweithyddion mewn cymysgedd ecwilibriwm yw'r **safle ecwilibriwm**.

Fe sylwodd Henri Le Chatelier sut mae systemau ar ecwilibriwm yn ymateb i newidiadau mewn crynodiad, gwasgedd a thymheredd ac ym 1884 fe gyflwynodd egwyddor sydd â goblygiadau pwysig ar gyfer llawer o brosesau diwydiannol. Mae **Egwyddor Le Chatelier** yn nodi:

Os bydd newid yn cael ei wneud i system sydd ar ecwilibriwm, yna bydd y safle ecwilibriwm yn symud er mwyn lleihau effaith y newid hwnnw.

Effaith newid crynodiad

Mae hydoddi grisialau copr(II) sylffad hydradol mewn dŵr yn rhoi hydoddiant glas oherwydd bod yr ïon $[Cu(H_2O)_6]^{2+}$ yn cael ei ffurfio. Pan gaiff asid hydroclorig crynodedig ei ychwanegu at hydoddiant copr(II) sylffad, mae'r ecwilibriwm canlynol yn cael ei sefydlu:

$$[Cu(H_2O)_6]^{2+}(d) + 4Cl^-(d) \rightleftharpoons [CuCl_4]^{2-}(d) + 6H_2O(h)$$
glas golau   melyn–wyrdd

Mae ychwanegu rhagor o asid hydroclorig crynodedig at yr hydoddiant yn ychwanegu ïonau clorid ac felly bydd y system yn ceisio lleihau'r effaith hon drwy leihau crynodiad yr ïonau clorid ac felly bydd y safle ecwilibriwm yn symud i'r dde gan ffurfio mwy o ïonau $CuCl_4^{2-}$ a gwneud yr hydoddiant yn felyn–wyrdd.

Yn yr un modd mae ychwanegu dŵr at gymysgedd yr adwaith yn symud y safle ecwilibriwm i'r chwith gan droi'r hydoddiant yn las.

Effaith newid gwasgedd

Nid oes gan wasgedd bron dim effaith ar gemeg solidau a hylifau. Fodd bynnag, mae ganddo effaith sylweddol ar gemeg nwyon sy'n adweithio.

Mae gwasgedd nwy yn dibynnu ar nifer y moleciwlau mewn cyfaint penodol o nwy. Y mwyaf yw nifer y moleciwlau, y mwyaf yw nifer y gwrthdrawiadau ym mhob uned o amser ac felly mwyaf yn y byd yw gwasgedd y nwy.

Mae nitrogen deuocsid, NO_2, nwy coch-brown, yn un o'r prif nwyon o beipiau gwacáu ceir sy'n llygru'r atmosffer. Pan fydd dau foleciwl o nitrogen deuocsid yn uno i ffurfio un moleciwl o'r nwy di-liw deunitrogen tetrocsid, N_2O_4, mae'r ecwilibriwm canlynol i'w gael:

$$2NO_2(n) \rightleftharpoons N_2O_4(n)$$
brown   di-liw

Gan fod dau fôl o nwy ar yr ochr chwith ac un môl o nwy ar yr ochr dde, yr ochr chwith yw'r ochr â'r gwasgedd uchaf. Os caiff cyfanswm y gwasgedd ei gynyddu, bydd yr ecwilibriwm yn symud er mwyn lleihau'r cynnydd. Bydd y gwasgedd yn lleihau os bydd llai o foleciwlau nwy yn y system ecwilibriwm. Felly mae'r safle ecwilibriwm yn symud i'r dde, fel bod mwy o N_2O_4 yn bresennol ac mae'r lliw yn oleuach.

I'r gwrthwyneb, mae lleihau'r gwasgedd yn symud y safle ecwilibriwm i'r chwith ac mae'r lliw yn dod yn fwy tywyll.

Effaith newid tymheredd

Mae adwaith endothermig yn amsugno gwres o'r amgylchedd; mae adwaith ecsothermig yn rhoi gwres allan i'r amgylchedd. Ar gyfer adwaith cildroadwy, os yw'r blaenadwaith yn ecsothermig, mae'r ôl-adwaith yn endothermig ac os yw'r blaenadwaith yn endothermig, mae'r ôl-adwaith yn ecsothermig. Gallwn weld a yw adwaith un ai'n ecsothermig neu'n endothermig drwy edrych ar werth y newid enthalpi, ΔH. Os yw ΔH yn negatif mae'r adwaith yn ecsothermig; os yw ΔH yn bositif mae'r adwaith yn endothermig. Bydd maint newid enthalpi'r blaenadwaith yr un fath â maint newid enthalpi'r ôl-adwaith ond bydd yr arwydd yn ddirgroes.

Unwaith eto, ystyriwch yr ecwilibriwm

$$2NO_2(n) \rightleftharpoons N_2O_4(n) \qquad \Delta H = -24\,kJ\,môl^{-1}$$
brown   di-liw

Gan fod y newid enthalpi yn negatif, mae'r blaenadwaith yn ecsothermig. Os caiff y tymheredd ei gynyddu bydd y system yn ceisio lleihau'r cynnydd hwn. Mae'r system yn gwrthwynebu'r newid drwy gymryd gwres i mewn ac felly mae'r safle ecwilibriwm yn symud i'r cyfeiriad endothermig. Felly mae'r ecwilibriwm yn symud i'r chwith, gan

▼ **Pwt o eglurhad**

Os caiff crynodiad adweithydd ei gynyddu, mae'r safle ecwilibriwm yn symud i'r dde ac mae mwy o gynhyrchion yn cael eu ffurfio.

Mae cynyddu'r gwasgedd yn symud y safle ecwilibriwm i ba ochr bynnag yr hafaliad sydd â'r lleiaf o foleciwlau nwy.

Mae cynyddu'r tymheredd yn symud y safle ecwilibriwm i'r cyfeiriad endothermig.

▼ **Pwt o eglurhad**

Os bydd cwestiwn yn gofyn beth y byddech yn ei weld pan fydd newid yn yr amodau yn effeithio ar ecwilibriwm, disgwylir i chi ddefnyddio'r wybodaeth a roddir a nodi unrhyw newidiadau lliw a fyddai'n digwydd.

Estyn a Herio

Pam mae gan egwyddor Le Chatelier oblygiadau pwysig ar gyfer llawer o brosesau diwydiannol?

43

Gwirio eich gwybodaeth

Rhagfynegwch effaith cynyddu'r ffactorau isod ar y safle ecwilibriwm yn y system:

$$H_2(n) + I_2(n) \rightleftharpoons 2HI(n)$$
$$\Delta H = 52\,kJ\,môl^{-1}$$

(a) y gwasgedd

(b) y tymheredd

Eglurwch eich ateb.

Cyswllt Newidiadau enthalpi, tudalen 95

leihau faint o N_2O_4 sy'n bresennol a chynyddu faint o NO_2 sy'n bresennol, gan wneud i'r cymysgedd ymddangos yn frown.

Yn yr un modd, mae lleihau'r tymheredd yn symud yr ecwilibriwm i'r dde gan ffafrio'r cyfeiriad ecsothermig, a lleihau faint o N_2O_4 sy'n bresennol ac felly mae lliw'r cymysgedd yn oleuach o lawer.

Effaith catalyddion

Mae catalydd yn cyflymu adwaith cemegol drwy leihau egni actifadu'r adwaith. Mewn adwaith cildroadwy bydd catalydd yn cynyddu cyfradd y blaenadwaith a'r ôl-adwaith i'r un graddau. Felly ni fydd catalydd yn effeithio ar y safle ecwilibriwm, ond bydd yr adwaith yn cyrraedd ecwilibriwm yn gyflymach.

Cysonyn ecwilibriwm

Fel rydym wedi gweld yn y bennod hon, mewn adwaith cildroadwy gall y safle ecwilibriwm orwedd i'r dde, h.y. mwy o gynhyrchion, neu i'r chwith, h.y. mwy o adweithyddion. Fodd bynnag, bydd y safle ecwilibriwm yn newid pan fydd y tymheredd, y gwasgedd a'r crynodiadau yn newid. Mae'n bosibl disgrifio'r safle ecwilibriwm yn fanwl drwy gyfuno'r crynodiadau ecwilibriwm i roi gwerth ar gyfer **cysonyn ecwilibriwm**. Ei symbol yw K_c lle mae'r is-nod $_c$ yn nodi ei fod yn gymhareb o grynodiadau.

Dyma'r adwaith rhwng asid ethanöig ac ethanol, er enghraifft

$$CH_3CO_2H(d) + C_2H_5OH(d) \rightleftharpoons CH_3CO_2C_2H_5(d) + H_2O(h)$$

Y mynegiad ar gyfer y cysonyn ecwilibriwm, K_c, yw:

$$K_c = \frac{[CH_3CO_2C_2H_5][H_2O]}{[CH_3CO_2H][C_2H_5OH]}$$

lle $[CH_3CO_2H]$ yw crynodiad asid ethanöig ar ecwilibriwm mewn $môl\,dm^{-3}$.

Yn gyffredinol ar gyfer ecwilibriwm: $\quad aA + bB \rightleftharpoons cC + dD$

$K_c = \dfrac{[C]^c\,[D]^d}{[A]^a\,[B]^b}$ lle mae $[C]$ yn cynrychioli crynodiad C ar ecwilibriwm, mewn $môl\,dm^{-3}$.

Sylwer:

- bod y cynhyrchion yn y rhifiadur (llinell uchaf) a'r adweithyddion yn yr enwadur (llinell waelod)
- bod y crynodiadau yn cael eu codi i bwerau sy'n cyfateb i'r cymarebau molar yn yr hafaliad
- bod uned K_c yn gallu amrywio, gan ddibynnu ar yr ecwilibriwm.

Yn yr enghraifft uchod:

$$K_c = \frac{[CH_3CO_2C_2H_5][H_2O]}{[CH_3CO_2H][C_2H_5OH]}$$

a'r unedau yw: $\dfrac{môl\,dm^{-3} \times môl\,dm^{-3}}{môl\,dm^{-3} \times môl\,dm^{-3}}$

ac felly mae'r unedau yn 'canslo ei gilydd allan' ac nid oes gan K_c unedau.

Fodd bynnag, ar gyfer yr ecwilibriwm

$$2NO_2(n) \rightleftharpoons N_2O_4(n)$$

$$K_c = \frac{[N_2O_4]}{[NO_2]^2}$$

a'r unedau yw: $\dfrac{môl\,dm^{-3}}{môl\,dm^{-3} \times môl\,dm^{-3}} = dm^3\,môl^{-1}$

DYLECH ›››

››› ddeall cysyniad y cysonyn ecwilibriwm (K_c)

››› gwybod sut i gyfrifo K_c o grynodiadau ecwilibriwm a roddir

---

▼ **Pwt o eglurhad**

Nid yw cysonyn ecwilibriwm yr un peth â safle ecwilibriwm.

Mae'r mynegiad ar gyfer y cysonyn ecwilibriwm, K_c, yn rhoi $\dfrac{\text{cynhyrchion}}{\text{adweithyddion}}$

Mae gwerth K_c yn gyson ar dymheredd cyson oherwydd bod y crynodiadau yn y mynegiad ecwilibriwm yn cael eu codi i'r pwerau sy'n cyfateb i'r cymarebau molar yn yr hafaliad.

44

Gwirio eich gwybodaeth

Ar gyfer yr adweithiau canlynol, ysgrifennwch fynegiad ar gyfer y cysonyn ecwilibriwm, K_c, gan roi ei unedau.

(a) $2SO_2(n) + O_2(n) \rightleftharpoons 2SO_3(n)$

(b) $PCl_5(n) \rightleftharpoons PCl_3(n) + Cl_2(n)$

Mae gwerth rhifiadol mawr ar gyfer K_c yn dangos bod mwy o gynhyrchion nag adweithyddion yn y cymysgedd ecwilibriwm, h.y. mae'r safle ecwilibriwm yn gorwedd i'r dde.

Mae gwerth llai nag 1 ar gyfer K_c yn dangos bod mwy o adweithyddion na chynhyrchion yn y cymysgedd ecwilibriwm, h.y. mae'r safle ecwilibriwm yn gorwedd i'r chwith.

Mae gwerth K_c yn gyson ar gyfer adwaith ecwilibriwm penodol ar dymheredd cyson. Felly dim ond newid mewn tymheredd sy'n gallu newid gwerth K_c. Er bod newid y crynodiad neu'r gwasgedd yn gallu symud y safle ecwilibriwm, nid yw'n newid gwerth K_c.

Dangoswyd bod K_c yn gyson ar gyfer adwaith penodol drwy osod sawl arbrawf lle mae symiau cychwynnol yr adweithyddion yn amrywio a chrynodiadau ecwilibriwm yr adweithyddion a'r cynhyrchion yn cael eu mesur (ar dymheredd cyson).

Enghraifft sy'n dangos y gwaith cyfrifo

Ar gyfer y system:

$$2H_2S(n) \rightleftharpoons 2H_2(n) + S_2(n)$$

cafwyd ecwilibriwm ar dymheredd o 1400 K.

Roedd y cymysgedd ecwilibriwm yn cynnwys y crynodiadau canlynol:

$[H_2S] = 4.84 \times 10^{-3}\,\text{môl dm}^{-3}$, $[H_2] = 1.51 \times 10^{-3}\,\text{môl dm}^{-3}$, $[S_2] = 2.33 \times 10^{-3}\,\text{môl dm}^{-3}$.

Cyfrifwch werth y cysonyn ecwilibriwm, K_c, ar y tymheredd hwn a rhowch ei unedau.

$$K_c = \frac{[H_2]^2[S_2]}{[H_2S]^2}$$

$$K_c = \frac{(1.51 \times 10^{-3})^2 \times (2.33 \times 10^{-3})}{(4.84 \times 10^{-3})^2}$$

$$K_c = 2.27 \times 10^{-4}\,\text{môl dm}^{-3}$$

45

Gwirio eich gwybodaeth

Mae hydrogen ac ïodin yn adweithio â'i gilydd gan ffurfio hydrogen ïodid a chaniateir iddyn nhw gyrraedd ecwilibriwm. Mae'r crynodiadau ecwilibriwm fel a ganlyn:

$[H_2] = 0.11\,\text{môl dm}^{-3}$,
$[I_2] = 0.11\,\text{môl dm}^{-3}$,
$[HI] = 0.78\,\text{môl dm}^{-3}$.

Cyfrifwch werth y cysonyn ecwilibriwm K_c.

Estyn a Herio

Mae'r canlyniadau ar gyfer tri arbrawf (a gynhaliwyd ar dymheredd cyson) ar gyfer syntheseiddio amonia

$$N_2(n) + 3H_2(n) \rightleftharpoons 2NH_3(n)$$

i'w gweld yn y tabl:

Arbrawf.	Crynodiad cychwynnol (môl dm^{-3})			Crynodiad ecwilibriwm (môl dm^{-3})		
	N_2	H_2	NH_3	N_2	H_2	NH_3
1	1	1	0	0.922	0.763	0.157
2	0	0	1	0.399	1.197	0.203
3	2	1	3	2.59	2.77	1.82

Dangoswch nad yw newidiadau mewn crynodiad yn effeithio ar werth y cysonyn ecwilibriwm, K_c.

Asidau a basau

Mae **asidau** a **basau** ymhlith rhai o'r cemegion mwyaf cyfarwydd yn ein bywydau bob dydd, a hefyd yn rhai o'r cemegion pwysicaf mewn labordai a diwydiannau. Er mwyn i'r cemegion hyn ymddwyn mewn modd tebyg i'w gilydd mae'n rhaid i'r cemegion yn y ddau grŵp hyn rannu rhai priodweddau.

Termau Allweddol

Mae **asid** yn gyfrannydd protonau (H^+).

Mae **bas** yn dderbynnydd protonau (H^+).

DYLECH WYBOD ›››

››› natur asidau fel cyfranwyr H⁺(d) a basau fel derbynyddion H⁺(d)

››› y gwahaniaeth rhwng asidau cryf ac asidau gwan

▼ **Pwt o eglurhad**

Ocsidau a hydrocsidau metelau yw basau fel rheol.

Bas hydawdd yw alcali.

Proton yw'r ïon hydrogen, H⁺. Gan fod ei ddiamedr yn fach dros ben (10⁻¹⁵m) o'i gymharu â chatïonau eraill (10⁻¹⁰m), mae ganddo ddwysedd gwefr mawr iawn. Mewn hydoddiannau dyfrllyd mae'n atynnu pâr unig o electronau ar foleciwl dŵr cyfagos gan ffurfio bond cyd-drefnol. Mae'r ïon hydrogen dyfrllyd, H⁺(d) mewn gwirionedd yn bodoli ar ffurf yr ïon H_3O^+, a'i enw yw'r ïon ocsoniwm. Mae ei siâp yn debyg i byramid.

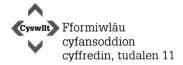

Cyswllt ⌃⌄ Fformiwlâu cyfansoddion cyffredin, tudalen 11

Yr ïon sy'n gyffredin i bob asid yw'r ïon hydrogen, H⁺. Cyfansoddyn yw asid sy'n cyfrannu ïonau H⁺ (protonau) mewn hydoddiant dyfrllyd. Yr enw ar y broses hon yw daduno. Dyma rai asidau cyffredin a'u fformiwlâu:

Asid hydroclorig   HCl
Asid sylffwrig H_2SO_4
Asid nitrig HNO_3
Asid ethanöig CH_3COOH

Yr hafaliad ar gyfer daduniad asid hydroclorig yw:

$$HCl(n) \xrightarrow{\text{dŵr}} H^+(d) + Cl^-(d)$$

Cyfansoddyn sy'n derbyn ïonau H⁺ o asid yw bas. Dyma rai basau cyffredin a'u fformiwlâu:

| Magnesiwm ocsid | MgO | Calsiwm ocsid | CaO |
| Sodiwm hydrocsid | NaOH | Amonia | NH_3 |

Os yw'r bas yn hydoddi mewn dŵr rydym yn ei alw'n alcali. Yr ïon sy'n gyffredin i bob alcali yw'r ïon hydrocsid, OH⁻.

$$NaOH(s) \xrightarrow{\text{dŵr}} Na^+(d) + OH(d)$$

Asidau cryf a gwan

Rydym yn gwybod bod gan wahanol asidau gryfderau gwahanol. Mae'n bosibl blasu asid fel asid citrig yn berffaith ddiogel ond bydd asid sylffwrig yn niweidio eich tafod yn syth!

Gan fod asidau yn cyfrannu ïonau H⁺ mewn hydoddiant dyfrllyd, yr hawsaf y gall asid gyfrannu H⁺, y cryfaf yw'r asid.

Yr hafaliad cyffredinol ar gyfer daduniad asid yw:

$$HA(d) \rightleftharpoons H^+(d) + A^-(d) \qquad \text{(Mae } A^- \text{ yn cynrychioli anion)}$$

Ar gyfer HCl mae'r ecwilibriwm yn gorwedd ymhell i'r dde ac felly rydym yn ysgrifennu'r hafaliad:

$$HCl(d) \longrightarrow H^+(d) + Cl^-(d)$$

Mae'r asid wedi daduno neu wedi'i ïoneiddio yn llwyr ac rydym yn ei ddisgrifio fel asid cryf.

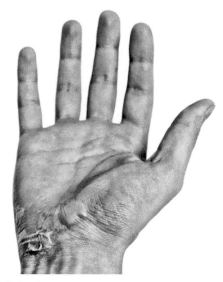

▲ Gall asidau crynodedig losgi

Felly, mae **asid cryf** wedi daduno'n llwyr mewn hydoddiant dyfrllyd. Mae crynodiad yr ïonau hydrogen dyfrllyd yn hafal i grynodiad yr asid.

Mae llawer o asidau yn bell o fod wedi daduno'n llwyr mewn hydoddiant dyfrllyd ac rydym yn galw'r rhain yn asidau gwan, e.e. ar gyfer asid ethanöig, mae'r ecwilibriwm

$$CH_3CO_2H(d) \rightleftharpoons CH_3CO_2^-(d) + H^+(d)$$

yn gorwedd i'r chwith. Mewn gwirionedd dim ond tua phedwar ym mhob mil o foleciwlau asid ethanöig sydd wedi'u daduno yn ïonau.

Mae **asid gwan** wedi'i ddaduno'n rhannol yn unig mewn hydoddiant dyfrllyd. Mae crynodiad yr ïonau hydrogen dyfrllyd yn llai na chrynodiad yr asid.

Mae'r geiriau cryf a gwan yn cyfeirio at faint y daduniad ac nid mewn unrhyw ffordd at y crynodiad. Mae **asid crynodedig** yn cynnwys llawer o asid ac ychydig o ddŵr. Mae **asid gwanedig** yn cynnwys llawer o ddŵr.

Felly mae'n bosibl cael hydoddiant gwanedig o asid cryf, e.e. HCl â chrynodiad 0.0001 mol dm^{-3}, neu hydoddiant crynodedig o asid gwan, e.e. CH_3CO_2H â chrynodiad 8 môl dm^{-3}.

Yn yr un modd gallwn ddosbarthu basau yn gryf neu'n wan. Mae NaOH yn enghraifft o fas cryf ac mae NH_3 yn enghraifft o fas gwan.

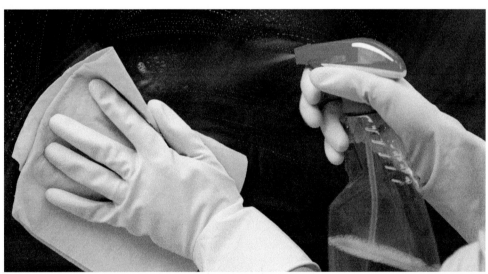

▲ Mae'n bosibl defnyddio asidau gwanedig i lanhau gwydr

Graddfa pH

Gan fod asidau yn gyfansoddion sy'n cyfrannu ïonau H^+(d), mae asidedd hydoddiant yn fesur o grynodiad yr ïon hydrogen dyfrllyd, H^+(d).

Fodd bynnag, mae crynodiad H^+(d) yn amrywio dros ystod eang a gall fod yn fach dros ben, e.e. o 1×10^{-14} i 1 môl dm^{-3}. Roedd yr amrywiad eang hwn yn ei gwneud yn anodd iawn i bobl ddelio â chysyniad asidedd.

Cafodd y broblem hon ei goresgyn ym 1909 pan gynigiodd Soren Sorenson, cemegydd o Ddenmarc, raddfa pH (mae p yn sefyll dros 'potenz', sef 'cryfder' yn Almaeneg). Diffiniodd pH fel:

pH = $-\log[H^+]$ \qquad\qquad lle $[H^+]$ yw crynodiad H^+ mewn môl dm^{-3}

Mae'r arwydd negatif yn yr hafaliad yn golygu bod pH yn lleihau wrth i grynodiad yr ïonau hydrogen dyfrllyd gynyddu.

Termau Allweddol

Asid cryf yw asid sy'n daduno'n llwyr mewn hydoddiant dyfrllyd.

Asid gwan yw asid sy'n daduno'n rhannol mewn hydoddiant dyfrllyd.

46
Gwirio eich gwybodaeth

Eglurwch pam mae asid nitrig yn cael ei ddosbarthu yn asid cryf.

47
Gwirio eich gwybodaeth

Gwahaniaethwch yn glir rhwng asid cryf ac asid crynodedig.

DYLECH WYBOD ›››

››› graddfa pH (gwybodaeth flaenorol)

››› y berthynas rhwng pH ac H^+(d)

››› sut i gyfrifo pH o $[H^+]$ a $[H^+]$ o pH

Gwirio eich gwybodaeth

Cyfrifwch:

(a) pH hydoddiant lle mae crynodiad yr ïonau hydrogen dyfrllyd yn 0.01 môl dm^{-3}

(b) crynodiad yr ïonau hydrogen dyfrllyd mewn hydoddiant â pH 2.5.

▼ **Pwt o eglurhad**

Y ffordd symlaf o fesur pH yw defnyddio dangosydd cyffredinol. Mae'n bosibl gwneud mesuriadau mwy manwl gywir drwy ddefnyddio mesuryddion pH.

▼ **Pwt o eglurhad**

Y mwyaf yw crynodiad yr ïonau H$^+$, y lleiaf yw'r pH a chryfaf yn y byd yw'r asid.

Beth yw pH:

(a) sampl o ddŵr glaw sydd â chrynodiad H$^+$(d) o 3.9×10^{-6} môl dm^{-3}?

$$pH = -\log(3.9 \times 10^{-6})$$
$$pH = 5.4$$

(b) hydoddiant sydd â chrynodiad H$^+$(d) o 1.0 môl dm^{-3}?

$$pH = -\log 1$$
$$pH = 0$$

Weithiau mae'n fuddiol cyfrifo crynodiad yr ïonau hydrogen dyfrllyd o werthoedd pH; e.e. pH sampl o law asid yw 2.2. Beth yw crynodiad yr ïonau hydrogen dyfrllyd yn y sampl hwn?

$$pH = -\log[H^+]$$

Lluosi'r ddwy ochr â −1 ac ad-drefnu

$$\log[H^+] = -pH$$
$$\log[H^+] = -2.2$$

cymryd gwrthlogarithm y ddwy ochr (yn aml drwy wasgu 'shift log' ar gyfrifiannell)

$$[H^+] = 10^{-2.2}$$
$$[H^+] = 6.3 \times 10^{-3} \text{ môl dm}^{-3}$$

Drwy ddefnyddio graddfa pH rydym yn gallu mynegi asidedd unrhyw hydoddiant fel rhif syml, hawdd ei drin, yn yr ystod o 0 i 14. Mae hyn yn fwy cyfleus o lawer i'r cyhoedd wrth ystyried cysyniad asidedd.

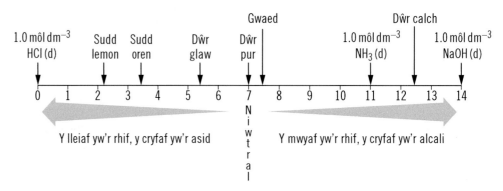

››› adweithiau asidau gwanedig â basau a charbonadau (gwybodaeth flaenorol)

Term Allweddol

Halwyn yw'r cyfansoddyn sy'n ffurfio pan fydd ïon metelig yn cymryd lle'r ïon hydrogen mewn asid.

Niwtraliad

Nid yw'r fanyleb yn sôn yn benodol am adweithiau asidau â basau a charbonadau. Fodd bynnag, gan y disgwylir i bob dysgwr ddangos gwybodaeth a dealltwriaeth o'r cynnwys safonol ar lefel TGAU, mae'r adran hon yn eich atgoffa o'r wybodaeth sy'n ofynnol am yr adweithiau hyn.

Mae basau (gan gynnwys alcalïau) a charbonadau yn adweithio ag asidau mewn adweithiau niwtralu. Mae'r bas (neu'r carbonad) yn derbyn yr ïonau H$^+$ y mae'r asid yn eu cyfrannu ac mae ïonau metelig (neu ïonau NH$_4^+$) yn cymryd lle'r ïonau H$^+$ yn yr asid, gan ffurfio **halwyn**. Er enghraifft, mae asid hydroclorig dyfrllyd a sodiwm hydrocsid dyfrllyd yn adweithio yn ôl yr hafaliad:

$$HCl(d) + NaOH(d) \longrightarrow NaCl(d) + H_2O(h)$$

Os ydym yn ysgrifennu hafaliad ïonig, rydym yn cael:

$$H^+(d) + Cl^-(d) + Na^+(d) + OH^-(d) \longrightarrow Na^+(d) + Cl^-(d) + H_2O(h)$$

Mae dileu'r ïonau segur yn rhoi:

$$H^+(d) + OH^-(d) \longrightarrow H_2O(h)$$

Os bydd metel ocsid anhydawdd, e.e. MgO, yn adweithio ag asid, e.e. H_2SO_4, rydym yn cael:

$$MgO(s) + H_2SO_4(d) \longrightarrow MgSO_4(d) + H_2O(h)$$

Mae'r ïon ocsid, O^{2-}, wedi derbyn yr ïon H^+ gan ffurfio dŵr ac mae'r halwyn magnesiwm sylffad yn ffurfio.

Os bydd carbonad, e.e. $PbCO_3$, yn adweithio ag asid, e.e. HNO_3, rydym yn cael:

$$PbCO_3(s) + 2HNO_3(d) \longrightarrow Pb(NO_3)_2(d) + H_2O(h) + CO_2(n)$$

Y tro hwn mae'r ïon carbonad wedi derbyn yr ïon H^+ gan ffurfio dŵr a charbon deuocsid ac mae'r halwyn plwm nitrad yn ffurfio.

Mae niwtraliad bob amser yn cynhyrchu halwyn. Mae llawer o halwynau yn ddefnyddiol iawn ac mae niwtralu asid yn ffordd gyfleus o ffurfio halwynau.

Mae'n bosibl defnyddio'r un dull i ffurfio halwyn o fas neu garbonad anhydawdd ond mae'n rhaid defnyddio dull arall i ffurfio halwyn o alcali gan fod alcalïau yn hydawdd mewn dŵr.

Yr enw ar y dull o baratoi halwyn o asid ac alcali (neu garbonad hydawdd) yw titradiad. (Mae manylion i'w gweld ar dudalennau 72–3.)

Caiff cyfaint o alcali ei fesur i fflasg ac ychwanegir ychydig ddiferion o ddangosydd. Caiff asid ei ychwanegu o fwred nes i'r dangosydd newid lliw. Pan fydd cyfaint yr asid sydd ei angen i niwtralu'r alcali wedi cael ei gyfrifo, mae'r broses yn cael ei hailadrodd heb y dangosydd fel bod y swm cywir o asid yn cael ei ychwanegu at y fflasg. Mae'r hydoddiant o'r fflasg yn cael ei wresogi i anweddu peth o'r dŵr. Yna mae'n cael ei adael i oeri a ffurfio grisialau o'r halwyn pur.

Titradiadau asid–bas

Mae titradiad asid–bas yn fath o ddadansoddiad cyfeintiol lle mae union gyfaint hydoddiant, asid dyweder, sy'n adweithio â chyfaint hysbys o hydoddiant arall, bas dyweder, yn cael ei fesur. Rydym yn gweld union bwynt y niwtraliad drwy ddefnyddio dangosydd. Rydym yn defnyddio titradiadau nid yn unig ar gyfer paratoi halwynau ond yn aml er mwyn cyfrifo union grynodiad hydoddiannau asid neu fas. Er mwyn gwneud hyn, mae'n rhaid i un o'r hydoddiannau fod yn **hydoddiant safonol** neu mae'n rhaid iddo fod wedi'i safoni. Wrth ddadansoddi rydych yn defnyddio'r hydoddiant safonol i gael gwybodaeth am y sylwedd sydd wedi hydoddi yn yr hydoddiant arall.

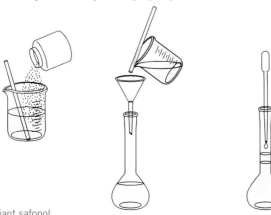

▲ Paratoi hydoddiant safonol

I gyfrifo màs adweithydd sydd ei angen i wneud hydoddiant safonol, defnyddiwch y mynegiadau $n = cv$ ac $m = n \times M$. Er enghraifft, pa fàs o sodiwm carbonad anhydrus y mae'n rhaid ei hydoddi mewn 250 cm³ o hydoddiant er mwyn cael crynodiad o 0.0500 môl dm⁻³?

$n(Na_2CO_3) = 0.250 \times 0.0500$

$= 1.25 \times 10^{-2}$ môl dm⁻³

màs $Na_2CO_3 = 1.25 \times 10^{-2} \times 106$

$= 1.325$ g.

Hydoddiant safonol

Caiff hydoddiant safonol ei baratoi drwy ddefnyddio safonyn cynradd, sef fel rheol adweithydd y mae'n bosibl ei bwyso yn hawdd ac sydd mor bur fel bod ei bwysau yn wirioneddol yn cynrychioli nifer y molau o'r sylwedd dan sylw. Mae nodweddion safonyn cynradd yn cynnwys:

1. **puredd** uchel
2. sefydlogrwydd (**adweithedd** isel)
3. **hygrosgopedd** isel (i leihau newidiadau mewn pwysau oherwydd lleithder)
4. **màs molar** uchel (i leihau cyfeiliornadau pwyso).

Nid yw'n bosibl defnyddio sodiwm hydrocsid fel safonyn cynradd oherwydd mae'n adweithio â charbon deuocsid atmosfferig.

Dwy enghraifft o gyfansoddion sy'n cael eu defnyddio fel safonyn cynradd yw:

- **Potasiwm hydrogen ffthalad** (sy'n cael ei alw'n KHP fel rheol) ar gyfer safoni hydoddiannau basig dyfrllyd.
- **Sodiwm carbonad** ar gyfer safoni asidau dyfrllyd.

Caiff hydoddiant safonol ei baratoi o solid fel a ganlyn:

- Cyfrifwch fàs y solid sydd ei angen a phwyso'r swm hwn yn fanwl gywir i botel bwyso.
- Trosglwyddwch yr holl solid i ficer. Golchwch y botel bwyso fel bod popeth sydd wedi'i bwyso yn rhedeg i'r bicer. Ychwanegwch ddŵr a throi'r hydoddiant nes i'r holl solid hydoddi.
- Arllwyswch yr hydoddiant yn ofalus drwy dwndis i fflasg safonol (graddedig), gan olchi'r holl hydoddiant allan o'r bicer a'r rhoden wydr. Ychwanegwch ddŵr hyd at ychydig dan y graddnod.
- Ychwanegwch ddŵr fesul diferyn nes cyrraedd y graddnod a chymysgwch yr hydoddiant yn drwyadl.

Cynnal titradiad

Mae angen yr un offer/cemegion ar gyfer pob titradiad, sef:

- bwred yn cynnwys un hydoddiant (e.e. asid)
- fflasg gonigol yn cynnwys yr hydoddiant arall (e.e. bas)
- pibed i drosglwyddo'r hydoddiant yn fanwl gywir i'r fflasg gonigol
- dangosydd i ddangos pan fydd yr adwaith wedi'i gwblhau.

(Dau ddangosydd cyffredin yw ffenolffthalein sy'n ddi-liw mewn hydoddiant asidig ac yn borffor mewn hydoddiant alcalïaidd a methyl oren sy'n goch mewn hydoddiant asidig a melyn mewn hydoddiant alcalïaidd.)

Mae pob titradiad yn dilyn yr un dull cyffredinol:

- Arllwyswch un hydoddiant, asid dyweder, i **fwred**, gan ddefnyddio twndis a sicrhau eich bod wedi llenwi'r jet. Tynnwch y twndis a darllenwch y fwred.
- Defnyddiwch **bibed** i ychwanegu cyfaint sydd wedi'i fesur o'r hydoddiant arall, bas dyweder, i **fflasg gonigol**.
- Ychwanegwch ychydig ddiferion o ddangosydd at yr hydoddiant yn y fflasg.
- Rhedwch yr asid o'r fwred i'r hydoddiant yn y fflasg gonigol, gan chwyrlïo'r fflasg.
- Stopiwch pan fydd lliw'r dangosydd newydd newid (dyma ddiweddbwynt y titradiad).
- Darllenwch y fwred eto a thynnu'r darlleniad er mwyn cyfrifo cyfaint yr asid sydd wedi'i ddefnyddio (yr enw ar y cyfaint hwn yw 'y titr').

Dau derm pwysig mewn titradiad yw 'diweddbwynt' a 'phwynt cywerthedd'. Diweddbwynt titradiad yw lle mae'r dangosydd yn newid lliw, h.y. priodwedd o eiddo'r dangosydd ydyw, nid yw'n golygu bod yr adwaith wedi'i gwblhau. Mae pwynt cywerthedd titradiad yn digwydd pan fydd y ddau hydoddiant wedi adweithio'n union, h.y. molau asid = molau bas.

Mae llawer o wahanol ddangosyddion asid–bas ac mae'n bwysig dewis yr un cywir ar gyfer adwaith penodol. Os yw'r dangosydd cywir wedi'i ddewis, bydd diweddbwynt y titradiad yn cyfateb yn union i'r pwynt cywerthedd. Hefyd dylid dewis dangosydd sy'n dangos newid lliw pendant.

▲ Mae'r fwred yn cael ei llenwi ag asid gan ddefnyddio twndis

▲ Mae pibed raddedig yn cael ei defnyddio i fesur $25\,cm^3$ o alcali i fflasg gonigol

▲ Mae dangosydd, e.e. ffenolffthalein, yn cael ei ychwanegu at yr alcali, sy'n troi'n borffor

▲ Gan chwyrlïo'r fflasg drwy'r amser, mae asid yn cael ei ychwanegu at yr alcali

▲ Mae'r dangosydd wedi newid lliw, sy'n dangos bod y diweddbwynt wedi'i gyrraedd

GWAITH YMARFEROL

Mae safoni hydoddiant asidig yn un o'r **tasgau ymarferol penodedig**.

I baratoi hydoddiant safonol:

Defnyddiwch y botwm *tare* ar y glorian fel bod y raddfa'n darllen sero.

Wrth ychwanegu solid at y botel bwyso, tynnwch y botel oddi ar y glorian ac yna ychwanegwch y solid, gan wirio'r màs nes bod y swm cywir wedi'i ychwanegu. Mae hyn yn osgoi cyfeiliornadau o ganlyniad i golli solid ar y glorian.

Yn y titradiad:

Wrth ddefnyddio pibed, defnyddiwch lenwydd pibed bob tro – peidiwch byth â defnyddio eich ceg i sugno'r hylif i fyny.

Peidiwch byth â chwythu cynnwys pibed i'r fflasg gonigol.

Gall y fflasg gonigol fod yn wlyb gan na fydd hyn yn newid nifer y molau o alcali/asid sy'n cael eu hychwanegu o'r bibed, ond rhaid i'r fflasg beidio â chynnwys unrhyw asid neu alcali.

Dylech rinsio'r fwred ag ychydig cm^3 o'r asid/alcali priodol.

Cofnodwch y cyfaint yn y fwred drwy edrych ar ble mae gwaelod y menisgws ar y raddfa.

Amcangyfrifwch y cyfaint i'r $0.05\,cm^3$ agosaf bob tro.

- Gwnewch y titradiad eto, gan sicrhau eich bod yn ychwanegu'r asid fesul diferyn pan fyddwch yn agos i'r diweddbwynt, nes bod gennych o leiaf dau ddarlleniad sydd o fewn $0.20\,cm^3$ i'w gilydd a chyfrifwch ditr cyfartalog.

Titradiadau dwbl

Gan fod dangosyddion gwahanol yn newid lliw ar werthoedd pH gwahanol, os bydd hydoddiant yn cynnwys cymysgedd o ddau fas sydd â chryfderau gwahanol, mae'n bosibl cynnal un titradiad ond mewn dau gam, gan ddefnyddio dau ddangosydd gwahanol ac ychwanegu un ar bob cam, er mwyn cyfrifo crynodiadau'r ddau fas.

Er enghraifft, mae'n bosibl darganfod crynodiadau sodiwm hydrocsid, NaOH, a sodiwm carbonad, Na_2CO_3, mewn cymysgedd drwy eu titradu ag asid hydroclorig, HCl, gan ddefnyddio ffenolffthalein a methyl oren fel dangosyddion.

GWAITH YMARFEROL

Dylech allu safoni hydoddiant asidig.

Dylech allu cynnal titradiad dwbl.

Dylech allu cynnal titradiad yn ôl.

▼ Pwt o eglurhad

Gwnewch yn siŵr y gallwch egluro'r camau gwahanol mewn titradiad.

Mae ffenolffthalein yn newid lliw ar pH tua 9 (o binc i ddi-liw).

Mae methyl oren yn newid lliw ar pH tua 4 (o felyn i oren).

Caiff sodiwm hydrocsid ei niwtralu gan yr asid yn ôl:

$$OH^-(d) + H^+(d) \longrightarrow H_2O(h)$$

Pan gaiff sodiwm carbonad ei niwtralu gan yr asid, mae dau adwaith yn digwydd:

$$CO_3^{2-}(d) + H^+(d) \longrightarrow HCO_3^-(d)$$

$$HCO_3^-(d) + H^+(d) \longrightarrow H_2O(h) + CO_2(n)$$

Fodd bynnag, ar pH 9 mae'r holl ïonau hydrocsid wedi cael eu niwtralu ac mae'r ïonau carbonad wedi'u trawsnewid yn ïonau hydrogencarbonad. Ar pH 4 mae'r ïonau hydrogencarbonad yn cael eu trawsnewid yn ddŵr a charbon deuocsid.

h.y.
$$\left.\begin{array}{l} OH^-(d) + H^+(d) \longrightarrow H_2O(h) \\ CO_3^{2-}(d) + H^+(d) \longrightarrow HCO_3^-(d) \end{array}\right\}$$ y ddau wedi'u cwblhau erbyn cam ffenolffthalein

$$HCO_3^-(d) + H^+(d) \longrightarrow H_2O(h) + CO_2(n)$$ wedi'i gwblhau erbyn cam methyl oren

Felly mae cam cyntaf y titradiad (newid lliw'r ffenolffthalein) yn ymwneud â chrynodiad yr hydrocsid a'r carbonad.

Mae ail gam y titradiad (ar ôl ychwanegu methyl oren) yn ymwneud â chrynodiad y carbonad yn unig (gan fod 1 môl HCO_3^- = 1 môl CO_3^{2-}).

Enghraifft sy'n dangos y gwaith cyfrifo

Cafodd 25.0 cm³ o hydoddiant yn cynnwys sodiwm hydrocsid a sodiwm carbonad eu titradu yn erbyn asid hydroclorig gwanedig â chrynodiad 0.100 môl dm⁻³ gan ddefnyddio ffenolffthalein fel dangosydd. Ar ôl i 22.00 cm³ o asid gael ei ychwanegu roedd y dangosydd wedi'i ddadliwio. Cafodd methyl oren ei ychwanegu ac roedd angen 8.25 cm³ pellach o asid i droi'r dangosydd yn oren.

Cyfrifwch grynodiadau'r sodiwm hydrocsid a'r sodiwm carbonad yn yr hydoddiant.

$$\text{Molau HCl (yn y cam cyntaf)} = \frac{22.00}{1000} \times 0.100 = 2.20 \times 10^{-3}\,\text{môl}$$

Felly
$$\text{molau } OH^- + CO_3^{2-} = 2.20 \times 10^{-3}\,\text{môl}$$

$$\text{Molau HCl (yn yr ail gam)} = \frac{8.25}{1000} \times 0.100 = 8.25 \times 10^{-4}\,\text{môl}$$

Felly
$$\text{molau } HCO_3^- = 8.25 \times 10^{-4}\,\text{môl}$$

Gan fod
$$1\,\text{môl } HCO_3^- = 1\,\text{môl } CO_3^{2-}$$

$$\text{Molau } CO_3^{2-} = 8.25 \times 10^{-4}\,\text{môl}$$

$$\text{Molau } OH^- = 2.20 \times 10^{-3} - 8.25 \times 10^{-4} = 1.375 \times 10^{-3}\,\text{môl}$$

$$\text{Crynodiad } CO_3^{2-} = \frac{8.25 \times 10^{-4}}{0.025} = 0.0330\,\text{môl dm}^{-3}$$

$$\text{Crynodiad } OH^- = \frac{1.375 \times 10^{-3}}{0.025} = 0.0550\,\text{môl dm}^{-3}$$

Titradiadau yn ôl

Weithiau nid yw'n bosibl defnyddio dulliau titradu safonol. Er enghraifft, gall yr adwaith rhwng y sylwedd i'w fesur a'r titrant fod yn rhy araf, gall problem godi o ran mesur y diweddbwynt neu gall y bas fod yn halwyn anhydawdd. Mewn sefyllfaoedd o'r fath byddwn yn aml yn defnyddio techneg o'r enw titradiad yn ôl.

Mewn titradiad yn ôl mae gormodedd o adweithydd hysbys **A** yn adweithio â swm anhysbys o adweithydd **B**. Ar ddiwedd yr adwaith, rydym yn darganfod faint o adweithydd **A** sy'n weddill drwy ditradiad. Mae cyfrifiad syml yn rhoi faint o adweithydd **A** sydd wedi'i ddefnyddio a faint o adweithydd **B** sydd wedi adweithio.

Enghraifft sy'n dangos y gwaith cyfrifo

Mae sampl 1.00 g o galchfaen yn adweithio â 100 cm^3 o asid hydroclorig gwanedig â chrynodiad 0.200 môl dm^{-3} i'w niwtralu. Roedd angen 22.8 cm^3 o hydoddiant sodiwm hydrocsid dyfrllyd â chrynodiad 0.100 môl dm^{-3} ar y gormodedd o asid.

Cyfrifwch ganran y calsiwm carbonad yn y sampl o galchfaen.

Yr hafaliad ar gyfer y titradiad yw:

$$NaOH(d) + HCl(d) \longrightarrow NaCl(d) + H_2O(h)$$

$$\text{Molau NaOH} = \frac{22.8}{1000} \times 0.100 = 2.28 \times 10^{-3} \text{môl}$$

O'r hafaliad   1 môl NaOH = 1 môl HCl

Molau HCl mewn gormodedd = 2.28×10^{-3} môl

Yr hafaliad ar gyfer yr adwaith rhwng y calchfaen a'r asid yw:

$$CaCO_3(s) + 2HCl(d) \longrightarrow CaCl_2(d) + H_2O(h) + CO_2(n)$$

$$\text{Molau HCl a ychwanegwyd} = \frac{100}{1000} \times 0.200 = 0.0200 \text{môl}$$

$$\text{Molau o asid sydd wedi adweithio} = 0.0200 - 2.28 \times 10^{-3} = 0.01772 \text{môl}$$

O'r hafaliad 2 môl HCl = 1 môl CaCO$_3$

$$\text{Molau CaCO}_3 = \frac{0.01772}{2} = 8.86 \times 10^{-3} \text{môl}$$

$$\text{Màs CaCO}_3 = 8.86 \times 10^{-3} \times 100 = 0.886 \text{g}$$

$$\% \text{ CaCO}_3 = \frac{0.886}{1.00} = 88.6\%$$

GWAITH YMARFEROL

Mae cynnal titradiad yn ôl a thitradiad dwbl yn **dasgau ymarferol penodedig**.

Gall manylion titradiadau amrywio ond bydd y dulliau gweithredu yn aros yr un fath.

Cyswllt Cyfrifiad titradiadau asid–bas, tudalennau 40–41

1.1

1 O wybod mai PO_4^{3-} yw'r fformiwla ar gyfer yr ïon ffosffad, ysgrifennwch fformiwla calsiwm ffosffad. [1]

2 Mae metel M yn ffurfio sylffad â'r fformiwla MSO_4. Ysgrifennwch fformiwla ei hydrocsid. [1]

3 Nodwch rif ocsidiad cromiwm mewn CrO_2Cl_2. [1]

4 Mae'n bosibl i garbon monocsid rydwytho'r mwyn magnetit mewn ffwrnais chwyth gan gynhyrchu haearn fel rhan o'r broses o gynhyrchu dur.
Cydbwyswch yr hafaliad ar gyfer rhydwythiad magnetit. [1]
$$Fe_3O_4 + CO \longrightarrow Fe + CO_2$$

5 Pan gaiff ethanol, C_2H_5OH, ei losgi mewn gormodedd o aer, yr unig gynhyrchion yw carbon deuocsid a dŵr.
Cydbwyswch yr hafaliad ar gyfer yr adwaith hwn. [1]
$$C_2H_5OH + O_2 \longrightarrow CO_2 + H_2O$$

6 Pan gaiff calsiwm ei ychwanegu at ddŵr oer, mae calsiwm hydrocsid a hydrogen yn ffurfio. Ysgrifennwch yr hafaliad cemegol cytbwys ar gyfer yr adwaith hwn. [1]

7 Ysgrifennwch hafaliad cytbwys ar gyfer yr adwaith rhwng PCl_5 a dŵr gan ffurfio H_3PO_4 a HCl yn unig. [1]

8 Ysgrifennwch hafaliad ïonig, gan gynnwys symbolau cyflwr, ar gyfer yr adwaith rhwng asid hydroclorig a magnesiwm gan ffurfio magnesiwm clorid dyfrllyd a hydrogen. [1]

9 Mae methan yn adweithio â chopr(I) ocsid poeth gan gynhyrchu copr, carbon deuocsid ac ager.
Ysgrifennwch yr hafaliad cemegol cytbwys ar gyfer yr adwaith hwn. [1]

10 Mae magnesiwm nitrid, Mg_3N_2, yn adweithio â dŵr gan ffurfio magnesiwm hydrocsid ac amonia.
Ysgrifennwch yr hafaliad cemegol cytbwys ar gyfer yr adwaith hwn. [1]

11 Un o'r prif ffyrdd y mae amonia yn cael ei ddefnyddio yw wrth gynhyrchu asid nitrig. Yn rhan gyntaf y broses hon mae cymysgedd o amonia ac aer yn cael ei yrru dros gatalydd ar 850 °C.
$$NH_3(n) + O_2(n) \longrightarrow NO(n) + H_2O(n)$$

(a) Cydbwyswch yr hafaliad uchod. [1]

(b) Cwblhewch y tabl isod i roi rhifau (cyflyrau) ocsidiad pob elfen sy'n bresennol. [3]

Elfen	Rhif ocsidiad cychwynnol	Rhif ocsidiad terfynol
Nitrogen		
Hydrogen		
Ocsigen		

12 Pan gaiff hydoddiant dyfrllyd o galsiwm hydrocsid ei ychwanegu at hydoddiant dyfrllyd o sodiwm carbonad, bydd gwaddod gwyn o galsiwm carbonad i'w weld.

Ysgrifennwch yr hafaliad ïonig ar gyfer yr adwaith hwn. Dylech gynnwys y symbolau cyflwr perthnasol yn yr hafaliad. [1]

1.2

1 **(a)** Enwch y gronynnau mewn niwclysau atomig a nodwch eu masau a'u gwefrau cymharol drwy gwblhau'r tabl. [2]

Gronyn	Màs cymharol	Gwefr gymharol

(b) Mae gan elfen, X, rif atomig 9 ac mae'n ffurfio ïon X^-.

Nodwch nifer y protonau a'r electronau yn yr ïon hwn. [1]

(c) Mae'r symbolau $^{35}_{17}Cl$, $^{37}_{17}Cl$ a $^{39}_{19}K$ yn cynrychioli atomau clorin ac atomau potasiwm.

Defnyddiwch y symbolau hyn i egluro ystyr y termau:

(i) Rhif atomig [1]

(ii) Isotop [1]

(ch) Brasluniwch ddiagram i ddangos siâp orbital p. [1]

(d) Dangoswch ffurfwedd electronig atom potasiwm. [1]

2 **(a)** Mae atomau sydd â niwclysau ansefydlog yn ymbelydrol.

Mae pob mater organig byw yn cynnwys carbon-14, sy'n allyrru gronynnau β ac sydd â hanner oes 5730 mlynedd.

(i) Eglurwch beth mae'r term 'hanner oes' isotop ymbelydrol yn ei olygu. [1]

(ii) Rhowch symbol yr elfen sy'n cael ei chynhyrchu drwy ddadfeiliad ymbelydrol ^{14}C, gan ddangos rhif màs yr elfen a hefyd ei rhif atomig. [1]

(iii) Nodwch beth sy'n digwydd yn niwclews atom pan fydd gronyn β yn ffurfio. [1]

(iv) Cyfrifwch faint o amser y cymer sampl o ^{14}C â màs 8g i ddadfeilio i 1g. [1]

(b) Mae gwybodaeth am dri radioisotop arall i'w gweld yn y tabl.

Isotop	Hanner oes	Allyriad ymbelydrol
^{60}Co	5 mlynedd	γ
^{63}Ni	100 mlynedd	β
^{66}Cu	30 eiliad	β

Defnyddiwch yr holl wybodaeth i awgrymu pa radioisotop a fyddai fwyaf addas ar gyfer ei ddefnyddio mewn medrydd i fesur trwch ffoil alwminiwm. Eglurwch eich rhesymau. [2]

3 **(a)** Mae magnesiwm yn fwyaf adnabyddus am losgi gyda golau gwyn llachar nodweddiadol; fodd bynnag, mewn diwydiant dyma'r trydydd metel mwyaf cyffredin a ddefnyddir yn adeileddol. Cafodd y metel ei hun ei gynhyrchu gyntaf gan Syr Humphrey Davy ym 1808 gan ddefnyddio electrolysis o gymysgedd o fagnesia a mercwri ocsid.

Mae gan fagnesiwm dri isotop sefydlog, sef ^{24}Mg, ^{25}Mg a ^{26}Mg.

(i) Nodwch nifer y protonau sy'n bresennol mewn atom ^{24}Mg. [1]

(ii) Diddwythwch nifer y niwtronau sy'n bresennol mewn atom ^{26}Mg. [1]

(b) Mae gan fagnesiwm hefyd isotop ymbelydrol ^{28}Mg sydd â hanner oes 21 awr.

Petai gennych 2.0 g i ddechrau, cyfrifwch fàs y ^{28}Mg a fyddai'n weddill ar ôl 84 awr. [1]

(c) Enwch un isotop ymbelydrol defnyddiol a disgrifiwch sut y mae'n cael ei ddefnyddio. [2]

(ch) Mae radon yn nwy nobl. Hanner oes ei isotop mwyaf sefydlog, ^{222}Rn, yw 3.8 diwrnod, mae'n dadfeilio drwy allyriad α ac mae'n gyfrifol am y rhan fwyaf o'r pelydriad ïoneiddio y mae'r cyhoedd yn ei wynebu.

    (i) Rhowch symbol a rhif màs yr atom sy'n cael ei ffurfio o ganlyniad i golli un gronyn α o atom ^{222}Rn. [1]

    (ii) Eglurwch pam mae meddygon yn pryderu y gallai wynebu gormod o radon achosi canser yr ysgyfaint. [1]

4 **(a)** Mae potasiwm, $^{40}_{19}$K, yn isotop ymbelydrol sy'n dadfeilio drwy allyriad β ac sydd â hanner oes 1.25×10^9 mlynedd.

    (i) Ysgrifennwch hafaliad ar gyfer y broses lle mae isotop potasiwm-40 yn allyrru gronyn β. [2]

    (ii) Cyfrifwch faint o amser y bydd yn ei gymryd i ymbelydredd yr isotop ddadfeilio i $\frac{1}{8}$fed o'i ymbelydredd gwreiddiol. [1]

(b) Mae pedwar isotop ymbelydrol sydd â'r un màs i'w gweld yn y tabl.

Isotop	Hanner oes	Allyriad ymbelydrol
^{190}W	30 munud	β
^{190}Re	3.1 munud	β
^{190}Pt	6.5×10^{11} mlynedd	α
^{190}Bi	6.3 eiliad	α

Disgrifiwch pam mae ymbelydredd yn beryglus i gelloedd byw. Defnyddiwch yr holl ddata uchod i adnabod pa un o'r isotopau fyddai'n peri'r niwed mwyaf i gelloedd petai'n cael ei amlyncu. [4]

5 **(a)** Mae adeileddau electronig pum atom yn cael eu rhestru isod. Trefnwch yr atomau hyn yn nhrefn egni ïoneiddiad cyntaf molar cynyddol. [2]

Atom	A	B	C	Ch	D
Adeiledd electronig	$1s^2$	$1s^2 2s^2$	$1s^2 2s^2 2p^1$	$1s^2 2s^2 2p^3$	$1s^2 2s^2 2p^6$

(b) Nodwch, gan roi rheswm dros eich dewis, pa un o'r canlynol sy'n rhoi'r pedwar egni ïoneiddiad cyntaf ar gyfer silicon, Si. [2]

	Egni ïoneiddiad / kJ môl^{-1}			
	1af	2il	3ydd	4ydd
A	496	4563	6913	9544
B	578	1817	2745	11578
C	738	1451	7733	10541
Ch	789	1577	3232	4356

6 **(a)** Egni ïoneiddiad cyntaf hydrogen yw 1312 kJ môl^{-1}

Eglurwch pam mae gan heliwm egni ïoneiddiad cyntaf uwch na hydrogen. [2]

(b) Mae sodiwm a photasiwm yng Ngrŵp 1 yn y tabl cyfnodol.

Eglurwch pam mae gan sodiwm egni ïoneiddiad cyntaf uwch na photasiwm. [2]

(c) Mae'r tabl isod yn rhoi'r tri egni ïoneiddiad cyntaf ar gyfer boron a photasiwm:

Elfen	Egni ïoneiddiad / kJ môl^{-1}		
	1af	2il	3ydd
B	800	2420	3660
K	419	3051	4412

    (i) Awgrymwch pam mae'n annhebygol bod cyfansoddion sy'n cynnwys ïonau B^{3+} yn bodoli. [1]

    (ii) Ysgrifennwch hafaliad i gynrychioli ail egni ïoneiddiad potasiwm. [1]

    (iii) Nodwch sut y byddai tri egni ïoneiddiad cyntaf calsiwm yn wahanol i dri egni ïoneiddiad cyntaf potasiwm. [2]

7   Mae'r hafaliad isod yn dangos 2 electron yn cael eu tynnu o elfen X

$$X(n) \longrightarrow X^{2+}(n) + 2e^-$$

lle X yw calsiwm, magnesiwm neu sodiwm.

Mae'r tabl isod yn dangos yr egni sydd ei angen i dynnu 2 electron o bob un o'r elfennau hyn.

X	Egni sydd ei angen i dynnu 2 electron / kJ môl^{-1}
Ca	1735
Mg	2189
Na	5059

Eglurwch, yn nhermau adeileddau electronig yr atomau dan sylw, pam

(a)   mae'r egni sydd ei angen i dynnu 2 electron o galsiwm yn llai na'r egni sydd ei angen i dynnu 2 electron o fagnesiwm   [2]

(b)   mae'r egni sydd ei angen i dynnu 2 electron o sodiwm yn fwy na'r egni sydd ei angen i dynnu 2 electron o fagnesiwm.   [2]

8   **(a)**   Mae'r diagram isod yn dangos sbectrwm allyrru atom hydrogen yn y rhanbarth gweladwy.

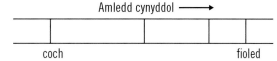

(i)   Eglurwch pam mae hydrogen yn allyrru rhai amleddau penodol yn unig o olau gweladwy.   [2]

(ii)   Mae'r llinellau llorweddol yn y diagram isod yn dangos lefelau egni electron atom hydrogen.

Ar gopi o'r diagram labelwch y llinellau llorweddol hyn a lluniwch y trosiadau sy'n cyfateb i'r pedair llinell sbectrol yn (a) uchod, gan ddangos yn glir pa drosiad sy'n cynrychioli'r llinell sbectrol goch.   [3]

(iii)   Ar gopi o'r diagram lluniwch a labelwch y trosiad sy'n cyfateb i ïoneiddiad yr atom.   [1]

(b)   Tonfedd y llinell gyntaf yn y sbectrwm allyrru atomig gweladwy ar gyfer hydrogen yw 656 nm; tonfedd y llinell gyfatebol ar gyfer heliwm yw 707 nm.

Nodwch, gan roi rheswm, pa linell:

(i)   sydd â'r amledd uchaf   [1]

(ii)   sydd â'r egni uchaf.   [1]

(c) (i) Tonfedd un o'r llinellau yn rhanbarth uwchfioled sbectrwm electromagnetig hydrogen (rhan o gyfres Lyman) yw 9.12×10^{-8} m.

Defnyddiwch yr hafaliad isod i gyfrifo amledd, f, y llinell hon a thrwy hyn ei hegni, E, mewn jouleau. Dangoswch eich gwaith cyfrifo. [3]

$$c = f \times \lambda$$

(Tybiwch fod $c = 2.99 \times 10^8$ m s^{-1}, $h = 6.63 \times 10^{-34}$ J s)

(ii) Mae 6.02×10^{23} atom hydrogen mewn 1 môl. Defnyddiwch yr wybodaeth hon a'ch ateb i ran (i) i gyfrifo'r egni mewn kJ môl^{-1}. [2]

9 Mae'r cwestiwn hwn yn ymwneud ag adeiledd atomig.

(a) Rhowch ffurfwedd electronig lawn atom nitrogen a defnyddiwch honno i ddisgrifio'r ffordd y caiff electronau eu trefnu mewn atomau. [4]

(b) Disgrifiwch brif nodweddion sbectrwm allyrru atomig hydrogen yn y rhanbarth gweladwy. Eglurwch beth sy'n achosi'r nodweddion hyn a sut mae eu dehongli yn darparu tystiolaeth ar gyfer lefelau egni yn yr atom. [6]

1.3

1 Cyfrifwch fàs yr arian sy'n cynnwys yr un nifer o atomau â'r nifer o foleciwlau mewn 11.0 g o garbon deuocsid, CO_2. [1]

2 (a) Cyfrifwch fàs molar calsiwm sylffad deuhydrad, $CaSO_4.2H_2O$, mewn g môl^{-1}. [1]

(b) Cyfrifwch ganran y dŵr, yn ôl màs, mewn calsiwm sylffad deuhydrad. [1]

3 Cafodd y metel potasiwm ei ddarganfod ym 1807 gan y cemegydd o Brydain, Syr Humphrey Davy. Mae'r enw yn dod o'r gair 'potash' oherwydd bod potasiwm wedi cael ei arunigo drwy electrolysis potash brwd tawdd, KOH.

(a) Dyma ganlyniadau sbectrwm màs sampl o botasiwm sy'n digwydd yn naturiol:

Isotop	Cyflenwad %
^{39}K	93.26
^{40}K	0.012
^{41}K	6.730

Mae'n bosibl defnyddio'r canlyniadau hyn i gyfrifo màs atomig cymharol y sampl o botasiwm.

(i) Cwblhewch y diffiniad canlynol ar gyfer *màs atomig cymharol*: [1]

Màs atomig cymharol elfen yw màs cyfartalog un atom o'r elfen o'i gymharu â …

(ii) Cyfrifwch fàs atomig cymharol y sampl, gan roi eich ateb i bedwar ffigur ystyrlon. [2]

(b) Cafodd y sbectrwm màs hwn ei gynhyrchu gan ïonau potasiwm mewn sbectromedr màs.

Nodwch pam mae angen gwactod o fewn y cyfarpar. [1]

4 (a) Cafodd sampl o ddŵr yn cynnwys $^1H_2$, ^{16}O a $^2H_2{}^{16}O$ ei ddadansoddi mewn sbectromedr màs. Dangosodd yr olin nifer o frigau. Awgrymwch pa ïonau sy'n gyfrifol am y brigau ar rifau màs 2, 18 a 20. [2]

(b) Ar y Ddaear, mae ïodin i'w gael ar ffurf un isotop sefydlog yn unig, ^{127}I.

(i) Gan ddefnyddio eich dealltwriaeth o sbectrwm màs clorin, Cl_2, brasluniwch a labelwch sbectrwm màs sampl o ïodin. [2]

(ii) Màs atomig cymharol sampl o ïodin a gafwyd o feteoryn oedd 128.7. Nodwch beth mae hyn yn ei ddweud wrthych am gyfansoddiad yr ïodin yn y meteoryn. [1]

5 Pan gafodd sampl o $^{210}PoCl_4$ ei yrru drwy sbectromedr màs, dangosodd y sbectrwm bum brig ïonau moleciwlaidd yn cyfateb i fasau 350, 352, 354, 356 a 358.

(a) Nodwch ddau rif màs isotopau clorin sydd i'w cael mewn clorin sy'n digwydd yn naturiol. [1]

(b) Mae pob un o'r pum ïon moleciwlaidd sy'n rhoi brigau yn sbectrwm màs $^{210}PoCl_4$ yn cynnwys un atom ^{210}Po a phedwar atom Cl. Gan ddefnyddio eich ateb i (a), nodwch faint o atomau o bob un o'r ddau isotop Cl sy'n bresennol ym mhob ïon moleciwlaidd. [2]

(c) Eglurwch sut mae'r ïonau positif sy'n cael eu cynhyrchu mewn sbectromedr màs yn cael eu ffurfio a'u gwahanu. [3]

6 Cyfansoddiad canrannol sodiwm clorad, sy'n cael ei ddefnyddio i gannu mwydion, yn ôl màs, yw Na 21.6%; Cl 33.3%; O 45.1%.

(a) Cyfrifwch fformiwla **empirig** y cyfansoddyn hwn. [2]

(b) Pa wybodaeth arall y byddai arnoch ei hangen i allu diddwytho fformiwla **foleciwlaidd** y cyfansoddyn hwn? [1]

7 Caiff sodiwm nitrad ei ddefnyddio yn eang i gynhyrchu gwrteithiau.

(a) Mae'n bosibl ffurfio sodiwm nitrad drwy'r adwaith rhwng sodiwm carbonad ac asid nitrig yn ôl yr hafaliad

$$Na_2CO_3(d) + 2HNO_3(d) \longrightarrow 2NaNO_3(d) + H_2O(h) + CO_2(n)$$

Mewn arbrawf, roedd ar $25.0\,cm^3$ o hydoddiant sodiwm carbonad â chrynodiad $0.0450\,môl\,dm^{-3}$ angen $23.6\,cm^3$ o'r asid i'w niwtralu'n llwyr.

Cyfrifwch grynodiad yr asid, mewn $môl\,dm^{-3}$. [3]

(b) Mae sodiwm nitrad yn dadelfennu wrth gael ei wresogi yn ôl yr hafaliad

$$2NaNO_3(s) \longrightarrow 2NaNO_2(s) + O_2(n)$$

Pan oedd sampl wedi dadelfennu'n llwyr, roedd yr ocsigen yn llenwi cyfaint o $700\,cm^3$ ar wasgedd o $101\,kPa$ a thymheredd o $28\,°C$.

Cyfrifwch faint o ocsigen, mewn molau, oedd wedi'i gynhyrchu. [3]

(Y cysonyn nwy $R = 8.31\,J\,K^{-1}\,môl^{-1}$.)

8 Gofynnir i Hannah fesur cyfradd adwaith calsiwm carbonad ag asid hydroclorig gwanedig. Mae ganddi $1.50\,g$ o'r carbonad a $20.0\,cm^3$ o asid hydroclorig â chrynodiad $1.20\,môl\,dm^{-3}$.

$$CaCO_3(s) + 2HCl(d) \longrightarrow CaCl_2(d) + CO_2(n) + H_2O(h)$$

(a) Cyfrifwch nifer y molau o asid hydroclorig sy'n cael eu defnyddio yn yr adwaith hwn. [1]

(b) Cyfrifwch y màs **lleiaf** o galsiwm carbonad sydd ei angen i adweithio'n **llwyr** â'r swm hwn o asid. [2]

(c) Cyfrifwch gyfaint y carbon deuocsid a fyddai'n cael ei gynhyrchu ar $25\,°C$. [2]

(Mae 1 môl o garbon deuocsid yn llenwi $24.0\,dm^3$ ar $25\,°C$.)

(ch) Cyfrifwch gyfaint y carbon deuocsid a fyddai'n cael ei gynhyrchu ar $50\,°C$. [2]

(Tybiwch nad yw'r gwasgedd yn newid.)

9 Mae'n bosibl cynhyrchu sodiwm carbonad mewn proses dau gam yn ôl yr hafaliadau canlynol:

$$NaCl + NH_3 + CO_2 + H_2O \longrightarrow NaHCO_3 + NH_4Cl \qquad \text{(hafaliad 1)}$$

$$2NaHCO_3 \longrightarrow Na_2CO_3 + H_2O + CO_2 \qquad \text{(hafaliad 2)}$$

    (a) Cyfrifwch yr economi atom ar gyfer cynhyrchu sodiwm hydrogencarbonad yn hafaliad 1. [2]

    (b) Defnyddiwch y ddau hafaliad i gyfrifo'r màs mwyaf o sodiwm carbonad y mae'n bosibl ei gael o 900g o sodiwm clorid. [3]

10 Ffurf ar fagnesiwm sylffad hydradol yw halwynau Epsom. Gall gael ei gynrychioli gan y fformiwla $MgSO_4.xH_2O$.

Pan gafodd 7.38g o'r hydrad hwn ei wresogi, roedd 3.60g o'r halwyn anhydrus, $MgSO_4$, yn weddill.

Cyfrifwch werth x mewn $MgSO_4.xH_2O$. [3]

11 Mae'r cwestiwn hwn yn ymwneud â dau ddull gwahanol o ddarganfod canran y sodiwm carbonad mewn cymysgedd.

    (a) Rhoddir y cymysgedd i Elinor ac mae'n cynnal titradiad i ddarganfod canran y sodiwm carbonad yn y cymysgedd.

        Mae'n hydoddi 2.05g o'r sampl mewn dŵr distyll ac yn gwneud yr hydoddiant i fyny i $250\,cm^3$ yn fanwl gywir mewn fflasg safonol.

        Mae'n pibedu $25.0\,cm^3$ o'r hydoddiant i fflasg gonigol, yn ychwanegu dangosydd priodol ac yn titradu'r hydoddiant hwn ag asid hydroclorig â chrynodiad $0.100\,môl\,dm^{-3}$. Mae'n gwneud hyn dair gwaith ac yn darganfod bod arni angen $23.15\,cm^3$ o asid i adweithio'n llwyr â'r sodiwm carbonad.

        Dyma'r hafaliad ar gyfer yr adwaith:

$$Na_2CO_3 + 2HCl \longrightarrow 2NaCl + H_2O + CO_2$$

        (i) Cyfrifwch nifer y molau o HCl sydd wedi'u defnyddio yn y titradiad a thrwy hyn diddwythwch nifer y molau o Na_2CO_3 oedd mewn $25.0\,cm^3$ o'r hydoddiant. [2]

        (ii) Cyfrifwch ganran y Na_2CO_3 yn y cymysgedd. [3]

    (b) Mewn arbrawf arall gofynnwyd i Edmund ddadansoddi'r cymysgedd drwy ddefnyddio adwaith gwaddodi.

        Mesurodd Edmund 2.1g union o'r cymysgedd a'i hydoddi mewn gormodedd o ddŵr distyll. Ychwanegodd ormodedd o hydoddiant bariwm nitrad at yr hydoddiant hwn. Ffurfiodd gwaddod o fariwm carbonad yn ôl yr hafaliad:

$$Na_2CO_3(d) + Ba(NO_3)_2(d) \longrightarrow BaCO_3(s) + 2NaNO_3(d)$$

        Cafodd y gwaddod ei hidlo a màs y bariwm carbonad oedd wedi ffurfio oedd 2.3g.

        (i) Eglurwch pam na chafodd cyfaint y dŵr distyll a ddefnyddiwyd i hydoddi'r cymysgedd gwreiddiol ei fesur yn fanwl gywir. [1]

        (ii) Defnyddiwch fàs y bariwm carbonad a ffurfiodd i gyfrifo màs y Na_2CO_3 yn y cymysgedd gwreiddiol a thrwy hyn ganran y Na_2CO_3 yn y cymysgedd. [3]

    (c) **(i)** Eglurwch pa un o'r ddau ddull yn rhannau (a) a (b) sy'n debygol o roi'r canlyniad mwyaf manwl gywir. [1]

        (ii) Awgrymwch welliannau posibl i'r dull sy'n rhoi'r canlyniad lleiaf manwl gywir.

                [2]12

        Gofynnwyd i Berian adnabod hydrocsid un o'r metelau Grŵp 1 drwy ditradiad. Hydoddodd 1.14g o'r hydrocsid mewn dŵr a gwnaeth yr hydoddiant i fyny at $250\,cm^3$. Trosglwyddodd $25.0\,cm^3$ o'r hydoddiant hwn yn fanwl gywir i fflasg gonigol. Roedd ar yr hydoddiant angen $23.80\,cm^3$ o asid hydroclorig i'w niwtralu'n llwyr. Crynodiad yr hydoddiant asid oedd 0.730g HCl mewn $100\,cm^3$ o ddŵr.

Dyma'r hafaliad ar gyfer yr adwaith rhwng y metel hydrocsid a'r asid hydroclorig. Mae M yn cynrychioli symbol y metel.

$$MOH + HCl \longrightarrow MCl + H_2O$$

(a) Cyfrifwch nifer y molau o HCl a gafodd eu defnyddio yn y titradiad. [3]

(b) Diddwythwch nifer y molau o MOH mewn 25.0cm^3 o'r hydoddiant a thrwy hyn cyfrifwch gyfanswm nifer y molau o MOH yn yr hydoddiant gwreiddiol. [2]

(c) Cyfrifwch fàs moleciwlaidd cymharol MOH a thrwy hyn diddwythwch beth oedd y metel yn yr hydrocsid. [2]

13 Pan fydd 1 kg o sylffwr deuocsid yn adweithio â gormodedd o ocsigen, bydd 1.225 kg o sylffwr triocsid yn ffurfio:

$$2SO_2(n) + O_2(n) \longrightarrow 2SO_3(n)$$

Cyfrifwch y canran cynnyrch. [3]

14 Mae calchfaen yn cynnwys calsiwm carbonad. Cafodd sampl 0.497 g o galchfaen mâl ei roi mewn fflasg a chafodd 25.0cm^3 union o asid hydroclorig â chrynodiad 0.515 môl dm^{-3} ei ychwanegu. Cafodd y cymysgedd ei droi nes nad oedd dim rhagor o swigod o garbon deuocsid yn ffurfio. Cafodd yr asid yn y fflasg oedd heb adweithio ei ditradu yn erbyn sodiwm hydrocsid â chrynodiad 0.188 môl dm^{-3} ac roedd angen 24.80cm^3 i'w niwtralu.

(a) Cyfrifwch nifer y molau o asid hydroclorig a gafodd eu defnyddio yn yr adwaith â chalchfaen. [3]

(b) Cyfrifwch ganran y calsiwm carbonad yn y sampl o galchfaen.

$$CaCO_3 + 2HCl \longrightarrow CaCl_2 + H_2O + CO_2$$ [3]

1.4

1 Lluniwch ddiagram dot a chroes i ddangos sut mae'r cyfansoddyn ïonig calsiwm clorid yn cael ei ffurfio o atomau calsiwm a chlorin. Dangoswch y gwefrau ar yr ïonau sy'n cael eu ffurfio.

Dylech ddangos electronau allanol yn unig. [2]

2 Mae alwminiwm clorid yn ffurfio deumer, Al_2Cl_6, sy'n cynnwys bondiau cofalent a bondiau cyd-drefnol. Disgrifiwch beth mae'r termau 'bond cofalent' a 'bond cyd-drefnol' yn ei olygu. [2]

3 Dyma werthoedd electronegatifedd rhai elfennau:

Atom	H	N	O	Al	Cl	F
Gwerth electronegatifedd	2.1	3.0	3.5	1.6	3.0	4.0

(a) Defnyddiwch y data hyn i adnabod unrhyw ddeupolau sy'n bresennol yn y bondiau canlynol. Nodwch eu polaredd yn glir.

N—H   O—Cl [1]

(b) Defnyddiwch y data i egluro pam rydym yn ystyried alwminiwm clorid yn gyfansoddyn cofalent a pham rydym yn ystyried alwminiwm ocsid yn gyfansoddyn ïonig. [1]

4 Y fformiwla ar gyfer clorin fflworid yw ClF

   Cl—F

(a) Defnyddiwch y symbolau δ+ a δ– i nodi'r polaredd yn y bond uchod, gan roi rheswm dros eich ateb. [1]

(b) Lluniwch ddiagram dot a chroes i ddangos y bondio rhwng y ddau atom mewn clorin fflworid. Cynhwyswch **holl** electronau'r plisgyn allanol. [1]

5 Pan fydd y tymheredd yn cynyddu, bydd ïodin solet a hefyd diemwnt yn newid yn uniongyrchol i'w cyflwr nwyol – maen nhw'n sychdarthu.

    (a) Ym mhob achos, enwch y grym neu'r bond sy'n cael ei oresgyn pan fydd y solid yn newid yn nwy. [2]

        Ïodin ....

        Diemwnt ....

    (b) Nodwch, gan roi rheswm, gan ba solid y mae'r tymheredd sychdarthu uchaf. [1]

6 Gosodwch y canlynol yn nhrefn cryfder cynyddol:

bondiau cofalent   bondiau hydrogen   grymoedd van der Waals

    y gwannaf ⟶ y cryfaf [1]

7   **(a)** Defnyddiwch ddamcaniaeth VSEPR i ddiddwytho siapiau BF_3 ac NH_3. [2]

    (b) Mae boron fflworid yn adweithio ag amonia, NH_3, gan wneud y cyfansoddyn sydd i'w weld yn yr hafaliad canlynol:

        $BF_3 + NH_3 \longrightarrow F_3B - NH_3$

      (i) Enwch y math o fond sy'n cael ei ffurfio rhwng N a B. [1]

      (ii) Awgrymwch werth ar gyfer yr ongl bond F–B–F yn y moleciwl hwn.

        Eglurwch eich ateb i ran (ii). [2]

8 Mae onglau'r bondiau mewn moleciwlau methan a dŵr i'w gweld yn y diagramau isod.

Gan ddefnyddio damcaniaeth gwrthyriad parau electron plisgyn falens (VSEPR):

    (i) Nodwch pam mae gan fethan y siâp uchod. [2]

    (ii) Eglurwch pam mae ongl y bond H—O—H mewn dŵr yn llai nag ongl y bond H—C—H mewn methan. [2]

9 Mae alwminiwm, boron a nitrogen i gyd yn ffurfio cloridau sy'n cynnwys tri atom clorin, XCl_3. Mae gan foleciwlau boron clorid, BCl_3, a moleciwlau nitrogen clorid, NCl_3, siapiau gwahanol.

Gan ddefnyddio VSEPR (damcaniaeth gwrthyriad parau electron plisgyn falens):

    (i) Nodwch, ac [3]

    (ii) Eglurwch siapiau'r moleciwlau hyn. [3]

10 Dewiswch yr holl foleciwlau o'r rhestr isod sydd ag onglau bond llai na 109°.

    NH_4^+ BF_3 NH_3 CH_4 SF_6 H_2O [2]

11 Mae sylffwr deufflworid deuocsid (sylffwryl fflworid), SO_2F_2, yn cael ei ddefnyddio fel pryfleiddiad nwyol i reoli plâu o forgrug gwynion mewn tai pren.

   (a) Mae'n bosibl ei gynhyrchu drwy adweithio sylffwr deuocsid a fflworin â'i gilydd.

$$SO_2 + F_2 \longrightarrow SO_2F_2$$

       Defnyddiwch rifau ocsidiad sylffwr i ddangos bod sylffwr wedi cael ei ocsidio yn yr adwaith hwn. Yn eich ateb dylech nodi sut mae newidiadau mewn rhif ocsidiad yn gysylltiedig ag ocsidiad. [2]

   (b) Mae sylffwryl fflworid yn foleciwl tetrahedrol lle nad oes gan yr atom sylffwr barau unig o electronau.

$$O = \overset{\displaystyle \overset{O}{\|}}{\underset{\displaystyle \underset{F}{|}}{S}} - F$$

       Defnyddiwch ddamcaniaeth gwrthyriad parau electron plisgyn falens (VSEPR) i egluro pam mae gan sylffwryl fflworid y siâp hwn. [1]

12 Mae tymereddau berwi rhai halidau hydrogen i'w gweld yn y tabl isod:

Halidau hydrogen	Tymheredd berwi/K
HF	293
HCl	188
HBr	206
HI	238

Eglurwch, yn nhermau natur y bondio rhyngfoleciwlaidd sy'n bresennol, pam mae tymheredd berwi hydrogen ïodid yn uwch na thymereddau berwi hydrogen clorid a hydrogen bromid ond yn is na thymheredd berwi hydrogen fflworid. [4]

1.5

1 Mae gan lithiwm bromid yr un adeiledd grisial â sodiwm clorid.

Labelwch yr ïonau sy'n bresennol yn y diagram o lithiwm bromid isod.

(Cewch dybio bod yr anion yn fwy na'r catïon.) [1]

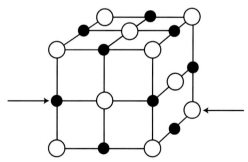

2 **(a)** Mae gan sodiwm clorid a hefyd cesiwm clorid adeileddau ïonig enfawr.

      (i) Lluniwch ddiagram a'i labelu i ddangos trefniant yr ïonau mewn grisial cesiwm clorid. [2]

      (ii) Rhowch reswm pam mae gan sodiwm clorid adeiledd gwahanol i gesiwm clorid. [1]

(b) Dwy ffurf risialog wahanol ar garbon yw diemwnt a graffit.

    (i) Disgrifiwch yr adeiledd a'r bondio mewn diemwnt a graffit. [4]

    (ii) Nodwch **un** briodwedd ffisegol sy'n gyffredin i ddiemwnt **a** graffit ac un nad yw'n gyffredin. Cysylltwch y **ddwy** briodwedd â'r adeileddau a'r bondio rydych wedi'u disgrifio. [2]

3 Mae diemwnt a hefyd ïodin yn cynnwys bondio cofalent.

Eglurwch pam mae'n bosibl trawsnewid ïodin solet yn anwedd ar dymheredd is o lawer na diemwnt.

Dylech gyfeirio at y math(au) o fondio sy'n bresennol a sut mae'r bondio hwn yn effeithio ar dymereddau ymdoddi. Cewch gynnwys diagram os dymunwch.

4 Tymheredd ymdoddi elfen yw 28 °C ac mae'n dargludo trydan pan fydd yn solid neu'n hylif.

Enwch y nodwedd sy'n bresennol yn yr adeiledd sy'n caniatáu iddi ddargludo trydan.

5 Er bod diemwnt yn anfetel, mae'n gallu dangos priodweddau ffisegol tebyg i fetelau.

(a) Disgrifiwch yr adeiledd a'r bondio mewn diemwnt ac mewn metelau. [3]

(b) Nodwch **un** briodwedd ffisegol sy'n gyffredin i ddiemwnt a metelau ac **un** nad yw'n gyffredin. Cysylltwch y **ddwy** briodwedd â'r adeileddau a'r bondio rydych wedi'u disgrifio. [3]

6 Un o fwynau haearn sy'n cynnwys Fe_2O_3 yw haematit. Caiff haearn ei echdynnu o'r mwyn hwn mewn ffwrnais chwyth.

(a) Cydbwyswch yr hafaliad ar gyfer echdynnu haearn o Fe_2O_3. [1]

.... Fe_2O_3 + ... CO = ... Fe + ... CO_2

(b) Defnyddiwch gyflyrau ocsidiad i ddangos mai adwaith rhydocs yw'r adwaith yn rhan (a). [2]

(c) Un o ocsidau eraill haearn yw haearn(II) ocsid, FeO. Mae gan yr ïonau yn y cyfansoddyn adeiledd tebyg i adeiledd sodiwm clorid.

    (i) Nodwch y rhifau cyd-drefnol grisial ar gyfer yr ïonau mewn FeO. [1]

    (ii) Gwnewch lun i ddangos sut mae'r ïonau ocsid yn cael eu trefnu o amgylch pob ïon haearn. [1]

(ch) Mae carbon monocsid yn cynnwys dau fond cofalent ac un bond cyd-drefnol. Eglurwch beth mae'r termau 'bond cofalent' a 'bond cyd-drefnol' yn ei olygu, gan nodi'r gwahaniaeth rhyngddyn nhw. [2]

(d) Mae haearn yn fetel nodweddiadol. Disgrifiwch y bondio sy'n bresennol mewn haearn. Eglurwch sut mae'n gallu dargludo trydan a pham mae ganddo dymheredd ymdoddi uchel. [4]

1.6

1 Mae bariwm clorid yn gyfansoddyn gwenwynig iawn sy'n cael ei ddefnyddio yn aml yn y labordy. Mae'n bosibl defnyddio bariwm clorid dyfrllyd i brofi ar gyfer ïonau sylffad mewn hydoddiant.

(a) **(i)** Ysgrifennwch hafaliad **ïonig** ar gyfer yr adwaith sy'n digwydd pan gaiff bariwm clorid dyfrllyd ei ychwanegu at hydoddiant sy'n cynnwys ïonau sylffad. [1]

    (ii) Nodwch beth y byddech yn disgwyl ei weld ar gyfer canlyniad cadarnhaol yn y prawf cemegol hwn. [1]

(b) Mae'n bosibl adnabod hydoddiant bariwm clorid drwy ddefnyddio profion gwahanol ar gyfer ïonau bariwm ac ïonau clorid.

    (i) Mae'n bosibl defnyddio prawf fflam i brofi bod yr hydoddiant yn cynnwys ïonau bariwm. Nodwch liw'r fflam y byddech yn ei weld. [1]

    (ii) Rhowch brawf cemegol i ddangos bod yr hydoddiant yn cynnwys ïonau clorid. Dylai eich ateb gynnwys yr adweithydd(ion) a'r arsylw(adau) disgwyliedig. [2]

Adweithydd(ion)

Arsylw(adau)

2 Eglurwch y ffaith bod tymheredd ymdoddi sodiwm yn is o lawer na thymheredd ymdoddi magnesiwm.

Dylech gyfeirio at y math(au) o fondio sy'n bresennol a sut mae'r bondio hwn yn effeithio ar dymereddau ymdoddi. Cewch gynnwys diagram os ydych yn credu y byddai o fudd. [3]

3 Mae'r tablau yn dangos rhai o'r elfennau yn y tabl cyfnodol ynghyd â thymheredd ymdoddi ffurf solet bwysicaf yr elfen.

	I	II	III	IV	V	VI	VII	0
Elfen				C (diemwnt)				Ne
Tymheredd ymdoddi/K				3900				25
Elfen	Na	Mg	Al	Si	P	S	Cl	Ar
Tymheredd ymdoddi/K	371	922	933	1683	317	392	172	84

    (i) Nodwch pa rai o'r elfennau uchod **nad** ydyn nhw'n solidau ar dymheredd ystafell. [1]

    (ii) Eglurwch, yn nhermau bondio ac adeiledd, pam mai silicon, Si, a charbon, C, sydd â'r tymereddau ymdoddi uchaf. [2]

    (iii) Eglurwch pam mai neon, Ne, ac argon, Ar, sydd â'r tymereddau ymdoddi isaf. [2]

    (iv) Eglurwch pam mae'r tymheredd ymdoddi yn cynyddu ar gyfer y dilyniant Na, Mg, Al, er bod gan y tri i gyd fondio metelig. [2]

    (v) Nodwch pam mae'r tymheredd ymdoddi ar gyfer Si yn is na'r tymheredd ymdoddi ar gyfer C er bod ganddyn nhw'r un math o fondio ac adeiledd. [1]

    (vi) Nodwch pam mae tymheredd ymdoddi argon, Ar, yn uwch na'r tymheredd ymdoddi ar gyfer neon, Ne. [1]

4 Gallwn ddisgrifio'r elfennau yng Ngrŵp 7 yn y tabl cyfnodol fel elfennau bloc p. Nodwch pam rydym yn eu disgrifio fel elfennau bloc p. [1]

5 Mae pob halogen yn ocsidydd.

    (i) Pam mae'r halogenau yn ocsidyddion? [1]

    (ii) Nodwch, gan roi rheswm, pa halogen yw'r ocsidydd cryfaf. [1]

    (iii) Roedd $NaClO_3$ yn cael ei ddefnyddio fel chwynladdwr. Nodwch gyflwr ocsidiad clorin mewn $NaClO_3$. [1]

6 Rhoddwyd hydoddiant calsiwm bromid i fyfyriwr a gofynnwyd iddo gynnal yr adweithiau yn y diagram isod.

    Prawf fflam ⟵ hydoddiant calsiwm bromid ⟶ clorin dyfrllyd

    arian nitrad dyfrllyd

    (i) Nodwch y lliw sydd i'w weld yn y prawf fflam. [1]

    (ii) Nodwch beth oedd i'w weld pan gafodd arian nitrad dyfrllyd ei ychwanegu. [1]

    (iii) Rhowch yr hafaliad **ïonig** ar gyfer yr adwaith sy'n digwydd yn rhan (ii). [1]

    (iv) Nodwch beth oedd i'w weld pan gafodd clorin dyfrllyd ei ychwanegu at yr hydoddiant calsiwm bromid. [1]

    (v) Eglurwch pam yr adweithiodd clorin yn ôl eich disgrifiad yn rhan (iv). [2]

    Dylai eich ateb gynnwys:

    • Y math o fondio a'r rhywogaeth sy'n bresennol mewn calsiwm bromid.

    • Y math o adwaith sy'n digwydd.

    • Pam mae clorin yn gallu adweithio fel hyn.

    • Hafaliad priodol.

7 Enwch y gwaddod gwyn sy'n ffurfio pan gaiff hydoddiant dyfrllyd o fariwm nitrad, $Ba(NO_3)_2$, ei gymysgu â hydoddiant dyfrllyd o botasiwm carbonad ac ysgrifennwch hafaliad ïonig ar gyfer ei ffurfio. [2]

8 Fformiwla magnesiwm carbonad basig yw $MgCO_3.Mg(OH)_2.3H_2O$. Wrth gael ei wresogi'n gryf mae'n dadelfennu gan roi tri chynnyrch, gan gynnwys carbon deuocsid a dŵr. Rhowch yr hafaliad ar gyfer dadelfeniad thermol magnesiwm carbonad basig. [2]

9 Mae gennych bedair potel heb eu labelu ond rydych yn gwybod eu bod yn cynnwys y pedwar hydoddiant canlynol:

Potasiwm carbonad

Sodiwm hydrocsid

Bariwm clorid

Magnesiwm clorid

(i) Rhagfynegwch beth fydd yn digwydd pan gaiff pob un o'r pedwar hydoddiant hyn ei ychwanegu at y lleill a chyflwynwch yr wybodaeth hon isod. [4]

(ii) Enwch y gwaddod gwyn sy'n ffurfio pan gaiff magnesiwm clorid ei gymysgu â photasiwm carbonad ac ysgrifennwch hafaliad ïonig ar gyfer ei ffurfio. [2]

Enw'r gwaddod
Hafaliad ïonig

(iii) Nodwch yr holl ganlyniadau os bydd y tri phrawf isod yn cael eu cynnal ar wahân er mwyn adnabod y pedwar hydoddiant.

prawf litmws
prawf fflam
ychwanegu hydoddiant sodiwm sylffad [4]

1.7

1 Caiff amonia, sy'n gynnyrch diwydiannol pwysig iawn, ei gynhyrchu drwy broses Haber. Mae'n bosibl ei drawsnewid i'r gwrtaith cyffredin, amoniwm sylffad, drwy ei adweithio ag asid sylffwrig.

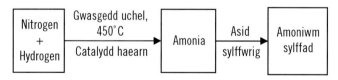

(a) (i) Ysgrifennwch hafaliad ar gyfer adwaith asid–bas amonia ag asid sylffwrig. [1]

(ii) Eglurwch pam mae amonia yn ymddwyn fel bas yn yr adwaith hwn. [1]

(b) Dyma'r hafaliad ar gyfer proses Haber

$N_2(n) + 3H_2(n) \rightleftharpoons 2NH_3(n)$ $\Delta H = -92\,kJ\,môl^{-1}$

Ar gyfer yr adwaith ecwilibriwm eglurwch pam:

(i) mae gwasgedd uchel yn cael ei ddefnyddio. [2]

(ii) y caiff amonia ei dynnu o'r cymysgedd ecwilibriwm wrth iddo ffurfio. [2]

(c) Petai'r adwaith yn cael ei gynnal heb ddefnyddio'r catalydd, sut y byddai hyn yn effeithio ar gynnyrch yr ecwilibriwm? [1]

(ch) Rhagfynegwch ac eglurwch effaith cynyddu tymheredd yr amgylchedd ar werth y cysonyn ecwilibriwm, Kc, ar gyfer yr adwaith. [2]

2 (a) Yn nŵr y môr mae ecwilibria rhwng carbon deuocsid, ïonau hydrogencarbonad (HCO_3^-) ac ïonau carbonad (CO_3^{2-}).

$$CO_2(d) + H_2O(h) \rightleftharpoons H^+(d) + HCO_3^-(d)$$

$$H^+(d) + CO_3^{2-}(d) \rightleftharpoons HCO_3^-(d)$$

(i) Defnyddiwch Egwyddor Le Chatelier i ragfynegi'r effaith ar yr ecwilibriwm cyntaf ac unrhyw newid mewn pH pan gaiff rhagor o garbon deuocsid ei hydoddi. [2]

(ii) Nodwch beth fyddai effaith cynyddu crynodiad ïonau hydrogen (H^+) yn yr ail ecwilibriwm ar grynodiad yr ïonau carbonad (CO_3^{2-}). [1]

(b) Mewn diodydd swigod, mae carbon deuocsid yn cael ei hydoddi mewn dŵr dan wasgedd ac wrth ryddhau'r gwasgedd mae'r 'swigod' yn ymddangos.

Mewn potel o ddiod swigod, mae'r ecwilibriwm cemegol canlynol yn bodoli:

$$CO_2(n) \rightleftharpoons CO_2(d)$$

(i) Mae ecwilibria cemegol yn aml yn cael eu disgrifio fel ecwilibria dynamig.

Eglurwch y term 'ecwilibriwm dynamig'. [1]

(ii) Pan fydd y caead yn cael ei dynnu oddi ar botel o ddiod swigod, mae'r ddiod yn mynd yn 'fflat' oherwydd bod llawer o'r carbon deuocsid hydawdd yn dod allan o'r hydoddiant. Eglurwch pam mae hyn yn digwydd yn nhermau ecwilibria cemegol. [2]

3 (a) Yn ddiweddar mae hydrogen wedi bod yn derbyn sylw fel 'ffynhonnell egni'. Mae'n bosibl ei baratoi drwy adweithio methan gydag ager.

$$CH_4(n) + H_2O(n) \rightleftharpoons CO(n) + 3H_2(n) \qquad \Delta H = 206\,kJ\,môl^{-1}$$

(i) Ysgrifennwch fynegiad ar gyfer y cysonyn ecwilibriwm, K_c, gan roi'r unedau, os oes unedau. [2]

(ii) Nodwch Egwyddor Le Chatelier. [1]

(iii) Nodwch, gan roi eich rhesymau, sut mae'r canlynol yn effeithio ar gynnyrch ecwilibriwm hydrogen, os o gwbl:

I cynyddu'r tymheredd ar wasgedd cyson [2]

II cynyddu'r gwasgedd ar dymheredd cyson. [2]

(b) Os caiff carbon monocsid a hydrogen eu gyrru dros gatalydd ar dymheredd a gwasgedd uchel, mae'n bosibl cynhyrchu methanol.

$$CO(n) + 2H_2(n) \rightleftharpoons CH_3OH(n) \qquad \Delta H = -91\,kJ\,môl^{-1}$$

(i) Nodwch sut mae'r canlynol yn effeithio ar gynnyrch ecwilibriwm methanol:

I cynnydd mewn tymheredd [1]

II cynnydd mewn gwasgedd. [1]

(ii) Eglurwch eich ateb i ran (i). [2]

4 Cwblhewch y tabl sy'n cyfeirio at yr effaith a gaiff newid mewn amodau ar y safle ecwilibriwm isod. [3]

$$2SO_2(n) + O_2(n) \rightleftharpoons 2SO_3(n) \qquad \Delta H = -196\,kJ\,môl^{-1}$$

Newid	Effaith, os oes effaith, ar y safle ecwilibriwm	Effaith, os oes effaith, ar werth K_c
Ychwanegu adweithydd ar dymheredd cyson		
Lleihau'r tymheredd	Symud i'r dde	

5 **(a)** Mae nwyon fel sylffwr deuocsid, SO_2, sy'n cael eu cynhyrchu mewn gorsafoedd trydan, yn llygru ac yn gallu asidio llynnoedd sy'n bell o ffynhonnell y llygredd. Pan fydd pH dŵr llyn yn 6·0, bydd malwod dŵr yn dechrau marw a phan fydd y pH yn cyrraedd 5.5, bydd pysgod hefyd yn dechrau marw.

      (i) Nodwch sut y byddech yn egluro i'r cyhoedd sut mae graddfa pH yn cael ei defnyddio i ddisgrifio lefelau asidedd. [2]

      (ii) Cyfrifwch grynodiad yr ïonau hydrogen yn nŵr y llyn pan fydd pysgod yn dechrau marw. [2]

    (b) Dyma hafaliad ar gyfer adwaith sylffwr deuocsid â dŵr:

$$SO_2(n) + H_2O(h) \rightleftharpoons H^+(d) + HSO_3^-(d)$$

      (i) Defnyddiwch yr hafaliad i egluro pam mae sylffwr deuocsid yn cael ei ddisgrifio fel ocsid asidig. [1]

      (ii) Defnyddiwch Egwyddor Le Chatelier i egluro sut y byddai crynodiad ïonau hydrogen, $H^+(d)$, yn newid petai mwy o sylffwr deuocsid yn cael ei hydoddi mewn hydoddiant oedd wedi cyrraedd ecwilibriwm dynamig. [2]

    (c) Gallwn ystyried asidau yn rhai cryf neu'n rhai gwan, ac yn rhai crynodedig neu'n rhai gwanedig.

    Ar gyfer hydoddiant dyfrllyd o asid, eglurwch y gwahaniaeth rhwng ystyr y termau 'asid gwan' ac 'asid gwanedig'. [2]

6 Gofynnwyd i Berian adnabod hydrocsid un o'r metelau Grŵp 1 drwy ditradiad.

Dywedwyd wrtho am ddefnyddio'r dull canlynol:

- Llenwch fwred â hydoddiant asid hydroclorig.
- Pwyswch yn fanwl gywir tuag 1.14 g o'r metel hydrocsid.
- Hydoddwch y cyfan o'r metel hydrocsid mewn dŵr, trosglwyddwch yr hydoddiant i fflasg safonol ac yna ychwanegwch ragor o ddŵr i wneud y cyfaint terfynol yn 250 cm^3 o hydoddiant.
- Trosglwyddwch yn fanwl gywir 25.0 cm^3 o'r hydoddiant hwn i fflasg gonigol.
- Ychwanegwch 2–3 diferyn o ddangosydd addas at yr hydoddiant hwn.
- Cynhaliwch ditradiad bras o'r hydoddiant hwn â'r asid hydroclorig.
- Cynhaliwch y titradiad yn fanwl gywir sawl tro a chyfrifwch ditr cyfartalog.

    (a) Rhowch reswm pam nad yw Berian yn rhoi 1.14 g o fetel hydrocsid yn syth i mewn i 250.0 cm^3 o ddŵr. [1]

    (b) Enwch gyfarpar addas ar gyfer trosglwyddo 25.0 cm^3 o'r hydoddiant metel hydrocsid i fflasg gonigol. [1]

    (c) Nodwch pam mae'n ychwanegu dangosydd at yr hydoddiant hwn. [1]

    (ch) Awgrymwch pam y gofynnwyd i Berian gynnal titradiad bras yn gyntaf. [1]

    (d) Eglurwch pam y cynhaliodd sawl titradiad a gweithio allan werth cyfartalog. [1]

7 Mae Frances yn mesur màs o gopr(II) sylffad hydradol, $CuSO_4.5H_2O$, ac yn ei ddefnyddio i wneud 250.0 cm^3 union o hydoddiant copr(II) sylffad â chrynodiad 0.250 môl dm^{-3}.

    (a) Cyfrifwch fàs y copr(II) sylffad hydradol sydd ei angen i baratoi'r hydoddiant hwn. [2]

    (b) Disgrifiwch, gan roi holl fanylion y gwaith ymarferol, sut y dylai Frances baratoi'r 250.0 cm^3 o hydoddiant copr(II) sylffad. [6]

8 Mae Elinor yn titradu hydoddiant potasiwm carbonad yn erbyn hydoddiant asid hydroclorig â chrynodiad $0.2\,\text{môl dm}^{-3}$ i ddarganfod crynodiad y potasiwm carbonad.

$$K_2CO_3 + 2HCl \longrightarrow 2KCl + CO_2 + H_2O$$

Mae'n defnyddio methyl oren fel dangosydd. Mae'n troi o fod yn felyn yn yr hydoddiant potasiwm carbonad i binc pan fydd y potasiwm carbonad wedi'i niwtralu gan yr asid hydroclorig.

Cafodd y canlyniadau isod wrth ddefnyddio samplau $25.0\,\text{cm}^3$ o'r hydoddiant potasiwm carbonad.

Titradiad	1	2	3	4
Darlleniad terfynol (cm³)	23.50	24.10	24.10	23.40
Darlleniad cychwynnol (cm³)	0.40	0.15	0.90	0.25
Titr (cm³)				

(a) Cyfrifwch y titr cyfartalog y dylai Elinor ei ddefnyddio yn ei chyfrifiadau. [2]

(b) Disgrifiwch y camau ymarferol a ddefnyddiodd Elinor i gael gwerth ar gyfer y titradiad. Dylech ddechrau drwy fesur $25.0\,\text{cm}^3$ o'r hydoddiant potasiwm carbonad o $250\,\text{cm}^3$ o hydoddiant stoc, gyda'r asid eisoes yn y fwred. [5]

(c) Roedd gwerth Elinor ychydig yn is na'r gwir werth. Pan ofynnwyd iddi pam, dywedodd, 'Ni ychwanegais yr asid fesul diferyn ar y diwedd ac felly es i heibio i'r diweddbwynt.'

Nodwch **ddau beth arall** sydd yn aml yn achosi cyfeiliornad mewn arbrofion o'r fath ac eglurwch pam nad yw'n bosibl bod gosodiad Elinor yn gywir. [4]

(Tybiwch fod yr holl offer yn lân a bod yr holl gemegion sy'n cael eu defnyddio yn bur.)

(ch) Cynhaliodd Rhodri y titradiad gan ddefnyddio hydoddiant asid hydroclorig â chrynodiad $2.0\,\text{môl dm}^{-3}$ yn lle hydoddiant â chrynodiad $0.2\,\text{môl dm}^{-3}$. Nodwch a yw'n debygol o gael canlyniad mwy manwl gywir ar gyfer crynodiad yr hydoddiant potasiwm carbonad. Cyfiawnhewch eich ateb. [2]

Uned 2

Trosolwg
Egni, cyfradd a chemeg cyfansoddion carbon

2.1 Thermocemeg — t94

- Mae adweithiau cemegol yn rhyddhau egni i'w hamgylchedd (ecsothermig) neu'n ennill egni o'u hamgylchedd (endothermig)
- Mae'n bosibl newid egni o'r naill ffurf i'r llall ond nid yw'n bosibl ei greu na'i ddileu
- Newid enthalpi yw'r enw ar gyfer cyfnewid egni rhwng system a'i hamgylchedd o dan amodau gwasgedd cyson
- Gall arbrofion syml yn y labordy roi amcangyfrifon o'r egni sy'n cael ei drosglwyddo yn ystod rhai adweithiau. Yna mae'n bosibl cyfrifo newidiadau enthalpi
- Mae deddf Hess yn cael ei defnyddio i lunio cylchredau egni i gyfrifo'r newid enthalpi ar gyfer adweithiau lle nad yw'n hawdd mesur y newid enthalpi yn uniongyrchol

2.3 Effaith ehangach cemeg — t118

- Effaith gymdeithasol, economaidd ac amgylcheddol synthesis cemegol
- Ffactorau a gysylltir â chynhyrchu egni
- Tanwyddau ffosil a biomas
- Niwtraliaeth carbon
- Pŵer niwclear, solar a hydrogen; gwynt a dŵr
- Rôl cemeg gwyrdd
- Cyfleoedd i astudio sut mae gwyddoniaeth yn gweithio

2.2 Cyfraddau adwaith — t106

- Mae'n bosibl dilyn cyfraddau drwy arbrawf drwy gasglu nwy, dulliau gwaddodi, lliwfesuriaeth
- Mae'n bosibl cyfrifo cyfraddau drwy rannu'r newid yn y crynodiad â'r amser y mae'n ei gymryd ar gyfer y newid
- Er mwyn i newid cemegol ddigwydd mae'n rhaid i foleciwlau wrthdaro â digon o egni (egni actifadu)
- Mae cynyddu crynodiad y moleciwlau yn cynyddu amlder y gwrthdrawiadau, sy'n cynyddu cyfradd yr adwaith
- Mae cynyddu'r tymheredd yn cynyddu cyfran y moleciwlau sydd â digon o egni i adweithio, sy'n cynyddu cyfradd yr adwaith
- Mae catalydd yn cynyddu cyfradd yr adwaith heb gael ei ddisbyddu yn yr adwaith. Mae'n darparu llwybr arall sydd ag egni actifadu is

2.4 Cyfansoddion organig — t123

- Mae'n bosibl dangos fformiwlâu mewn sawl ffordd wahanol
- Mae rheolau dull enwi yn galluogi pob cyfansoddyn organig i gael enw unigryw sy'n cael ei gydnabod gan y gymuned wyddonol ledled y byd
- Mae newid adeiledd moleciwl yn effeithio ar y priodweddau ffisegol
- Mae llawer o gyfansoddion yn gallu dangos isomeredd adeileddol
- Mae'n bosibl dosbarthu adweithiau cyfansoddion organig yn wahanol fathau, yn ôl y mecanwaith

2.5 Hydrocarbonau

t134

- Mae manteision ac anawsterau o ddefnyddio hydrocarbonau fel tanwydd
- Mae'r bondiau yn gallu bod yn rhai σ neu π ac mae'r math o fond sy'n bresennol yn effeithio ar adweithedd y cyfansoddyn – yn gyffredinol mae cyfansoddion sydd â bondiau π yn fwy adweithiol
- Mae alcanau yn cyflawni adweithiau amnewid radical; mae alcenau yn cyflawni adweithiau adiad electroffilig
- Mae presenoldeb bond π yn rhwystro'r bond rhag cylchdroi ac yn caniatáu bodolaeth isomerau *E–Z*
- Mae alcenau yn cyflawni polymeriad adio gan roi amrywiaeth enfawr o bolymerau sy'n bwysig mewn diwydiant ac yn y cartref

2.6 Halogenoalcanau

t145

- Mae halogenoalcanau yn gallu cymryd rhan mewn adweithiau dileu ac mewn adweithiau amnewid niwclioffilig
- Mae natur yr halogenoalcan dan sylw yn effeithio ar gyfradd hydrolysis halogenoalcanau
- Mae amrywiaeth eang o ffyrdd posibl o ddefnyddio halogenoalcanau ond mae problemau amgylcheddol difrifol wrth eu defnyddio
- Mae cemegwyr yn ystyried cryfder bondiau wrth geisio dod o hyd i sylweddau gwahanol i CFCau

2.7 Alcoholau ac asidau carbocsilig

t151

- Mae alcoholau yn cynnwys y grŵp gweithredol OH ac mae asidau carbocsilig yn cynnwys y grŵp gweithredol COOH
- Mae manteision i ddefnyddio biodanwyddau ond mae pryderon hefyd
- Mae alcoholau yn cael eu dosbarthu yn rhai cynradd, eilaidd a thrydyddol ac mae hyn yn effeithio ar beth sy'n digwydd pan fyddwn yn ceisio eu hocsidio
- Mae asidau carbocsilig yn dangos adweithiau arferol fel asid â basau a charbonadau ond maen nhw hefyd yn adweithio ag alcoholau gan roi esterau

2.8 Defnyddio offer i ddadansoddi

t160

- Mae technegau sy'n defnyddio offer yn cael eu defnyddio'n eang iawn heddiw
- Mae pob sbectrwm yn rhoi gwybodaeth wahanol am y cyfansoddyn dan sylw
- Mae sbectra màs yn dangos M_r y cyfansoddyn ac mae cymhareb *m/z* darnau yn rhoi gwybodaeth am ei adeiledd
- Mae sbectra isgoch yn dangos presenoldeb bondiau arbennig mewn cyfansoddyn a thrwy hyn y grwpiau gweithredol sy'n bresennol
- Mae sbectra NMR ^{13}C yn dangos faint o wahanol amgylcheddau sydd ar gyfer yr atomau carbon sy'n bresennol yn y cyfansoddyn anhysbys
- Mae sbectra NMR ^{1}H yn dangos faint o wahanol amgylcheddau sydd ar gyfer yr atomau hydrogen sy'n bresennol a hefyd faint sy'n bresennol ym mhob amgylchedd

Uned 2

2.1
Thermocemeg

Mae newid yn rhan o bob adwaith cemegol. Mae'r newidiadau egni hyn yn allweddol i ni. Mae angen yr egni o'r Haul ar blanhigion i gynhyrchu carbohydradau drwy ffotosynthesis: rydym yn dibynnu ar yr egni sydd yn y bwyd rydym yn ei fwyta. Mae'r math o fywyd sydd gennym yn dibynnu ar harneisio egni o wahanol ffynonellau.

Mae sawl ffurf ar egni ond yn y bôn dau fath o egni sydd, sef egni cinetig ac egni potensial. Mae gwres yn ffurf ar egni cinetig; mae egni bondiau cemegol yn ffurf ar egni potensial. Astudiaeth o'r newidiadau egni sy'n digwydd mewn adweithiau cemegol yw thermocemeg.

Cynnwys y testun

Dylech allu dangos a chymhwyso gwybodaeth a dealltwriaeth o'r canlynol:

- Newid enthalpi adwaith, newid enthalpi hylosgiad a newid enthalpi ffurfiant molar safonol.
- Deddf Hess a chylchredau egni.
- Cysyniad enthalpïau bond cyfartalog a sut maen nhw'n cael eu defnyddio i wneud cyfrifiadau syml.
- Sut i gyfrifo newidiadau enthalpi.
- Dulliau gweithredu syml i ddarganfod newidiadau enthalpi.

Newidiadau tymheredd

Mae gan fater egni. Mae'r egni hwnnw ar ffurf egni cinetig ac egni potensial.

Egni mudiant ar lefel foleciwlaidd yw egni cinetig mater. Mae gan fater egni potensial o ganlyniad i safleoedd yr atomau mewn perthynas â'i gilydd. Mae torri bondiau a ffurfio bondiau yn golygu newidiadau mewn egni potensial.

Swm egni cinetig yr holl ronynnau mewn system, a'u hegni potensial, yw egni mewnol system.

Yn ystod adwaith cemegol, caiff bondiau presennol eu torri a rhai newydd eu ffurfio. Mae hyn yn newid egni cemegol atomau, ac mae egni yn cael ei gyfnewid rhwng y system gemegol a'r amgylchedd. Yn aml mae hyn yn arwain at roi gwres allan i'r amgylchedd neu gymryd gwres i mewn o'r amgylchedd.

Mae'r rhan fwyaf o adweithiau, cemegol yn rhyddhau egni i'w hamgylchedd. Gallwn ganfod hyn drwy gynnydd yn nhymheredd y cymysgedd adwaith a'r amgylchedd. Rydym yn galw'r adweithiau hyn yn adweithiau **ecsothermig**. Dyma rai enghreifftiau:

- adweithiau asidau â metelau
- adweithiau mewn gwresogyddion dwylo (ocsidiad haearn)
- adwaith thermit (alwminiwm a haearn(III) ocsid).

Mewn rhai adweithiau, mae'r system yn amsugno egni o'i hamgylchedd ar ffurf gwres. Rydym yn galw adweithiau o'r fath yn adweithiau **endothermig**. Dyma rai enghreifftiau:

- iâ yn ymdoddi
- adweithiau mewn pecynnau oer (amoniwm clorid yn hydoddi mewn dŵr)
- dadelfeniad thermol carbonadau Grŵp 2.

Newidiadau enthalpi

Mae swm y gwres sy'n cael ei drosglwyddo mewn adwaith cemegol penodol yn dibynnu ar yr amodau lle mae'r adwaith yn digwydd. Mae'r rhan fwyaf o adweithiau cemegol yn y labordy yn digwydd dan wasgedd cyson. Rydym yn diffinio cyfanswm yr egni mewn system sy'n cael ei chadw ar wasgedd cyson fel ei **enthalpi, H**.

Fel yn achos egni mewnol, nid yw'n bosibl mesur enthalpi yn uniongyrchol. Fodd bynnag, mae'n hawdd mesur **newid enthalpi**, ΔH. Ei unedau yw: jouleau, J; cilojouleau, kJ.

$$\Delta H = H_{\text{cynhyrchion}} - H_{\text{adweithyddion}}$$

Ar gyfer newidiadau ecsothermig (h.y. adwaith sy'n rhyddhau gwres), mae gwres yn cael ei ryddhau i'r amgylchedd ac felly $H_{\text{cynhyrchion}} < H_{\text{adweithyddion}}$ ac mae ΔH yn negatif.

Ar gyfer newidiadau endothermig (h.y. adwaith sy'n amsugno gwres), mae gwres yn cael ei gymryd i mewn o'r amgylchedd ac felly $H_{\text{cynhyrchion}} > H_{\text{adweithyddion}}$ ac mae ΔH yn bositif.

Mae'n bosibl dangos newidiadau enthalpi mewn diagramau proffil enthalpi.

DYLECH WYBOD ›››

››› bod newidiadau egni yn digwydd gydag adweithiau cemegol, sy'n arwain at newidiadau tymheredd

››› beth mae adweithiau ecsothermig ac endothermig yn ei olygu (gwybodaeth flaenorol o TGAU)

Termau Allweddol

Adwaith ecsothermig yw adwaith sy'n rhyddhau egni i'r amgylchedd; mae'r tymheredd yn codi ac mae ΔH yn negatif.

Adwaith endothermig yw adwaith sy'n cymryd egni i mewn o'r amgylchedd; mae'r tymheredd yn disgyn ac mae ΔH yn bositif.

Cyswllt Dadelfeniad thermol carbonadau, tudalen 59

Termau Allweddol

Enthalpi, H, yw'r gwres sydd mewn system ar wasgedd cyson.

Newid enthalpi, ΔH, yw'r gwres sy'n cael ei ryddhau neu ei amsugno mewn adwaith ar wasgedd cyson.

Diagram proffil enthalpi ar gyfer adwaith ecsothermig (mae ΔH yn negatif):

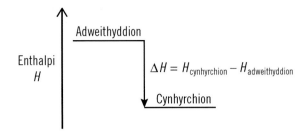

Diagram proffil enthalpi ar gyfer adwaith endothermig (mae ΔH yn bositif):

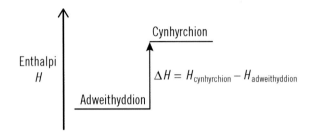

Er enghraifft, pan fydd hydrogen ac ocsigen yn cyfuno gan ffurfio dŵr:

$$H_2(n) + \tfrac{1}{2}O_2(n) \longrightarrow H_2O(n) \qquad \Delta H = -242 \, kJ \, môl^{-1}$$

$$H_2(n) + \tfrac{1}{2}O_2(n) \longrightarrow H_2O(h) \qquad \Delta H = -286 \, kJ \, môl^{-1}$$

Mae'n bosibl dangos hyn ar ddiagram enthalpi:

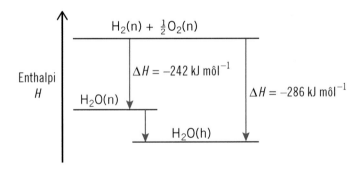

O'r diagram gallwn weld, ar gyfer

$$H_2O(n) \longrightarrow H_2O(h) \qquad \Delta H = -44 \, kJ \, môl^{-1}$$

ac felly mae'n adwaith ecsothermig.

Term Allweddol

Mae **egwyddor cadwraeth egni** yn nodi nad yw'n bosibl creu na dileu egni, dim ond ei newid o un ffurf i'r llall.

Cadwraeth egni

Ym mhob enghraifft yn y bennod hon, rydym wedi tybio bod yr holl egni sy'n gadael system yn mynd i'r amgylchedd (ac i'r gwrthwyneb). Mewn adwaith ecsothermig, nid yw egni yn cael ei greu ac nid yw'n cael ei ddileu mewn adwaith endothermig. Mae cyfanswm egni'r system gyfan, sef cemegion yn adweithio, a hefyd yr amgylchedd, yn gyson. Mae hon yn egwyddor bwysig ac rydym yn ei galw yn **egwyddor cadwraeth egni**.

Amodau safonol

Gan fod newidiadau enthalpi ar gyfer adweithiau yn dibynnu ar yr amodau, er mwyn cymharu gwerthoedd rydym yn mesur newidiadau enthalpi safonol o dan amodau sefydlog. Yr amodau hyn yw:

- Pob sylwedd yn ei gyflwr safonol
- Tymheredd o 298 K (25 °C)
- Gwasgedd o 1 atm (101 000 Pa).

Y symbol ar gyfer newid enthalpi safonol yw $\Delta H^{\ominus}$

Newid enthalpi ffurfiant safonol, $\Delta_f H$

Hwn yw'r newid enthalpi pan fydd un môl o sylwedd yn ffurfio o'i elfennau yn eu cyflyrau safonol o dan amodau safonol.

Er enghraifft, newid enthalpi ffurfiant safonol carbon deuocsid yw:

$$C(\text{graffit}) + O_2(n) \longrightarrow CO_2(n) \qquad \Delta_f H^{\ominus} = -394 \text{ kJ môl}^{-1}$$

a newid enthalpi ffurfiant safonol carbon monocsid yw:

$$C(\text{graffit}) + \tfrac{1}{2}O_2(n) \longrightarrow CO(n) \qquad \Delta_f H^{\ominus} = -111 \text{ kJ môl}^{-1}$$

Mae 'môl^{-1}' yn cyfeirio at ffurfio un môl o'r cyfansoddyn, nid at symiau'r elfennau. Felly nid yw'r hafaliad

$$2C(\text{graffit}) + O_2(n) \longrightarrow 2CO(n)$$

yn cynrychioli newid enthalpi ffurfiant carbon monocsid gan fod dau fôl o garbon monocsid wedi ffurfio.

Os ydym yn ffurfio elfen, fel $H_2(n)$, o'r elfen $H_2(n)$, nid oes newid cemegol. Felly newid enthalpi ffurfiant safonol pob elfen yn ei chyflwr safonol yw 0 kJ môl^{-1}.

Newid enthalpi hylosgiad safonol, $\Delta_c H$

Hwn yw'r newid enthalpi pan fydd un môl o sylwedd yn cael ei hylosgi yn llwyr mewn ocsigen o dan amodau safonol.

Er enghraifft, newid enthalpi hylosgiad safonol methan yw:

$$CH_4(n) + 2O_2(n) \longrightarrow CO_2(n) + 2H_2O(h) \qquad \Delta_c H^{\ominus} = -891 \text{ kJ môl}^{-1}$$

a newid enthalpi hylosgiad safonol hydrogen yw:

$$H_2(n) + \tfrac{1}{2}O_2(n) \longrightarrow H_2O(h) \qquad \Delta_c H^{\ominus} = -286 \text{ kJ môl}^{-1}$$

Y tro hwn mae 'môl^{-1}' yn cyfeirio at y sylwedd sy'n cael ei hylosgi, nid at swm y cynhyrchion sy'n ffurfio.

Newid enthalpi adwaith, $\Delta_r H$

Hwn yw'r newid enthalpi mewn adwaith rhwng y nifer o folau o adweithyddion sydd i'w gweld yn yr hafaliad ar gyfer yr adwaith.

Gwirio eich gwybodaeth

Nodwch beth mae newid enthalpi ffurfiant safonol, $\Delta_f H^\ominus$, yn ei olygu.

Gwirio eich gwybodaeth

Yn yr adwaith:

$2H_2S(n) + 3O_2(n) \longrightarrow 2SO_2(n) + 2H_2O(h)$

eglurwch pam mae'r newid enthalpi ffurfiant safonol ar gyfer $O_2(n)$ yn sero.

Nid oes rheswm pam y dylai'r newid enthalpi adwaith safonol fod yn gysylltiedig ag un môl o adweithyddion. Felly mae angen ei gwneud yn glir pa hafaliad adwaith sy'n cael ei ddefnyddio pan fydd newid enthalpi adwaith yn cael ei nodi.

Er enghraiff, mae'n bosibl ysgrifennu adwaith llosgi ethan mewn ocsigen fel:

(i) $2C_2H_6(n) + 7O_2(n) \longrightarrow 4CO_2(n) + 6H_2O(h)$ $\Delta_r H = -3120\,kJ\,môl^{-1}$

(ii) $C_2H_6(n) + 3\frac{1}{2}O_2(n) \longrightarrow 2CO_2(n) + 3H_2O(h)$ $\Delta_r H = -1560\,kJ\,môl^{-1}$

Sylwer bod gwerth $\Delta_r H$ yn hafaliad (i) ddwywaith gwerth $\Delta_r H$ yn hafaliad (ii).

Cyfrifo newid enthalpi adwaith

Mae'n bosibl cyfrifo'r newid enthalpi safonol ar gyfer adwaith cemegol oddi wrth newidiadau enthalpi ffurfiant yr holl adweithyddion a'r cynhyrchion dan sylw. Y newid enthalpi adwaith safonol, $\Delta_r H^\ominus$, yw:

$\Delta_r H = \Sigma\Delta_f H$ (cynhyrchion) $- \Sigma\Delta_f H$ (adweithyddion)   (mae Σ yn golygu 'cyfanswm')

Er enghraiff, cyfrifwch y newid enthalpi adwaith safonol ar gyfer:

$$CS_2(h) + 4NOCl(n) \longrightarrow CCl_4(n) + 2SO_2(n) + 2N_2(n)$$

o wybod y gwerthoedd canlynol

Cyfansoddyn	$CS_2(h)$	$NOCl(n)$	$CCl_4(n)$	$SO_2(n)$
$\Delta_f H^\ominus / kJ\,môl^{-1}$	88	53	−139	−296

$\Delta_r H = \Sigma\Delta_f H$ (cynhyrchion) $- \Sigma\Delta_f H$ (adweithyddion)

$= (-139 + 2(-296) + 2(0)) - (88 + 4(53))$ (cofiwch fod $\Delta_f H$ ar gyfer unrhyw

$= -731 - 300$ elfen yn ei chyflwr safonol yn 0)

$= -1031\,kJ\,môl^{-1}$

Deddf Hess

Yn yr enghraifft flaenorol, mae'r newid enthalpi adwaith safonol yn dibynnu ar y gwahaniaeth rhwng enthalpi safonol yr adweithyddion ac enthalpi safonol y cynhyrchion yn unig. Fodd bynnag, mewn llawer o adweithiau cemegol, mae'n bosibl bod yr adweithyddion yn gallu newid i ffurfio'r cynhyrchion drwy gyfrwng mwy nag un llwybr. Astudiodd Germain Hess, cemegydd o Rwsia, adweithiau o'r fath, ac ym 1840 datblygodd fersiwn cemegol o egwyddor cadwraeth egni.

Mae **deddf Hess** yn nodi bod cyfanswm y newid enthalpi ar gyfer adwaith yn annibynnol ar y llwybr a gymerir wrth fynd o'r adweithyddion i'r cynhyrchion.

Er enghraifft, ystyriwch y cylchred enthalpi canlynol sy'n dangos dau lwybr ar gyfer trawsnewid adweithyddion yn gynhyrchion. Llwybr uniongyrchol yw'r cyntaf a llwybr anuniongyrchol yw'r ail, drwy ffurfio cyfansoddyn rhyngol.

Yn ôl deddf Hess mae cyfanswm yr enthalpi yn annibynnol ar y llwybr ac felly llwybr 1 = llwybr 2

h.y. $\Delta H_1 = \Delta H_2 + \Delta H_3$

Petai swm $\Delta H_2 + \Delta H_3$ yn wahanol i ΔH_1, byddai'n bosibl creu egni drwy wneud y cynhyrchion drwy'r cyfansoddyn rhyngol ar hyd un llwybr ac yna eu trawsnewid yn ôl i'r adweithyddion ar hyd y llwybr arall. Byddai hyn yn groes i ddeddf cadwraeth egni.

DYLECH WYBOD ›››

››› bod deddf Hess yn ffordd o nodi egwyddor cadwraeth egni a'i bod yn ein galluogi i ysgrifennu cylchredau egni a'u defnyddio i gyfrifo newidiadau enthalpi

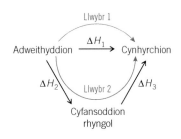

▲ Enghraifft o ddeddf Hess

Mae'n dilyn bod $\Delta H_1 = \Delta H_2 + \Delta H_3$, h.y. mae'r newid enthalpi safonol yr un fath ar gyfer y llwybrau gwahanol. Sylwer hefyd mai'r newid enthalpi adwaith o'r cynhyrchion i'r adweithyddion yw $-\Delta H_1$.

Mae deddf Hess yn ein galluogi i ddefnyddio cylchredau enthalpi i gyfrifo newidiadau enthalpi safonol ar gyfer adweithiau, lle byddai'n anodd eu mesur yn uniongyrchol.

Er enghraifft, ffurfio nitrogen deuocsid o nitrig ocsid:

$$NO(n) + \tfrac{1}{2}O_2(n) \longrightarrow NO_2(n)$$

Newidiadau enthalpi ffurfiant yr adweithyddion a'r cynhyrchion yw:

$\Delta_f H\ NO = 90.3\,kJ\,môl^{-1}$, $\Delta_f H\ NO_2 = 33.2\,kJ\,môl^{-1}$, $\Delta_f H\ O_2 = 0\,kJ\,môl^{-1}$.

Dyma'r cylchred enthalpi sy'n cysylltu'r elfennau â'r adweithyddion a'r cynhyrchion:

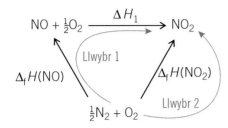

▲ Ffurfiant NO_2

Gan mai $\Delta_f H$ sydd wedi'i roi, mae cyfeiriadau'r saethau yn mynd o'r elfennau sy'n gyffredin i'r adweithyddion a'r cynhyrchion.

Yn ôl deddf Hess,   llwybr 1 = llwybr 2

$$\Delta H + 90.3 = 33.2$$
$$\Delta H = 33.2 - 90.3$$
$$\Delta H = -57.1\,kJ\,môl^{-1}$$

Neu gallwch ddefnyddio'r hafaliad $\Delta_r H = \Sigma \Delta_f H \text{ (cynhyrchion)} - \Sigma \Delta_f H \text{ (adweithyddion)}$

$$\Delta H = 33.2 - 90.3$$
$$\Delta H = -57.1\,kJ\,môl^{-1}$$

Mae'n amhosibl darganfod newid enthalpi ffurfiant ethan,

$$2C(graffit) + 3H_2(n) \longrightarrow C_2H_6(n)$$

drwy arbrawf gan y bydd llosgi carbon mewn hydrogen yn cynhyrchu cymysgedd o hydrocarbonau. Fodd bynnag, mae'n bosibl mesur yn fanwl gywir newid enthalpi hylosgiad carbon, $\Delta_c H\ C = -394\,kJ\,môl^{-1}$, hydrogen, $\Delta_c H\ H_2 = -286\,kJ\,môl^{-1}$, ac ethan $\Delta_c H\ C_2H_6 = -1560\,kJ\,môl^{-1}$. Mae'n bosibl llunio cylchred enthalpi a defnyddio deddf Hess i gyfrifo newid enthalpi ffurfiant ethan.

$$2C(s) + 3H_2(n) + 3\tfrac{1}{2}O_2(n) \xrightarrow{\ \Delta H_1\ } C_2H_6(n) + 3\tfrac{1}{2}O_2(n)$$

Llwybr 1 : $\Delta_c H\ (C_2H_6)$

$2\,\Delta_c H(C) + 3\,\Delta_c H(H_2)$

Llwybr 2

$$\longrightarrow 2CO_2(n) + 3H_2O(h)$$

▲ Ffurfiant ethan

Gan mai $\Delta_c H$ sydd wedi'i roi, mae cyfeiriadau'r saethau yn mynd o'r adweithyddion a'r cynhyrchion i'r cynhyrchion hylosgiad sy'n gyffredin iddyn nhw.

Yn ôl deddf Hess, llwybr 1 = llwybr 2

$$\Delta H + (−1860) = (2(−394) + 3(−286))$$
$$\Delta H − 1860 = −1946$$
$$\Delta H = −1946 + 1860$$
$$\Delta H = −86 \, \text{kJ môl}^{-1}$$

Neu gallwch ddefnyddio'r hafaliad:

$$\Delta H_r = \Sigma \Delta_c H \, (\text{adweithyddion}) − \Sigma \Delta_c H \, (\text{cynhyrchion})$$
$$\Delta H = (2(−394) + 3(−286)) − (−1860)$$
$$\Delta H = −1946 + 1860$$
$$\Delta H = −86 \, \text{kJ môl}^{-1}$$

Enthalpïau bond

Un ffordd o gyfrifo newidiadau enthalpi adweithiau sy'n cynnwys cyfansoddion cofalent yw ystyried yr enthalpi a gysylltir â phob bond cofalent. Yr enw ar swm yr egni sydd ei angen i dorri bond cofalent yw'r **enthalpi bond**. Mae gwerthoedd enthalpïau bond yn bositif bob tro oherwydd bod angen egni i dorri bond.

Er enghraifft, enthalpi bond HCl(n) yw 431 kJ môl^{-1}, sef y newid enthalpi ar gyfer y broses, HCl(n) $\longrightarrow$ H(n) + Cl(n).

Mae gwir werth yr enthalpi bond ar gyfer bond penodol yn dibynnu ar adeiledd gweddill y moleciwl ac felly mae gan fond C—C mewn ethan, C_2H_6, werth sydd ychydig yn wahanol i fond C—C mewn pentan, C_5H_{12}. Er bod yr enthalpi bond ar gyfer bond penodol yn debyg mewn amrywiaeth eang o gyfansoddion, rydym yn defnyddio **enthalpïau bond cyfartalog** sydd wedi'u cyfrifo gan ddefnyddio'r gwerthoedd ar gyfer y bond mewn llawer o gyfansoddion gwahanol.

Ni fydd cyfrifo newidiadau enthalpi adweithiau, ar sail gwerthoedd enthalpi bond cyfartalog, mor fanwl gywir â chanlyniadau ar sail arbrofion gyda moleciwlau penodol. Fodd bynnag, byddan nhw fel rheol yn rhoi gwerth digon cywir ar gyfer y newid enthalpi adwaith safonol.

Cyfrifiadau gydag enthalpïau bond

Mae pedwar cam i'r rhain:

Cam 1 Lluniwch bob moleciwl i ddangos y bondiau (os nad ydyn nhw wedi'u rhoi eisoes).

Cam 2 Cyfrifwch yr egni sydd ei angen i dorri'r holl fondiau yn yr adweithyddion (endothermig, felly gwerth positif).

Cam 3 Cyfrifwch yr egni sy'n cael ei ryddhau wrth ffurfio'r holl fondiau yn y cynhyrchion (ecsothermig, felly gwerth negatif).

Cam 4 Adiwch yr holl newidiadau enthalpi at ei gilydd.

Enghraifft sy'n dangos y gwaith cyfrifo

Gan ddefnyddio enthalpïau bond cyfartalog, cyfrifwch y newid enthalpi adwaith safonol ar gyfer hylosgiad cyflawn methan

$$CH_4(n) + 2O_2(n) \longrightarrow CO_2(n) + 2H_2O(n)$$

Bond	C—H	O=O	C=O	O—H
Enthalpi bond cyfartalog/ kJ môl^{-1}	413	496	805	463

Cam 1 Lluniwch bob moleciwl

Cam 2 Cyfrifwch yr egni sydd ei angen i dorri'r bondiau (endothermig).

Bondiau sy'n cael eu torri:

$$4(C—H) + 2(O=O) = (4 \times 413) + (2 \times 496) = 2644 \, kJ \, môl^{-1}$$

Cam 3 Cyfrifwch yr egni sy'n cael ei ryddhau wrth ffurfio bondiau (ecsothermig).

Bondiau sy'n cael eu ffurfio:

$$2(C=O) + 4(O—H) = (2 \times -805) + (4 \times -463) = -3462 \, kJ \, môl^{-1}$$

Cam 4 Adiwch y newidiadau egni at ei gilydd

$$\Delta H = \Sigma(\text{bondiau sy'n cael eu torri}) + \Sigma(\text{bondiau sy'n cael eu ffurfio})$$

$$\Delta H = 2644 + (-3462) = -818 \, kJ \, môl^{-1}$$

Cyngor arholwr

Pan ofynnir i chi gyfrifo newid enthalpi drwy ddefnyddio enthalpïau bond, tynnwch lun o bob moleciwl bob tro er mwyn i chi allu gweld y bondiau sy'n cael eu torri a'r bondiau sy'n cael eu ffurfio.

5

Gwirio eich gwybodaeth

Gan ddefnyddio enthalpïau bond cyfartalog, cyfrifwch y newid enthalpi ar gyfer yr adwaith

$$2H_2(n) + O_2(n) \longrightarrow 2H_2O(n)$$

Mesur newidiadau enthalpi

Ni allwch fesur faint o wres sydd mewn system (enthalpi), ond gallwch fesur y gwres sy'n cael ei drosglwyddo i amgylchedd y system. I wneud hynny mae angen cynnal y newid cemegol mewn cynhwysydd ynysedig o'r enw calorimedr. Gallwch ddefnyddio thermomedr i fesur y newid yn y tymheredd yn y calorimedr o ganlyniad i'r newid enthalpi adwaith.

Os ydych yn cofnodi'r newid tymheredd ac yn gwybod màs a chynhwysedd gwres sbesiffig cynnwys y calorimedr, yna gallwch gyfrifo'r newid enthalpi.

Cynhwysedd gwres sbesiffig yw'r gwres sydd ei angen i godi tymheredd 1 g o sylwedd o 1 K. Y gwerth ar gyfer dŵr yw $4.18 \, J \, g^{-1} \, K^{-1}$.

Dyma'r mynegiad ar gyfer y berthynas rhwng y newid tymheredd, ΔT, a swm y gwres sy'n cael ei drosglwyddo, q:

$$q = mc\Delta T$$

lle m yw màs yr hydoddiant

ac c yw cynhwysedd gwres sbesiffig yr hydoddiant.

Ar gyfer y cyfrifiadau, rydym yn tybio bod yr holl wres yn cael ei drosglwyddo o fewn yr hydoddiant yn unig, bod gan yr hydoddiant yr un cynhwysedd gwres sbesiffig â dŵr a bod dwysedd yr hydoddiant yn $1 \, g \, cm^{-3}$.

▼ Pwt o eglurhad

Calorimedr yw unrhyw gynhwysydd sy'n cael ei ddefnyddio i ddarganfod newidiadau gwres. Mae'n cael ei enwi ar ôl yr hen uned o wres, y calori (1 cal = 4.18 J).

▼ Pwt o eglurhad

Yn y mynegiad $q = mc\Delta T$, nid oes angen i chi newid °C yn K, oherwydd eich bod yn defnyddio newid tymheredd ac nid y tymereddau eu hunain.

Mae arwydd minws yn y mynegiad $\Delta H = -q/n$ oherwydd os oes cynnydd mewn tymheredd, bod yr adwaith yn ecsothermig a bod ΔH yn negatif.

Felly $q = m \times 4.18 \times \Delta T$ a bydd gwerth y màs yn hafal i werth cyfaint yr hydoddiant. I gael y newid tymheredd mwyaf posibl, rydym yn ystyried y gwres sy'n cael ei golli i'r amgylchedd (neu ei ennill o'r amgylchedd). Felly, rydym yn mesur tymereddau'r hydoddiant am gyfnod byr cyn cymysgu ac am gyfnod o amser ar ôl cymysgu. Rydym yn plotio graff tymheredd yn erbyn amser ac yn cael y newid tymheredd mwyaf drwy allosod y graff yn ôl i amser cymysgu'r sylweddau.

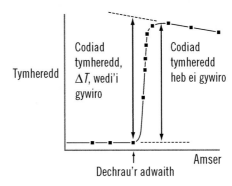

▲ Graff tymheredd yn erbyn amser

I gyfrifo'r newid enthalpi adwaith fesul môl, rydym yn defnyddio'r mynegiad:

$$\Delta H = \frac{-q}{n}$$

Lle n yw nifer y molau sydd wedi adweithio.

Enghreifftiau sy'n dangos y gwaith cyfrifo

1 Adweithiau dadleoli

Cafodd 6 g o sinc ei ychwanegu at 25.0 cm³ o hydoddiant copr(II) sylffad â chrynodiad 1.00 môl dm⁻³ mewn cwpan polystyren. Cynyddodd y tymheredd o 20.2 °C i 70.8 °C.

Cyfrifwch y newid enthalpi ar gyfer yr adwaith

$$Zn(s) + CuSO_4(d) \longrightarrow ZnSO_4(d) + Cu(s)$$

(Tybiwch fod dwysedd yr hydoddiant yn 1.00 g cm⁻³ a bod ei gynhwysedd gwres sbesiffig, c, yn 4.18 J g⁻¹ K⁻¹.)

Cam 1 Cyfrifwch faint o wres sy'n cael ei drosglwyddo yn yr arbrawf.

Dim ond 25 cm³ o hydoddiant, felly ei fàs yw 25 g

$$\Delta T = 70.8 - 20.2$$

$$q = mc\Delta T = 25 \times 4.18 \times 50.6 = 5288 \text{ J}$$

Cam 2 Cyfrifwch faint o folau o adweithyddion sy'n adweithio

$$\text{molau Zn} = \frac{m}{M} = \frac{6}{65.4} = 0.092$$

$$\text{molau CuSO}_4 = c \times \frac{v}{1000} = 1 \times 0.025 = 0.025$$

felly nid yw CuSO₄ mewn gormodedd a dyna beth sy'n cael ei ddefnyddio yn y cyfrifiad

Cam 3 Cyfrifwch y newid enthalpi molar

$$\Delta H = \frac{-q}{n} = \frac{-5288}{0.025} = -211\,520 \text{ J môl}^{-1}$$

$$= -211.5 \text{ kJ môl}^{-1}$$

2 Adweithiau niwtralu

Caiff 25.0 cm³ o HCl(d) ei ychwanegu at 25.0 cm³ o NaOH(d), y ddau â chrynodiad 1.00 môl dm⁻³ mewn cynhwysydd ynysedig. Mae'r asid a'r alcali yn cael eu niwtralu'n yn llwyr a chyfrifwyd y cynnydd mwyaf mewn tymheredd, sef 6.4 °C.

Cyfrifwch y newid enthalpi niwtraliad molar ar gyfer yr adwaith

$$HCl(d) + NaOH(d) \longrightarrow NaCl(d) + H_2O(h)$$

(Tybiwch fod dwysedd yr hydoddiant yn 1.00 g cm⁻³ a'i gynhwysedd gwres sbesiffig, c, yn 4.18 J g⁻¹ K⁻¹.)

Cam 1 Cyfrifwch faint o wres sy'n cael ei drosglwyddo yn yr arbrawf.

Gan fod 25.0 cm³ o asid a 25.0 cm³ o alcali wedi'u defnyddio, cyfanswm cyfaint yr hydoddiant yw 50.0 cm³.

$$q = 50 \times 4.18 \times 6.4 = 1338\,J$$

Cam 2 Cyfrifwch faint o folau o adweithyddion sy'n adweithio:

$$n = cv = 1.0 \times \frac{25.0}{1000} = 0.025$$

Cam 3 Cyfrifwch y newid enthalpi molar:

$$\Delta H = \frac{-q}{n} = \frac{-1338}{0.025} = -53\,520\,J\,môl^{-1}$$
$$= -53.5\,kJ\,môl^{-1}$$

3 Hydoddi solid i ffurfio hydoddiant dyfrllyd

Cafodd 7.80 g o amoniwm nitrad, NH_4NO_3, ei hydoddi mewn 50.0 cm³ o ddŵr mewn cynhwysydd ynysedig. Disgynnodd y tymheredd o 11.1 °C. Cyfrifwch yr enthalpi hydoddiant ar gyfer y broses:

$$NH_4NO_3(s) + d\hat{w}r \longrightarrow NH_4^+(d) + NO_3^-(d)$$

(Tybiwch fod dwysedd yr hydoddiant yn 1.00 g cm⁻³ a bod ei gynhwysedd gwres sbesiffig, c, yn 4.18 J g⁻¹ K⁻¹.)

Cam 1 Cyfrifwch faint o wres sy'n cael ei drosglwyddo yn yr arbrawf:

$$q = mc\Delta T = 50 \times 4.18 \times (-11.1) = -2320\,J$$

Cam 2 Cyfrifwch faint o folau o adweithydd sy'n adweithio:

$$n = \frac{m}{M} = \frac{7.80}{80.04} = 0.0975$$

Cam 3 Cyfrifwch y newid enthalpi molar:

$$\Delta H = \frac{-q}{n} = \frac{-(-2320)}{0.0975} = 23\,795\,J\,môl^{-1}$$
$$= 23.8\,kJ\,môl^{-1}$$

4 Hylosgiad alcohol

Cododd hylosgiad 0.75 g o ethanol dymheredd 250 cm³ o ddŵr 19.5 °C. Cyfrifwch newid enthalpi hylosgiad ethanol, C_2H_5OH.

(Cynhwysedd gwres sbesiffig, c, dŵr yw 4.18 J g⁻¹ K⁻¹.)

Cam 1 Cyfrifwch faint o wres sy'n cael ei drosglwyddo yn yr arbrawf:

$$q = mc\Delta T = 250 \times 4.18 \times 19.5 = 20\,378\,J$$

Cam 2 Cyfrifwch faint o folau o adweithydd sy'n adweithio:

$$n = \frac{m}{M} = \frac{0.75}{46.06} = 0.0163$$

7

Gwirio eich gwybodaeth

Caiff 40.0 cm³ o HCl(d) ei ychwanegu at 40.0 cm³ o NaOH(d), y ddau â chrynodiad 0.80 môl dm⁻³, mewn cynhwysydd ynysedig. Mae'r asid a'r alcali yn cael eu niwtralu'n llwyr a chyfrifwyd y cynnydd mwyaf mewn tymheredd, sef 5.2 °C.

Cyfrifwch y newid enthalpi niwtraliad molar ar gyfer yr adwaith.

(Cynhwysedd gwres sbesiffig, c, dŵr yw 4.18 J g⁻¹ K⁻¹.)

Cam 3 Cyfrifwch y newid enthalpi molar:

$$\Delta H = \frac{-q}{n} = \frac{-20378}{0.0163} = -1250184\,J\,môl^{-1}$$

$$= -1250\,kJ\,môl^{-1}$$

Rydym yn defnyddio calorimedr bom i wneud mesuriadau mwy manwl gywir o newidiadau egni pan fydd tanwydd yn llosgi

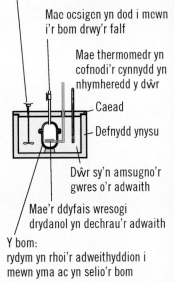

Tröydd i sicrhau bod yr holl ddŵr ar dymheredd cyson

Mae ocsigen yn dod i mewn i'r bom drwy'r falf

Mae thermomedr yn cofnodi'r cynnydd yn nhymheredd y dŵr

Caead

Defnydd ynysu

Dŵr sy'n amsugno'r gwres o'r adwaith

Mae'r ddyfais wresogi drydanol yn dechrau'r adwaith

Y bom: rydym yn rhoi'r adweithyddion i mewn yma ac yn selio'r bom

▲ Calorimedr bom

GWAITH YMARFEROL

Mae darganfod newid enthalpi hylosgiad yn un o'r **tasgau ymarferol penodedig**.

Er mwyn helpu i wella manwl gywirdeb yr arbrawf:

Mae'n bosibl mesur y tymheredd bob munud tan 5 munud ar ôl i'r tymheredd gyrraedd ei werth mwyaf. Gallwn blotio graff a darganfod y tymheredd mwyaf sydd wedi'i gyrraedd drwy allosod y graff yn ôl i'r amser pan gafodd y llosgydd ei gynnau. Mae hyn yn lleihau'r cyfeiliornad sy'n cael ei achosi drwy golli gwres o'r calorimedr i'r amgylchedd.

Gallwn osod sgrin o amgylch y calorimedr i sicrhau bod cymaint â phosibl o wres yn cael ei drosglwyddo o'r fflam i'r dŵr.

Dylai'r dŵr yn y calorimedr gael ei droi'n barhaus i sicrhau tymheredd cyson drwy'r arbrawf.

Dulliau gweithredu arbrofol

Hylosgiad

Mae mesur newidiadau enthalpi hylosgiad yn bwysig. Mae'n ein helpu i gymharu'r egni sydd ar gael drwy ocsidio gwahanol hylifau fflamadwy y mae'n bosibl eu defnyddio fel tanwyddau.

Mae'r diagram isod yn dangos dull syml o gael gwerth bras ar gyfer enthalpi hylosgiad tanwydd fel alcohol.

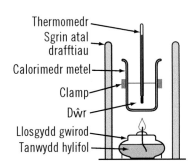

Thermomedr
Sgrin atal drafftiau
Calorimedr metel
Clamp
Dŵr
Llosgydd gwirod
Tanwydd hylifol

▲ Hylosgiad ethanol

Gan ein bod yn defnyddio màs yr hydoddiant yn y mynegiad i gyfrifo ΔH, mae'n rhaid i ni ei fesur yn fanwl gywir. Mae angen nifer y molau er mwyn cyfrifo'r newid enthalpi molar ac felly mae angen mesur y tanwydd yn fanwl gywir hefyd.

Dyma'r prif bwyntiau i'w nodi yn y gwaith ymarferol:

- Gadewch fwlch addas rhwng gwaelod y cynhwysydd metel a thop y llosgydd gwirod.
- Mesurwch yn fanwl gywir faint o ddŵr sy'n cael ei roi yn y cynhwysydd metel.
- Defnyddiwch thermomedr manwl gywir i fesur tymheredd cychwynnol y dŵr. Pan fyddwch wedi cyrraedd gwerth cyson, cofnodwch y tymheredd.
- Pwyswch y llosgydd gwirod sy'n cynnwys yr alcohol a chofnodwch y màs cychwynnol.
- Ar ôl cynnau'r wic, addaswch y bwlch rhwng y cynhwysydd metel a'r llosgydd gwirod os oes angen.
- Gadewch i'r alcohol wresogi'r dŵr i dymheredd addas (mae cynnydd o ryw 20 °C yn ddigon – y lleiaf yw'r cynnydd, y mwyaf yw'r cyfeiliornad ar y thermomedr).
- Diffoddwch y fflam a chofnodwch yr uchafbwynt tymheredd terfynol.
- Gadewch i'r llosgydd gwirod oeri'n llwyr cyn ei ailbwyso a chofnodi'r màs terfynol.

Mae'r gwerth yn is o lawer na'r gwerth yn y llyfrau oherwydd:

- bod peth o'r egni sy'n cael ei drosglwyddo o'r alcohol sy'n llosgi yn cael ei 'golli' drwy wresogi'r cyfarpar a'r amgylchedd
- nad yw'r alcohol wedi hylosgi'n llwyr.

(Bydd huddygl (carbon) ar waelod y calorimedr yn dangos a yw hyn wedi digwydd.)

Darganfod newid enthalpi adwaith yn anuniongyrchol

Y math symlaf o galorimedr yw calorimedr cwpan coffi. Gallwn ei ddefnyddio i fesur newidiadau sy'n digwydd mewn hydoddiant dyfrllyd.

Mae'r polystyren ehangedig yn ynysu'r hydoddiant yn y cwpan ac felly mae swm y gwres sy'n cael ei golli neu ei amsugno gan y cwpan yn ystod yr arbrawf yn ddibwys. (Mae'n bosibl ei roi y tu mewn i gwpan polystyren arall neu mewn bicer gan ei lagio â gwlân cotwm i wella'r ynysiad.)

Gan ei bod yn anodd mesur yn uniongyrchol newid enthalpi llawer o adweithiau, yn enwedig y rhai sy'n cynnwys solidau (a nwyon), rydym yn adweithio solidau ag asidau i ffurfio hydoddiannau. Wedyn gallwn ddefnyddio calorimedr cwpan coffi.

Mae pob gwerth rydym yn ei gael fel hyn yn is na'r gwerthoedd yn y llyfrau oherwydd bod gwres yn cael ei golli o'r math syml o galorimedr sy'n cael ei ddefnyddio.

Un enghraifft o ddarganfod newidiadau enthalpi yn anuniongyrchol yw newid enthalpi adwaith magnesiwm ocsid â charbon deuocsid.

Rydym yn mesur ar wahân newidiadau enthalpi'r adwaith rhwng yr adweithydd solet (magnesiwm ocsid) ac asid, a rhwng y cynnyrch solet (magnesiwm carbonad) ac asid (mae asid hydroclorig yn asid addas). Rydym yn cyfrifo'r gwres sy'n cael ei ryddhau, yn ei gywiro ar gyfer gwres sy'n cael ei golli i'r amgylchedd, yna'n ei drosi i symiau molar o'r solidau, dan sylw ac yn defnyddio deddf Hess i gael y newid enthalpi rydym yn dymuno ei ddarganfod.

Dyma'r prif bwyntiau i'w nodi yn y gwaith ymarferol:

- Mesurwch gyfaint addas o asid gan ddefnyddio bwred neu bibed (rydym yn defnyddio màs yr asid yn y mynegiad i gyfrifo ΔH) a'i roi mewn cwpan polystyren. Mae'n rhaid i'r asid fod mewn gormodedd (er mwyn sicrhau bod yr holl solid yn adweithio).

- Defnyddiwch thermomedr manwl gywir i fesur tymheredd cychwynnol yr asid. Pan fyddwch wedi cael gwerth cyson, cofnodwch y tymheredd. (Rydym yn defnyddio ΔT yn y mynegiad i gyfrifo ΔH).

- Pwyswch yn fanwl gywir y solid, ar ffurf powdr (er mwyn sicrhau adwaith mor gyflym ag y bo modd), mewn cynhwysydd addas (rydym yn defnyddio swm y solid, mewn molau, yn y mynegiad i gyfrifo ΔH).

- Rhowch y solid i gyd yn y cwpan, trowch y cymysgedd yn dda (i sicrhau bod yr adwaith yn digwydd mor gyflym ag y bo modd a bod yr holl solid yn cael ei ddefnyddio) a dechreuwch y stopwats.

- Daliwch i ddefnyddio'r thermomedr i droi'r cymysgedd a chofnodwch y tymheredd yn rheolaidd (tuag unwaith bob 30 eiliad). Stopiwch gofnodi'r tymheredd pan fydd wedi disgyn am ryw 5 munud.

- Pwyswch y cynhwysydd eto er mwyn sicrhau eich bod wedi cofnodi'n gywir fàs y solid sydd wedi'i ychwanegu.

- Plotiwch graff tymheredd yn erbyn amser i gyfrifo'r tymheredd mwyaf y gallai'r cymysgedd fod wedi'i gyrraedd. (Mae hyn yn hanfodol er mwyn cyfrifo ΔT yn gywir – gweler tudalen 102).

- Cyfrifwch faint o wres sydd wedi'i drosglwyddo ($q = mc\Delta T$).

- Cyfrifwch y newid enthalpi ar gyfer yr adwaith ($\Delta H = -q/n$).

- Dilynwch y dull gweithredu eto gyda'r solid arall.

- Defnyddiwch ddeddf Hess i gyfrifo'r newid enthalpi sydd ei angen.

Mae'r broses hon yn addas hefyd i ddarganfod y newid enthalpi adwaith ar gyfer adweithiau dadleoli ac ar gyfer hydoddi solidau mewn dŵr i ddarganfod y newid enthalpi hydoddiant.

▲ Calorimedr cwpan coffi

DYLECH WYBOD ›››

››› sut i ddilyn dulliau gweithredu syml i ddarganfod newidiadau enthalpi

8

Gwirio eich gwybodaeth

Wrth ddefnyddio calorimedr cwpan coffi i ddarganfod newid enthalpi adwaith dadleoli, eglurwch:

(a) pam rydych yn defnyddio solid ar ffurf powdr

(b) pam rydych yn plotio graff tymheredd yn erbyn amser ac yn allosod y graff yn ôl i'r amser cymysgu.

GWAITH YMARFEROL

Mae darganfod newid enthalpi adwaith yn anuniongyrchol yn un o'r **tasgau ymarferol penodedig**.

Bydd union fanylion dulliau anuniongyrchol yn amrywio ond bydd y dulliau gweithredu yn aros yr un fath.

Dyma enghreifftiau addas eraill:

Ffurfio magnesiwm ocsid (ychwanegu magnesiwm a magnesiwm ocsid ar wahân at asid hydroclorig).

Ffurfio magnesiwm carbonad (ychwanegu magnesiwm a magnesiwm carbonad ar wahân at asid hydroclorig).

Dadelfeniad sodiwm hydrogencarbonad (ychwanegu sodiwm hydrogencarbonad a sodiwm carbonad ar wahân at asid hydroclorig).

2.2
Cyfraddau adwaith

Mae gan lawer o bobl ddiddordeb mewn gwybod sut i newid cyfraddau adweithiau cemegol. Mae gwneuthurwyr gwrtaith yn awyddus i gyflymu cyfradd ffurfio amonia. Mae gwneuthurwyr ceir yn awyddus i arafu cyfradd rhydu haearn. Mae angen i gemegwyr sy'n ceisio rheoli materion amgylcheddol fel darwagiad oson ddeall cyfraddau adwaith.

Mae'r uned hon yn edrych ar fesur cyfraddau adwaith yn y labordy, gan adnabod pa ffactorau sy'n effeithio ar gyfraddau adwaith a deall sut maen nhw'n gwneud hynny.

Cynnwys y testun

Dylech allu dangos a chymhwyso gwybodaeth a dealltwriaeth o'r canlynol:

- Sut i gyfrifo cyfraddau o ddata arbrofion a sut i sefydlu'r berthynas rhwng crynodiadau adweithyddion a chyfradd.
- Damcaniaeth gwrthdrawiadau wrth egluro effeithiau newid amodau ar gyfradd adwaith.
- Cysyniadau proffiliau egni ac egni actifadu.
- Sut mae newidiadau yng nghromlin dosraniad egni Boltzmann yn peri i gyfraddau gynyddu'n gyflym wrth i'r tymheredd godi.
- Nodweddion catalydd.
- Sut mae catalyddion yn cynyddu cyfraddau adwaith drwy leihau egni actifadu.
- Sut mae'n bosibl defnyddio lliwfesuriaeth wrth astudio rhai cyfraddau adwaith.
- Defnyddio dull casglu nwy, dulliau gwaddodi a'r adwaith 'cloc ïodin' i fesur cyfraddau adwaith.

I lawer o bobl, mae buanedd yn rhan hanfodol o'n ffordd o fyw heddiw, yng nghyddestun teithio, gweithio neu chwaraeon. Mae pobl (a gwrthrychau) yn symud ar wahanol fuaneddau. Mae gwahanol adweithiau cemegol hefyd yn digwydd ar fuanedd gwahanol, e.e. mae tân gwyllt yn ffrwydro'n gyflym ar ôl cael eu cynnau, mae metelau yn adweithio yn eithaf cyflym ag asidau, ond mae rhydu'n broses araf iawn.

Ar gyfer adweithiau cemegol, rydym yn defnyddio'r term **cyfradd** yn lle buanedd. Yr enw ar faes astudio cyfraddau adwaith yw cineteg gemegol. Rydym yn darganfod **cyfradd adwaith** drwy fesur faint o adweithydd sy'n adweithio (neu faint o gynnyrch sy'n cael ei ffurfio) fesul uned amser. Rydym yn aml yn mynegi'r swm yn nhermau crynodiad.

Ar gyfer adwaith: cyfradd $= \dfrac{\text{newid mewn crynodiad}}{\text{amser}}$ unedau: $\dfrac{\text{mol dm}^{-3}}{\text{s}} = \text{môl dm}^{-3}\text{s}^{-1}$

Os ydym yn mesur newidyn arall, fel màs neu gyfaint, gallwn fynegi'r gyfradd yn yr unedau cyfatebol, fel g s^{-1} neu cm^3s^{-1}.

Fodd bynnag, wrth wylio adwaith mae'n amlwg bod y gyfradd gychwynnol yn newid wrth i'r adwaith fynd yn ei flaen.

Fel rheol ar gyfer adweithiau:

- Mae'r gyfradd ar ei chyflymaf ar ddechrau adwaith gan fod crynodiad pob adweithydd ar ei fwyaf.
- Mae'r gyfradd yn arafu wrth i'r adwaith fynd yn ei flaen gan fod crynodiad yr adweithyddion yn lleihau.
- Mae'r gyfradd yn cyrraedd sero pan ddaw'r adwaith i ben, h.y. pan fydd un o'r adweithyddion wedi'i ddisbyddu.

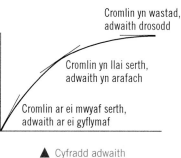

▲ Cyfradd adwaith

Cyfrifo cyfraddau

Rydym yn dilyn cyfradd adwaith drwy fesur crynodiad adweithydd (neu gynnyrch) dros gyfnod o amser. Rydym yn plotio ein canlyniadau gan roi graff. I ddarganfod y gyfradd gychwynnol, mae angen darganfod graddiant cychwynnol llinell. Ar lefel UG bydd y graff bob amser yn llinell syth i ddechrau, e.e.

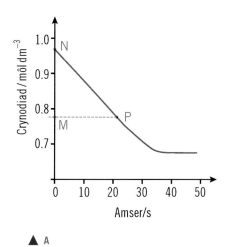

▲ A

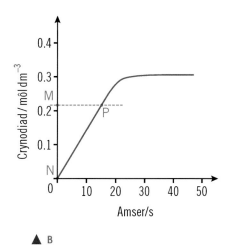

▲ B

I ddarganfod y graddiant: ar unrhyw bwynt cyfleus, P, ar y llinell syth, lluniwch linell lorweddol MP at echelin y a lluniwch linell fertigol o M at ddechrau'r gromlin, N.

Ar gyfer graff A

$$\text{Cyfradd} = \frac{\text{newid mewn crynodiad}}{\text{amser}} = \frac{MN}{MP} = \frac{(0.98 - 0.79)}{22} = \frac{0.19}{22}$$

$$= 0.0086 \, \text{môl dm}^{-3} \, \text{s}^{-1}$$

Ar gyfer graff B

$$\text{Cyfradd} = \frac{\text{newid mewn crynodiad}}{\text{amser}} = \frac{MN}{MP} = \frac{0.21}{16} = 0.013 \, \text{môl dm}^{-3} \, \text{s}^{-1}$$

I ddarganfod y berthynas rhwng y gyfradd gychwynnol a chrynodiadau cychwynnol yr adweithyddion, mae'n rhaid cynnal cyfres o arbrofion, gan newid crynodiad un adweithydd yn unig ar y tro.

Gan fod cyfradd $= \dfrac{\text{newid mewn crynodiad}}{\text{amser}}$ cyfradd $\propto \dfrac{1}{\text{amser}}$

Os ydym yn plotio graff $1/t$ yn erbyn crynodiad, gallwn ddarganfod y berthynas rhwng crynodiad yr adweithyddion a'r gyfradd.

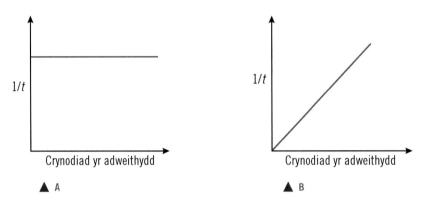

▲ A

▲ B

Yng ngraff **A**, er bod crynodiad yr adweithydd wedi newid, nid yw'r gyfradd yn newid ac felly mae'r gyfradd adwaith yn annibynnol ar grynodiad yr adweithydd dan sylw.

Yng ngraff **B**, wrth i grynodiad yr adweithydd gynyddu, mae'r gyfradd hefyd yn cynyddu ac felly mae'r gyfradd adwaith mewn cyfrannedd union â chrynodiad yr adweithydd dan sylw.

Os ydym yn rhoi'r canlyniadau mewn tabl, mae'n rhaid i ni gymharu crynodiadau cychwynnol yr adweithyddion a'r cyfraddau.

Er enghraifft, mae'r tabl isod yn rhoi data arbrofol ar gyfer yr adwaith rhwng propanon, CH_3COCH_3, ac ïodin, I_2, a gafodd ei gynnal mewn asid hydroclorig gwanedig.

$$CH_3COCH_3(d) + I_2(d) \longrightarrow CH_3COCH_2I(d) + HI(d)$$

Arbrawf	Crynodiadau cychwynnol / môl dm⁻³			Cyfradd gychwynnol / 10^{-4} môl dm⁻³ s⁻¹
	I_2(d)	CH_3COCH_3(d)	HCl(d)	
1	0.0005	0.4	1.0	0.6
2	0.0010	0.4	1.0	0.6
3	0.0010	0.8	1.0	1.2

Yn arbrofion 1 a 2, dim ond crynodiad ïodin sy'n newid, a phan fydd yn dyblu nid oes dim newid yn y gyfradd adwaith gychwynnol. Felly mae'r gyfradd adwaith gychwynnol yn annibynnol ar grynodiad cychwynnol ïodin dyfrllyd.

Yn arbrofion 2 a 3, dim ond crynodiad propanon sy'n newid, a phan fydd yn dyblu mae'r gyfradd adwaith gychwynnol hefyd yn dyblu. Felly mae'r gyfradd adwaith gychwynnol mewn cyfrannedd union â chrynodiad cychwynnol propanon dyfrllyd.

Cymorth Ychwanegol

Rydych eisoes yn gwybod bod

$$\text{buanedd} = \frac{\text{pellter a deithiwyd}}{\text{amser}}$$

Felly buanedd cyfartalog car sy'n teithio 100 milltir mewn dwy awr yw

$$\frac{100 \, \text{milltir}}{2 \, \text{awr}} = 50 \, \text{m.y.a.}$$

Mewn adwaith cemegol lle mae crynodiad adweithydd yn newid o 1.20 môl dm⁻³ i 1.00 môl dm⁻³ mewn 30 eiliad, y gyfradd adwaith gyfartalog yw:

$$\text{Cyfradd} = \frac{\text{newid mewn crynodiad}}{\text{amser}}$$

$$= \frac{(1.20 - 1.00) \, \text{môl dm}^{-3}}{30 \, \text{s}}$$

$$= 6.7 \times 10^{-3} \, \text{môl dm}^{-3} \, \text{s}^{-1}$$

9

Gwirio eich gwybodaeth

Mae sodiwm thiosylffad yn rhydwytho ïodin yn ïonau ïodid. Mae cyfradd yr adwaith hwn yn dibynnu ar grynodiad yr ïonau thiosylffad. Ar ddechrau adwaith rhwng sodiwm thiosylffad ac ïodin, crynodiad yr ïonau thiosylffad oedd 0.100 môl dm⁻³. Ar ôl tri eiliad, roedd y crynodiad wedi lleihau i 0.088 môl dm⁻³. Cyfrifwch y gyfradd adwaith gychwynnol.

Damcaniaeth gwrthdrawiadau

Mae'r eglurhad ar gyfraddau adwaith yn seiliedig ar ddamcaniaeth gwrthdrawiadau. Mae'r ddamcaniaeth hon yn dweud, er mwyn i adwaith ddigwydd rhwng dau foleciwl, fod yn rhaid i wrthdrawiad effeithiol ddigwydd, h.y. gwrthdrawiad lle mae moleciwlau'r cynnyrch yn cael eu ffurfio. Mae'r gyfradd adwaith yn fesur o ba mor aml mae gwrthdrawiadau effeithiol o'r fath yn digwydd.

Ni fydd pob gwrthdrawiad rhwng moleciwlau yn arwain at adwaith; fodd bynnag, y mwyaf yw nifer y gwrthdrawiadau, y mwyaf yw'r tebygolrwydd y bydd rhai ohonynt yn effeithiol. Er mwyn i wrthdrawiad fod yn effeithiol, mae'n rhaid i'r moleciwlau wrthdaro yn y cyfeiriad cywir ac â digon o egni i adweithio. Bydd unrhyw ffactor sy'n cynyddu cyfradd y gwrthdrawiadau effeithiol hefyd yn cynyddu'r gyfradd adwaith.

DYLECH WYBOD ›››

››› sut i ddefnyddio damcaniaeth gwrthdrawiadau i egluro effaith newid amodau ar gyfraddau adwaith

Ffactorau sy'n effeithio ar y gyfradd adwaith

Rydym yn gwybod bod amrywiaeth o ffactorau yn gallu effeithio ar y safle ecwilibriwm; yn yr un modd mae sawl ffactor yn gallu effeithio ar gyfradd adwaith cemegol.

1 Crynodiad (gwasgedd ar gyfer nwyon)

Mae cynyddu crynodiad adweithyddion yn cynyddu'r gyfradd adwaith, e.e. bydd ychwanegu magnesiwm at asid crynodedig yn achosi eferwad mwy grymus o hydrogen nag y bydd ychwanegu magnesiwm at asid gwanedig.

Ar gyfer adweithiau sy'n cynnwys nwyon, bydd cynyddu'r gwasgedd yn cynyddu'r gyfradd adwaith, gan fod gwasgedd mewn cyfrannedd â chrynodiad.

Os bydd crynodiad yr adweithyddion yn cynyddu, bydd mwy o foleciwlau mewn cyfaint penodol. Bydd y pellterau rhwng y moleciwlau yn llai ac felly bydd cynnydd yn nifer y gwrthdrawiadau ym mhob uned amser. Mae hyn yn golygu bod mwy o debygolrwydd y bydd nifer y gwrthdrawiadau effeithiol yn cynyddu ac felly bydd y gyfradd adwaith yn cynyddu.

Ar gyfer adwaith nwyol, mae cynyddu'r gwasgedd gyfystyr â chynyddu'r crynodiad.

2 Tymheredd

Mae cynyddu tymheredd yr adweithyddion yn cynyddu'r gyfradd adwaith, e.e. mae llaeth yn suro'n gyflymach ar ddiwrnod poeth o haf nag yn oerfel y gaeaf.

Os bydd y tymheredd yn cynyddu, bydd cynnydd yn egni cinetig y moleciwlau ac felly byddan nhw'n symud yn gyflymach. Mae hyn yn golygu y bydd gan fwy o foleciwlau ddigon o egni i adweithio pan fyddan nhw'n gwrthdaro, sy'n golygu y bydd y gyfradd adwaith yn cynyddu.

3 Maint y gronynnau

Mewn adwaith sy'n cynnwys solid, bydd torri'r solid i lawr yn ddarnau llai yn cynyddu'r gyfradd adwaith, e.e. mae powdr magnesiwm yn cynhyrchu hydrogen yn gyflymach o lawer na rhuban magnesiwm pan gaiff ei ychwanegu at asid.

Mae lleihau maint y gronynnau o solid yn cynyddu ei arwynebedd arwyneb, ac felly unwaith eto mae'r moleciwlau yn nes at ei gilydd ac mae cynnydd yn nifer y gwrthdrawiadau ym mhob uned amser, sy'n achosi cynnydd yn y gyfradd adwaith.

4 Catalyddion

Mae catalydd yn cynyddu cyfradd adwaith cemegol heb gael ei newid yn barhaol ei hun, e.e. mae manganîs(IV) ocsid yn helpu hydrogen perocsid i ddadelfennu ar dymheredd ystafell.

5 Golau

Mae rhai adweithiau yn fwy grymus o lawer wrth gael eu cynnal mewn golau llachar, e.e. ffotoclorineiddiad methan.

▼ Pwt o eglurhad

Mewn damcaniaeth gwrthdrawiadau, rydym yn defnyddio'r term 'moleciwlau' i gadw pethau'n syml. Gall y rhywogaeth sy'n gwrthdaro fod yn foleciwlau, yn atomau neu'n ionau.

▼ Pwt o eglurhad

Wrth egluro effaith newid amodau ar gyfraddau adwaith, defnyddiwch ddamcaniaeth gwrthdrawiadau yn eich ateb bob tro. Gall pwyntiau bwled fod yn fuddiol.

10

Gwirio eich gwybodaeth

Eglurwch pam mae magnesiwm yn adweithio'n gyflymach pan gaiff ei ychwanegu at asid hydroclorig â chrynodiad $2.0\,\text{môl}\,\text{dm}^{-3}$ na phan gaiff ei ychwanegu at asid hydroclorig â chrynodiad $1.0\,\text{môl}\,\text{dm}^{-3}$.

Cyswllt Safle ecwilibriwm, tudalennau 65–66

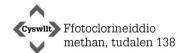
Cyswllt Ffotoclorineiddio methan, tudalen 138

Proffiliau egni a chromliniau dosraniad

Term Allweddol

Egni actifadu yw'r isafswm egni sydd ei angen i ddechrau adwaith drwy dorri bondiau.

Egni actifadu

Mae damcaniaeth gwrthdrawiadau yn tybio, er mwyn i adwaith ddigwydd, fod yn rhaid i foleciwlau wrthdaro yn y cyfeiriad cywir a bod yn rhaid iddyn nhw wrthdaro â digon o egni. Yr enw ar yr isafswm egni cinetig hwn yw'r **egni actifadu**, E_a, ac mae'n amrywio o'r naill adwaith i'r llall. Os bydd yr adweithyddion yn gwrthdaro ag egni sydd o leiaf yn hafal i'r egni actifadu, bydd y gwrthdrawiad yn llwyddiannus a bydd cynhyrchion yn ffurfio.

Mae'n bosibl dangos yr actifadu ar ddiagramau o'r enw proffiliau egni. Mae'r rhain yn cymharu enthalpi'r adweithyddion ag enthalpi'r cynhyrchion:

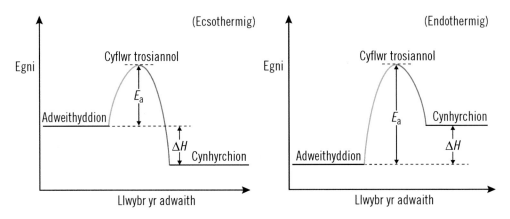

▲ Diagramau proffiliau egni

Mae'r diagramau hyn yn dangos rôl egni actifadu fel rhwystr egni y mae'n rhaid i adweithyddion ei oresgyn cyn iddyn nhw allu ffurfio cynhyrchion.

Yn rhan gyntaf y proffiliau egni (lliw gwyrdd yn y diagramau), mae moleciwlau'r adweithyddion yn dod ynghyd ac yn torri'n ddarnau. Mae angen torri bondiau i wahanu'r atomau ym moleciwlau'r adweithyddion ac felly mae egni yn cael ei amsugno.

Yn ail ran y proffil egni (lliw coch yn y diagramau), mae moleciwlau'r cynhyrchion yn ffurfio ac yn symud oddi wrth ei gilydd. Mae ffurfio moleciwlau cynhyrchion yn golygu ffurfio bondiau ac felly mae egni yn cael ei ryddhau.

Felly, hyd yn oed os yw adwaith yn ecsothermig, mae angen mewnbynnu egni i dorri bondiau i ddechrau'r adwaith. Unwaith mae'r adwaith wedi dechrau, mae digon o egni gwres yn cael ei gynhyrchu i gadw'r adwaith i fynd.

Y gwahaniaeth rhwng egni'r adweithyddion a'r cynhyrchion yw newid enthalpi'r adwaith. Fel rydym yn gweld ar y proffil, mae gan y cynhyrchion lai o egni na'r adweithyddion mewn adwaith ecsothermig ac felly mae gwres yn cael ei ryddhau. Mewn adwaith endothermig, mae gan y cynhyrchion fwy o egni na'r adweithyddion ac mae gwres yn cael ei gymryd i mewn o'r amgylchedd.

Mae'r proffil egni ar y dudalen nesaf yn dangos goblygiadau hyn ar gyfer adwaith cildroadwy:

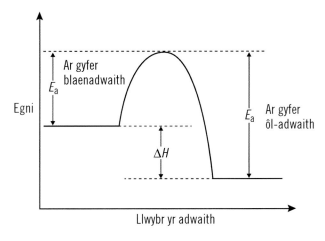

▲ Proffil egni ar gyfer adwaith cildroadwy

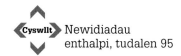 Newidiadau
enthalpi, tudalen 95

Os yw'r adwaith cildroadwy yn ecsothermig i un cyfeiriad, bydd yn endothermig i'r cyfeiriad dirgroes. Dyma'r hafaliad ar gyfer newid enthalpi yr adwaith:

$$\Delta H = E_a f - E_a b$$

lle $E_a f$ yw egni actifadu'r blaenadwaith ac $E_a b$ yw egni actifadu'r ôl-adwaith.

Ar gyfer adwaith ecsothermig $E_a f < E_a b$ ac mae ΔH yn negatif.

Ar gyfer adwaith endothermig $E_a f > E_a b$ ac mae ΔH yn bositif.

Dosraniad Boltzmann

Mae'r moleciwlau mewn nwy yn symud drwy'r amser ar fuaneddau gwahanol ac felly mae egni pob moleciwl yn amrywio'n fawr. Gan fod y moleciwlau yn gwrthdaro'n aml, mae moleciwl sydd wedi cael ei daro yn gallu symud yn gyflymach ac â mwy o egni nag o'r blaen; ar y llaw arall mae'r moleciwl sydd wedi achosi'r gwrthdrawiad yn arafu ac ni fydd ganddo fawr ddim egni.

Mae cromlin dosraniad egni Boltzmann yn dangos dosraniad egnïon moleciwlaidd mewn nwy. Mae egnïon ychydig o foleciwlau yn agos i sero. Mae gan y rhan fwyaf o'r moleciwlau egni sy'n agos i'r gwerth cyfartalog. Dim ond ychydig sydd â gwerthoedd sy'n hafal i'r egni actifadu neu'n fwy.

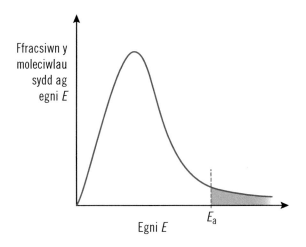

▲ Diagram yn dangos dosraniad Boltzmann

Pwt o eglurhad

Wrth lunio cromlin dosraniad, cofiwch lunio'r llinell sy'n cynrychioli egni actifadu yn bell i'r dde ar yr echelin egni a sicrhau nad yw'r gromlin dosraniad yn cyffwrdd â'r echelin.

Ar dymereddau uwch, bydd yr egni moleciwlaidd cyfartalog yn fwy. Bydd rhai moleciwlau yn dal i fod bron yn llonydd ond ar unrhyw amser bydd gan fwy o lawer o foleciwlau egni uwch. Ar ddau dymheredd gwahanol, T_1 a T_2, lle mae $T_2 > T_1$, mae cromlin dosraniad Boltzmann yn dangos pam mae'r gyfradd adwaith yn dibynnu cymaint ar y tymheredd.

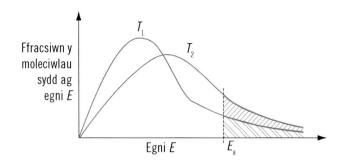

▲ Dosraniad Boltzmann ar gyfer dau dymheredd

- Nid yw'r cromlinau yn cyffwrdd â'r echelin egni.
- Mae'r arwynebeddau dan y ddwy gromlin yn hafal ac maen nhw mewn cyfrannedd â chyfanswm nifer y moleciwlau yn y sampl.
- Ar y tymheredd uchaf, T_2, mae'r dosraniad yn fwy gwastad, mae'r brig yn symud i'r dde (egni uwch) gydag uchder is.
- Ar y tymheredd uchaf, T_2, mae egni cyfartalog y moleciwlau yn cynyddu. Mae gwasgariad y gwerthoedd yn fwy eang.
- Dim ond y moleciwlau sydd ag egni sy'n hafal i'r egni actifadu, E_a, neu'n fwy, sy'n gallu adweithio.
- Ar y tymheredd uchaf, T_2, mae gan fwy o lawer o foleciwlau ddigon o egni i adweithio ac felly mae'r gyfradd yn cynyddu'n sylweddol.

12
Gwirio eich gwybodaeth

Yn yr adwaith rhwng magnesiwm ac asid hydroclorig, eglurwch pam mae codi tymheredd yr asid yn cynyddu'r gyfradd adwaith.

Catalyddion

Mae gan lawer o adweithiau egnïon actifadu uchel. Mae hyn yn golygu, er mwyn trawsnewid adweithyddion yn gynhyrchion ar gyfradd resymol, fod angen cadw'r cymysgedd adwaith ar dymheredd uchel iawn. Fodd bynnag, mae'n bosibl goresgyn yr anhawster hwn weithiau drwy ddefnyddio **catalyddion**.

Sylwedd yw catalydd sy'n cynyddu cyfradd adwaith cemegol heb gael ei ddisbyddu yn y broses. Mae catalydd yn cymryd rhan yn yr adwaith ond mae'n bosibl ei gael yn ôl ar ddiwedd yr adwaith heb ei newid.

Mae catalyddion yn gweithio drwy ddarparu llwybr adwaith arall ar gyfer yr adwaith. Mae'r gyfradd adwaith yn cynyddu oherwydd bod gan y llwybr newydd egni actifadu is nag egni actifadu'r adwaith heb gatalydd. Gallwn ddangos hyn mewn diagram proffil egni:

DYLECH WYBOD ›››

››› nodweddion catalydd

››› sut mae catalyddion yn cynyddu cyfraddau adwaith drwy leihau egni actifadu

Term Allweddol

Catalydd yw sylwedd sy'n cynyddu cyfradd adwaith cemegol heb gael ei ddisbyddu yn y broses. Mae'n cynyddu'r gyfradd adwaith drwy ddarparu llwybr arall sydd ag egni actifadu is.

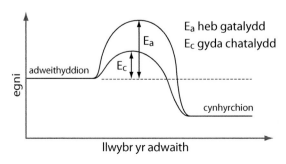

▲ Diagram proffil egni ar gyfer catalydd

Gan fod egni actifadu'r adwaith â chatalydd yn is, ar yr un tymheredd bydd cyfran fwy o'r moleciwlau sy'n gwrthdaro yn cyrraedd yr isafswm egni sydd ei angen i adweithio. Gallwn ddangos hyn mewn diagram cromlin dosraniad egni:

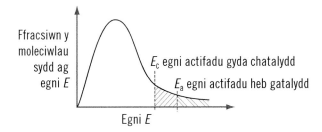

▲ Cromlin dosraniad egni ar gyfer catalydd

Ar gyfer adwaith cildroadwy, mae catalydd yn cynyddu cyfraddau'r blaenadwaith a'r ôl-adwaith i'r un graddau ac felly nid yw'n effeithio ar y safle ecwilibriwm, ond rydym yn cyrraedd y safle ecwilibriwm yn gyflymach.

Mae dau ddosbarth o gatalydd: heterogenaidd a homogenaidd.

Catalyddion homogenaidd

Mae **catalydd homogenaidd** yn yr un cyflwr â'r adweithyddion. Maen nhw'n chwarae rhan weithredol mewn adwaith yn hytrach na dim ond gwylio. Mae catalysis homogenaidd yn nodweddiadol yn cynnwys cymysgeddau hylifol neu sylweddau mewn hydoddiant.

Dyma enghreifftiau:

- Asid sylffwrig crynodedig wrth ffurfio ester o asid carbocsilig ac alcohol.
- Ïonau haearn(II) dyfrllyd, Fe^{2+}(d), pan fydd ïonau ïodid, I^-(d), yn cael eu hocsidio gan ïonau perocsodeusylffad(VI), $S_2O_8^{2-}$(d).

Catalyddion heterogenaidd

Mae **catalydd heterogenaidd** mewn cyflwr gwahanol i'r adweithyddion.

Mae llawer o gatalyddion heterogenaidd yn fetelau trosiannol bloc d. Caiff nwyon eu harsugno ar yr arwyneb metel a byddan nhw'n adweithio a'r cynhyrchion yn datsugno o'r arwyneb. Y mwyaf yw'r arwynebedd arwyneb, y gorau y mae'r catalydd yn gweithio.

▼ **Pwt o eglurhad**

Nid yw catalydd yn ymddangos fel un o'r adweithyddion yn hafaliad yr adwaith.

Termau Allweddol

Mae **catalydd homogenaidd** yn yr un cyflwr â'r adweithyddion.

Mae **catalydd heterogenaidd** mewn cyflwr gwahanol i'r adweithyddion.

Cyswllt Hydrogeniad alcenau, tudalen 141

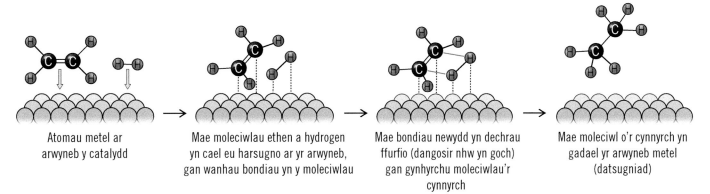

| Atomau metel ar arwyneb y catalydd | Mae moleciwlau ethen a hydrogen yn cael eu harsugno ar yr arwyneb, gan wanhau bondiau yn y moleciwlau | Mae bondiau newydd yn dechrau ffurfio (dangosir nhw yn goch) gan gynhyrchu moleciwlau'r cynnyrch | Mae moleciwl o'r cynnyrch yn gadael yr arwyneb metel (datsugniad) |

▲ Mecanwaith catalydd

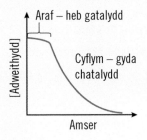

Cyswllt Cemeg gwyrdd, tudalennau 121–122

Mae catalyddion yn cael eu defnyddio mewn llawer o brosesau diwydiannol pwysig:

- Catalyddion Ziegler–Natta wrth gynhyrchu poly(ethylen) dwysedd uchel.
- Haearn ym mhroses Haber ar gyfer cynhyrchu amonia.
- Fanadiwm(V) ocsid yn y broses gyffwrdd wrth gynhyrchu asid sylffwrig.
- Nicel wrth hydrogenu olewau annirlawn ar gyfer cynhyrchu margarin.

Mae diwydiant yn dibynnu ar gatalyddion i leihau costau. Gan fod catalydd yn cyflymu proses drwy leihau egni actifadu'r adwaith, mae angen llai o egni i'r moleciwlau adweithio ac mae hyn yn arbed costau egni. Mae llawer o'r egni hwn yn dod o'r cyflenwad trydan neu drwy losgi tanwydd ffosil ac felly mae catalydd hefyd yn fuddiol o safbwynt yr amgylchedd. Os bydd llai o danwydd ffosil yn cael ei losgi, bydd llai o garbon deuocsid yn cael ei ryddhau wrth gynhyrchu egni.

Mae llawer o blastigion yn cael eu ffurfio dan wasgedd uchel. Os oes modd dod o hyd i gatalydd sy'n galluogi'r adwaith i roi cynnyrch da ar wasgedd isel, ni fydd angen i'r offer diwydiannol wrthsefyll gwasgedd uchel, a bydd yn bosibl defnyddio defnyddiau llai cadarn wrth eu gwneud, gan arbed arian.

Ensymau

Catalyddion biolegol yw ensymau. Maen nhw'n broteinau crwn cymhleth sy'n gweithredu fel catalyddion homogenaidd mewn systemau byw. Fel rheol maen nhw'n cataIyddu adweithiau penodol ac yn gweithio orau ar dymereddau agos i dymheredd y corff. Mae actifedd ensymau yn cael ei effeithio gan dymheredd (mae'n cynyddu gyda thymheredd nes i'r protein ddadnatureiddio) a pH (mae gan wahanol ensymau lefelau pH optimaidd gwahanol). Fodd bynnag, mae ensymau yn gatalyddion effeithiol iawn, gan gynyddu cyfraddau adwaith yn fwy na chatalyddion anorganig. Er enghraifft, mae un moleciwl catalas yn dadelfennu 50 000 moleciwl o hydrogen perocsid yr eiliad.

Mae ensymau yn cael eu defnyddio mewn amrywiaeth o brosesau diwydiannol pwysig, fel cynhyrchu bwyd a diodydd a chynhyrchu glanedyddion a defnyddiau glanhau. Dyma rai enghreifftiau:

- Rennin yn y diwydiant llaeth.
- Burum ac amylas yn y diwydiant bragu.
- Lipas a phroteas mewn powdrau golchi a glanedyddion.

Dyma rai o'r manteision:

- Mae'n bosibl defnyddio tymereddau a gwasgeddau is, gan arbed egni a chostau.
- Maen nhw'n gweithredu dan amodau ysgafn heb niweidio ffabrig neu fwyd.
- Maen nhw'n fioddiraddadwy. Nid yw gwaredu ensymau gwastraff yn broblem.
- Maen nhw'n aml yn caniatáu i adweithiau ddigwydd sy'n ffurfio cynhyrchion pur, heb sgil adweithiau, gan osgoi'r angen am dechnegau gwahanu cymhleth.

Astudio cyfraddau adwaith

I fesur y gyfradd adwaith gemegol, mae angen darganfod mesur ffisegol neu gemegol sy'n amrywio gydag amser. Dyma rai o'r prif ddulliau (mae pob un yn cael ei gynnal ar dymheredd cyson).

- **Newid mewn cyfaint nwy**

  Mewn adwaith lle mae nwy yn cael ei ffurfio, mae'n bosibl cofnodi cyfaint y nwy drwy ddefnyddio chwistrell nwy ar wahanol amserau.

e.e.

$Mg(s) + 2HCl(d) \longrightarrow MgCl_2(d) + H_2(n)$

neu $\qquad 2H_2O_2(d) \longrightarrow 2H_2O(h) + O_2(n)$

- ## Newid mewn gwasgedd nwy

Mewn rhai adweithiau rhwng nwyon, mae nifer y molau o nwy yn newid. Gallwn ddilyn y newid mewn gwasgedd (ar gyfaint cyson) ar wahanol amserau drwy ddefnyddio manomedr.

e.e. $\qquad PCl_5(n) \longrightarrow PCl_3(n) + Cl_2(n)$

- ## Newid mewn màs

Os bydd nwy yn ffurfio mewn adwaith ac yn cael ei adael i ddianc, gallwn ddilyn y newid mewn màs ar wahanol amserau drwy ddefnyddio clorian.

e.e. $\qquad CaCO_3(s) + 2HCl(d) \longrightarrow CaCl_2(d) + H_2O(h) + CO_2(n)$

- ## Lliwfesuriaeth

Mae rhai cymysgeddau adwaith yn dangos newid lliw cyson wrth i'r adwaith fynd yn ei flaen. Mae'n bosibl monitro crynodiad y sylwedd sy'n newid lliw drwy ddefnyddio colorimedr.

Mae colorimedr yn cynnwys ffynhonnell golau gyda hidlyddion i ddethol lliw golau sy'n cael ei amsugno gan y sampl. Mae'r golau yn mynd drwy'r sampl ac i'r canfodydd neu ffotogell. Mae'r ffotogell, sydd wedi'i chysylltu â chyfrifiadur, yn datblygu signal trydanol mewn cyfrannedd ag arddwysedd y golau. Mae'r colorimedr yn cael ei raddnodi gyda hydoddiannau â chrynodiad hysbys i sefydlu'r berthynas rhwng ei ddarlleniadau a chrynodiad y rhywogaeth dan sylw.

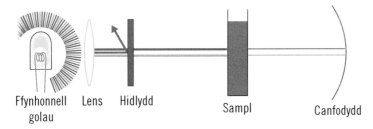

Ffynhonnell golau   Lens   Hidlydd   Sampl   Canfodydd

 Colorimedr

Er enghraifft, mae'n bosibl ei ddefnyddio i ymchwilio i adwaith ïodin â phropanon, $CH_3COCH_3(d) + I_2(d) \longrightarrow CH_3COCH_2I(d) + HI(d)$, gan mai ïodin (brown) yw'r unig rywogaeth lliw yn yr adwaith.

Gwaith ymarferol

Mae'r **dull casglu nwy** yn ffordd dda o ddangos sut mae'r gyfradd yn newid yn ystod adwaith cemegol yn ogystal â dangos sut mae newid crynodiad, tymheredd, maint gronynnau neu gatalyddion yn gallu effeithio ar adwaith cemegol.

Er enghraifft, adwaith magnesiwm ag asid. Dyma ddull nodweddiadol:

- Gosodwch y cyfarpar fel sydd i'w weld (gan sicrhau bod un o'r adweithyddion mewn gormodedd).
- Dechreuwch yr adwaith drwy ysgwyd y magnesiwm i'r asid a dechreuwch y stopwats.
- Mesurwch faint o hydrogen sydd wedi'i ryddhau ar gyfnodau rheolaidd (e.e. 30 s).
- Stopiwch y wats pan nad oes hydrogen yn cael ei gynhyrchu mwyach.

 **Estyn a Herio**

Dull pwysig arall o astudio cyfraddau adwaith yw samplu a thitradu.

Mae'r cymysgedd adwaith yn cael ei samplu drwy bibed ar amserau addas, ac mae crynodiad un o'r adweithyddion (neu'r cynhyrchion) yn cael ei ddarganfod drwy ditradiad addas. Mae'r adwaith ym mhob sampl yn cael ei arafu'n sylweddol (e.e. drwy wanedu'r sampl mewn dŵr ar dymheredd iâ) er mwyn rhoi digon o amser i ni allu cynnal y titradiad yn fanwl gywir.

e.e. $CH_3CO_2C_2H_5(d) + H_2O(h) \longrightarrow$
$\qquad CH_3CO_2H(d) + C_2H_5OH(d)$

neu $CH_3COCH_3(d) + I_2(d) \xrightarrow[\text{catalydd}]{H^+}$
$\qquad CH_3COCH_2I(d) + HI(d)$

Yn yr ail enghraifft, gallwn redeg y cymysgedd yn y sampl i fflasg sy'n cynnwys sodiwm hydrogencarbonad. Mae hwn yn niwtralu'r catalydd asidig, gan arafu'r adwaith yn sylweddol. Gallwn ditradu'r ïodin sy'n weddill yn erbyn hydoddiant sodiwm thiosylffad er mwyn cyfrifo ei grynodiad.

 **Estyn a Herio**

Pam mae lliwfesuriaeth yn ddull gwell na samplu a thitradu ar gyfer dilyn y gyfradd adwaith ar gyfer yr adwaith rhwng propanon ac ïodin gan ddefnyddio catalydd asidig?

14 Gwirio eich gwybodaeth

Awgrymwch ddull ar gyfer dilyn cyfradd yr adwaith canlynol:

$2FeCl_3 + 3Na_2CO_3 + 3H_2O$
$\longrightarrow 6NaCl + 2Fe(OH)_3 + 3CO_2$

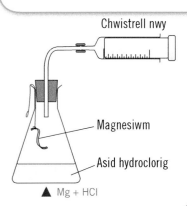

Chwistrell nwy

Magnesiwm

Asid hydroclorig

▲ Mg + HCl

Gwirio eich gwybodaeth

Yn yr adwaith rhwng magnesiwm ac asid hydroclorig, pam na ddylech ddechrau'r adwaith drwy ollwng y magnesiwm i'r asid a rhoi'r topyn yn ôl?

- Cynhaliwch yr arbrawf eto gyda gwahanol grynodiadau o asid / tymereddau asid / meintiau gronynnau magnesiwm, gan sicrhau bod yr holl ffactorau eraill yn gyson.
- Lluniwch graff o'ch canlyniadau.

Nid yw'n bosibl dadansoddi cymysgedd yn ystod adwaith bob amser ac nid oes angen gwneud hynny bob tro. I gymharu cyfraddau adwaith o dan amodau gwahanol, mae'n bosibl gosod nifer o arbrofion lle mae crynodiadau cychwynnol yr adweithyddion yn hysbys a chofnodi'r amser y mae'n ei gymryd ar gyfer pob arbrawf.

Dwy enghraifft o hyn yw adweithiau'r 'cloc ïodin' ac adweithiau gwaddodi.

Adweithiau'r cloc ïodin

Mae'n bosibl ocsidio ïonau ïodid i ïodin ar gyfradd sy'n gallu cael ei mesur. Mae ïodin yn rhoi cymhlygyn â lliw glas llachar gyda hydoddiant startsh ond os ydych yn ychwanegu swm penodol o ïonau thiosylffad – y mae ïodin yn adweithio'n gyflym iawn â nhw – ni fydd lliw glas i'w weld nes bod digon o ïodin wedi cael ei ffurfio i adweithio â'r holl thiosylffad. Felly mae'r amser y mae'n ei gymryd i hyn ddigwydd yn gweithredu fel 'cloc' i fesur cyfradd ocsidio ïonau ïodid.

Enghraifft addas o adwaith 'cloc ïodin' yw pan fydd hydrogen perocsid yn ocsidio ïonau ïodid mewn hydoddiant asidig:

$$H_2O_2(d) + 2H^+(d) + 2I^-(d) \xrightarrow{araf} 2H_2O(h) + I_2(d)$$

$$I_2(d) + 2S_2O_3^{2-}(d) \xrightarrow{cyflym} 2I^-(d) + S_4O_6^{2-}(d)$$

Drwy amrywio crynodiadau'r adweithyddion fesul un, a mesur y gyfradd, mae'n bosibl darganfod sut mae'r gyfradd yn dibynnu ar y crynodiad ar gyfer unrhyw adweithydd. Dylech gynnal arbrawf prawf yn gyntaf i ddarganfod pa ystod o grynodiadau sy'n addas. Mae'n rhaid cadw'r tymheredd yn gyson, gan fod cyfraddau yn amrywio'n fawr gyda newidiadau mewn tymheredd.

Dyma ddull nodweddiadol ar gyfer yr adwaith hwn:

- Ar gyfer y prawf, ychwanegwch $10.0\,cm^3$ H_2SO_4 ($1\,môl\,dm^{-3}$), $10.0\,cm^3$ $Na_2S_2O_3$ ($0.005\,môl\,dm^{-3}$), $15.0\,cm^3$ KI ($0.1\,môl\,dm^{-3}$) a $9.0\,cm^3$ o ddŵr wedi'i ddadïoneiddio o fwredau i fflasg gonigol.
- Ychwanegwch $1\,cm^3$ o hydoddiant startsh.
- Mesurwch $5.0\,cm^3$ H_2O_2 ($0.1\,môl\,dm^{-3}$) o fwred i diwb profi.
- Arllwyswch yr H_2O_2 yn gyflym i'r fflasg, dechreuwch y stopwats ar yr un pryd a chymysgwch yr adweithyddion yn drwyadl.
- Pan fydd y lliw glas yn ymddangos, stopiwch y wats.
- Gwnewch hyn eto gan ddefnyddio 5 crynodiad gwahanol o berocsid, gan sicrhau bod cyfanswm cyfaint y cymysgedd yn $50\,cm^3$.
- Dylai crynodiad mwyaf y perocsid fod o leiaf deirgwaith y crynodiad lleiaf er mwyn sicrhau ystod dda o ganlyniadau.

Cyfradd $\propto \dfrac{1}{amser}$ a gan fod cyfanswm y cyfaint yn gyson ym mhob arbrawf,

$[H_2O_2] \propto$ cyfaint y perocsid sy'n cael ei ddefnyddio ym mhob arbrawf.

Bydd plotio graff $\dfrac{1}{amser}$ yn erbyn cyfaint y perocsid yn rhoi'r berthynas rhwng $[H_2O_2]$ a'r gyfradd.

Mae'n bosibl defnyddio dull tebyg gan newid crynodiadau'r potasiwm ïodid i ddarganfod effaith $[I^-]$ ar y gyfradd adwaith. Fodd bynnag, mae'n rhaid ychwanegu'r hydoddiant perocsid yn olaf bob tro.

Adweithiau gwaddodi

Nid drwy ddefnyddio newidiadau lliw mewn hydoddiannau yn unig y mae dilyn cyfraddau adwaith. Weithiau bydd hydoddiannau di-liw yn dod yn fwy cymylog wrth i waddod ffurfio ac mae'n bosibl defnyddio'r amser y mae gwaddod yn ei gymryd i ffurfio er mwyn mesur cyfradd adwaith.

Enghraifft o hyn yw adwaith ïonau thiosylffad mewn hydoddiant asidig.

$$S_2O_3{}^{2-}(d) + 2H^+(d) \longrightarrow S(s) + H_2O(h) + SO_2(n)$$

Mae'n hawdd dilyn yr adwaith gan fod un atom sylffwr yn ffurfio ar gyfer pob ïon thiosylffad sy'n adweithio ac mae'r sylffwr yn gwneud yr hydoddiant sy'n adweithio yn fwy cymylog wrth i'w grynodiad gynyddu. Drwy osod llestr yr adwaith dros groes ddu (a fydd yn diflannu pan fydd swm penodol o adwaith wedi cynhyrchu swm penodol o sylffwr), mae'n bosibl cymharu cyfraddau adwaith hydoddiannau â gwahanol grynodiadau, a darganfod effeithiau newid crynodiadau ar y gyfradd.

Mae hyn oherwydd bod yr amser y mae'n ei gymryd i weld y swm penodol hwn o adwaith mewn cyfrannedd gwrthdro â'r gyfradd adwaith, h.y. os yw'r adwaith yn sydyn bydd y groes yn diflannu'n gyflym ac i'r gwrthwyneb.

Dylech gynnal adwaith prawf yn gyntaf i ddarganfod pa ystod o grynodiadau fydd yn addas. Mae'n rhaid cadw'r tymheredd yn gyson, gan fod cyfraddau yn amrywio'n fawr gyda newidiadau mewn tymheredd.

Dyma ddull nodweddiadol ar gyfer yr adwaith hwn:

- Ar gyfer y prawf rhowch $6.0\,cm^3$ $Na_2S_2O_3$ ($1\,môl\,dm^{-3}$) a $4.0\,cm^3$ o ddŵr mewn fflasg gonigol.

- Rhowch $10.0\,cm^3$ HNO_3 ($0.1\,môl\,dm^{-3}$) o fwred i diwb profi.

- Arllwyswch yr asid i'r fflasg yn gyflym, dechreuwch y stopwats ar yr un pryd a chymysgwch yn drwyadl.

- Rhowch y fflasg dros groes ddu.

- Stopiwch y wats ar unwaith pan na fyddwch yn gallu gweld y groes ddu mwyach.

- Dilynwch y dull gweithredu eto gyda thri chrynodiad gwahanol o $Na_2S_2O_3$ gan gadw cyfaint yr asid yn $10.0\,cm^3$ a chyfanswm cyfaint y cymysgedd yn $20.0\,cm^3$. (Sicrhewch fod gennych ystod dda o grynodiadau.)

- Dilynwch y dull gweithredu eto gyda thri chrynodiad gwahanol o HNO_3 gan gadw cyfaint y thiosylffad yn $6.0\,cm^3$ a chyfanswm cyfaint y cymysgedd yn $20.0\,cm^3$. (Sicrhewch fod gennych ystod dda o grynodiadau.)

Gan fod cyfradd $\propto \dfrac{1}{amser}$ bydd plotio graff o $\dfrac{1}{amser}$ yn erbyn crynodiad y thiosylffad ar grynodiad cyson o asid yn rhoi'r berthynas rhwng $[S_2O_3{}^{2-}]$ a'r gyfradd.

Bydd plotio graff o $\dfrac{1}{amser}$ yn erbyn crynodiad yr asid ar grynodiad cyson o thiosylffad yn rhoi'r berthynas rhwng $[HNO_3]$ a'r gyfradd.

DYLECH WYBOD ›››

››› sut i fesur cyfradd adwaith drwy ddulliau casglu nwy a gwaddodi a thrwy adwaith 'cloc ïodin'

Gwirio eich gwybodaeth

Wrth fesur cyfraddau mewn adwaith cloc ïodin, nodwch pam mae'n hanfodol:

(a) bod pob arbrawf yn cael ei gynnal gyda'r un cyfanswm cyfaint o hylif

(b) nad yw'r tymheredd yn newid yn ystod y gyfres o arbrofion.

2.3
Effaith ehangach cemeg

Mae cynhyrchu cemegion a hylosgi tanwyddau ffosil ar raddfa eang yn achosi problemau difrifol, yn enwedig o ran y cynnydd mewn lefelau CO_2 ac effaith hyn ar yr hinsawdd. Mae ymdrechion yn cael eu gwneud i ddefnyddio llai o danwyddau ffosil neu ddefnyddio tanwyddau amgen ac i ddefnyddio tanwyddau'n fwy effeithlon.

Mae cemeg gwyrdd yn cynnwys hyn wrth wneud ymdrech i osgoi gwastraff, defnyddio dulliau mwy diogel ac effeithlon, cynyddu economi atom a lleihau llygredd.

Cynnwys y testun

Dylech allu dangos a chymhwyso gwybodaeth a dealltwriaeth o'r canlynol:

- Mae problemau difrifol yn wynebu'r Ddaear a'i thrigolion.
- Mae gorddibyniaeth ar danwyddau ffosil wedi achosi cynnydd mawr yn lefelau CO_2 yn yr atmosffer ac, mae'n debyg, wedi achosi newid yn yr hinsawdd.
- Mae tanwyddau ffosil yn anadnewyddadwy a byddan nhw'n dod i ben yn y pen draw.
- Niwtraliaeth carbon a sut mae'n bosibl ei sicrhau.
- Mae pŵer niwclear a solar a thanwydd hydrogen economaidd yn danwyddau amgen posibl.
- Rôl cemeg gwyrdd o ran effeithlonrwydd egni a chynhyrchu cynhyrchion angenrheidiol mewn modd diogel ac effeithlon, heb gynhyrchu gwastraff, gan ddefnyddio nwyddau crai adnewyddadwy ac osgoi llygredd a defnyddio hydoddyddion diangen.

Effeithiau cynhyrchu egni a synthesis cemegol

Mae'r diwydiant cemegion, a hefyd cynhyrchu'r defnyddiau ar gyfer prosesau cemegol, yn creu llawer o swyddi ac mae llawer o drefi wedi tyfu o gwmpas canolfannau o'r fath. Mae diwydiannau wedi cael eu lleoli yn ymyl ffynonellau nwyddau crai fel mwyn haearn, glo, dŵr a chysylltiadau trafnidiaeth da. Rydym yn sylweddoli fwyfwy erbyn hyn pa mor bwysig yw darparu amgylchedd iach a diogel ar gyfer y gweithwyr a'u teuluoedd sy'n byw yn ymyl y ffatrïoedd.

▲ Melin New Lanark – ffatri gynnar gyda thai ar gyfer gweithwyr. Yr enghraifft gyntaf bron o wir ystyried anghenion gweithwyr ffatri a'u teuluoedd.

O safbwynt economaidd, yr anghenion heddiw yw bod cynhyrchion o ansawdd da yn cael eu cynhyrchu yn effeithlon a diogel gan weithlu bodlon, sy'n cael cyflog da.

▲ Pŵer y gwynt

Term Allweddol

Mae **niwtraliaeth carbon** yn golygu nad yw proses gemegol, fel hylosgi tanwydd, yn achosi cynnydd cyffredinol mewn lefelau CO_2. Er bod yr hylosgiad yn cynhyrchu CO_2 gallwn osod yn erbyn hyn y ffaith bod y tanwydd, e.e. biomas neu gansen siwgr, wedi amsugno'r un swm o CO_2 wrth iddo gael ei gynhyrchu, drwy ffotosynthesis. Gweler yr hafaliad gyferbyn.

17

Gwirio eich gwybodaeth

Pa un o'r tanwyddau hylosgiad canlynol sy'n niwtral o ran carbon?

Glo – Olew – Methan – Hydrogen – Nwy petroliwm hylifol (LPG)

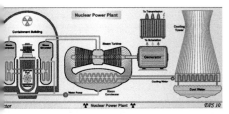

▲ Pŵer niwclear

▲ Pŵer solar

Y broblem egni

Mae cynhyrchu egni yn fater o bwys mawr sy'n effeithio nid yn unig ar y diwydiant cemegion ond ar bob agwedd ar fywyd heddiw. Byddwn yn wynebu problemau difrifol yn y dyfodol oherwydd bod adnoddau meidraidd ac anadnewyddadwy, sef tanwyddau ffosil (glo, olew a nwy), yn cael eu disbyddu'n gyflym.

Mae angen symiau enfawr a chynyddol o egni ar boblogaeth y byd (sy'n ehangu ac yn datblygu'n economaidd) ar gyfer diwydiant, trafnidiaeth, cynhyrchu trydan a gwresogi cartrefi. Y prif ffynonellau yw'r tanwyddau ffosil anadnewyddadwy uchod, ffynonellau adnewyddadwy, gan gynnwys pŵer gwynt a gwahanol ffurfiau ar bŵer dŵr, hylosgiad biomas (pren, cansen siwgr, gwastraff anifeiliaid) neu ei dreuliad gan facteria, egni geothermol, ac egni niwclear a solar.

Mae sôn am ddefnyddio hydrogen fel tanwydd yn y dyfodol ond nid yw'n bodoli'n naturiol ar y Ddaear ac mae angen egni i'w gynhyrchu.

(i) Tanwyddau ffosil a biomas

Mae pob tanwydd ffosil a biomas yn deillio o egni solar yn gweithredu ar blanhigion a micro-organebau – glo, olew a nwy dros gannoedd o filiynau o flynyddoedd, a biomas heddiw. Rydym yn defnyddio tanwyddau ffosil, a geir drwy fwyngloddio, drilio, ffracio neu o dywod tar, ar gyfradd sydd efallai ganwaith y gyfradd y maen nhw'n ffurfio ac felly byddan nhw'n rhedeg allan rywbryd yn y dyfodol.

Mae'r prosesau hanfodol i'w gweld yn yr hafaliad syml:

$$CH_2O + O_2 \underset{\text{ffotosynthesis}}{\overset{\text{hylosgiad}}{\rightleftharpoons}} CO_2 + H_2O$$

siwgr

(ii) Niwtraliaeth carbon

Sail y broblem egni yw bod symiau enfawr o garbon deuocsid yn cael eu gollwng i'r atmosffer drwy hylosgi tanwydd a phrosesau diwydiannol eraill, fel gwneud concrit. Mae ei grynodiad wedi cynyddu o ryw 300 i 400 ppm (rhan ym mhob miliwn) yn y 100 mlynedd diwethaf ac mae'n ymddangos yn eithaf pendant fod hyn wedi achosi cynhesu byd-eang, drwy gynyddu'r effaith tŷ gwydr. Gall canlyniadau'r cynhesu hwn fod yn ddifrifol iawn.

Rydym yn llwyddo i sicrhau **niwtraliaeth carbon** yn achos ffynonellau tanwydd hylosg drwy ailblannu coed a chansen siwgr, a.y.b., i gyfateb i'r rhai sy'n cael eu llosgi, fel bod y CO_2 sy'n cael ei ddefnyddio yn eu ffotosynthesis yn hafal i'r swm sy'n cael ei gynhyrchu drwy hylosgiad, neu'n fwy na hynny.

Heblaw am y prosesau sy'n seiliedig ar ffiseg yn unig, fel defnyddio gwynt a dŵr, mae dwy ffynhonnell egni arall nad ydyn nhw'n cynhyrchu CO_2 ac sydd o ddiddordeb cemegol, sef egni niwclear a solar, sy'n cynhyrchu trydan yn uniongyrchol.

(iii) Pŵer niwclear

Mae tua 20% o'r trydan sydd ei angen yn cael ei gynhyrchu drwy ymholltiad wraniwm gyda chymorth niwtronau, lle mae llai nag 1% o'r màs yn cael ei drawsnewid yn egni yn ôl yr hafaliad $E = mc^2$. Mae'r dull yn gweithio ers rhyw hanner can mlynedd ond mae iddo anfanteision o ran allyriadau ymbelydrol a sut i waredu gwastraff ymbelydrol yn ddiogel.

O ran egwyddor, mae ymasiad hydrogen i ffurfio heliwm yn edrych yn ddull gwell, fel sy'n digwydd yn yr Haul. Mae'n trawsnewid canran uwch o fàs yn egni, gan beri llai o broblemau o ran cynhyrchion ymbelydrol. Yn anffodus, er gwaethaf degawdau o ymchwil, nid ydym wedi llwyddo eto i ddatrys y problemau technegol sy'n gysylltiedig â hyn.

(iv) Pŵer solar

Mae pŵer solar ar sail paneli lled-ddargludol silicon neu galiwm yn gallu cyrraedd effeithlonrwydd o dros 10% ac mae'r defnydd yn cynyddu'n gyflym. Yn y DU mae'n bosibl cael allbwn cyfartalog o 0.5 kW y metr sgwâr.

(v) Defnyddio egni'n effeithlon

Mae llawer o ymchwil yn cael ei chynnal ar sut i ddefnyddio egni'n fwy effeithlon, yn enwedig mewn peiriannau, ac mae arbedion sylweddol yn cael eu gwneud. Un o brif nodau cemeg gwyrdd (gweler yr adran isod) yw defnyddio llai o egni mewn prosesau diwydiannol, er enghraifft drwy ddefnyddio catalyddion effeithiol er mwyn gweithio ar dymereddau is.

Y diwydiant cemegion

Er mwyn cynhyrchu cemegion a defnyddio egni yn effeithlon, mae angen deall yr egwyddorion sylfaenol a drafodwyd yn Unedau 1.7, 2.1 a 2.2.

Yn y testun hwn mae angen i chi gymhwyso'r egwyddorion hyn i sefyllfaoedd a phroblemau a gysylltir â chynhyrchu cemegion ac egni. Efallai y bydd data yn cael eu rhoi i chi sy'n berthnasol i sefyllfa, proses neu broblem na fyddwch wedi'i gweld o'r blaen, a byddwch yn cael eich marcio ar eich gallu i ddadansoddi a gwerthuso'r sefyllfa neu'r broblem, fel rheol drwy ateb cyfres o gwestiynau ar y testun. Efallai y bydd angen i chi wneud cyfrifiadau, ac yn amlwg bydd dealltwriaeth sylfaenol o ecwilibriwm, egnïeg a chineteg yn bwysig wrth ateb llawer o'r cwestiynau. Nid oes canlyniadau dysgu penodol fel y cyfryw; beth sydd ei angen yw ymarfer a phrofiad o gymhwyso'r adrannau perthnasol yn Unedau 1.7, 2.1 a 2.2 i'r cwestiwn dan sylw.

Cemeg gwyrdd

Nod cemeg gwyrdd yw gwneud y cemegion a'r cynhyrchion sydd eu hangen arnom gyda chyn lleied o effaith ar yr amgylchedd â phosibl. Mae hyn yn golygu:

Nwyddau crai adnewyddadwy

Defnyddio nwyddau crai adnewyddadwy, fel cyfansoddion sy'n cael eu gwneud o blanhigion, lle mae hynny'n bosibl.

Arbed egni

Defnyddio cyn lleied o egni â phosibl a'i gael o ffynonellau adnewyddadwy fel biomas, solar, gwynt a dŵr yn hytrach nag o danwyddau ffosil a ddaw i ben, fel olew, nwy a glo.

Economi atom uchel

Defnyddio dulliau sydd ag economi atom uchel fel bod canran uchel o fàs yr adweithyddion yn y cynnyrch yn y diwedd, gan adael ychydig o wastraff yn unig (gweler tudalen 42, Economi atom).

Catalyddion

Datblygu catalyddion gwell a biogatalyddion, fel ensymau, er mwyn cynnal adweithiau ar dymereddau a gwasgeddau is i arbed egni ac osgoi defnyddio offer sy'n gweithio dan wasgedd uchel (gweler tudalen 112).

Defnyddiau a hydoddyddion gwenwynig

Osgoi defnyddio defnyddiau gwenwynig, os oes modd, a sicrhau na chaiff unrhyw gydgynhyrchion neu sgil gynhyrchion eu rhyddhau i'r amgylchedd.

Osgoi defnyddio hydoddyddion, yn enwedig cyfansoddion organig anweddol, sy'n niweidiol i'r amgylchedd. Mae peiriannau diesel yn rhyddhau ocsidau nitrogen (NO_x) gwenwynig i'r atmosffer. Mae ychwanegu amonia yn trawsnewid y rhain yn nitrogen, sy'n ddiniwed. (Gweler y pwynt bwled isod.)

 Cyswllt Tanwyddau, tudalen 135

▲ Peiriant jet

Estyn a Herio

Celloedd ffotoelectrocemegol a'r economi hydrogen.

Mae gan blanhigion effeithlonrwydd o ryw 5% yn unig o ran dal golau haul. Mae hydrogen yn danwydd niwtral o ran carbon ond mae angen egni i'w gynhyrchu.

Mae ymchwil ddiweddar yn defnyddio golau haul i hollti dŵr yn hydrogen ac ocsigen mewn cell electrocemegol, ond mae angen llawer o waith i fod yn fwy dibynadwy ac effeithlon. Erbyn hyn mae'r effeithlonrwydd dros 10%.

SUT MAE GWYDDONIAETH YN GWEITHIO

Mae'r uchod yn enghraifft dda o hyn.

Nod – cynhyrchu symiau mawr o danwydd hydrogen rhad.

Egwyddor – electroleiddio dŵr i hydrogen ac ocsigen mewn cell.

Dull – darganfod ffordd o ddefnyddio golau haul i wneud hyn.

Datblygu – sicrhau bod y dull yn fwy effeithlon, dibynadwy ac ymarferol er mwyn gweithio ar raddfa ddiwydiannol.

Cynhyrchion bioddiraddadwy

Gwneud cynhyrchion sy'n fioddiraddadwy ar ddiwedd eu hoes ddefnyddiol, lle mae hynny'n bosibl.

Crynodeb o egwyddorion gwyrdd

1 Osgoi gwastraff

2 Cynyddu economi atom

3 Defnyddio dulliau, cemegion a hydoddyddion mwy diogel

4 Cynyddu effeithlonrwydd egni

5 Defnyddio nwyddau crai adnewyddadwy

6 Defnyddio catalyddion (yn hytrach nag adweithiau stoichiometrig)

7 Osgoi llygredd a damweiniau

8 Dylunio ar gyfer bioddiraddadwyedd.

Dyma enghreifftiau sy'n cynnwys yr egwyddorion uchod:

- Treuliad anaerobig – mae bacteria methanogenig yn gweithredu ar ddail a gwastraff llysieuol mewn atmosffer di-ocsigen i gynhyrchu bionwy sy'n cynnwys 70% methan i'w ddefnyddio i gynhyrchu trydan a gadael gwrtaith yn weddill.

- Mae nwyddau crai adnewyddadwy fel olew palmwydd yn cael eu defnyddio i wneud biodiesel ac mae'r rhain yn cynnwys olewau a brasterau gwastraff.

- Roedd hydrasin, sy'n cael ei ddefnyddio mewn ewynnau polymer, yn cael ei wneud gan ddefnyddio amonia a sodiwm hypoclorit ond mae'n bosibl defnyddio hydrogen perocsid, yn lle hypoclorit, i osgoi ffurfio halwyn fel sgil gynnyrch ac i osgoi gorfod defnyddio hydoddydd ychwanegol.

- Defnyddio carbon deuocsid gwastraff ar ffurf hylif dan wasgedd (uwchgritigol) fel hydoddydd nad yw'n gadael gweddill, e.e. wrth ddileu caffein o ffa coffi, sychlanhau a chwythu plastigion ewyn.

- Mae simvastatin (cyffur sy'n lleihau colesterol yn y corff) yn cael ei wneud o nwyddau crai rhad gan ddefnyddio ensym sydd wedi'i greu'n artiffisial o *E. coli*. Mae hyn yn osgoi synthesis amlgam sy'n defnyddio adweithyddion gwenwynig ac yn rhoi mwy o gynnyrch.

- Yn lle'r gwrthrewydd ethylen glycol, sy'n wenwynig, mae'n bosibl defnyddio propylen glycol (propan-1,2-deuol) sy'n cael ei ffurfio drwy ddefnyddio glyserol gwastraff o gynhyrchu biodiesel gyda chatalydd copr cromit, sy'n effeithlon ar dymereddau is (200°) a gwasgedd is. Mae hefyd yn cael ei ddefnyddio ar gyfer resinau polyester.

- Mae defnyddio *E. coli* sydd wedi'i addasu'n enetig i wneud 1,3-propandeuol o syryp corn yn defnyddio 40% yn llai o egni ac yn allyrru 20% yn llai o nwyon tŷ gwydr na'r prosesau blaenorol. Mae hefyd yn cael ei wneud o glyserol gwastraff o gynhyrchu biodiesel gan ddefnyddio bacteria ac yn cael ei ddefnyddio i wneud polyesterau.

- Mae catalyddion hylifol ïonig yn trawsnewid cellwlos yn asid fformig o dan ocsigen.

- Mae micro-organebau yn trawsnewid startsh corn yn resin defnyddiol ar gyfer plastigion.

- Mae ychwanegu amonia yn atal llygredd gan ocsidau nitrogen (NO_x) gwenwynig mewn pibellau gwacáu ceir/diesel drwy'r adwaith rhydocs:

$$4NH_3 + 3NO_2 = 7/2\,N_2 + 6H_2O$$

▲ Biomethan

▲ Olew palmwydd

Cyswllt Rhifau ocsidiad, tudalennau 12, 58

Uned 2

2.4
Cyfansoddion organig

Mae cyfansoddion organig yn bwysig dros ben yn ein bywyd pob dydd ac yn bwysig hefyd er mwyn deall yr adweithiau mewn rhywogaethau byw ac mewn prosesau diwydiannol. Er mwyn i ni allu syntheseiddio cyfansoddion newydd a chysylltu eu priodweddau â ffyrdd posibl o'u defnyddio, mae'n hollbwysig ein bod yn adnabod y patrymau ymddygiad a gysylltir ag adeiledd y moleciwlau. Mae'r patrymau hyn yn cynnwys natur yr adweithiau y mae'r cyfansoddion hyn yn eu cyflawni.

Mae cytundeb rhyngwladol ar sut mae cyfansoddion yn cael eu henwi yn sicrhau bod gwyddonwyr ledled y byd yn adnabod y cyfansoddyn sy'n cael ei ddisgrifio.

Dylech allu dangos a chymhwyso eich gwybodaeth a'ch dealltwriaeth o'r canlynol:

- Sut i gynrychioli cyfansoddion organig syml gan ddefnyddio fformiwlâu byrrach, graffig a sgerbydol.
- Rheolau dull enwi mewn perthynas ag alcanau, alcenau, halogenoalcanau, alcoholau ac asidau carbocsilig.
- Effaith cynyddu hyd cadwyn a phresenoldeb grwpiau gweithredol ar dymheredd ymdoddi/berwi a hydoddedd.
- Isomeredd.
- Disgrifio rhywogaethau fel electroffiliau, niwclioffiliau a radicalau ac ymholltiad bond fel homolytig neu heterolytig.

Damcaniaeth grym bywyd

Hyd at y 19eg ganrif roedd gwyddonwyr yn credu mai'r unig ffordd o ffurfio'r cemegion sy'n bresennol mewn organebau byw oedd drwy ryw rym dirgel. Yr enw ar y grym hwn oedd grym bywyd, a gan nad oedd yn bosibl creu'r grym hwn yn artiffisial, roedden nhw'n credu ei bod yn amhosibl syntheseiddio'r cemegion sy'n bresennol mewn organebau byw yn y labordy. Roedden nhw'n galw'r cemegion sy'n cael eu cynhyrchu gan organebau byw yn rhai 'organig' gan fod hyn yn golygu 'yn ymwneud â bywyd' ac yn galw cemegion eraill yn 'anorganig'.

Ym 1828 echdynnodd Wohler, cemegydd o'r Almaen, wrea, $(NH_2)_2CO$, o droeth ceffylau ac fe'i paratôdd hefyd mewn labordy o ffynonellau anorganig. Felly fe gollodd y term 'organig' ei gysylltiad â 'bywyd' a heddiw rydym yn ei ddefnyddio ar gyfer cyfansoddion carbon yn gyffredinol. Mae miloedd ar filoedd o gyfansoddion o'r fath ac mae gwerslyfrau cyfan wedi cael eu hysgrifennu amdanyn nhw.

Mae pob cyfansoddyn organig yn cynnwys carbon a hydrogen ac mae rhai hefyd yn cynnwys ocsigen, nitrogen, sylffwr, ffosfforws a'r halogenau. Mae'r elfennau a'u trefniant mewn cyfansoddyn yn diffinio'r **grŵp gweithredol** ac mae'r grŵp gweithredol yn diffinio i ba **gyfres homologaidd** y mae'r cyfansoddyn yn perthyn.

▲ Organig neu anorganig?

Enwi cyfansoddion organig

Gan fod cynifer o gyfansoddion organig, mae'n hanfodol bod system ar gael sy'n rhoi i bob cyfansoddyn enw y mae pob cemegydd yn cytuno arno. I enwi cyfansoddyn, mae angen i chi wybod y gyfres homologaidd y mae'n perthyn iddi. Y cyfresi homologaidd yn yr adran hon yw:

Alcanau – **hydrocarbonau dirlawn**

Alcenau – **hydrocarbonau annirlawn** sydd â bond C i C dwbl

Halogenoalcanau – cyfansoddion lle mae halogen wedi cymryd lle un neu ragor o atomau hydrogen mewn alcan

Alcoholau – cyfansoddion sy'n cynnwys —OH fel y grŵp gweithredol

Asidau carbocsilig – cyfansoddion sy'n cynnwys —COOH fel y grŵp gweithredol

Termau Allweddol

Mae **grŵp gweithredol** yn cyfeirio at yr atom / grŵp o atomau sy'n rhoi i'r cyfansoddyn ei briodweddau nodweddiadol.

Cyfres homologaidd yw cyfres o gyfansoddion sydd â'r un grŵp gweithredol.

Cyfansoddyn dirlawn yw cyfansoddyn nad yw'n cynnwys bondiau C i C lluosol.

Hydrocarbon yw cyfansoddyn sy'n cynnwys carbon a hydrogen yn unig.

Cyfansoddyn annirlawn yw cyfansoddyn sy'n cynnwys bondiau C i C lluosol.

Estyn a Herio

Pam mae cynifer o gyfansoddion carbon?

Gan fod carbon yn gallu ffurfio pedwar bond cofalent, mae'n gallu ffurfio cadwynau o atomau carbon mewn gwahanol ffyrdd. Mae carbon hefyd yn gallu ffurfio bondiau lluosol ag atomau carbon eraill ac ag elfennau eraill.

Mae angen i chi wybod hefyd y 'cod' sy'n cyfeirio at nifer yr atomau carbon.

nifer yr atomau carbon	'cod'		nifer yr atomau carbon	'cod'
1	meth		6	hecs
2	eth		7	hept
3	prop		8	oct
4	bwt		9	non
5	pent		10	dec

Rheolau ar gyfer enwi cyfansoddion

Darganfyddwch y gadwyn garbon hiraf. Gan ddefnyddio'r cod uchod, dyma sail yr enw.

1 Rhifwch yr atomau C yn y gadwyn, gan ddechrau o'r pen sy'n rhoi i unrhyw ochr-gadwynau neu grwpiau gweithredol y rhifau lleiaf posibl.

2 Os oes mwy nag un ochr-gadwyn neu grŵp a amnewidiwyd sydd yr un fath, defnyddiwch y rhagddodiad 'deu' ar gyfer 2, 'tri' ar gyfer 3 a 'tetra' ar gyfer 4.

3 Rhowch enwau'r canghennau yn nhrefn yr wyddor.

4 Yr enw ar grŵp —CH_3 yw methyl, yr enw ar grŵp —C_2H_5 yw ethyl, a.y.b.

5 Rydym yn diweddu enw hydrocarbonau dirlawn ag -an, un sydd â bond C=C ag -en, cyfansoddyn sy'n cynnwys grŵp —OH ag -ol; rydym yn enwi cyfansoddyn sy'n cynnwys halogen yn halogeno- ac un sy'n cynnwys grŵp —COOH yn asid -öig.

Nid oes angen i chi allu nodi'r rheolau hyn ond mae angen i chi allu eu cymhwyso i enwi cyfansoddion penodol.

Enghreifftiau o sut i enwi cyfansoddion

Mae'r gadwyn garbon hiraf yn cynnwys 4 atom carbon ac felly mae'r enw yn seiliedig ar 'bwt'.

Mae'n ddirlawn ac felly mae'r enw yn diweddu yn -an.

Mae rhifo o'r pen sy'n rhoi'r rhif isaf i'r ochr-gadwyn yn rhoi —CH_3 ar atom carbon rhif 2.

Yr enw yw **2-methyl bwtan**.

Pa ffordd bynnag rydych yn rhifo'r atomau yn y cyfansoddyn uchod, mae 3 atom carbon yn y gadwyn hiraf ac felly mae'r enw yn seiliedig ar 'prop'.

Mae 2 grŵp —CH_3 ar atom carbon rhif 2 ac atom clorin ar atom carbon rhif 1.

Yr enw yw **1-cloro 2,2-deumethyl propan**

Estyn a Herio

Mae enwau cyfundrefnol ar gyfer cyfansoddion yn cynnwys comas a chysylltnodau. Mae'n rhaid i chi gynnwys digon o'r rhain i wneud eich enw yn ddiamwys. Er enghraifft, os ydych yn ysgrifennu 22-deumethyl propan, nid yw hynny yr un peth â 2,2-deumethyl propan.

18

Gwirio eich gwybodaeth

Darganfyddwch a rhifwch y gadwyn C hiraf yn y cyfansoddyn isod:

Beth yw'r 'cod' ar gyfer enw'r cyfansoddyn hwn?

Gwirio eich gwybodaeth

Lluniwch y fformiwlâu ar gyfer:

(a) 1-cloro bwt-3-en

(b) 2,2-deumethyl pentan-3-ol

Gwirio eich gwybodaeth

Beth yw enwau'r cyfansoddion canlynol?

(a)

(b)

Mae 5 atom carbon yn y gadwyn garbon hiraf ac mae rhifo o'r pen chwith yn rhoi i'r ochrgadwyn a'r grŵp gweithredol y rhifau isaf. Mae'r enw yn seiliedig ar 'pent'.

Rydym yn dangos presenoldeb y bond C=C (alc**en**) drwy ysgrifennu '-en' (ar C 1) ac OH (alcoh**ol**) drwy ysgrifennu '-ol' (ar C 3).

Yr enw yw **pent-1-en,3-ol**

Mae 5 atom carbon yn y gadwyn garbon hiraf – rydych yn cael 5 os ydych yn cyfrif ar hyd y gadwyn **gam**. Mae'r enw yn seiliedig ar 'pent'.

Rydym yn dangos presenoldeb —COOH drwy ysgrifennu 'asid -öig' (sef C 1) a —CH_3 ar C 3.

Yr enw yw **asid 3-methyl pentanöig.**

Mathau o fformiwlâu

Mae sawl ffordd o ddangos fformiwla cyfansoddyn. Fel rheol mae'r ffordd rydym yn ei dewis yn dibynnu ar sut y byddwn yn defnyddio'r fformiwla.

Fformiwla foleciwlaidd: mae'n dangos yr atomau a faint o bob math sydd mewn moleciwl o gyfansoddyn. Mae'r holl atomau o'r un elfen yn cael eu casglu ynghyd ac felly nid yw'n hawdd bob tro adnabod y grŵp gweithredol.

Fformiwla graffig: mae'n dangos yr holl atomau, a'r bondiau sy'n eu cysylltu, mewn cyfansoddyn. Mae hyn felly yn dangos yn glir y grŵp gweithredol sy'n bresennol a dyma'r ffurf a fyddai'n cael ei defnyddio wrth ystyried mecanweithiau adweithiau organig.

Fformiwla fyrrach: mae'n dangos y grŵp gweithredol a'r adeiledd mewn digon o fanylder i'r cyfansoddyn fod yn ddiamwys. Nid yw'n bosibl ei defnyddio os oes angen manylion y bondiau.

Fformiwla sgerbydol: mae'n dangos y grwpiau gweithredol heb dynnu sylw at bethau eraill drwy ddangos cadwynau anadweithiol. Gall hyn olygu llai o ddryswch pan fydd moleciwlau cymhleth dan ystyriaeth ac mae'n cael ei defnyddio yn eang mewn gwaith ymchwil.

DYLECH WYBOD ›››

››› sut i ddangos gwahanol fathau o fformiwlâu

Termau Allweddol

Fformiwla foleciwlaidd: mae'n dangos yr atomau a faint o bob math sydd mewn moleciwl o gyfansoddyn.

Fformiwla graffig: mae'n dangos yr holl fondiau ac atomau yn y moleciwl.

Fformiwla fyrrach: mae'n dangos y grwpiau mewn digon o fanylder fel bod yr adeiledd yn ddiamwys.

Fformiwla sgerbydol: mae'n dangos asgwrn cefn (carbon/hydrogen) y moleciwl fel cyfres o fondiau gydag unrhyw grwpiau gweithredol ynghlwm.

Enghreifftiau

1 1-cloro 2,2-deumethyl propan

Fformiwla foleciwlaidd: $C_5H_{11}Cl$

Fformiwla graffig:

$$
\begin{array}{c}
H \\
| \\
H-C-H \\
\quad\ |\quad\ \\
H \quad\ |\quad\ H \\
|\quad\ |\quad\ | \\
H-C-C-C-Cl \\
|\quad\ |\quad\ | \\
H \quad\ |\quad\ H \\
\quad\ |\quad\ \\
H-C-H \\
| \\
H
\end{array}
$$

Fformiwla fyrrach: $CH_3C(CH_3)_2CH_2Cl$

Fformiwla sgerbydol:

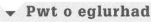

2 pent-1-en, 3-ol

Fformiwla foleciwlaidd : $C_5H_{10}O$

Fformiwla graffig:

$$
\begin{array}{c}
\quad\quad OH\ H\ \ H \\
\quad\quad |\quad\ |\quad\ | \\
H\!\!\searrow \\
\quad\ C\!=\!C\!-\!C\!-\!C\!-\!C\!-\!H \\
H\!\!\nearrow\quad |\quad |\quad |\quad | \\
\quad\quad H\ \ H\ H\ H
\end{array}
$$

Fformiwla fyrrach: $CH_2CHCH(OH)CH_2CH_3$

Fformiwla sgerbydol:

Cyfresi homologaidd

Fel y nodwyd uchod, mae pob cyfansoddyn yn perthyn i gyfres homologaidd arbennig. Cyfres homologaidd yw set o gyfansoddion:

1 y gallwn eu cynrychioli â fformiwla gyffredinol

2 y mae gan bob un CH_2 ychwanegol o'i gymharu â'r un diwethaf

3 sydd â'r un grwpiau gweithredol ac felly sydd â phriodweddau cemegol tebyg iawn

4 sydd â phriodweddau ffisegol sy'n amrywio wrth i M_r y cyfansoddyn amrywio.

Y cyfresi homologaidd yn yr adran hon yw alcanau (hydrocarbonau dirlawn), alcenau (grŵp gweithredol $C=C$), alcoholau (grŵp gweithredol —OH), halogenoalcanau (grŵp gweithredol — F, —Cl, — Br, —I) ac asidau carbocsilig (grŵp gweithredol —COOH).

▼ **Pwt o eglurhad**

Mewn arholiad, gwnewch yn siŵr eich bod yn defnyddio'r math o fformiwla y mae'r cwestiwn yn gofyn amdano – moleciwlaidd, graffig, byrrach neu sgerbydol. Gallai'r cwestiwn hefyd ofyn am fformiwlâu empirig – byddwn yn trafod y rhain yn nes ymlaen!

21

Gwirio eich gwybodaeth

Dyma fformiwla fyrrach cyfansoddyn:

$CH_3CCl(OH)CHCH_2$

(a) Beth yw ei fformiwla foleciwlaidd?

(b) Lluniwch ei fformiwla graffig.

(c) Lluniwch ei fformiwla sgerbydol.

▼ **Pwt o eglurhad**

Mewn fformiwla sgerbydol, ni fydd atomau carbon byth i'w gweld a dim ond atomau hydrogen o fewn y grŵp gweithredol fydd i'w gweld.

E&H Estyn a Herio

Pam y gallai fformiwla sgerbydol methan eich drysu? Mae'n edrych yr un fath ag atalnod llawn.

DYLECH WYBOD ›››

››› nodweddion cyfres homologaidd

Gwirio eich gwybodaeth 22

Cwblhewch y frawddeg.

Mae gan alcenau briodweddau .... tebyg ond maen nhw'n dangos tueed mewn priodweddau .... oherwydd eu bod i gyd yn perthyn i'r un ....

Gwirio eich gwybodaeth 23

Beth yw fformiwla foleciwlaidd yr alcan sydd â 100 atom carbon ym mhob moleciwl?

DYLECH WYBOD ›››

››› sut i gyfrifo fformiwla empirig

››› y berthynas rhwng fformiwla empirig a fformiwla foleciwlaidd

---

Term Allweddol

Fformiwla empirig yw fformiwla cyfansoddyn gydag atomau'r elfennau yn ôl eu cymhareb symlaf.

▼ **Pwt o eglurhad**

Cyn dechrau cyfrifo fformiwla empirig, gwiriwch fod cyfanswm canrannau'r elfennau yn 100%.

Gwirio eich gwybodaeth 24

Mae gan gyfansoddyn M_r o tua 55. Ei gyfansoddiad canrannol yw C = 40.00%, H = 6.67% ac O = 53.33%. Darganfyddwch ei fformiwla empirig a thrwy hyn ei fformiwla foleciwlaidd.

Dyma enghraifft o fformiwla gyffredinol, gan ddefnyddio'r alcanau. Dyma fformiwlâu graffig y gyfres:

H
|
H—C—H
|
H

H H
| |
H—C—C—H
| |
H H

H H H
| | |
H—C—C—C—H
| | |
H H H

Mae hyn yn rhoi fformiwlâu moleciwlaidd CH_4, C_2H_6, C_3H_8.

Mae hyn yn golygu mai C_nH_{2n+2} yw'r fformiwla gyffredinol, lle mae n yn gyfanrif. Er enghraifft, os $n = 3$ mae hyn yn golygu bod $2n + 2 = 8$ ac felly y fformiwla yw C_3H_8.

Byddwn yn ystyried yn nes ymlaen effeithiau'r grŵp gweithredol a'r ffordd y mae priodweddau ffisegol, yn enwedig tymheredd ymdoddi, tymheredd berwi a hydoddedd mewn dŵr, yn amrywio o fewn cyfres homologaidd.

Fformiwlâu empirig

Mae'r **fformiwla empirig** yn dangos fformiwla cyfansoddyn gydag atomau'r elfennau yn ôl eu cymhareb symlaf. Gallai fod yr un fath â'r fformiwla foleciwlaidd ond gallai'r fformiwla foleciwlaidd hefyd fod yn unrhyw luosrif o'r fformiwla empirig.

Enghraifft
Fformiwla foleciwlaidd ethan = C_2H_6

Cymhareb C : H yn y fformiwla foleciwlaidd = 2:6

Cymhareb C:H = 1:3

Fformiwla empirig ethan = CH_3

Darganfod fformiwla empirig
Gyda sylweddau organig, mae'r rhan fwyaf o'r dulliau arbrofol yn seiliedig ar losgi màs hysbys o'r cyfansoddyn mewn gormodedd o ocsigen, a mesur masau'r dŵr a'r carbon deuocsid sy'n cael eu cynhyrchu. Mae hyn yn caniatáu i ni gyfrifo màs y carbon a'r hydrogen ond nid unrhyw ocsigen sy'n bresennol – rydym yn ystyried hyn yn y cyfrifiad isod. Nid oes angen i chi wybod sut mae symiau halogenau yn y cyfansoddyn yn cael eu darganfod.

Weithiau mae cwestiynau yn rhoi canrannau'r elfennau sy'n bresennol. Gallwch ddefnyddio'r canrannau hyn yn lle màs gan mai dyna fyddai màs yr elfen mewn 100 g o gyfansoddyn. Yna rydym yn darganfod cymhareb yr atomau o bob elfen drwy ddefnyddio'r fformiwla: nifer y molau = $\dfrac{màs}{A_r}$.

Enghraifft
Mae gan gyfansoddyn y cyfansoddiad canrannol canlynol: C = 12.78%; H = 2.15%; Br = 85.07%. Darganfyddwch ei fformiwla empirig.

Cymhareb C:H:Br = $\dfrac{12.78}{12} : \dfrac{2.15}{1} : \dfrac{85.07}{80}$ = 1.07:2.25:1.06

I ddarganfod y gymhareb ar ffurf cyfanrifau, rhannwch â'r rhif lleiaf, sef 1.06 yn yr achos hwn.

Cymhareb C:H:Br = 1:2:1.

Y fformiwla empirig yw CH_2Br.

Mae'n bosibl y **gallai'r** cyfrifiad hwn roi'r fformiwla foleciwlaidd, er nad felly yn yr achos hwn gan nad yw cyfansoddyn o'r fath yn bosibl. Felly mae'n rhaid i'r fformiwla foleciwlaidd fod yn lluosrif y fformiwla empirig hon, ac mae angen i chi ddarganfod pa luosrif. I wneud hyn, mae angen M_r y cyfansoddyn.

Yn yr achos hwn dywedir wrthych am dybio bod M_r yn 188.

M_r y fformiwla empirig = 94 ac felly mae'n rhaid i'r moleciwl fod ddwywaith y fformiwla empirig.

Fformiwla foleciwlaidd = $C_2H_4Br_2$

Weithiau, fodd bynnag, bydd cwestiwn yn rhoi'r data arbrofol ac os felly mae angen i chi gyfrifo canrannau'r elfennau o'r data hyn.

Enghraifft

Mae cyfansoddyn **X** yn cynnwys carbon, hydrogen ac ocsigen. Cafodd 1.55 g o gyfansoddyn **X** ei losgi mewn gormodedd o ocsigen a ffurfiodd 1.86 g o ddŵr a 3.41 g o garbon deuocsid.

(i) Cyfrifwch fformiwla empirig **X**.

Mewn CO_2 $\frac{12}{44}$ o'r màs yw màs carbon

Mae 3.41 g o CO_2 yn cynnwys $3.41 \times \frac{12}{44}$ g o C = 0.93 g

% C = $\frac{0.93}{1.55} \times 100$ = 60.0%

Mewn H_2O $\frac{2}{18}$ o'r màs yw màs hydrogen

1.86 g o H_2O yn cynnwys $1.86 \times \frac{2}{18}$ = 0.207 g

% H = $\frac{0.207}{1.55} \times 100$ = 13.3%

Cyfanswm % C ac H = 73.3%. Y gweddill yw ocsigen ac felly % O = 27.7%

Cymhareb C : H : O = $\frac{60.0}{12} : \frac{13.3}{1} : \frac{27.7}{16}$ = 5.0 : 13.3 : 1.67

Gan rannu â'r lleiaf C : H : O = 3 : 8 : 1

Fformiwla empirig = C_3H_8O

(ii) M_r **X** yw tua 65. Beth yw fformiwla foleciwlaidd **X**?

M_r y fformiwla empirig = 36 + 8 + 16 = 68.

Fformiwla foleciwlaidd **X** = C_3H_8O

Isomeredd

Mae dau fath o isomeredd yn yr adran hon – adeileddol ac *E–Z*.

Isomerau adeileddol yw cyfansoddion sydd â'r un fformiwla foleciwlaidd ond fformiwlâu adeileddol gwahanol, h.y. trefniant gwahanol o'r atomau.

Mae sawl ffordd o gael isomeredd adeileddol.

1 Isomeredd cadwynol

Mae hyn yn digwydd pan fydd cadwyn garbon y moleciwl wedi'i threfnu'n wahanol. Fel rheol bydd gan un isomer gadwyn syth a gan y lleill gadwynau canghennog.

$CH_3CH_2CH_2CH_3$ bwtan

▼ **Pwt o eglurhad**

Dylech bob amser ddangos yn glir eich bod wedi cyfrifo'r M_r ar gyfer eich fformiwla empirig. Nid oes angen i chi wybod union M_r y cyfansoddyn oherwydd bod yn rhaid iddo fod yn lluosrif M_r y fformiwla empirig.

▼ **Pwt o eglurhad**

Pan fyddwch yn rhannu â'r un lleiaf er mwyn rhoi cymhareb gyfanrifol, peidiwch â thwyllo! Os 1 : 1.5 yw'r gymhareb, er enghraifft, 2 : 3 ydyw. Os 1 : 1.67 yw'r gymhareb, 3 : 5 ydyw. Os nad yw eich cymhareb yn symleiddio gan roi rhifau cyfan, ewch yn ôl a gwirio eich gwaith – rydych wedi gwneud camgymeriad!.

25

Gwirio eich gwybodaeth

Cafodd sampl o hydrocarbon ei losgi'n gyflawn mewn ocsigen. Ffurfiodd 0.660 g o garbon deuocsid a 0.225 g o ddŵr. Roedd M_r y cyfansoddyn tua 80. Darganfyddwch ei fformiwla empirig a thrwy hyn ei fformiwla foleciwlaidd.

 Cyswllt Mae'n bosibl darganfod M_r cyfansoddyn drwy ddefnyddio sbectrosgopeg màs. Gweler tudalen 161

DYLECH WYBOD ›››

››› sut i adnabod isomerau adeileddol

 **Term Allweddol**

Isomerau adeileddol yw cyfansoddion sydd â'r un fformiwla foleciwlaidd ond â fformiwlâu adeileddol gwahanol.

▼ **Pwt o eglurhad**

Disgwylir i chi adnabod, enwi a llunio isomerau o'r holl gyfresi homologaidd yn yr adran hon.

Gwirio eich gwybodaeth
26

Lluniwch fformiwlâu graffig ar gyfer isomerau adeileddol pentan. Enwch yr isomerau.

Gwirio eich gwybodaeth
27

Lluniwch fformiwlâu sgerbydol ar gyfer dau isomer adeileddol penten lle mae'r bond dwbl mewn safleoedd gwahanol. Enwch yr isomerau.

Gwirio eich gwybodaeth
28

Pa rai o gyfansoddion A, B ac C sy'n isomerau o'i gilydd?

A $CH_3\overset{\displaystyle O}{\overset{\|}{C}}OCH_2CH_2CH_3$

B $CH_3CH_2CH_2CH_2\overset{\displaystyle O}{\underset{OH}{\overset{\|}{C}}}$

C $H-\overset{\displaystyle O}{\overset{\|}{C}}CH_2CH_2CH_2CH_3$

a

CH₃
|
CH₃—C—CH₃
|
H
         2-methylpropan

2 Isomeredd safle

Mae hyn yn digwydd pan fydd y grŵp gweithredol mewn safle gwahanol yn y moleciwl.

$CH_2ClCH_2CH_3$ 1-cloropropan

a

$CH_3CHClCH_3$ 2-cloropropan

3 Isomeredd grwpiau gweithredol

Mae hyn yn digwydd pan fydd y grŵp gweithredol yn y cyfansoddion yn wahanol.

$CH_3CH_2OCH_3$ sy'n ether

a

$CH_3CH_2CH_2OH$ propan-2-ol

Mae angen i chi allu adnabod isomerau adeileddol ond nid oes angen i chi allu eu dosbarthu yn isomerau cadwynol, safle neu grŵp gweithredol. Yn aml mae mwy nag un math yno.

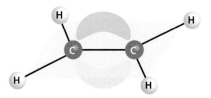

Mae'r cyfansoddion hyn i gyd yn isomerau o'i gilydd.

Isomeredd *E–Z*

Mae bondiau sengl mewn alcanau yn caniatáu i'r atomau/grwpiau ar bob pen gylchdroi'n rhydd ond mae'r bond dwbl mewn alcenau yn golygu bod cylchdro yn gyfyngedig. Mae hyn oherwydd y bond π.

Gan fod y bond dwbl mewn alcenau ac alcenau a amnewidiwyd yn cyfyngu ar gylchdro, mae cyfansoddion fel 1,2-deubromoethen yn gallu bodoli ar ddwy ffurf wahanol, h.y. dau isomer gwahanol.

Yr enw ar yr isomerau hyn yw **isomerau *E–Z***.

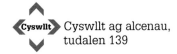

DYLECH WYBOD ›››

››› pam mae isomeredd *E–Z* yn digwydd

››› sut i enwi isomerau *E–Z*

››› sut mae isomeredd *E–Z* yn effeithio ar briodweddau

Cyswllt Cyswllt ag alcenau, tudalen 139

Term Allweddol

Isomeredd *E–Z* yw isomeredd sy'n digwydd mewn alcenau (ac alcenau a amnewidiwyd) oherwydd cyfyngiadau ar gylchdroi o amgylch y bond dwbl.

Enwi isomerau *E–Z*

I benderfynu pa un ai'r isomer *E* neu'r isomer *Z* sydd gennych, mae'n rhaid i chi edrych ar yr atom sy'n gysylltiedig yn uniongyrchol â phob atom carbon yn y bond dwbl. Edrychwch ar bob atom carbon ac mae'r atom cysylltiedig sydd â'r rhif atomig uchaf yn cael blaenoriaeth.

Mewn 1,2-deubromoethen, mae atom bromin ac atom hydrogen yn gysylltiedig ag atom C 1. Bromin sydd â'r rhif atomig uchaf ac felly mae'n cael blaenoriaeth.

Mae atom bromin ac atom hydrogen hefyd yn gysylltiedig ag atom C 2. Bromin sydd â'r rhif atomig uchaf ac felly mae'n cael blaenoriaeth unwaith eto.

Os yw'r ddau grŵp sydd â'r flaenoriaeth uchaf ar yr un ochr i'r bond dwbl, mae'r isomer yn *Z*. Mae hyn yn golygu bod

$$\underset{H}{\overset{Br}{\diagdown}}C=C\underset{H}{\overset{Br}{\diagup}}$$

yn (*Z*)-1,2-deubromoethen.

Os yw'r grwpiau sydd â'r flaenoriaeth uchaf, yn gysylltiedig â'r ddau atom carbon, ar ochrau dirgroes i'r bond dwbl, dyma'r isomer *E*.

$$\underset{H}{\overset{Br}{\diagdown}}C=C\underset{Br}{\overset{H}{\diagup}}$$

Dyma (*E*)-1,2-deubromoethen.

Gallwn ddefnyddio'r system enwi gyda chyfansoddion sy'n cynnwys bondiau dwbl â grwpiau gwahanol ynghlwm.

$$\underset{H}{\overset{Br}{\diagdown}}\underset{1}{C}=\underset{2}{C}\underset{H}{\overset{Cl}{\diagup}}$$

O ystyried C 1, mae gan fromin rif atomig uwch na hydrogen ac felly mae'n cael blaenoriaeth. Ar C 2 mae gan glorin rif atomig uwch na hydrogen ac felly mae'n cael blaenoriaeth. Mae'r ddau atom sydd â'r flaenoriaeth uchaf ar yr un ochr i'r bond dwbl ac felly dyma (*Z*)-1-bromo 2-cloroethen.

Priodweddau isomerau *E–Z*

Priodweddau cemegol

Gan fod y bond dwbl yn dal i fod yn bresennol, bydd y ddau isomer yn cynnal adweithiau nodweddiadol alcenau sy'n dibynnu ar y bond dwbl.

Fodd bynnag, mae'r cylchdro cyfyngedig o gwmpas y bond dwbl yn golygu bod y grwpiau a amnewidiwyd ar atomau carbon y bond dwbl yn gallu ymddwyn yn wahanol. Mae hyn yn aml oherwydd ar y ffurf *E* mae'r grwpiau a amnewidiwyd yn rhy bell oddi wrth ei gilydd i ryngweithio ond ar y ffurf *Z* maen nhw'n nes at ei gilydd.

Un enghraifft o hyn yw'r adwaith lle mae asid (*Z*)-bwtendeuöig yn gallu colli dŵr mewn un moleciwl.

Cymorth Ychwanegol

Efallai y gallwch feddwl am gofair i'ch helpu i gofio pa un yw *E* a pha un yw *Z*. Os ydych yn ieithydd, mae *Z* yn sefyll am y gair Almaeneg zusammen (= gyda'i gilydd) ac *E* am y gair entgegen (= cyferbyn).

▼ Pwt o eglurhad

Mewn hen werslyfrau, byddwch yn gweld yr enwau *cis-trans* ar gyfer y mathau hyn o isomerau. Rydym yn defnyddio *E–Z* heddiw gan ei fod yn bosibl ei ddefnyddio ar gyfer mwy o gyfansoddion.

Mae'n bosibl ymestyn y system enwi at foleciwlau mwy cymhleth drwy edrych ymhellach ar hyd cadwynau'r grwpiau a amnewidiwyd.

Ystyriwch

$$\underset{CH_3CH_2}{\overset{CH_3}{\diagdown}}\underset{1}{C}=\underset{2}{C}\underset{CH_3}{\overset{CH_2CH_3}{\diagup}}$$

O edrych ar atom C 1, rydym yn gweld ei fod yn gysylltiedig yn uniongyrchol â dau atom carbon – nid oes modd rhoi blaenoriaeth. Yna mae angen i chi edrych ar yr atomau carbon hyn. Yn y grŵp CH_3 mae'r C yn gysylltiedig â H H H ond yn y grŵp CH_3CH_2 mae'r carbon hwn yn gysylltiedig â C H H. Mae gan hwn rif atomig uwch ac felly mae'n cael blaenoriaeth. Felly yr isomer hwn yw'r ffurf *E*.

Cymorth Ychwanegol

Peidiwch â dweud nad oes **dim** cylchdro o gwmpas y bond dwbl. Mae cylchdro yn bosibl ond mae'r egni mawr sydd ei angen yn golygu ei fod yn gyfyngedig iawn.

29

Gwirio eich gwybodaeth

Lluniwch yr isomer *E* ar gyfer 1-bromo 2-cloroethen.

Gwirio eich gwybodaeth

A yw'r adeiledd isod yn dangos yr isomer *E* neu *Z*?

$$CH_3 \quad C=C \quad Cl$$
$$H \qquad CH_2CH_3$$

Gwirio eich gwybodaeth

(a) Rhowch fformiwla graffig cynnyrch adwaith bromin â:

   (i) (*Z*)-1,2-deubromoethen

   (ii) (*E*)-1,2-deubromoethen

(b) Beth yw'r berthynas rhwng cynhyrchion yr adweithiau yn (i) a (ii)?

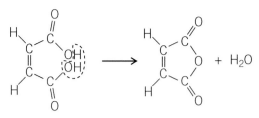

Asid (*Z*)-bwtendeuöig

Nid yw'r adwaith hwn yn bosibl ar gyfer yr isomer *E*.

Asid (*E*)-bwtendeuöig

Priodweddau ffisegol

Mae tymheredd ymdoddi a thymheredd berwi yn dibynnu ar gryfder y grymoedd rhyngfoleciwlaidd. Mae pa mor dda y mae'r moleciwlau yn pacio ynghyd yn effeithio ar eu cryfder gan fod hyn yn newid arwynebedd y cyswllt rhwng moleciwlau.

Yn gyffredinol, mae siâp moleciwlau *E* yn golygu eu bod yn gallu ffitio ynghyd yn agosach. Mae hyn yn golygu bod ganddyn nhw rymoedd rhyngfoleciwlaidd cryfach ac felly dymereddau ymdoddi uwch. Tymheredd ymdoddi asid (*Z*)-bwtendeuöig yw 130°C ond tymheredd ymdoddi asid (*E*)-bwtendeuöig yw 286°C.

Tymereddau ymdoddi a berwi

Effaith hyd y gadwyn ar dymereddau ymdoddi a berwi

Term Allweddol

Grymoedd van der Waals yw rhyngweithiadau deupol–deupol neu ddeupol dros dro–deupol dros dro rhwng atomau a moleciwlau.

Mewn solid, mae gronynnau yn cael eu dal ynghyd yn dynn a'r cyfan y gallan nhw ei wneud yw dirgrynu o amgylch safle sefydlog. Pan fydd y solid yn ymdoddi, mae'n rhaid goresgyn y grymoedd sy'n ei ddal yn dynn. Er bod llai o drefn mewn hylif a bod y gronynnau yn bellach oddi wrth ei gilydd, mae grymoedd atyniadol sylweddol yn dal i fod yn bresennol ac mae angen eu goresgyn pan fydd yr hylif yn newid yn nwy. Mae hyn yn golygu bod angen egni i oresgyn grymoedd bob tro y bydd sylwedd yn ymdoddi neu'n berwi. Mae'r egni hwn fel rheol ar ffurf gwres. Mae'n bosibl rhagfynegi pa sylwedd sydd â thymheredd ymdoddi neu ferwi uwch drwy edrych ar gryfder y grymoedd hyn.

Mae hydrocarbonau yn foleciwlau cofalent syml sy'n cynnwys carbon a hydrogen yn unig. Gan fod electronegatifedd carbon a hydrogen yn debyg, mae hydrocarbonau yn amholar. Mae hyn yn golygu mai dim ond **grymoedd van der Waals** deupol dros dro–deupol dros dro sy'n bresennol rhwng y moleciwlau. Mae'r rhain yn rymoedd rhyngfoleciwlaidd gwan.

Mae grymoedd rhyngfoleciwlaidd deupol dros dro–deupol dros dro yn gweithredu rhwng arwynebau'r moleciwlau. Y mwyaf yw'r arwyneb sydd mewn cyswllt, y mwyaf y bydd y grymoedd yn gweithredu. Mae hyn yn golygu bod angen mwy o egni i oresgyn y grymoedd a bod y tymereddau ymdoddi a berwi yn uwch.

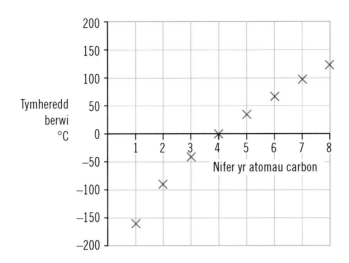

▲ Berwbwynt yn erbyn hyd y gadwyn

Mae hydrocarbonau bach yn nwyon ar dymheredd ystafell, mae rhai mwy yn hylifau ac mae'r rhai mwyaf un yn solidau.

Effaith canghennau ar dymereddau berwi

Rydym wedi ystyried uchod effaith hyd y gadwyn ar dymheredd berwi. Yn gyffredinol, y mwyaf yw'r màs moleciwlaidd cymharol, yr uchaf yw'r tymheredd berwi. Fodd bynnag, bydd gan isomerau adeileddol gwahanol dymereddau berwi gwahanol oherwydd bod ganddyn nhw arwynebeddau arwyneb gwahanol sy'n gallu bod mewn cyswllt.

Ystyriwch bentan a'i isomer 2,2-deumethylpropan.

Pentan

2,2-Deumethylpropan

O edrych ar siapiau'r moleciwlau hyn, y mwyaf yw nifer y canghennau sy'n bresennol, y mwyaf sfferig yw'r moleciwl. Pan fydd sfferau'n cael eu pacio ynghyd, mae'r arwynebedd sydd ar gael ar gyfer cyswllt arwynebedd arwyneb yn fach iawn ond mae gan foleciwlau 'siâp selsig' fwy o lawer o arwynebedd arwyneb ar gael.

Mae hyn yn golygu, y mwyaf o ganghennau sydd gan isomer, mwyaf tebyg i sffêr ydyw ac isaf yn y byd yw ei dymheredd berwi.

Ar gyfer pentan a 2,2-deumethyl propan, tymheredd berwi pentan, sydd â chadwyn syth yw 36 °C a thymheredd berwi 2,2-deumethylpropan, sydd â chadwyn ganghennog, yw 10 °C.

Cyswllt 1.4 Bondio

Cymorth Ychwanegol

Gwnewch yn siŵr eich bod yn deall y gwahaniaeth rhwng grymoedd rhyngfoleciwlaidd a grymoedd mewnfoleciwlaidd. Grymoedd rhyngfoleciwlaidd yw'r rhai rhwng moleciwlau a grymoedd mewnfoleciwlaidd yw'r rhai o fewn yr un moleciwl.

32 Gwirio eich gwybodaeth

Lluniwch **ddau** foleciwl o ddŵr gan ddangos y bondiau i gyd. Nodwch ar y diagram hwn rym rhyngfoleciwlaidd a grym mewnfoleciwlaidd.

Estyn a Herio

Mae grymoedd deupol dros dro–deupol dros dro yn ymddangos oherwydd symudiad dros dro electronau o un ochr y moleciwl i'r llall. Felly mae cryfder y grymoedd yn cynyddu wrth i nifer yr electronau sy'n amgylchynu'r moleciwl gynyddu. Mae'r effaith hon, yn ogystal â'r arwynebedd arwyneb mwy ar gyfer cyswllt, yn egluro'r cynnydd mewn tymheredd ymdoddi a berwi gyda hyd cynyddol y gadwyn.

33 Gwirio eich gwybodaeth

Tymheredd berwi pentan yw 36 °C. Awgrymwch werth ar gyfer tymheredd berwi hecsan.

Llawer o ganghennau – dim llawer o gyswllt arwyneb

Cadwyn syth – mwy o gyswllt arwynebedd arwyneb

Uned 2

2.5
Hydrocarbonau

Hydrocarbonau yw'r deunydd crai sy'n bodoli'n naturiol ar gyfer cynhyrchu llawer o gyfansoddion organig. Mae'n bosibl distyllu petroliwm, sy'n cynnwys hydrocarbonau, yn ffracsiynol i gynhyrchu tanwyddau sy'n addas ar gyfer eu defnyddio mewn llawer o sefyllfaoedd gwresogi ac mewn sefyllfaoedd eraill sy'n dibynnu ar egni. Petroliwm yw'r man cychwyn hefyd ar gyfer cynhyrchu plastigion a defnyddiau synthetig eraill.

Mewn byd lle mae ystyried y materion amgylcheddol a gysylltir â chynhyrchu egni yn fwyfwy pwysig, mae angen deall yn drwyadl natur yr adweithiau dan sylw.

Dylech allu dangos a chymhwyso eich gwybodaeth a'ch dealltwriaeth o'r canlynol:

- Adwaith hylosgi alcanau a manteision ac anfanteision yn ymwneud â defnyddio tanwyddau ffosil, gan gynnwys ffurfio carbon deuocsid, nwyon asidig a charbon monocsid.
- Bondiau C—C ac C—H mewn alcanau fel bondiau σ.
- Mecanwaith amnewid radical, e.e. ffotoclorineiddiad alcanau.
- Y gwahaniaeth mewn adweithedd rhwng alcanau ac alcenau yn nhermau'r bond C≡C fel ardal o ddwysedd uchel o electronau.
- Y bond C≡C mewn ethen ac alcenau eraill sy'n cynnwys bond π a bond σ.
- Isomeredd *E–Z* yn nhermau cylchdroi cyfyngedig o gwmpas bond dwbl carbon i garbon.
- Mecanwaith adio electroffilig, e.e. adio Br_2 at ethen, fel un o adweithiau nodweddiadol alcenau.
- Profion bromin/dŵr bromin a photasiwm manganad(VII) ar gyfer alcenau.
- Natur cynhyrchion adio alcenau o ran y carbocatïonau a all ffurfio.
- Yr amodau sydd eu hangen ar gyfer hydrogeniad catalytig ethen a pherthnasedd yr adwaith hwn.
- Natur polymeriad adio a phwysigrwydd economaidd polymerau alcenau ac alcenau a amnewidiwyd.

134

Tanwyddau ffosil

Defnyddio tanwyddau ffosil

Mae llawer o anghenion egni diwydiannol a domestig y byd yn cael eu diwallu drwy ddefnyddio **tanwyddau ffosil**. Mae'r rhain yn cynnwys nwy naturiol, petroliwm a glo. Er bod cynnydd yn cael ei wneud o ran datblygu ffynonellau eraill, mae'n debyg y byddwn yn dibynnu, i ryw raddau, ar danwyddau ffosil yn y dyfodol hyd y gallwn ragweld.

Manteision defnyddio tanwyddau ffosil

1 Maen nhw ar gael mewn amrywiol ffurfiau ac felly mae'n bosibl dewis y math gorau o danwydd ar gyfer ei ddefnydd. Mae glo a nwy naturiol, er enghraifft, yn cael eu defnyddio'n helaeth mewn gorsafoedd trydan. Mae'n bosibl gwahanu petroliwm yn ffracsiynau a newid eu priodweddau yn ôl y defnydd dan sylw.

2 Maen nhw ar gael drwy'r amser. Nid yw rhai ffynonellau gwyrdd fel solar a gwynt ar gael drwy'r amser.

Anfanteision defnyddio tanwyddau ffosil

1 Maen nhw, i bob pwrpas, yn **anadnewyddadwy**. Yn ddamcaniaethol, gan fod anifeiliaid a phlanhigion yn dal i farw, mae'n bosibl eu hadnewyddu. Fodd bynnag, rydym yn eu hystyried yn anadnewyddadwy gan ei bod yn cymryd miliynau o flynyddoedd i ffurfio tanwyddau ffosil ac mae'r cronfeydd yn cael eu disbyddu'n gyflymach nag y mae rhai newydd yn ffurfio. Mae hyn yn golygu bod adnoddau yn rhedeg allan.

2 Mae hylosgi tanwyddau ffosil yn cynhyrchu carbon deuocsid. Mae carbon deuocsid yn **nwy tŷ gwydr** sy'n amsugno pelydriad isgoch o arwyneb y Ddaear ac yna yn ei allyrru i bob cyfeiriad. Mae peth o'r pelydriad hwn yn mynd yn ôl i arwyneb y Ddaear ac felly mae tymheredd yr arwyneb yn codi. Mae goblygiadau amgylcheddol difrifol i'r newid hwn yn yr hinsawdd, gan gynnwys lefelau'r môr yn codi a newidiadau i addasrwydd cnydau i'w hamgylchedd.

▲ Ai cynhesu byd-eang sy'n achosi hyn?

DYLECH WYBOD ›››

››› natur tanwyddau ffosil

››› manteision ac anfanteision defnyddio tanwyddau ffosil

Termau Allweddol

Tanwydd ffosil yw un sy'n deillio o organebau oedd yn byw amser maith yn ôl.

Adnoddau anadnewyddadwy yw'r rhai nad oes modd eu hailffurfio mewn amser rhesymol.

Nwy tŷ gwydr yw un sy'n achosi i dymheredd y Ddaear godi.

Estyn a Herio

Er bod pobl yn sôn am garbon deuocsid fel rheol fel y nwy 'drwg' sy'n achosi cynhesu byd-eang, mae methan yn cael 34 gwaith cymaint o effaith ar dymheredd. Mae'r effaith tŷ gwydr fwyaf yn cael ei hachosi gan bresenoldeb anwedd dŵr yn yr atmosffer.

! Cymorth Ychwanegol

Peidiwch â disgrifio darwagiad oson pan fydd y cwestiwn yn gofyn am gynhesu byd-eang. CFCau sy'n achosi darwagiad oson.

▼ Pwt o eglurhad

Mae'n bosibl defnyddio llawer o wahanol hafaliadau i ddangos ffurfio asid nitrig mewn glaw asid. Gall y rhain gynnwys:

$N_2(n) + O_2(n) \longrightarrow 2NO(n);$

$2NO(n) + O_2(n) \longrightarrow 2NO_2(n);$

$2NO_2(n) + H_2O(h) \longrightarrow HNO_3(d) + HNO_2(d).$

Nid oes angen i chi allu dyfynnu set benodol o adweithiau mewn arholiad.

34

Gwirio eich gwybodaeth

Enwch ddau nwy tŷ gwydr sy'n bresennol yn yr atmosffer.

35

Gwirio eich gwybodaeth

Cwblhewch y frawddeg.

Mae presenoldeb asid .... ac asid .... mewn dŵr glaw yn .... y pH.

36

Gwirio eich gwybodaeth

Cwblhewch yr hafaliad i ddangos beth sy'n digwydd pan fydd glaw asid yn rhedeg dros gerflun marmor.

$CaCO_3(s) + \underline{\quad} HNO_3(d) \longrightarrow$
.... + ... + ...

Term Allweddol

Glaw asid yw glaw â pH is na'r disgwyl.

▼ Pwt o eglurhad

Os bydd hylosgiad anghyflawn yn digwydd, mae dŵr yn dal i gael ei ffurfio bob tro. Y carbon yn y tanwydd sy'n adweithio â llai o ocsigen, gan ffurfio carbon monocsid neu hyd yn oed carbon.

37

Gwirio eich gwybodaeth

Pam mae ceir nad yw eu peiriannau wedi'u gosod yn gywir yn allyrru mwg du o'u pibellau gwacáu?

38

Gwirio eich gwybodaeth

Ysgrifennwch yr hafaliad i ddangos ffurfio carbon monocsid drwy hylosgi bwtan.

▲ Effeithiau glaw asid

3 Glaw asid

Mae llawer o danwyddau ffosil yn cynnwys sylffwr. Pan fyddan nhw'n cael eu hylosgi, mae hyn yn cynhyrchu sylffwr deuocsid. Mae hwn yn adweithio â dŵr gan wneud asid sylffwrig(IV) (sylffwrus).

$$H_2O(h) + SO_2(n) \longrightarrow H_2SO_3(d)$$

Mae hwn wedyn yn cael ei ocsidio gan wneud asid sylffwrig(VI).

$$H_2SO_3(d) + \tfrac{1}{2}O_2(n) \longrightarrow H_2SO_4(d)$$

Ar dymereddau uchel peiriant tanio mewnol, mae nitrogen ac ocsigen atmosfferig yn adweithio gan ffurfio ocsidau nitrogen. Mae'r rhain yn adweithio â dŵr gan ffurfio asid nitrig, HNO_3.

Mae asidau sylffwrig a nitrig yn bresennol mewn **glaw asid**. Mae'n gallu achosi difrod difrifol i adeiladau, yn enwedig y rhai sy'n cynnwys calsiwm carbonad.

Mae presenoldeb sylffwr deuocsid ac ocsidau nitrogen yn broblem i iechyd pobl sy'n cael anawsterau anadlu. Yn ystod Gemau Olympaidd Beijing, er enghraifft, cafodd trafnidiaeth ar y ffyrdd ei chyfyngu er mwyn osgoi gormod o lygredd aer.

4 Ffurfio carbon monocsid

Pan gaiff tanwyddau ffosil eu llosgi mewn cyflenwad digonol o ocsigen, bydd hylosgiad cyflawn yn digwydd gan ffurfio carbon deuocsid a dŵr. Fodd bynnag, os oes prinder ocsigen, bydd hylosgiad anghyflawn yn digwydd gan ffurfio carbon monocsid. Mae carbon monocsid yn wenwynig gan ei fod yn cyfuno â haemoglobin yn y gwaed fel nad oes haemoglobin ar gael i gludo ocsigen o gwmpas y corff.

Oherwydd bod angen sicrhau cyflenwad digonol o ocsigen ar gyfer hylosgiad, mae awyrellau aer yn cael eu gosod yn ymyl boeleri ac mae cyfarwyddiadau yn cael eu gosod ar wresogyddion yn dweud na ddylen nhw gael eu gorchuddio.

Hefyd mae hylosgiad anghyflawn yn llai effeithlon na hylosgiad cyflawn ac felly, er enghraifft, byddai car yn teithio llai o filltiroedd am bob litr o danwydd.

Alcanau

Cyfres homologaidd yr alcanau

1 Fformiwla gyffredinol y gyfres homologaidd yw C_nH_{2n+2}.

1 Mae gan bob un CH_2 ychwanegol o'i gymharu â'r un diwethaf.

2 Mae gan alcanau adweithiau cemegol tebyg gan eu bod yn hydrocarbonau dirlawn.

3 Mae'r priodweddau ffisegol yn amrywio wrth i'r màs moleciwlaidd cymharol gynyddu. Mae alcanau bach yn nwyon ar dymheredd ystafell (e.e. mae nwy naturiol yn fethan yn bennaf), mae'r rhai mwy yn hylifau (e.e. mae petrol yn cynnwys tuag 8 o atomau carbon ym mhob moleciwl), ac mae'r rhai mwyaf un yn solidau (e.e. canhwyllau cwyr).

Adweithiau alcanau

Gan fod electronegatifedd carbon a hydrogen yn debyg, mae alcanau yn amholar. Hefyd does ganddyn nhw ddim bondiau lluosol ac felly maen nhw'n eithaf anadweithiol. Fodd bynnag, maen nhw'n cynnal dau adwaith pwysig.

1 Hylosgiad

Mae alcanau yn llosgi drwy adwaith ag ocsigen. Mae'r adwaith hwn yn ecsothermig ac felly mae alcanau yn cael eu defnyddio fel tanwyddau.

Os oes digon o ocsigen yn bresennol, mae **hylosgiad cyflawn** yn digwydd gan ffurfio carbon deuocsid a dŵr.

Enghraifft gan ddefnyddio ethan:

$$C_2H_6(n) + 3\tfrac{1}{2}\,O_2(n) \longrightarrow 2CO_2(n) + 3H_2O(h)$$

Os nad oes digon o ocsigen yn bresennol, mae **hylosgiad anghyflawn** yn digwydd gan ffurfio carbon monocsid.

Enghraifft gan ddefnyddio propan:

$$C_3H_8(n) + 3\tfrac{1}{2}\,O_2(n) \longrightarrow 3CO(n) + 4H_2O(h)$$

Mae'r carbon monocsid sy'n ffurfio mewn hylosgiad anghyflawn yn wenwynig gan ei fod yn bondio â'r haemoglobin mewn gwaed ac yn atal yr haemoglobin rhag cludo ocsigen o gwmpas y corff.

Yn ogystal â chynhyrchu carbon monocsid gwenwynig, mae hylosgiad anghyflawn yn rhywbeth nad oes arnom ei eisiau am ei fod yn cynhyrchu llai o egni na hylosgiad cyflawn.

Mae hylosgiad anghyflawn hefyd yn gallu ffurfio carbon ac mae hwn i'w weld weithiau ar ffurf mwg du pan nad yw peiriant diesel lorri wedi'i osod yn gywir.

Termau Allweddol

Hylosgiad cyflawn yw hylosgiad sy'n digwydd gyda gormodedd o ocsigen.

Hylosgiad anghyflawn yw hylosgiad sy'n digwydd heb gyflenwad digonol o ocsigen.

▼ Pwt o eglurhad

Gan fod alcanau yn amholar, nid oes modd iddyn nhw ffurfio bondiau hydrogen â dŵr. Felly maen nhw'n anhydawdd mewn dŵr. Gallwn weld hyn pan fydd olew yn arnofio ar ben dŵr.

Er y bydd cwestiwn, efallai, yn gofyn i chi ysgrifennu neu gwblhau hafaliad yn dangos hylosgiad anghyflawn, mewn gwirionedd nid yw'n bosibl ysgrifennu hafaliad sy'n hollol ddilys. Y rheswm am hyn yw pryd bynnag y bydd carbon monocsid yn ffurfio, bydd rhywfaint o garbon deuocsid hefyd yn ffurfio. Nid yw'n bosibl rhagfynegi cymhareb y ddau nwy.

39

Gwirio eich gwybodaeth

Ysgrifennwch yr hafaliad ar gyfer hylosgiad cyflawn octan.

Termau Allweddol

Halogeniad yw adwaith ag unrhyw halogen.

Adwaith cychwynnol yw'r adwaith sy'n dechrau'r broses.

Ymholltiad bond homolytig yw'r broses lle mae bond yn cael ei dorri a phob atom yn y bond yn derbyn un o'r electronau o'r bond

Radical yw rhywogaeth sydd ag electron heb ei baru.

Lledaeniad yw'r adwaith sy'n peri i'r broses barhau/tyfu.

Adwaith cadwynol yw adwaith sy'n cynnwys cyfres o gamau ac sy'n parhau unwaith mae wedi dechrau.

Terfyniad yw'r adwaith sy'n terfynu/gorffen y broses.

Mae **mecanwaith adwaith** yn dangos y camau y mae adwaith yn mynd drwyddyn nhw.

Adwaith amnewid yw adwaith lle mae un atom/grŵp yn cymryd lle atom/grŵp arall.

40
Gwirio eich gwybodaeth

Cwblhewch y brawddegau.
Mae alcanau yn anadweithiol fel rheol oherwydd .... Mae radicalau yn adweithiol iawn oherwydd............. .

41
Gwirio eich gwybodaeth

Ysgrifennwch yr hafaliad ar gyfer ffurfio tetracloromethan o fethan.

42
Gwirio eich gwybodaeth

Pam y byddech yn gweld 'mygdarth niwlog' wrth i glorin adweithio ag alcan?

2 Halogeniad

Halogeniad yw'r adwaith rhwng cyfansoddyn organig ac unrhyw halogen (aelod o Grŵp 7).

Nid yw alcanau yn adweithio â halogenau yn y tywyllwch. Fodd bynnag, os ydyn nhw mewn golau uwchfioled (ar ffurf golau haul yn aml) fe fyddan nhw'n adweithio. Mae'r adwaith yn digwydd mewn tri cham. Mae'r enghraifft isod yn defnyddio'r adwaith rhwng methan a chlorin.

Cam 1 Adwaith cychwynnol

Mae **adwaith cychwynnol** yn dechrau'r adwaith. Mae gan olau uwchfioled ddigon o egni i dorri'r bond Cl–Cl yn homolytig. Mae **ymholltiad bond homolytig** yn digwydd pan fydd pob atom yn y bond yn derbyn un o'r electronau bondio, gan ffurfio **radicalau**. Rhywogaethau yw radicalau sy'n cynnwys electron heb ei baru. Mae hyn yn golygu eu bod yn adweithio ag unrhyw foleciwl arall i ennill electron arall a ffurfio pâr. Fel rheol byddwn yn dangos yr electron heb ei baru yn unig mewn radical. Byddwch yn ofalus gyda'r termau electron heb ei baru a phâr unig o electronau. Gwnewch yn siŵr eich bod yn gwybod beth mae'r ddau derm hyn yn ei olygu.

$$Cl_2 \longrightarrow 2Cl^\bullet$$

Cam 2 Lledaeniad

Mae radicalau yn adweithiol iawn ac yn cymryd rhan mewn cyfres o adweithiau **lledaenu**.

$$Cl^\bullet + CH_4 \longrightarrow CH_3^\bullet + HCl$$

$$CH_3^\bullet + Cl_2 \longrightarrow CH_3Cl + Cl^\bullet$$

Mae adwaith lledaenu yn defnyddio radical fel adweithydd ac yna yn ffurfio radical fel un o'r cynhyrchion. Mae hyn yn golygu bod yr adwaith yn parhau. Felly rydym yn ei alw'n **adwaith cadwynol**.

Cam 3 Terfyniad

Mae'r camau lledaenu yn parhau nes i ddau radical gyfarfod. Yna mae'r adwaith yn dod i ben – dyma'r cam **terfynu**.

$$Cl^\bullet + CH_3^\bullet \longrightarrow CH_3Cl$$

Y camau adwaith cychwynnol, lledaeniad a therfyniad yw mecanwaith yr adwaith.

Mae'n bosibl y bydd cwestiynau arholiad yn gofyn am y mecanwaith. Byddwch yn ofalus oherwydd weithiau mae cwestiwn yn gofyn am yr hafaliad cyflawn. Nid yr un peth â'r mecanwaith yw hynny. Er enghraifft, os yw cwestiwn yn gofyn am yr hafaliad ar gyfer adwaith ethan â bromin, yr ateb sydd ei angen yw:

$$C_2H_6 + Br_2 \longrightarrow C_2H_5Br + HBr$$

Gan fod cymysgeddau yn ffurfio bob amser, nid yw halogeniad alcanau yn ddull boddhaol iawn o baratoi halogenoalcanau. Fodd bynnag, mae'n bosibl osgoi amnewid mwy nag un atom, i raddau helaeth, os byddwn yn cyfyngu llawer ar faint o halogen sy'n cael ei ddefnyddio.

Yr Alcenau

Adeiledd alcenau

Cyfres homologaidd o hydrocarbonau annirlawn yw alcenau. Mae hyn yn golygu eu bod yn cynnwys bond dwbl carbon i garbon, a'u fformiwla gyffredinol yw C_nH_{2n}.

Mae alcenau yn ffurfio pan gaiff petroliwm ei gracio; er y byddan nhw'n hylosgi, dydyn nhw ddim fel rheol yn cael eu defnyddio fel tanwyddau. Fodd bynnag, maen nhw'n bwysig iawn fel defnydd cychwynnol ar gyfer amrywiaeth o adweithiau synthesis organig, gan gynnwys polymeriad.

Oherwydd presenoldeb y bond dwbl, mae alcenau yn fwy adweithiol o lawer nag alcanau.

Ethen

Mewn ethen, mae gan bob atom carbon adeiledd electronig $1s^2 2s^2 2p^2$, h.y. mae gan bob un bedwar electron ar gael ar gyfer bondio. Caiff tri bond cofalent 'arferol' eu ffurfio gan ddefnyddio tri o'r electronau hyn. Yr enw ar y bondiau hyn yw bondiau σ ac maen nhw'n defnyddio'r ddau electron s ac un o'r electronau p ym mhob atom carbon. Mae hyn yn golygu bod tair ardal o wefr negatif o amgylch pob atom carbon ac mae damcaniaeth VSEPR yn dweud bod y moleciwl yn drigonol planar ag ongl bond 120°. Mae un orbital electron p ar bob atom carbon heb gael ei ddefnyddio i ffurfio'r bondiau hyn,

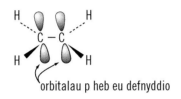

orbitalau p heb eu defnyddio

Mae'r orbitalau p yn gorgyffwrdd i'r ochr gan ffurfio **bond π** – sy'n ardal o ddwysedd electron uchel uwchben ac islaw plân y moleciwl.

orbital π

Alcenau eraill

Mae gan alcenau hefyd onglau bondiau o tua 120° o amgylch yr atomau carbon sydd ynghlwm wrth y bond dwbl, ond onglau bondiau o tua 109.5° o amgylch yr atomau carbon yn rhan ddirlawn y gadwyn.

Er enghraifft, propen

120°

109.5°

Term Allweddol

Bond π yw un sy'n cael ei ffurfio gan electronau p yn gorgyffwrdd i'r ochr.

43

Gwirio eich gwybodaeth

Lluniwch fformiwla graffig (Z) pent-2-en.

44

Gwirio eich gwybodaeth

Pam nad ydym yn defnyddio alcenau fel tanwyddau fel rheol?

Estyn a Herio

Mae ffurfio bondiau sy'n cynnwys gorgyffwrdd orbitalau s ag s (neu unrhyw orgyffwrdd orbitalau ar hyd yr echelin) yn cynhyrchu bondiau π. Mae gorgyffwrdd orbitalau p **i'r ochr**, fodd bynnag, yn cynhyrchu bondiau σ.

Mae presenoldeb bond π yn achosi'r cylchdroi cyfyngedig o amgylch bondiau dwbl, sy'n gyfrifol am isomeredd E–Z. Mae angen gormod o egni i dorri'r bond er mwyn caniatáu cylchdro rhydd.

DYLECH WYBOD ›››

››› sut mae alcenau yn adweithio

››› mecanwaith adweithiau adio electroffilig

››› prawf ar gyfer alcenau

››› cynnyrch yr adwaith rhwng hydrogen bromid a phropen

Termau Allweddol

Electroffil yw rhywogaeth electron-ddiffygiol sy'n gallu derbyn pâr unig o electronau.

Ymholltiad bond heterolytig yw'r broses lle mae bond yn cael ei dorri ac un o'r atomau yn y bond yn derbyn y ddau electron o'r bond.

Adwaith adio yw adwaith lle mae adweithyddion yn cyfuno gan roi un cynnyrch.

Estyn a Herio

Mae 'saeth gyrliog' â phen saeth cyfan yn dangos symudiad pâr o electronau. Gallwn ddefnyddio 'saeth gyrliog' â hanner pen saeth i ddangos symudiad un electron.

$$Cl-Cl \longrightarrow Cl^\bullet + {}^\bullet Cl$$

▼ Pwt o eglurhad

Wrth lunio mecanwaith, mae'n rhaid i chi fod yn ofalus a dangos yn union ble mae'r 'saeth gyrliog' yn dechrau ac yn gorffen. Fel rheol mae saethau yn dechrau o fond π neu bâr unig.

! Cymorth Ychwanegol

Byddwch yn ofalus i sicrhau eich bod yn defnyddio + neu $\delta+$ yn gywir. Mae gwefr bositif, +, yn ffurfio pan fydd rhywogaeth niwtral yn colli electron; mae $\delta+$ yn ffurfio fel rhan o ddeupol.

Adweithiau alcenau

Adweithiau adio electroffilig

Mae gan alcenau bâr o electronau mewn orbital π sy'n eu gwneud yn agored i ymosodiad gan electroffil. **Electroffil** yw unrhyw rywogaeth sy'n gallu derbyn pâr unig o electronau. Mae mecanwaith yr adwaith yn cynnwys **ymholltiad bond heterolytig** gan arwain at **adwaith adio**.

Os bydd hydrogen bromid yn cael ei ddefnyddio, er enghraifft, mae ganddo ddeupol parhaol ac felly mae'n ymosod ar y bond π gyda'r H, sydd ag H $\delta+$ yn nes at yr ardal negatif.

Mae'r mecanwaith yn yr achos hwn yn defnyddio 'saethau cyrliog'. Mae saeth gyrliog yn dangos symudiad **pâr** o electronau.

Os bydd moleciwl amholar, e.e. hydrogen neu fromin, yn adweithio ag ethen, mae deupol yn cael ei anwytho gan y wefr negatif yn y bond π.

Gallai X_2 fod yn H_2 neu Br_2 gan gynhyrchu'r hafaliadau cyflawn

$$C_2H_4 + H_2 \longrightarrow C_2H_6$$
ethen   ethan

$$C_2H_4 + Br_2 \longrightarrow CH_2BrCH_2Br$$
ethen   1,2-deubromoethan

Defnyddio'r adweithiau hyn
(i) Bromin

Mae'r adwaith â bromin yn cael ei ddefnyddio i brofi ar gyfer alcen. Mae bromin yn frown ac felly mae presenoldeb alcen yn cael ei amlygu drwy ddadliwio dŵr bromin brown. Weithiau mae dŵr bromin yn cael ei ddefnyddio yn lle bromin hylifol yn y prawf hwn. Mae hyn oherwydd bod bromin hylifol yn gyrydol iawn.

(ii) Hydrogen

Gallwn alw'r adwaith â hydrogen yn hydrogeniad. Mae'n cael ei gatalyddu gan fetelau trosiannol, gan gynnwys platinwm a phaladiwm, ond nicel sy'n cael ei ddefnyddio gan amlaf. Mae'r adwaith yn bwysig yn fasnachol oherwydd bod olewau llysiau hylifol yn cynnwys llawer o fondiau dwbl (maen nhw'n amlannirlawn), ac mae'n bosibl eu gwneud yn ddirlawn drwy ychwanegu hydrogen. Mae hyn yn caledu'r olew i wneud brasterau bwytadwy solet (margarin/brasterau yn lle menyn).

Adwaith propen â hydrogen bromid

Ystyriwch yr adwaith rhwng propen a hydrogen bromid. Mae dau gynnyrch yn bosibl.

Propen + HBr ⟶ 2-Bromopropan — Adwaith 1

Propen + HBr ⟶ 1-Bromopropan — Adwaith 2

Yn ymarferol mae llawer mwy o 2-bromopropan yn cael ei ffurfio nag o 1-bromopropan. Gallwn egluro hyn drwy edrych ar fecanwaith yr adwaith.

▼ **Pwt o eglurhad**

Mewn prawf sy'n cynnwys newid lliw, dylech gynnwys y lliw gwreiddiol yn ogystal â nodi beth sy'n cael ei weld yn y prawf.

Mae'n bosibl defnyddio dadliwiad potasiwm manganad(VII) porffor hefyd fel prawf ar gyfer alcen.

45

Gwirio eich gwybodaeth

Awgrymwch ddau reswm pam rydym yn defnyddio dŵr bromin, yn hytrach na chlorin, fel prawf ar gyfer alcen.

Estyn a Herio

Y prawf ar gyfer cyfansoddion annirlawn yw dadliwio bromin brown, yn hytrach na dim ond alcenau. Bydd alcynau, sy'n cynnwys bond triphlyg carbon i garbon, hefyd yn rhoi canlyniad positif.

▼ **Pwt o eglurhad**

Mae dadleoliad (gwasgaru gwefr ar draws sawl atom) yn sefydlogi'r ïon. Byddwch yn gweld hyn eto pan fyddwch yn ystyried cyfansoddion aromatig.

Term Allweddol

Carbocation yw ïon sy'n cynnwys carbon â gwefr bositif.

46

Gwirio eich gwybodaeth

Pam, wrth gynhyrchu brasterau i'w defnyddio yn lle menyn, y mae nicel yn cael ei ddefnyddio fel rheol fel catalydd (yn hytrach na phlatinwm neu baladiwm)?

47

Gwirio eich gwybodaeth

Cwblhewch yr hafaliad.

$(CH_3)_2C{=}CH_2 + HBr \longrightarrow$

DYLECH WYBOD ›››

››› natur polymeriad adio

››› sut i lunio ac enwi polymerau adio

››› sut i adnabod uned sy'n ailymddangos

Termau Allweddol

Polymeriad yw uno nifer mawr iawn o foleciwlau monomer i wneud moleciwl polymer mawr.

Monomer yw moleciwl bach y mae'n bosibl ei wneud yn rhan o bolymer.

▼ **Pwt o eglurhad**

Mae fformiwla empirig polymer adio yr un fath â fformiwla empirig y monomer.

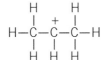

Adwaith 1   carbocation 2°

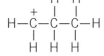

Adwaith 2   carbocation 1°

Mae'r ïon positif (y **carbocation**) yn fwy sefydlog yn adwaith 1 nag yn adwaith 2. Mae hyn oherwydd bod grwpiau alcyl yn tueddu i ryddhau electronau gan ddod yn δ+. Mae hyn yn gwasgaru neu'n dadleoli'r wefr bositif a hynny'n sefydlogi'r ïon. Mae hyn yn golygu bod carbocationau 2° yn fwy sefydlog na charbocationau 1°.

Polymeriad

Polymeriad yw uno nifer mawr iawn o foleciwlau **monomer** i wneud moleciwl polymer mawr. Mae alcenau, ac alcenau a amnewidiwyd, yn profi polymeriad adio. Mae hyn yn golygu bod y bond dwbl yn cael ei ddefnyddio i uno'r monomerau ac mai un cynnyrch yn unig sy'n ffurfio.

Yn y math hwn o adwaith mae'r bond dwbl yn cael ei ddefnyddio i uno'r moleciwlau. Pan fydd ethen yn polymeru, mae poly(ethen) yn ffurfio – yr enw cyffredin arno yw polythen. Yn yr hafaliad isod, sy'n dangos y polymeriad hwn, rydym yn defnyddio *n* i ddangos nifer mawr iawn.

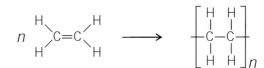

Nid yw'r polymer yn cynnwys bond dwbl ond mae'r enw yn cael ei ffurfio drwy ychwanegu poly at enw'r monomer ac felly mae'n cynnwys -en.

Cafodd poly(ethen) ei ddarganfod drwy hap a damwain pan gafodd ethen a symiau bach o gyfansoddion eraill eu rhoi dan wasgeddau uchel iawn. Ffurfiodd sylwedd cwyraidd gwyn. Ar y dechrau roedd yn anodd rheoli'r polymeriad i wneud cadwynau syth ac roedd gan y polymer a gynhyrchwyd ochr-gadwynau. Roedd hyn yn golygu na allai'r cadwynau bacio'n agos i'w gilydd ac roedd dwysedd y poly(ethen) yn isel. Hefyd, nid oedd llawer o bwyntiau lle roedd y cadwynau'n agos ac roedd hyn yn golygu bod grymoedd van der Waals yn gyfyngedig ac felly roedd y tymheredd ymdoddi yn isel.

Gan fod poly(ethen) yn cynnwys bondiau sengl yn unig, mae'n alcan â chadwyn hir iawn mewn gwirionedd ac mae hyn yn golygu ei fod yn solid anadweithiol, hyblyg sy'n gallu cael ei ddefnyddio i wneud bagiau plastig, a.y.b. Defnydd cyfyngedig oedd i bolymerau â chadwynau canghennog, oherwydd eu tymheredd ymdoddi isel, ond yna darganfuwyd bod defnyddio catalyddion (gan gynnwys catalyddion Ziegler) yn golygu ei bod yn bosibl cynhyrchu poly(ethen) â chadwyn syth. Roedd hyn yn golygu bod y cadwynau yn gallu pacio ynghyd yn well, gan roi plastig â dwysedd uwch a oedd felly yn galetach. Roedd y tymheredd ymdoddi hefyd yn uwch o lawer ac felly cafodd ffyrdd eraill o ddefnyddio'r polymer eu datblygu, lle roedd angen tymheredd uchel neu anhyblygedd.

Roedd y gwahaniaethau rhwng cadwynau syth a rhai canghennog, pan gafodd ethen ei bolymeru, yn enghraifft gynnar o sut mae newid adeiledd y polymer yn gallu newid ei briodweddau ffisegol i'w wneud yn addas ar gyfer defnydd penodol. Mae hefyd yn bosibl gwneud hyn drwy ddefnyddio alcenau a amnewidiwyd fel y monomerau.

Polymeru alcenau a amnewidiwyd

Gan fod y monomerau yn cael eu huno gan ddefnyddio'r bond dwbl, mae'n bosibl cynhyrchu polymerau alcenau a amnewidiwyd.

Un dull o ddarganfod adeiledd y polymer sy'n cael ei ffurfio o fonomer penodol yw llunio'r monomer sawl tro gyda'r bond dwbl mewn un moleciwl **wrth ochr** bond dwbl mewn moleciwl arall. Mae'r bond dwbl yn torri ac yn cael ei ddefnyddio i uno'r monomerau. Mae hyn yn cael ei ddangos gan y saethau yn y diagram.

Mae hyn yn rhoi'r polymer

Yr **uned sy'n ailadrodd** yn y polymer hwn yw

Mae polymerau sy'n bwysig i'r economi yn cynnwys:

(i) Poly(propen)

Monomer, propen → Polymer, poly(propen)

Mae poly(propen) yn anhyblyg ac yn cael ei ddefnyddio mewn cynwysyddion bwyd ac offer cegin cyffredinol.

(ii) Poly(cloroethen)

Monomer
cloroethen

Polymer
poly(cloroethen)

48
Gwirio eich gwybodaeth
Beth yw enw'r polymer sy'n cael ei ffurfio o 1-bromo, 2-nitroethen?

49
Gwirio eich gwybodaeth
Lluniwch 3 uned sy'n ailadrodd ar gyfer y polymer rydych wedi'i enwi yn 48.
(Y grŵp nitro yw NO_2.)

50
Gwirio eich gwybodaeth
Beth yw fformiwla empirig poly(ethen)?

Yr hen enw ar gloroethen oedd finyl clorid. Felly roedd poly(cloroethen) yn cael ei alw'n bolyfinyl clorid (talfyriad PVC).

Mae'n bosibl defnyddio poly(cloroethen) mewn pibellau dŵr, mewn dillad diddos neu fel gorchudd i ynysu cebl trydan.

(iii) Poly(ffenylethen)

Monomer
ffenylethen

Polymer
poly(ffenylethen)

Yr hen enw ar ffenylethen oedd styren. Felly roedd poly(ffenylethen) yn cael ei alw'n bolystyren. Mae'r polymer hwn yn galed ac mae'n cael ei ddefnyddio mewn llawer o eitemau ar gyfer y cartref lle mae angen cryfder ac anhyblygedd. Mae'n bosibl ei wneud yn ddefnydd ynysu a phecynnu drwy greu tyllau yn yr adeiledd. Yr enw a roddwyd ar hyn oedd polystyren ehangedig.

> ## ❗ Cymorth Ychwanegol
>
> Wrth lunio rhan o bolymer mae'n rhaid i chi ddangos y — ar bob pen i ddangos bod y gadwyn yn parhau. Os byddwch yn dangos un yn unig o'r unedau sy'n ailadrodd, cofiwch roi 'n' y tu allan i'r cromfachau.

51
Gwirio eich gwybodaeth
Mae rhan o bolymer i'w gweld isod. Lluniwch y monomer a gafodd ei ddefnyddio i ffurfio'r polymer hwn.

Uned 2

2.6
Halogenoalcanau

Mae halogenoalcanau yn dal i gael eu defnyddio ar gyfer amrywiaeth o bwrpasau diwydiannol a domestig, ond erbyn hyn maen nhw'n cael eu cyfyngu'n llym oherwydd eu bod yn wenwynig ac yn gallu achosi niwed i'r amgylchedd. Mae deall cemeg halogenoalcanau yn golygu bod cyfansoddion amgen, sy'n fwy diogel, yn cael eu datblygu.

Fel cyfres homologaidd, mae halogenoalcanau yn dangos adweithiau sy'n cael eu hachosi gan amnewid niwclioffilig. Gallwn eu defnyddio i astudio effaith newid natur yr halogen, neu'r isomer adeileddol sy'n cael ei ddefnyddio, ar gyfraddau adweithiau.

Dylech allu dangos a chymhwyso eich gwybodaeth a'ch dealltwriaeth o'r canlynol:

- Adwaith dileu halogenoalcanau gan ffurfio alcenau, er enghraifft, caiff HBr ei ddileu o 1-bromopropan i ffurfio propen.

- Mecanwaith amnewid niwclioffilig, fel yr adwaith rhwng OH⁻(d) a halogenoalcanau cynradd.

- Effaith polaredd bondiau ac enthalpi bond ar ba mor rhwydd yw amnewid halogenoalcanau.

- Prawf hydrolysis/Ag⁺(d) ar gyfer halogenoalcanau.

- Halogenoalcanau fel hydoddyddion, anaesthetigion a rhewyddion a bod y defnydd ohonyn nhw yn cael ei reoleiddio'n gaeth oherwydd eu bod yn wenwynig neu'n cael effaith andwyol ar yr amgylchedd.

- Effeithiau amgylcheddol andwyol CFCau ac arwyddocâd cryfderau bond cymharol bondiau C—H, C—F a C—Cl wrth benderfynu ar yr effaith maen nhw'n ei chael yn yr atmosffer uchaf.

- Sut i gyflawni adlifiad (er enghraifft, ar gyfer adwaith amnewid niwclioffilig halogenoalcanau ag ïonau hydrocsid).

Termau Allweddol

Halogenoalcan yw alcan lle mae un neu ragor o atomau halogen wedi cymryd lle atomau hydrogen.

Niwclioffil yw rhywogaeth sydd â phâr unig o electronau y mae'n gallu ei roi i rywogaeth electron-ddiffygiol.

Adlifiad yw proses o anweddiad a chyddwysiad di-dor.

Hydrolysis yw adwaith â dŵr i gynhyrchu cynnyrch newydd.

▼ Pwt o eglurhad

Dim ond tri mecanwaith sydd yn yr adran hon, mewn gwirionedd. Bydd un ohonyn nhw bron yn sicr ar y papur arholiad – gwnewch yn siŵr eich bod yn eu deall!

Cymorth Ychwanegol

Pan gaiff hylifau eu hadlifo, mae'n rhaid i ben y cyddwysydd fod yn agored. Os nad yw'n agored, pan gaiff y cyfarpar ei wresogi bydd yr aer yn ehangu ac yn chwythu'r caead i ffwrdd – yn ffyrnig fel rheol!

Adeiledd

Halogenoalcanau yw cyfres homologaidd lle mae un neu ragor o atomau halogen wedi cymryd lle atomau hydrogen. Fformiwla gyffredinol y gyfres yw $C_nH_{2n+1}X$ (lle halogen yw X). Rydym yn aml yn dangos fformiwla halogenoalcan fel RX. Mae halogenoalcanau a amnewidiwyd sawl gwaith yn gallu bodoli hefyd.

Mae halogenoalcanau yn cynnwys bond carbon i halogen. Gan fod halogenau yn fwy electronegatif na charbon, mae'r bond hwn yn bolar gyda $\delta+$ ar garbon a $\delta-$ ar yr halogen.

Mae'r deupol hwn yn golygu bod halogenoalcanau yn agored i ymosodiad **niwclioffilig** ar yr atom carbon $\delta+$. Mae hyn yn arwain at amnewid.

Amnewid niwclioffilig

Mecanwaith

Mae gan niwclioffil bâr unig y mae'n gallu ei roi i safle electron-ddiffygiol.

Gan ddefnyddio OH⁻ ac 1-cloropropan fel enghraifft:

$$
\begin{array}{c}
\text{H}-\overset{\overset{\text{H}}{|}}{\underset{\underset{\text{H}}{|}}{\text{C}}}-\overset{\overset{\text{H}}{|}}{\underset{\underset{\text{H}}{|}}{\text{C}}}-\overset{\overset{\text{H}}{|}}{\underset{\underset{\text{H}}{|}}{\text{C}}}\overset{\delta+\ \delta-}{-\text{Cl}} \longrightarrow \text{H}-\overset{\overset{\text{H}}{|}}{\underset{\underset{\text{H}}{|}}{\text{C}}}-\overset{\overset{\text{H}}{|}}{\underset{\underset{\text{H}}{|}}{\text{C}}}-\overset{\overset{\text{H}}{|}}{\underset{\underset{\text{H}}{|}}{\text{C}}}-\text{OH} + \text{Cl}^-
\end{array}
$$

:OH⁻

1-Cloropropan   Propan-1-ol

Paratoi alcoholau

Mae'n bosibl defnyddio'r adwaith hwn i baratoi alcoholau o halogenoalcanau, e.e. bwtan-1-ol o 1-bromobwtan. Mae sodiwm hydrocsid dyfrllyd yn darparu'r niwclioffil OH⁻.

$$CH_3CH_2CH_2CH_2Br + OH^- \longrightarrow CH_3CH_2CH_2CH_2OH + Br^-$$

Gan fod yr adwaith yn eithaf araf, mae angen gwresogi'r cymysgedd o 1-bromobwtan a sodiwm hydrocsid dyfrllyd am gryn dipyn o amser. Petaem yn gwneud hyn mewn fflasg neu mewn bicer agored, byddai llawer o'r hylifau yn anweddu ac yn cael eu colli a byddai'r cynnyrch yn isel iawn. I osgoi'r broblem hon, rydym yn **adlifo'r** cymysgedd hylifol.

Rydym yn dosbarthu'r adwaith rhwng ïonau hydrocsid dyfrllyd a halogenoalcan fel amnewid niwclioffilig. Fodd bynnag, gan y byddai'n bosibl gwneud y newid drwy ddefnyddio'r OH⁻ mewn dŵr, rydym hefyd yn gallu ei ddosbarthu fel **hydrolysis**.

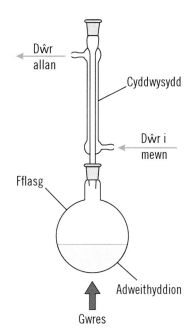

Wrth gael eu gwresogi, mae'r hylifau yn anweddu ac mae anwedd yn dianc o'r fflasg. Fodd bynnag, pan fydd yr anwedd yn cyrraedd y cyddwysydd mae'n cyddwyso ac yn ffurfio hylif. Mae'r hylif hwn yn diferu yn ôl i fflasg yr adwaith. Mae hyn yn golygu, yn y broses hon o anweddu a chyddwyso di-dor, ei bod yn bosibl berwi'r hylif mor hir ag sydd ei angen er mwyn cynnal adwaith heb golli unrhyw sylwedd.

Effaith newid yr halogen

Mae adwaith tebyg yn digwydd gyda halogenau eraill ond mae cyfradd yr adwaith yn dibynnu ar natur yr halogen. Wrth ddefnyddio cyfansoddion cloro, bromo ac ïodo mae dau ffactor y mae'n rhaid i ni eu hystyried.

(i) Electronegatifedd
Mae electronegatifedd yn lleihau wrth i faint yr halogen gynyddu. Mae hyn yn golygu mai'r bond C—Cl yw'r mwyaf polar a'r atom carbon hwn yw'r mwyaf $\delta+$.

(ii) Cryfder bond
Mae'r adwaith amnewid yn golygu torri'r bond carbon i halogen. Y bond C—Cl yw'r cryfaf ac felly yr un mwyaf anodd ei dorri.

Mae'r effeithiau yn (i) a (ii) yn tynnu i gyfeiriadau dirgroes ac felly mae'n anodd rhagfynegi pa un o'r halogenoalcanau a fyddai'n cael ei hydrolysu gyflymaf. Mewn gwirionedd mae (ii) yn drech ac felly trefn cyfraddau hydrolysis yr halogenoalcanau yw:

y cyflymaf   yr arafaf

ïodo > bromo > cloro

Gallwn ddilyn cyfradd yr adwaith drwy ddefnyddio'r ffaith bod ïon halid yn ffurfio yn yr hydoddiant ar ôl hydrolysis. Gallwn ei ganfod drwy ychwanegu $Ag^+(d)$, fel rheol ar ffurf arian nitrad dyfrllyd, ac amseru faint o amser y mae'r gwaddod yn ei gymryd i ffurfio.

52 Gwirio eich gwybodaeth

Enwch yr adweithyddion y gallech eu defnyddio i baratoi 2-methylbwtan-2-ol.

53 Gwirio eich gwybodaeth

Pa amodau sydd eu hangen ar gyfer yr adwaith hwn?

54 Gwirio eich gwybodaeth

Ysgrifennwch yr hafaliad ar gyfer yr adwaith yn 52 uchod.

55 Gwirio eich gwybodaeth

Pam mae clorin yn fwy electronegatif na bromin?

56 Gwirio eich gwybodaeth

Pam mae'r bond C—Cl yn gryfach na'r bond C—Br?

▼ **Pwt o eglurhad**

Mae'r prawf ar gyfer halogenoalcan mewn dwy ran. Y rhan gyntaf yw ffurfio'r ïon halid ac wedyn rydym yn profi ar gyfer yr ïon hwn.

❗ **Cymorth Ychwanegol**

Er bod y cwestiwn yn gofyn am yr adwaith rhwng cyfansoddyn halogeno ac arian nitrad dyfrllyd, y cam cyntaf yw'r adwaith ag OH^-.

Estyn
a Herio

Os na fyddwch yn ychwanegu asid nitrig gwanedig cyn yr arian nitrad dyfrllyd, bydd arian hydrocsid yn ffurfio ar ffurf gwaddod brown.

57

Gwirio eich gwybodaeth

Ysgrifennwch, yn eu trefn, y camau sydd eu hangen i brofi ar gyfer presenoldeb bromin mewn cyfansoddyn organig. Nodwch y canlyniad a ddisgwylir.

Term Allweddol

Adwaith dileu yw un lle mae moleciwl bach yn cael ei golli, gan gynhyrchu bond dwbl.

58

Gwirio eich gwybodaeth

Ysgrifennwch yr hafaliad ïonig ar gyfer yr adwaith sy'n digwydd i gynhyrchu'r gwaddod melyn sy'n ffurfio os yw ïodin yn bresennol mewn cyfansoddyn organig.

59

Gwirio eich gwybodaeth

Beth yw cynnyrch adwaith 1-bromo 2-methylbwtan â'r canlynol:

(a) Sodiwm hydrocsid dyfrllyd?

(b) Sodiwm hydrocsid ethanolig?

60

Gwirio eich gwybodaeth

Beth yw cynnyrch adwaith 2-bromo 2-methylbwtan ây'r canlynol:

(a) Sodiwm hydrocsid dyfrllyd?

(b) Sodiwm hydrocsid ethanolig?

Prawf ar gyfer halogenoalcanau

Mae'n bosibl defnyddio dŵr i hydrolysu'r halogenoalcan ond mae'n eithaf araf ac felly mae sodiwm hydrocsid dyfrllyd yn aml yn cael ei ddefnyddio. Cyn ychwanegu arian nitrad dyfrllyd mae'n rhaid niwtralu'r gormodedd o sodiwm hydrocsid drwy ychwanegu asid nitrig gwanedig, gan y byddai sodiwm hydrocsid yn ymyrryd â'r prawf.

$$RX + NaOH(d) \longrightarrow ROH + Na^+(d) + X^-(d)$$

Yna mae'r arian nitrad dyfrllyd yn dangos bod yr ïon halid yn bresennol yn y prawf arferol.

$$X^-(d) + Ag^+(d) \longrightarrow AgX(s)$$

halogen yn yr halogenoalcan	ychwanegu Ag⁺(d)	ychwanegu NH₃(d) at y gwaddod a ffurfiwyd gydag Ag⁺(d)
clorin	gwaddod gwyn	yn hydoddi mewn NH_3(d) gwanedig
bromin	gwaddod lliw hufen	yn hydoddi mewn NH_3(d) crynodedig
ïodin	gwaddod melyn	nid yw'n hydoddi mewn NH_3(d)

Adweithiau dileu

Adwaith dileu yw un lle mae moleciwl bach yn cael ei golli gan gynhyrchu bond lluosol.

Yn ogystal â'r adweithiau amnewid uchod, mae halogenoalcanau yn gallu cyflawni adweithiau dileu. Mae halidau hydrogen yn asidig ac felly mae'n bosibl eu dileu drwy ddefnyddio alcali. Mae'n rhaid hydoddi'r alcali, er enghraifft sodiwm hydrocsid, mewn ethanol er mwyn osgoi'r adwaith amnewid. Mae'r hafaliad isod yn dangos enghraifft o adwaith dileu gan ddefnyddio 1-bromopropan:

1-Bromopropan   Propen

Gallwn hefyd ysgrifennu'r hafaliad hwn fel:

$$H-\overset{\displaystyle H}{\underset{\displaystyle H}{C}}-\overset{\displaystyle H}{\underset{\displaystyle H}{C}}-\overset{\displaystyle H}{\underset{\displaystyle H}{C}}-Br + NaOH \longrightarrow H-\overset{\displaystyle H}{\underset{\displaystyle H}{C}}-\overset{\displaystyle H}{C}=C\!<^H_H + NaBr + H_2O$$

Er mwyn dileu halid hydrogen, mae'n rhaid i'r halogen fod ynghlwm wrth atom carbon yn ymyl atom carbon sydd ag atom hydrogen ynghlwm.

Enghraifft

Os yw'r halogenoalcan yn anghymesur, mae adweithiau dileu yn gallu ffurfio mwy nag un alcen. Dyma enghraifft:

Bwt-1-en

Bwt-2-en

Nid oes angen i chi wybod pa gynnyrch fyddai'r mwyaf.

Defnyddio halogenoalcanau

1 Fel hydoddyddion

Mae halogenoalcanau yn cynnwys rhan bolar oherwydd y bond carbon halogen ond maen nhw hefyd yn cynnwys rhan amholar oherwydd presenoldeb y gadwyn alcyl. Mae hyn yn golygu eu bod yn gallu cymysgu ag amrywiaeth o sylweddau organig polar ac amholar ac felly maen nhw'n cael eu defnyddio fel hydoddyddion. Mae'r ffaith nad yw halogenoalcanau yn fflamadwy hefyd yn fantais ac felly mae'n bosibl eu defnyddio i sychlanhau dillad ac mewn prosesau eraill lle mae angen cael gwared ar saim. Roedd cyfansoddion cloro fel tetracloromethan, CCl_4, a thetracloroethen, $CCl_2{=}CCl_2$, yn arfer cael eu defnyddio yn eang.

Roedd cyfansoddion cloro yn cael eu dewis yn hytrach na halogenoalcanau eraill oherwydd eu bod yn rhatach.

2 Fel anaesthetigion

Mae llawer o halogenoalcanau yn gallu gweithredu fel anaesthetigion cyffredinol. Roedd tricloromethan, $CHCl_3$ (cloroffform), yn un o'r sylweddau cynharaf i gael ei ddefnyddio ac fe achosodd chwyldro mewn dulliau llawfeddygol. Cyffur enwog arall a gafodd ei ddefnyddio yn y gorffennol i 'roi cleifion i gysgu' oedd Mickey Finn. Mae hwn yn cynnwys 2,2,2-tricloroethan-1,1-deuol, $CCl_3CH(OH)_2$, (clorol hydrad). Er nad yw'r cyfansoddion hyn yn cael eu defnyddio mwyach, mae halothan, $CF_3CHBrCl$, yn dal i gael ei ddefnyddio mewn anaesthesia.

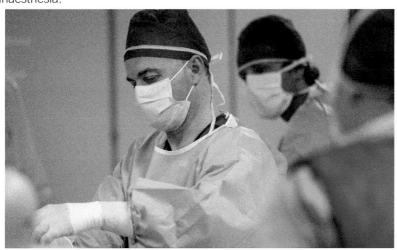

Termau Allweddol

CFCau yw halogenoalcanau sy'n cynnwys clorin a hefyd ffworin.

Haen oson yw haen o amgylch y Ddaear sy'n cynnwys moleciwlau O_3.

HFCau yw halogenoalcanau sy'n cynnwys ffworin fel yr unig halogen.

Estyn a Herio

Mae halogenoalcanau bron yn anhydawdd mewn dŵr oherwydd nad ydyn nhw'n cynnwys yr — OH neu'r — NH sydd ei angen i ffurfio bondiau hydrogen â'r dŵr. Fodd bynnag, maen nhw'n gallu cymysgu ag amrywiaeth eang o sylweddau organig gan fod y newid yng nghryfder y grymoedd rhyngfoleciwlaidd wrth gymysgu'r sylweddau yn fach.

3 Fel rhewyddion

Er bod halogenoalcanau bach yn nwyon ar dymheredd ystafell, mae presenoldeb atyniadau deupol parhaol–deupol parhaol yn golygu bod eu tymereddau berwi yn agos at dymheredd ystafell. Felly maen nhw'n hylifau sy'n gallu anweddu'n hawdd neu'n nwyon sy'n gallu cael eu hylifo yn hawdd ar dymheredd ystafell. Roedd **CFCau** yn arfer cael eu defnyddio fel rhewyddion gan fod y gwres oedd ei angen i newid yr hylif yn nwy yn cael ei dynnu o'r oergell gan oeri'r cynhwysion. Mae'r ffaith nad yw halogenoalcanau yn fflamadwy nac yn wenwynig, yn ogystal â'u tymheredd berwi, yn ffactorau pwysig sy'n eu gwneud yn addas ar gyfer y pwrpas hwn.

Rheoleiddio'r defnydd o halogenoalcanau

Heddiw mae rheoliadau statudol yn cyfyngu ar ddefnyddio halogenoalcanau. Mae hyn oherwydd ein bod wedi darganfod bod llawer ohonyn nhw, yn enwedig polycloroalcanau, yn wenwynig, a bod eraill, yn enwedig y clorofflworocarbonau, CFCau, yn achosi niwed i **haen oson** y Ddaear. Rydym yn credu bod y CFCau sydd wedi'u defnyddio wedi creu tyllau yn yr haen oson, yn enwedig dros yr Arctig a'r Antarctig.

Mae difrod i'r haen oson yn galluogi pelydrau uwchfioled i gyrraedd arwyneb y Ddaear gan achosi canser y croen. Mae'r broses o ddifrodi'r haen oson yn cynnwys adweithiau cadwynol gyda radicalau ac mae'r mecanwaith yn cynnwys cyfres o gamau, fel yn achos halogeniad alcanau.

Cam cychwynnol

Yn yr atmosffer uchaf mae pelydriad uwchfioled yn achosi ymholltiad bond homolytig i'r bond C—Cl yn y CFC. Gan ddefnyddio deuclorodeufflworomethan, CCl_2F_2, fel enghraifft o CFC:

$$CCl_2F_2 \longrightarrow Cl^\bullet + CCl^\bullet F_2$$

Camau lledaenu

Mae llawer o gamau lledaenu posibl sy'n cynnwys:

$$Cl^\bullet + O_3 \longrightarrow ClO^\bullet + O_2$$
$$ClO^\bullet + O_3 \longrightarrow Cl^\bullet + 2O_2$$

Gan fod y rhain yn rhan o adwaith cadwynol, mae presenoldeb nifer bach o radicalau clorin yn gallu achosi i nifer y moleciwlau oson leihau.

Sylweddau eraill yn lle CFCau

Er mwyn osgoi ffurfio radicalau clorin, mae cyfansoddion eraill nad ydyn nhw'n cynnwys clorin yn cael eu defnyddio'n gynyddol. Mae'r rhain yn cynnwys alcanau (er bod problem gyda'r rhain gan eu bod yn fflamadwy) a HFCau. Gan mai fflworin yw'r unig halogen mewn HFCau, nid yw radicalau yn ffurfio pan fydd pelydriad uwchfioled yn disgleirio arnyn nhw.

▼ Pwt o eglurhad

Peidiwch â cheisio cofio camau arbennig mewn lledaeniad. Mae llawer o wahanol adweithiau yn bosibl ond maen nhw i gyd yn trawsnewid O_3 yn O_2 wrth ailgynhyrchu'r radical clorin.

Cyswllt Cyswllt â halogeniad alcanau

61

Gwirio eich gwybodaeth

Mae rhai cryfderau bond i'w gweld yn y tabl.

Bond	Cryfder bond/ kJ môl^{-1}
C—H	413
C—Cl	328
C—F	485

Defnyddiwch y data hyn i egluro pam mai'r radical clorin sy'n ffurfio pan fydd golau uwchfioled yn disgleirio ar y cyfansoddyn.

62

Gwirio eich gwybodaeth

Pam mae'r bond C—F yn gryfach na'r bond C—Cl?

2.7
Alcoholau ac asidau carbocsilig

Mae pawb yn gwybod am rai alcoholau ac asidau carbocsilig. I lawer mae 'alcohol' yn cyfeirio at yr ethanol sy'n bresennol mewn diodydd meddwol, ond i gemegydd mae'r gair yn cyfeirio at gyfansoddion sydd â'r grŵp gweithredol OH.

Mae asidau carbocsilig hefyd yn cynnwys OH, ond yn yr achos hwn mae o fewn y grŵp gweithredol COOH; mae hyn yn rhoi i'r asidau briodweddau gwahanol iawn i'r alcoholau. Mae asidau carbocsilig yn gyffredin iawn mewn bwydydd 'asidig', gan gynnwys finegr, lemonau a llaeth sur.

Mae'r adwaith rhwng alcohol ac asid carbocsilig yn rhoi ester – mae esterau yn cael eu defnyddio'n eang fel y rhan weithredol mewn persawrau a chyflasynnau.

Dylech allu dangos a chymhwyso eich gwybodaeth a'ch dealltwriaeth o'r canlynol:

- Paratoi ethanol o ethen mewn diwydiant.
- Paratoi ethanol ac alcoholau eraill drwy broses eplesiad ac wedyn distyllu, a materion yn ymwneud â defnyddio biodanwyddau.
- Adweithiau dadhydradu alcoholau.
- Dosbarthu alcoholau fel rhai cynradd, eilaidd a thrydyddol.
- Ocsidio alcoholau cynradd yn aldehydau/asidau carbocsilig ac alcoholau eilaidd yn getonau.
- Y prawf deucromad(VI) ar gyfer alcoholau cynradd/eilaidd a'r prawf sodiwm hydrogencarbonad ar gyfer asidau carbocsilig.
- Adweithiau asidau carbocsilig â basau, carbonadau a hydrogencarbonadau gan ffurfio halwynau.
- Adwaith esteru sy'n digwydd pan fydd asid carbocsilig yn adweithio ag alcohol.
- Gwahanu drwy ddistyllu.

Alcoholau

Alcoholau: cyfres homologaidd lle mae —OH wedi cymryd lle un o'r atomau hydrogen yn yr alcan. Mae hyn yn golygu mai —OH yw'r grŵp gweithredol. Mae alcoholau sy'n cynnwys mwy nag un grŵp —OH hefyd yn bodoli ond ethanol yw'r alcohol sy'n cael ei ddefnyddio fwyaf. Dyma beth rydym yn ei alw'n alcohol mewn iaith bob dydd ac mae'n bresennol mewn diodydd meddwol. Gallwn ddangos y grŵp alcyl fel R ac felly mae alcohol yn ROH.

DYLECH WYBOD ›››

››› sut mae ethanol yn cael ei baratoi o ethen

››› sut mae ethanol yn cael ei baratoi drwy eplesiad

››› rhai materion yn ymwneud â defnyddio biodanwyddau

››› y drefn ddosbarthu ar gyfer alcoholau

››› adweithiau alcoholau

Termau Allweddol

Alcohol cyfres homologaidd sy'n cynnwys –OH fel y grŵp gweithredol.

Eplesiad yw adwaith sy'n cael ei gatalyddu gan ensymau ac sy'n trawsnewid siwgrau yn ethanol.

Paratoi ethanol mewn diwydiant

Gan fod ethanol yn bwysig mewn diwydiant a masnach, mae angen ei gynhyrchu ar raddfa fawr. Mae dwy brif broses ar gyfer gwneud hyn.

(a) Hydradiad ethen

Rydym yn gwneud ethen, ar raddfa fawr, drwy gracio hydrocarbonau sydd wedi'u cynhyrchu o betroliwm. Mae'n adweithio ag ager (stêm) i gynhyrchu ethanol.

$$CH_2\!=\!CH_2(n) + H_2O(n) \rightleftharpoons CH_3CH_2OH(n) \qquad \Delta H = -45\,kJ\,môl^{-1}$$

Yr amodau sy'n cael eu defnyddio yn y trawsnewid hwn yw tymheredd o tua 300°C, gwasgedd o tua 60–70 atmosffer a chatalydd, sef asid ffosfforig (sy'n cael ei araenu ar solid anadweithiol). Gallwn egluro'r amodau hyn gan ddefnyddio egwyddor Le Chatelier.

Tymheredd

Gan fod y blaenadwaith yn ecsothermig, byddai tymheredd isel yn rhoi cynnyrch uwch. Byddai hyn, fodd bynnag, yn rhoi cyfradd adwaith araf; mae 300°C yn gyfaddawd o ran tymheredd.

Gwasgedd

Yn yr adwaith mae dau fôl o nwy yn adweithio gan gynhyrchu un môl o nwy. Mae gwasgedd uchel felly yn rhoi cynnyrch uwch. Mae gwasgedd uchel hefyd yn cynyddu'r gyfradd adwaith ond os yw'r gwasgedd yn rhy uchel mae angen pympiau mwy pwerus a phibellau cryfach ac mae hyn yn cynyddu'r costau. Felly mae 60–70 atmosffer yn cael ei ddefnyddio.

Catalydd

Nid yw catalydd yn effeithio ar y cynnyrch ond mae'n cynyddu'r gyfradd y mae ethen ac ager yn adweithio arni i gynhyrchu crynodiad ecwilibriwm yr ethanol.

Dan yr amodau hyn dim ond rhyw 5% o'r ethen sy'n cael ei drawsnewid ac felly mae gweddill yr ethen yn cael ei ailgylchu yn ôl i siambr yr adwaith.

(b) Eplesiad

E&H Estyn a Herio

Y mecanwaith ar gyfer hydradiad ethen yw ymosodiad electroffilig ar y bond π gan y δ+ H ar y dŵr. Rhowch gynnig ar lunio'r mecanwaith hwn gan ddefnyddio saethau cyrliog.

Eplesiad yw'r broses o drawsnewid siwgrau yn ethanol. Mae'r adwaith fel rheol yn cael ei gynnal drwy hydoddi'r siwgr mewn dŵr, ychwanegu burum a gadael y cymysgedd mewn lle cynnes. Mae burum yn cynnwys ensymau sy'n catalyddu'r adwaith. Gan ddefnyddio glwcos fel enghraifft, dyma'r hafaliad ar gyfer yr adwaith:

$$C_6H_{12}O_6 \longrightarrow 2C_2H_5OH + 2CO_2$$

Eplesiad yw'r dull sy'n cael ei ddefnyddio i gynhyrchu diodydd meddwol.

Mae carbon deuocsid yn dianc ar ffurf nwy ond mae angen gwahanu'r ethanol o weddill y cymysgedd hylifol. Tymheredd berwi ethanol yw 80°C ac felly mae angen distyllu ffracsiynol er mwyn ei wahanu o gymysgedd dyfrllyd.

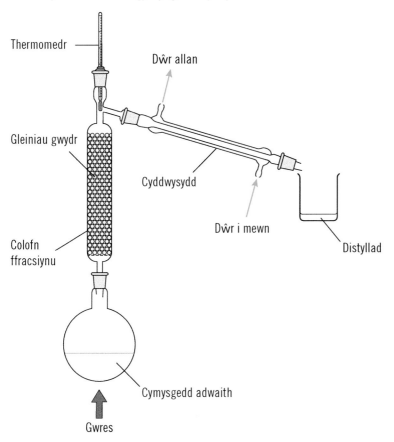

Gwirio eich gwybodaeth

Sut y byddai'n bosibl tynnu ethanol o'r cymysgedd ecwilibriwm sy'n cael ei gynhyrchu pan fydd ethen yn adweithio ag ager?

! Cymorth Ychwanegol

Nid oes angen unrhyw adweithydd heblaw glwcos ar gyfer eplesiad. Mae angen dŵr er mwyn i'r adwaith fynd ymlaen ond nid yw'n rhan o'r hafaliad.

64

Gwirio eich gwybodaeth

Pam mae angen distyllu ffracsiynol, yn hytrach na distyllu cyffredin ar gyfer y gwahaniad hwn?

Biodanwyddau

Biodanwyddau yw tanwyddau sy'n cael eu cynhyrchu o organebau byw. Y ddau brif fath sy'n cael eu defnyddio ar hyn o bryd yw bioethanol a biodiesel. Mae bioethanol yn cael ei gynhyrchu o siwgrau mewn planhigion drwy eplesiad (uchod) ac mae biodiesel yn cael ei gynhyrchu o'r olewau a'r brasterau sy'n bresennol yn hadau rhai planhigion.

Term Allweddol

Biodanwydd yw tanwydd sydd wedi'i gynhyrchu gan ddefnyddio ffynhonnell fiolegol.

Gan fod bioethanol a biodiesel yn llosgi'n ecsothermig, mae'n bosibl eu defnyddio fel tanwyddau. Os ydyn nhw'n cael eu defnyddio mewn peiriannau tanio mewnol maen nhw'n cael eu cymysgu fel rheol â thanwyddau ffosil confensiynol.

Materion yn ymwneud â defnyddio biodanwyddau

Mae manteision ac anfanteision o ddefnyddio biodanwyddau o'i gymharu â defnyddio tanwyddau ffosil.

Manteision

(i) Adnewyddadwy

Mae tanwyddau ffosil yn anadnewyddadwy a byddan nhw'n rhedeg allan yn y pen draw. Ar y llaw arall, mae'n bosibl tyfu planhigion bob blwyddyn; mae hefyd yn bosibl cynhyrchu biodanwyddau gan ddefnyddio defnydd gwastraff o anifeiliaid.

(ii) Nwyon tŷ gwydr

Yn gyffredinol, mae llai o garbon deuocsid yn cael ei gynhyrchu. Er bod carbon deuocsid yn cael ei gynhyrchu yn yr un ffordd yn union gan fiodanwyddau a thanwyddau ffosil wrth iddyn nhw gael eu llosgi, mae'r planhigion yn cymryd carbon deuocsid i mewn wrth dyfu. Mae planhigion yn defnyddio carbon deuocsid yn ystod ffotosynthesis i gynhyrchu siwgrau.

$$6CO_2 + 6H_2O \longrightarrow C_6H_{12}O_6 + 6O_2$$

Mae hyn yn golygu, gan fod carbon deuocsid yn cael ei gynhyrchu mewn un broses ond yn cael ei ddileu mewn proses arall, y gallwn ystyried bod defnyddio biodanwyddau yn niwtral o ran carbon.

(iii) Diogelwch economaidd a gwleidyddol

Mae gwledydd sydd heb danwyddau ffosil ymhlith eu hadnoddau naturiol, ac sy'n gorfod eu mewnforio, yn cael eu heffeithio lai pan fydd prisiau tanwyddau ffosil yn newid, neu pan fydd llai ohonyn nhw ar gael.

Anfanteision

(i) Defnydd o'r tir

Nid yw'n bosibl defnyddio tir i gynhyrchu bwyd os yw'n cael ei ddefnyddio i dyfu planhigion ar gyfer biodanwyddau. Mae pwysau hefyd i ddinistrio ardaloedd, fel coedwigoedd, sy'n bwysig yn amgylcheddol, er mwyn creu tir ar gyfer cynhyrchu biodanwydd.

(ii) Defnyddio adnoddau

Mae angen llawer o ddŵr a gwrtaith i dyfu cnydau sy'n addas ar gyfer biodanwyddau. Gall defnyddio dŵr roi straen ar adnoddau lleol a gall defnyddio llawer o wrtaith i dyfu'r un cnwd flwyddyn ar ôl blwyddyn achosi llygredd dŵr.

(iii) Niwtraliaeth carbon?

O ystyried faint o danwydd sydd ei angen i adeiladu a rhedeg y ffatrïoedd sydd eu hangen i gynhyrchu biodanwydd, cludo'r nwyddau crai a'r cynhyrchion terfynol, a.y.b., mae'n bosibl dadlau nad yw defnyddio tanwyddau o'r fath yn niwtral o ran carbon.

▼ Pwt o eglurhad

Yn y bôn, yr un adwaith â dileu halidau hydrogen o halogenoalcanau yw dadhydradiad alcoholau. Mae'r ddau adwaith yn ffurfio alcenau.

Dadhydradiad alcoholau

Mae'n bosibl dadhydradu llawer o alcoholau gan ffurfio alcenau. Dyma'r hafaliad ar gyfer propan-1-ol:

$$CH_3CH_2CH_2OH \longrightarrow CH_3CH=CH_2 + H_2O$$

propan-1-ol   propen

Mae llawer o wahanol ddadhydradyddion yn bosibl ond asid sylffwrig crynodedig neu alwminiwm ocsid poeth yw'r rhai sy'n cael eu defnyddio amlaf.

Adwaith dileu yw'r adwaith gan fod bond dwbl yn cael ei gynhyrchu drwy dynnu OH oddi wrth un atom carbon ac H oddi wrth atom carbon cyfagos.

Dosbarthiad alcoholau

Mae **alcoholau** yn cael eu **dosbarthu** yn gynradd, 1°, eilaidd, 2°, neu drydyddol, 3°, yn ôl y bondio cyfagos â'r —OH yn y moleciwl.

Os yw'r —OH yn bondio ag atom carbon, sydd ei hun yn bondio â dim mwy nag un atom carbon arall, mae'r alcohol yn gynradd.

Os yw'r —OH yn bondio ag atom carbon, sydd ei hun yn bondio â dau atom carbon arall, mae'r alcohol yn eilaidd.

Os yw'r —OH yn bondio ag atom carbon, sydd ei hun yn bondio â thri atom carbon arall, mae'r alcohol yn drydyddol.

Enghreifftiau o'r dosbarthiad
(i) Methanol

H
|
H—C—OH
|
H

Mae'r OH yn bondio ag atom carbon nad yw'n bondio ag atomau carbon eraill ac felly mae'n alcohol cynradd.

(ii) Propan-1-ol

H H H
| | |
H—C—C—C—OH
| | |
H H H

Mae'r OH yn bondio ag atom carbon sy'n bondio ag un atom carbon arall ac felly mae'n alcohol cynradd.

(iii) Propan-2-ol

H H H
| | |
H—C—C—C—H
| | |
H OH H

Mae'r OH yn bondio ag atom carbon sy'n bondio â dau atom carbon arall ac felly mae'n alcohol eilaidd.

(iv) 2-methyl bwtan-2-ol

H OH H H
| | | |
H—C—C—C—C—H
| | | |
H | H H
    |
   H—C—H
     |
     H

Term Allweddol

Dosbarthiad alcoholau yw dosbarthiad alcoholau yn rhai cynradd, eilaidd neu drydyddol yn ôl eu hadeiledd.

Estyn a Herio

Awgrymwch fformiwlâu'r ddau gyfansoddyn a allai gael eu ffurfio petai ethan-1,2-deuol, CH_2OHCH_2OH, yn cael ei yrru dros alwminiwm ocsid poeth.

65

Gwirio eich gwybodaeth

Ysgrifennwch yr hafaliad ar gyfer yr adwaith sy'n digwydd pan gaiff 2-methylpropan-1-ol ei yrru dros alwminiwm ocsid poeth.

66

Gwirio eich gwybodaeth

Beth sy'n digwydd pan gaiff 2-methylbwtan-2-ol ei wresogi gydag asid sylffwrig crynodedig. Eglurwch eich ateb.

67

Gwirio eich gwybodaeth

Dosbarthwch yr isod yn alcoholau 1°, 2° neu 3°:

(a) Aminomethanol, NH_2CH_2OH

(b) 2-methylbwtan-2-ol, $CH_3C(CH_3)(OH)CH_2CH_3$

(c) Bwtan-2-ol, $CH_3CH(OH)CH_2CH_3$

(ch) Bwtan-1-ol, $CH_3CH_2CH_2CH_2OH$

Mae'r OH yn bondio ag atom carbon sy'n bondio â thri atom carbon arall ac felly mae'n alcohol trydyddol.

Mae ocsidyddion eraill yn bosibl a photasiwm manganad(VII) asidiedig yw'r mwyaf cyffredin. Yn yr achos hwn mae'n rhaid cynnwys y cyflwr ocsidiad cywir ar gyfer manganîs..

Ocsidiad alcoholau

Mae'n bosibl defnyddio potasiwm deucromad(VI) asidiedig i ocsidio llawer o alcoholau. Gan na fydd deucromad(VI) yn ymddwyn yn foddhaol fel ocsidydd oni bai ei fod ym mhresenoldeb H^+, caiff yr ocsidiad ei gynnal fel rheol drwy wresogi'r alcohol gyda chymysgedd o botasiwm deucromad(VI) dyfrllyd ac asid sylffwrig.

Mewn hafaliadau sy'n dangos ocsidiad cyfansoddion organig, rydym fel rheol yn dangos yr ocsidydd fel [O].

Mae beth sy'n digwydd dan yr amodau hyn yn dibynnu a yw'r alcohol yn un cynradd, eilaidd neu drydyddol.

(i) Cynradd – gan ddefnyddio ethanol fel enghraifft

Mae'r adwaith yn digwydd mewn dau gam.

Cam 1

Ethanol + [O] ⟶ Ethanal + H_2O

Mae dau atom hydrogen yn cael eu colli – un o'r OH yn yr alcohol ac un o'r atom carbon cyfagos. Mae hyn yn creu bond dwbl carbon i ocsigen.

Mae'r cynnyrch, sydd â'r grŵp gweithredol

yn aldehyd, sef ethanal yn yr achos hwn.

Cam 2

Caiff yr aldehyd ei ocsidio ymhellach.

Ethanal + [O] ⟶ Asid ethanöig

Caiff atom ocsigen ei ychwanegu at yr aldehyd. Mae'r cynnyrch, sydd â'r grŵp gweithredol

yn asid carbocsilig, sef asid ethanöig yn yr achos hwn.

(ii) Eilaidd – gan ddefnyddio propan-2-ol fel enghraifft

Dim ond un cam sydd yn yr adwaith hwn ac mae'n cyfateb i gam 1 yn ocsidiad alcoholau cynradd.

$$H-\underset{\underset{\underset{H}{|}}{\overset{\overset{H}{|}}{C}}}{\overset{H}{|}} - \underset{\overset{O}{|}}{\overset{H}{|}} - \underset{\overset{H}{|}}{\overset{H}{|}}C-H \quad + \quad [O] \quad \longrightarrow \quad H-\underset{H}{\overset{H}{C}}-\underset{O}{\overset{}{C}}-\underset{H}{\overset{H}{C}}-H \quad + \quad H_2O$$

Propan-2-ol

Mae'r cynnyrch, sydd â'r grŵp gweithredol —C≡O, yn geton, sef propanon yn yr achos hwn.

(iii) Trydyddol – gan ddefnyddio 2-methylpropan-2-ol fel enghraifft

$$CH_3 - \underset{\underset{CH_3}{|}}{\overset{\overset{\overset{H}{|}}{O}}{C}} - CH_3$$

2-Methylpropan-2-ol

Gan nad oes atom hydrogen ar y carbon cyfagos, nid oes modd ei golli ac nid oes adwaith yn digwydd.

Crynodeb o adweithiau ocsidio

Alcoholau cynradd ⟶ aldehydau ⟶ asidau carbocsilig

Alcoholau eilaidd ⟶ cetonau

Nid yw alcoholau trydyddol yn cael eu hocsidio.

Defnyddio potasiwm deucromad(VI) asidiedig

Pan fydd yn ymddwyn fel ocsidydd, mae potasiwm deucromad(VI) asidiedig yn newid lliw o oren i wyrdd. Gallwn ddefnyddio hyn fel prawf ar gyfer alcoholau cynradd ac eilaidd gan y byddan nhw'n rhoi canlyniad cadarnhaol i'r prawf, ond ni fydd alcoholau trydyddol yn gwneud.

Asidau carbocsilig

Asidau carbocsilig: cyfres homologaidd sy'n cynnwys y grŵp gweithredol —C $\overset{\overset{O}{\parallel}}{\underset{O-H}{}}$.

Rydym yn aml yn ysgrifennu hyn fel —COOH neu —CO_2H. Mae llawer o sylweddau cyffredin yn cynnwys asidau carbocsilig ac yn aml mae gan yr asidau enwau sy'n cyfeirio at y ffynonellau hyn. Mae'r enwau sy'n cael eu defnyddio mewn cyd-destun gwyddonol yn seiliedig, wrth gwrs, ar y rheolau ar gyfer enwi cyfansoddion organig yn Adran 2.4. Mae enghreifftiau o rai enwau cyffredin a'r enwau cemegol i'w gweld yn y tabl.

Enw cemegol	Enw cyffredin	Fformiwla	Yn bresennol mewn	Rheswm dros yr enw
Asid methanöig	Asid fformig	HCOOH	Gwenwyn o bigiadau gan forgrug	Formica yw morgrugyn mewn Lladin
Asid ethanöig	Asid asetig	CH_3COOH	Finegr	Acetum yw finegr mewn Lladin
Asid 3-carbocsi-3-hydrocsipentan-1,5-deuöig	Asid citrig	HOOCCH$_2$C(OH)(COOH)CH$_2$COOH	Lemonau a ffrwythau eraill	Ffrwythau citrws yw'r rhain
Asid hydrocsibwtandeuöig	Asid malig	HOOCCH$_2$CH(OH)COOH	Llawer o ffrwythau	Malus yw coeden afalau mewn Lladin

▼ Pwt o eglurhad

Yn yr hafaliad ar gyfer yr ocsidiad yng ngham 1, mae'n rhaid i chi gofio cydbwyso'r hafaliad drwy gynnwys y dŵr sy'n cael ei gynhyrchu.

68

Gwirio eich gwybodaeth

Pa gyfarpar y byddech yn ei ddefnyddio petaech yn dymuno paratoi asid carbocsilig o alcohol? Eglurwch eich ateb.

DYLECH WYBOD ›››

›› adweithiau asidau carbocsilig

Term Allweddol

Asid carbocsilig Cyfres homologaidd sy'n cynnwys – COOH fel y grŵp gweithredol.

Term Allweddol

Asid gwan yw asid sydd wedi'i ïoneiddio yn rhannol yn unig mewn hydoddiant dyfrllyd.

▼ Pwt o eglurhad

Mae angen dŵr er mwyn i'r asid gynhyrchu ïonau H⁺, ond nid ydym yn ei gynnwys fel rheol yn yr hafaliad ecwilibriwm.

I egluro pam mae ïonau H⁺ yn cael eu rhyddhau, mae angen i chi edrych ar yr adeiledd.

Symudiad electronau tuag at y bond π

Mae'r bond dwbl C=O yn fond π, tebyg i'r bond C=C mewn alcenau. Yna mae'r parau unig ar yr atom O hefyd yn cael eu dadleoli i'r bond π hwn. Mae hyn yn tynnu electron i ffwrdd o'r bond O—H ac yn ei wanhau. Mae hyn yn ei gwneud yn haws ei dorri a rhyddhau ïonau H⁺.

▼ Pwt o eglurhad

Mae'r halwyn sy'n cael ei gynhyrchu yn ïonig. Gallwn ei ysgrifennu fel RCOO⁻Na⁺ neu gallwn adael y gwefrau ar yr ïonau allan. Mae'n rhaid i chi **beidio** â'i ddangos gyda bond cofalent i'r Na.

 69

Gwirio eich gwybodaeth

Ysgrifennwch yr hafaliad, gan gynnwys symbolau cyflwr, ar gyfer yr adwaith rhwng:

(a) calsiwm carbonad solet ac asid ethanöig

(b) potasiwm hydrogencarbonad dyfrllyd ac asid methanöig.

Adeiledd asidau carbocsilig

Gan ddefnyddio R i gynrychioli grŵp alcyl, yr adeiledd yw:

$$R-C{\overset{O}{\underset{O-H}{}}}$$

Mae asidau carbocsilig yn asidig oherwydd eu bod yn rhyddhau ïonau H⁺ wrth gael eu hychwanegu at ddŵr. Mae pH yr hydoddiannau hyn yn dangos eu bod yn **asidau gwan** ac felly mae'r ïoneiddiad sydd ei angen i gynhyrchu H⁺ yn ecwilibriwm.

$$RCOOH \rightleftharpoons RCOO^- + H^+$$

Adweithiau asidau carbocsilig

1 Fel asid

Mae asidau carbocsilig yn adweithio â basau, carbonadau a hydrogencarbonadau mewn ffordd debyg i adweithiau asidau anorganig cryf.

(i) Basau

Mae'r ddau fath o fas hydawdd, h.y. alcalïau a basau solet, fel ocsidau metel, yn niwtralu asidau carbocsilig.

Hafaliad cyffredinol   Asid + Bas ⟶ Halwyn + Dŵr

Enghreifftiau

Yr alcali sodiwm hydrocsid

$$CH_3COOH(d) + NaOH(d) \longrightarrow CH_3COONa(d) + H_2O(h)$$
asid ethanöig   sodiwm ethanoad

Gan fod yr holl adweithyddion a chynhyrchion yn ddi-liw a hydawdd mewn dŵr, nid oes dim byd **gweladwy** yn digwydd.

Y bas solet copr(II) ocsid

$$2HCOOH(d) + CuO(s) \longrightarrow (HCOO)_2Cu(d) + H_2O(h)$$
asid methanöig   copr(II) methanoad

Yn yr adwaith hwn, wrth gael ei wresogi, mae solid du, copr(II) ocsid yn hydoddi gan ffurfio hydoddiant glas o'r halwyn.

(ii) Carbonadau a hydrogencarbonadau

Mae carbonadau a hydrogencarbonadau yn adweithio mewn ffordd debyg.

Hafaliad cyffredinol   Asid + carbonad ⟶ halwyn + carbon deuocsid + dŵr

Enghreifftiau

$$ZnCO_3(s) + 2C_2H_5COOH(d) \longrightarrow (C_2H_5COO)_2Zn(d) + CO_2(n) + H_2O(h)$$

$$NaHCO_3(d) + CH_3COOH \longrightarrow CH_3COONa(d) + CO_2(n) + H_2O(h)$$

Pan gaiff y carbonad neu'r hydrogencarbonad ei ychwanegu at yr asid dyfrllyd ar ffurf solid neu mewn hydoddiant dyfrllyd, mae nwy carbon deuocsid yn cael ei gynhyrchu. Mae hyn yn golygu bod eferwad i'w weld ac mae'n bosibl dangos mai carbon deuocsid yw'r nwy drwy ei brofi gyda dŵr calch.

2 Esteriad

Mae asidau carbocsilig yn adweithio ag alcoholau:

Hafaliad cyffredinol   Asid carbocsilig + alcohol $\rightleftharpoons$ ester + dŵr

Mae'r adwaith hwn yn cael ei gatalyddu gan bresenoldeb asid sylffwrig crynodedig.

Enghraifft

$$CH_3COOH + C_2H_5OH \rightleftharpoons CH_3COOC_2H_5 + H_2O$$

asid ethanöig   ethanol   ethyl ethanoad

Ffordd hawdd o gael y fformiwla ar gyfer yr ester yw llunio'r OH ar yr asid a'r OH ar yr alcohol yn ymyl ei gilydd. Yna lluniwch flwch o gwmpas y dŵr sy'n cael ei ddileu a chysylltwch rannau eraill y moleciwlau.

Enghraifft

Yr hafaliad ar gyfer yr adwaith rhwng asid methanöig a phropan-2-ol:

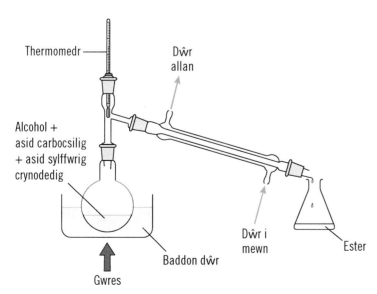

Felly rydym yn cynnal esteriad drwy wresogi alcohol gydag asid carbocsilig ac asid sylffwrig crynodedig.

Mae'n bosibl defnyddio'r adwaith hwn fel prawf ar gyfer alcohol neu asid carbocsilig gan fod gan yr esterau sy'n cael eu cynhyrchu aroglau melys, nodweddiadol, tebyg i ffrwythau.

Os oes angen sampl pur o'r ester, rydym yn gwresogi'r asid carbocsilig, yr alcohol a'r asid sylffwrig crynodedig gyda'i gilydd mewn fflasg. Mae hyn yn cynhyrchu cymysgedd ecwilibriwm o ester gyda pheth asid carbocsilig ac alcohol. Er mwyn cael cynnyrch da o ester, mae cyddwysydd yn cael ei osod ar y fflasg er mwyn tynnu'r ester cyn gynted ag y mae'n cael ei ffurfio, h.y. i ddistyllu'r ester i ffwrdd.

Mae egwyddor Le Chatelier yn nodi bod tynnu'r ester yn symud yr ecwilibriwm i'r dde gan gynhyrchu mwy o ester.

70

Gwirio eich gwybodaeth

(a) Ysgrifennwch yr hafaliad sy'n digwydd pan fydd asid 2-cloro-3-methylbwtanöig , $CH_3CH(CH_3)CHClCOOH$, yn adweithio â bwtan-2-ol.

(b) Caiff asid sylffwrig crynodedig ei ychwanegu at y cymysgedd adwaith. Beth yw pwrpas yr asid sylffwrig?

71

Gwirio eich gwybodaeth

Pam mae'n bosibl distyllu'r ester i ffwrdd, gan adael y sylweddau organig eraill yn fflasg yr adwaith?

2.8
Defnyddio offer i ddadansoddi

Yn draddodiadol, y cemegwyr a oedd yn gweithio mewn labordai a fyddai'n ymchwilio i samplau o sylweddau anhysbys, gan ddefnyddio profion cemegol. Heddiw, fodd bynnag, mae technegau sy'n defnyddio offer yn fwy cyffredin o lawer. Samplau bach iawn sydd eu hangen i wneud profion gan ddefnyddio'r dulliau hyn ac felly mae'r profion yn llai niweidiol neu fewnwthiol. Maen nhw hefyd yn gyflym fel rheol ac yn rhoi data manwl gywir iawn.

Mae technegau sy'n defnyddio offer gwahanol yn rhoi gwybodaeth wahanol am gyfansoddyn ac felly rydym yn aml yn defnyddio mwy nag un math o sbectrwm er mwyn darganfod adeiledd sylwedd anhysbys.

Cynnwys y testun

Dylech allu dangos a chymhwyso eich gwybodaeth a'ch dealltwriaeth o'r canlynol:

- Sut mae sbectra màs yn cael eu defnyddio i adnabod adeiledd cemegol.
- Sut mae sbectra isgoch yn cael eu defnyddio i adnabod adeiledd cemegol.
- Sut mae sbectra cyseiniant magnetig niwclear (NMR) ^{13}C a sbectra NMR ^{1}H cydraniad isel yn cael eu defnyddio i adnabod adeiledd cemegol.

Yn draddodiadol roedd cemegwyr yn defnyddio technegau cyfeintiol neu grafimetrig i ddadansoddi natur a maint sylwedd anhysbys. Mewn dadansoddiad cyfeintiol, mae titradiadau yn cael eu defnyddio i fesur cyfeintiau hydoddiannau ond mewn dadansoddiad grafimetrig, caiff masau solidau eu darganfod. Heddiw mae'n well gan gemegwyr dechnegau sbectrosgopig gan amlaf.

Yn yr uned hon rydym yn ystyried rhai o'r technegau sydd ar gael.

Sbectromedreg màs

Mae prif nodweddion sbectromedr màs i'w gweld yn y diagram:

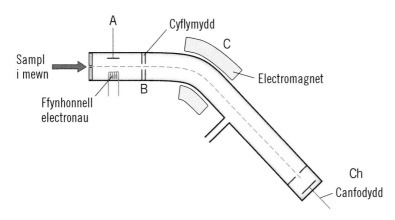

Mae'r sampl yn cael ei roi i mewn ac yn A yn y sbectromedr màs mae electronau ag egni uchel yn bwrw electron oddi ar y moleciwlau. Mae hyn yn creu ïonau positif sy'n cael eu cyflymu gan y cyflymydd yn B. Yna caiff yr ïonau positif eu gwyro gan electromagnet yn C a'u canfod yn Ch. Mae'r llinell doredig yn dangos llwybr moleciwl drwy'r sbectromedr.

Er nad oes angen i chi allu llunio'r diagram hwn, mae'n fuddiol deall sut mae sbectrwm màs yn cael ei gynhyrchu.

Pan gaiff electron ei fwrw oddi ar foleciwl cyfansoddyn organig, mae ïon positif yn cael ei gynhyrchu. Dyma'r **ïon moleciwlaidd** ac yn aml mae'n cael ei ddangos fel M⁺. Mae eu peledu gydag electronau ag egni uchel yn torri rhai moleciwlau yn **ddarnau** llai. Mae'r platiau sydd wedi'u gwefru'n negatif yn cyflymu'r ïon moleciwlaidd a'r darnau sydd â gwefr bositif ac yna mae'r electromagnet yn eu gwyro. Mae'r rhai sy'n mynd drwy'r agoriad ar ben y sbectromedr yn cael eu canfod.

Mae faint mae pob rhywogaeth sydd wedi'i gwefru'n bositif yn cael ei gwyro yn dibynnu ar y màs – y trymaf yw'r ïon, lleiaf i gyd y bydd yn cael ei wyro. Os caiff cryfder y maes electromagnetig ei newid, bydd rhywogaethau â masau gwahanol yn mynd drwy'r agoriad ac yn cael eu canfod.

Mae hyn yn golygu ei bod yn bosibl cynhyrchu sbectrwm màs.

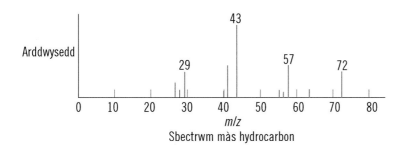

Sbectrwm màs hydrocarbon

Termau Allweddol

Ïon moleciwlaidd yr ïon positif sy'n cael ei ffurfio mewn sbectromedr màs o'r moleciwl cyfan.

Darniad moleciwlau yn ymhollti mewn sbectromedr màs yn ddarnau llai.

Cymorth Ychwanegol

Dychmygwch rolio pêl tennis bwrdd a phêl bowlio deg ar draws bwrdd. Os bydd rhywun yn chwythu o'r ochr, bydd y bêl tennis bwrdd ysgafn yn cael ei gwyro oddi ar ei llwybr lawer mwy na'r bêl bowlio deg, sy'n drymach. Mae hyn yr un fath â'r gronynnau ysgafnach mewn sbectromedr màs sy'n cael eu gwyro mwy gan y maes electromagnetig.

Gwirio eich gwybodaeth

Cwblhewch y brawddegau.

Mewn sbectromedr màs, caiff ïonau .... eu cynhyrchu pan gaiff .... ei fwrw i ffwrdd. Caiff yr ïonau hyn eu gwyro gan .... gyda'r rhai .... yn cael eu gwyro leiaf. Mae'r .... yn y sbectrwm màs yn dangos M_r y cyfansoddyn.

Gwirio eich gwybodaeth

(a) Ar ba m/z y byddech yn disgwyl gweld y gwerth mwyaf ar gyfer propan-1-ol?

(b) Pa grŵp sydd wedi cael ei golli o bropan-1-ol i roi brig ag m/z 43?

Mewn cyfansoddyn un halogen, bydd uchderau'r brigau M^+ yn ôl y gymhareb 3:1 ar gyfer cyfansoddyn cloro oherwydd dyna'r gymhareb ^{35}Cl i ^{37}Cl. Mewn cyfansoddyn bromo, cymhareb uchderau'r brigau M^+ yw 1:1. Meddyliwch pam felly.

Mae'r echelin x yn dangos màs/gwefr (m/z) ond gallwch dybio bod y wefr ar bob ïon yn 1 ac felly bod yr echelin x yn dangos màs y gronynnau sy'n bresennol. Mae'r echelin y yn dangos arddwysedd pob brig, h.y. mae'n rhoi mesur o faint o bob ïon positif sy'n bresennol. Er y gall hyn fod yn ddefnyddiol mewn rhai astudiaethau uwch sy'n ymchwilio i adeiledd cyfansoddion, nid yw'n cael ei ddefnyddio yn aml.

Yn y sbectrwm màs mae'r brig sydd â'r gwerth m/z mwyaf yn dangos y moleciwl sydd wedi colli electron yn unig, h.y. yr ïon moleciwlaidd, M^+. Gan fod màs yr electron yn ddibwys, mae màs yr ïon hwn yn hafal i fàs y moleciwl. Felly mae hyn yn rhoi'r M_r.

Sbectrwm màs hydrocarbon yw'r un ar dudalen 161. Mae'r m/z mwyaf ar 72 ac felly mae'r M_r yn 72. Mae'r gwerth hwn yn awgrymu bod pum atom carbon yn bresennol (màs $5 \times 12 = 60$) ac felly mae 12 ar ôl, h.y. y cyfansoddyn yw C_5H_{12}. Mae hyn yn golygu ei fod yn un o isomerau pentan.

Yna rydym yn defnyddio'r darnau i roi gwybodaeth am ba isomer sydd gennym.

$29 = C_2H_5^+$,

$43 = CH_3CH_2CH_2^+$, $57 = CH_3CH_2CH_2CH_2^+$. Mae hyn yn awgrymu mai pentan, $CH_3CH_2CH_2CH_2CH_3$, yw'r cyfansoddyn.

Yn sbectrwm màs cyfansoddion sy'n cynnwys clorin neu fromin, bydd mwy nag un brig M_r yn cael ei gynhyrchu. Mae'r rhain, a brigau eraill sy'n cynrychioli darnau, yn cyfateb i bresenoldeb mwy nag un isotop ar gyfer pob halogen, h.y. ^{35}Cl a ^{37}Cl a ^{79}Br a ^{81}Br.

Dyma enghraifft, sef fersiwn wedi'i symleiddio o sbectrwm màs 2-cloropropan.

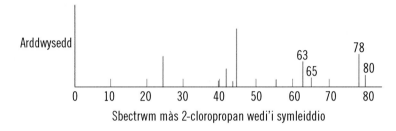

Sbectrwm màs 2-cloropropan wedi'i symleiddio

Yn y sbectrwm mae'r brig M^+ ar 78 yn cael ei achosi gan $C_3H_7{}^{35}Cl$ a'r un ar 80 gan $C_3H_7{}^{37}Cl$. Mae'r brigau ar 63 a 65 oherwydd colli 15, h.y. CH_3^+ o'r moleciwl. Mae'r darnau eraill yn cael eu hachosi gan ad-drefniadau ac mae'n anodd eu dehongli o adeiledd 2-cloropropan.

Sbectromedreg isgoch

Mae pelydriad yn rhan isgoch y sbectrwm electromagnetig yn cael ei amsugno gan gynyddu'r dirgryniadau a'r plygu mewn moleciwlau organig . Mewn sbectromedr isgoch, mae ystod o belydriad isgoch o wahanol egnïon yn cael ei ddisgleirio drwy'r sampl ac mae'r sbectrwm sy'n cael ei gynhyrchu yn dangos yr egnïon sydd wedi cael eu hamsugno. Gan fod yr egnïon hyn yn **nodweddiadol** o'r bondiau sy'n bresennol, mae'n bosibl defnyddio'r **amsugniadau** i adnabod pa fondiau sy'n bresennol. Mae hyn yn golygu ei bod yn bosibl adnabod y grŵp gweithredol.

Mewn unrhyw gwestiwn, byddwch yn cael y **tonrifau** sydd eu hangen ar gyfer y sbectrwm sy'n cael ei roi. Dyma rai enghreifftiau yn y tabl.

Bond	Tonrif/cm⁻¹
C—C	650 i 800
C—O	1000 i 1300
C=O	1650 i 1750
C—H	2800 i 3100
O—H	2500 i 3550

Table: Bond | Tonrif/cm^{-1}; C—C 650 i 800; C—O 1000 i 1300; C=O 1650 i 1750; C—H 2800 i 3100; O—H 2500 i 3550

Dyma'r sbectrwm isgoch ar gyfer ethanol.

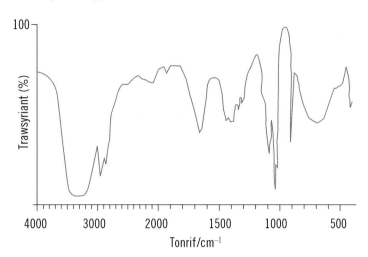

Gan fod brigau yn gallu cael eu hachosi gan lawer o fathau o blygu ac ymestyn â mwy o egni yn y moleciwlau, nid yw'n bosibl priodoli pob brig i bresenoldeb grwpiau gweithredol penodol. Mae hyn yn golygu, wrth ddehongli sbectrwm isgoch, y dylech ystyried yr wybodaeth sydd gennych a chwilio am amsugniadau sy'n cyfateb i'r grwpiau gweithredol/bondiau sy'n bresennol. Mae presenoldeb (neu absenoldeb) brig tua 1700 cm⁻¹ yn arbennig o ddefnyddiol gan ei fod bob amser yn llym a chlir. Os ydych yn ei weld, mae'n dangos presenoldeb C=O.

Mae sbectrwm ethanol yn gyson ag adeiledd ethanol gan ei fod yn dangos amsugniad tua 1050 cm⁻¹ sy'n cael ei achosi gan C—O, ac un tua 3000 cm⁻¹ sy'n cael ei achosi gan O—H.

Byddai'n anodd adnabod ethanol yn bendant heb wybodaeth o ffynhonnell arall. Mae'r brig rydym yn tybio ei fod yn cael ei achosi gan O—H yn gallu achosi dryswch gan fod pob moleciwl organig yn cynnwys bondiau C—H ac mae'r amsugniad y mae'r rhain yn ei achosi yn digwydd o fewn ystod debyg iawn o donrifau.

Mae sbectra isgoch moleciwlau cymhleth yn cynnwys llawer o frigau a byddai'n anodd dehongli'r rhain gan ddefnyddio gwerthoedd tonrif unigol. Mae cronfeydd data yn bodoli sydd â sbectra isgoch ar gyfer amrywiaeth enfawr o foleciwlau ac mae'n bosibl cymharu **sbectrwm cyfan** cyfansoddyn anhysbys â'r rhain.

Sbectrosgopeg cyseiniant magnetig niwclear

Mae sbectrosgopeg cyseiniant magnetig niwclear (NMR) hefyd yn cyfateb i amsugniad egni gan achosi newid mewn moleciwlau. Yn yr achos hwn mae'n gwrthdroi sbin **niwclews** yr atom mewn **maes magnetig**, ond nid oes angen i chi wybod dim byd am beth sy'n digwydd pan gaiff yr egni ei amsugno. Mae amsugniad egni yn achosi **cyseiniant** ac felly yr enw yw cyseiniant magnetig niwclear. Mae'r egni sy'n cael ei amsugno yn cael ei ddangos gan y **symudiad cemegol**, δ.

Tonrif yw mesur o'r egni sy'n cael ei amsugno. Mae'n cael ei ddefnyddio mewn sbectra isgoch.

Amsugniad nodweddiadol yw'r ystod o donrifau lle mae'r bond dan sylw yn amsugno pelydriad.

▼ **Pwt o eglurhad**

Er bod y data fel rheol yn cyfeirio at frigau amsugniad, maen nhw'n ymddangos fel cafnau, h.y. brigau tuag i lawr, ar y sbectra.

74

Gwirio eich gwybodaeth

Pam nad yw amsugniad yn yr ystod 2800 i 3100 yn ddefnyddiol iawn wrth adnabod y grwpiau sy'n bresennol?

▼ **Pwt o eglurhad**

Wrth ddehongli sbectrwm isgoch, peidiwch â cheisio defnyddio pob brig. Yn hytrach, gwnewch yn siŵr bod y brigau sydd eu hangen i gefnogi eich awgrym yn bresennol. Yna gallwch anwybyddu presenoldeb brigau eraill.

75

Gwirio eich gwybodaeth

Ym mha un o'r cyfansoddion

$$CH_3\overset{O}{\overset{\|}{C}}-OCH_3 \quad a \quad CH_3OCH_3$$

y byddech yn disgwyl gweld amsugniad ar 1700 i 1720 cm⁻¹?

Symudiad cemegol yw mesur o wahaniaeth mewn rhannau/miliwn o safon egni math penodol o amsugniad.

Amgylchedd yw natur yr atomau/grwpiau o amgylch yr atom mewn moleciwl.

Mae niwclysau atomig yn sbinio ac mae gan rai niwclysau wahanol egnïon, yn ôl cyfeiriad eu sbin, pan gaiff y moleciwl ei roi mewn maes magnetig. Mae hyn yn golygu bod egni yn gallu cael ei amsugno gan ddyrchafu'r niwclews o'r lefel egni isaf i'r lefel egni uchaf. Yr enw ar y newid o lefel egni is i lefel egni uwch yw cyseiniant. Er mwyn cael y gwahaniaethau egni hyn, mae'n rhaid i'r atom fod ag odrif o niwcleonau ac felly mae'r dulliau sbectrosgopeg NMR sy'n cael eu defnyddio amlaf yn seiliedig ar ^{13}C ac ^{1}H.

Mae gwahanol atomau mewn moleciwl yn gysylltiedig â gwahanol atomau/grwpiau ac felly rydym yn dweud eu bod mewn gwahanol **amgylcheddau**. Mae'r amgylchedd yn effeithio ar yr egni y mae angen ei amsugno er mwyn creu'r newid yn y niwclews. Mae hyn yn golygu y bydd yr amsugniad yn ymddangos mewn lle gwahanol ar y sbectrwm, h.y. bod ganddo wahanol symudiadau cemegol.

Y dechneg hon yw sail sganiau delweddu cyseiniant magnetig (MRI) sy'n cael eu cynnal fel offeryn diagnostig mewn meddygaeth. Efallai bod yr enw wedi cael ei newid ychydig er mwyn osgoi cynnwys y term 'niwclear'. Gallai hynny wneud i lawer o gleifion deimlo bod a wnelo'r peth ag adweithydd niwclear!

Sbectrosgopeg ^{13}C

Mae carbon naturiol yn cynnwys canran fach iawn o'r isotop ^{13}C. Mae presenoldeb atomau'r isotop hwn yn golygu y bydd cyfansoddion organig yn amsugno egni a'i bod yn bosibl cynhyrchu sbectra NMR ^{13}C.

Bydd gan y sbectrwm hwn symudiadau cemegol, δ, ar yr echelin x ac amsugniad ar yr echelin y.

Dyma enghraifft o sbectrwm ^{13}C, ar gyfer propan-1-ol.

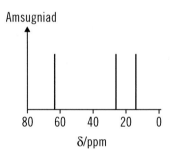

Mae angen data ar werthoedd δ er mwyn dehongli'r sbectrwm. Bydd pob cwestiwn yn eu darparu. Mae enghreifftiau yn y tabl isod.

Math o garbon	Symudiad cemegol, δ/ppm
C—C	5 i 55
C—O	50 i 70
C—Cl	30 i 70
C=C	115 i 145
C=O	190 i 220

Mae'r sbectrwm yn rhoi dau fath o wybodaeth:

▪ **Nifer** y gwahanol amgylcheddau ar gyfer yr atomau carbon – o nifer y brigau.

▪ Y **mathau** o amgylchedd carbon – o'r symudiadau cemegol.

Mae tri brig yn y sbectrwm ac felly mae atomau C mewn tri amgylchedd.

Edrychwn ar y symudiadau cemegol i ddarganfod yr amgylcheddau:

▪ brig ar δ = 64 ppm oherwydd **C**—O

▪ brig ar δ = 15 ppm oherwydd **C**—C

▪ brig ar δ = 27 ppm oherwydd **C**—C.

Gallwn weld y rhain yn adeiledd propan-1-ol.

H H H
| | |
H—C—C—C—O—H
1 2 3
| | |
H H H

Nid oes modd gwybod, gan ddefnyddio'r wybodaeth sydd ar gael, pa un o'r ddau frig C—C sy'n cael ei achosi gan ba atom yn y bond C i C.

Sbectrosgopeg ^{1}H

Gallwn alw hyn yn sbectrosgopeg proton. Mae'n debyg i sbectrosgopeg ^{13}C yn yr ystyr bod y sbectra yn rhoi gwybodaeth am:

- **Nifer** y gwahanol amgylcheddau ar gyfer y protonau – o nifer y brigau.
- Y **mathau** o amgylchedd proton – o'r symudiadau cemegol.

Fodd bynnag, mae sbectrwm ^{1}H hefyd yn rhoi cymhareb **niferoedd y protonau** ym mhob amgylchedd. Mae'r gymhareb hon i'w gweld yn arwynebedd/uchder cymharol y brigau ond fel rheol bydd yn cael ei rhoi yn y cwestiynau.

Mae'r tabl isod yn rhoi gwerthoedd nodweddiadol ar gyfer δ.

Math o broton	Symudiad cemegol, δ/ppm
R—CH$_2$	0.7 i 1.6
R—OH	1.0 i 5.5
R—CH$_2$—R	1.2 i 1.4
R$_3$—CH	1.6 i 2.0
—C=OCH—	1.9 i 2.9
—O—CH$_3$	
—O—CH$_2$R	3.3 i 4.3
—O—CHR$_2$	
–CHO	9.1 i 10.1

Dyma enghraifft o sbectrwm NMR ^{1}H.

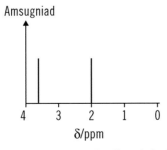

Mae'r sbectrwm hwn ar gyfer cyfansoddyn sydd â fformiwla foleciwlaidd $C_3H_6O_2$. Cymhareb arwynebedd/uchder y brigau yw 1:1. I adnabod y cyfansoddyn:

- O'r fformiwla foleciwlaidd, mae chwe phroton.
- Mae dau frig ac felly dau amgylchedd ar gyfer y proton.
- Cymhareb arwynebedd/uchder y brigau yw 1:1 ac felly mae'n rhaid bod tri phroton ym mhob amgylchedd.
- Gan ddefnyddio'r symudiadau cemegol, mae'r brig ar δ = 3.6 yn cyfateb i O—C**H** ac mae'n rhaid iddo fod yn —C**H**$_3$. Mae'r brig ar δ = 2.1 yn cyfateb i O=C—C**H** ac mae'n rhaid iddo fod yn O=C—C**H**$_3$.

Felly, y cyfansoddyn yw CH_3COOCH_3.

Gwirio eich gwybodaeth

Ar gyfer pob un o'r cyfansoddion isod, rhagfynegwch nifer y brigau, cymhareb arwynebedd y brigau a'r symudiadau cemegol mewn sbectrwm NMR proton.

(a) $CH_3C=OCH_3$
(b) CH_3CH_2CHO
(c) $(CH_3)_2CHCH_3$

2.1

1 (a) Ar gyfer y cylchred egni

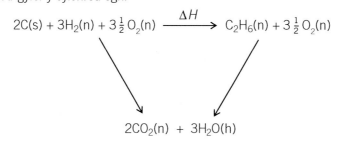

Defnyddiwch y gwerthoedd yn y tabl isod i gyfrifo'r newid enthalpi adwaith, ΔH. [2]

Sylwedd	Newid enthalpi hylosgiad, $\Delta_c H^{\ominus}$ / kJ môl^{-1}
Carbon	−394
Hydrogen	−286
Ethan	−1560

(b) Nodwch beth mae'r term newid enthalpi ffurfiant molar safonol yn ei olygu. [2]

(c) (i) Ysgrifennwch hafaliad i gynrychioli newid enthalpi ffurfiant molar safonol, $\Delta_f H^{\ominus}$, H_2O(n) [1]

(ii) Newid enthalpi ffurfiant molar safonol, $\Delta_f H^{\ominus}$, H_2O(n) yw −242 kJ môl^{-1}.
Gan ddefnyddio'r gwerth hwn a'r enthalpïau bond cyfartalog yn y tabl isod, cyfrifwch enthalpi bond cyfartalog y bond O—H mewn H_2O. [2]

Bond	Enthalpi bond cyfartalog / kJ môl^{-1}
H—H	436
O=O	496

2 Mae ethanol yn gemegyn pwysig mewn diwydiant ac mae'n bosibl ei wneud drwy hydradiad uniongyrchol ethen gan ddefnyddio asid ffosfforig fel catalydd.

$CH_2{=}CH_2$(n) + H_2O(n) $\rightleftharpoons$ CH_3CH_2OH(n) $\Delta H = -46$ kJ môl^{-1}

(a) Gan ddefnyddio'r newid enthalpi safonol ar gyfer yr adwaith uchod a'r newid enthalpi ffurfiant safonol, $\Delta_f H^{\ominus}$, yn y tabl isod, cyfrifwch newid enthalpi ffurfiant safonol ethanol nwyol. [3]

Cyfansoddyn	$\Delta_f H^{\ominus}$ / kJ môl^{-1}
$CH_2{=}CH_2$(n)	52.3
H_2O(n)	−242

(b) Ffordd arall o gyfrifo newid enthalpi adweithiau yw drwy ddefnyddio enthalpïau bond cyfartalog.

Defnyddiwch y gwerthoedd yn y tabl isod i gyfrifo'r newid enthalpi ar gyfer hydradiad uniongyrchol ethen. [3]

$$
\begin{array}{ccccc}
\overset{\displaystyle H \quad H}{\underset{\displaystyle H \quad H}{C{=}C}} & + & \overset{\displaystyle O}{\underset{\displaystyle H \qquad H}{}} & \longrightarrow & \overset{\displaystyle H \quad H}{\underset{\displaystyle H \quad H}{H{-}C{-}C{-}O{-}H}}
\end{array}
$$

Bond	Enthalpi bond cyfartalog / kJ môl^{-1}
C—C	348
C=C	612
C—H	412
C—O	360
O—H	463

(c) (i) Rhowch reswm pam mae'r gwerth a gyfrifwyd yn (b) yn wahanol i'r gwir werth, sef −46 kJ môl^{-1}. [1]

(ii) Eglurwch a yw eich ateb i ran (i) yn cefnogi defnyddio enthalpïau bond cyfartalog i gyfrifo'r newid egni ar gyfer adwaith. [1]

(ch) Mewn rhai gwledydd mae pobl yn dechrau defnyddio ethanol yn lle petrol (octan) fel tanwydd ar gyfer ceir.

(i) Pan gaiff ethanol, C_2H_5OH, ei losgi mewn aer, yr unig gynhyrchion yw carbon deuocsid a dŵr.

Cydbwyswch yr hafaliad ar gyfer yr adwaith hwn. [1]

$$C_2H_5OH + O_2 \longrightarrow CO_2 + H_2O$$

(ii) Defnyddiwch y gwerthoedd newid enthalpi ffurfiant safonol yn y tabl isod i gyfrifo'r newid enthalpi safonol, $\Delta_c H^\ominus$, ar gyfer hylosgiad ethanol. [2]

Cyfansoddyn	$\Delta_f H^\ominus$ / kJ môl^{-1}
C_2H_5OH(h)	−278
CO_2(n)	−394
H_2O(h)	−286
O_2(n)	0

(iii) Y newid enthalpi hylosgiad safonol ar gyfer octan, $\Delta_c H^\ominus$ (C_8H_{18}), yw −5512 kJ môl^{-1}.

Gan ddefnyddio'r gwerth hwn a'ch ateb i (ch)(ii), dangoswch fod octan yn rhoi mwy o egni am bob gram o danwydd sy'n cael ei losgi. [2]

(iv) Awgrymwch reswm pam mae ethanol yn cael ei ddefnyddio yn hytrach na phetrol. [1]

3 Gofynnwyd i Lisa fesur y newid enthalpi molar ar gyfer yr adwaith rhwng magnesiwm a hydoddiant copr(II) sylffad.

$$Mg(s) + CuSO_4(d) \longrightarrow MgSO_4(d) + Cu(s)$$

Gofynnwyd iddi ddefnyddio'r dull canlynol:

- Pwyswch tua 0.90 g o bowdr magnesiwm.

- Mesurwch yn fanwl gywir 50.0 cm^3 o hydoddiant copr(II) sylffad â chrynodiad 0.500 môl dm^{-3} i gwpan polystyren (y tu mewn i gwpan polystyren arall ar gyfer ei ynysu).

- Rhowch thermomedr graddedig 0.2 °C yn yr hydoddiant a mesurwch ei dymheredd bob hanner munud, gan droi'r hydoddiant cyn darllen y tymheredd.

- Ar ôl tri munud ychwanegwch 0.90 g o bowdr magnesiwm ond peidiwch â chofnodi'r tymheredd.

- Trowch y cymysgedd yn drwyadl ac yna cofnodwch y tymheredd ar ôl tri munud a hanner.

- Daliwch i droi a chofnodi'r tymheredd bob hanner munud am bedwar munud arall.

Ar ôl cofnodi tymheredd yr hydoddiant yn ofalus, plotiodd Lisa graff a darganfod mai'r cynnydd uchaf mewn tymheredd oedd 9.6 °C.

(a) Eglurwch pam y mesurodd Lisa dymheredd yr hydoddiant copr(II) sylffad am dri munud cyn ychwanegu'r magnesiwm. [1]

(b) Cyfrifwch y gwres a gafodd ei ryddhau yn ystod yr arbrawf hwn.

(Tybiwch fod dwysedd yr hydoddiant yn 1.00 g cm^{-3} a bod ei gynhwysedd gwres sbesiffig yn 4.18 J K^{-1} g^{-1}) [2]

(c) Cyfrifwch y newid enthalpi molar ar gyfer yr adwaith rhwng magnesiwm a hydoddiant copr(II) sylffad. [3]

(ch) Enwch gyfarpar y gallai Lisa ei ddefnyddio i fesur yn fanwl gywir 50.0 cm³ o'r hydoddiant. [1]

(d) Nodwch pam nad oedd angen iddi bwyso'r powdr magnesiwm yn fanwl gywir. [1]

(dd) Eglurwch pam mae'n well defnyddio powdr magnesiwm yn hytrach na stribed o ruban magnesiwm. [2]

(e) Y gwerth yn y llyfr data ar gyfer y newid enthalpi molar hwn yw −93.1 kJ môl⁻¹. Mynegwch y gwahaniaeth rhwng gwerth Lisa a'r gwerth hwn fel canran o werth y llyfr data. [1]

(Os nad oes gennych ateb yn rhan (c), tybiwch fod y newid enthalpi molar yn −65 kJ môl⁻¹, er nad hwn yw'r ateb cywir.)

(f) Nodwch y **prif** reswm am werth isel Lisa yn yr arbrawf hwn ac awgrymwch un newid a fyddai'n gwella ei chanlyniad. [2]

4 (a) Mewn arbrawf niwtraliad, cafodd 50.0 cm³ o hydoddiant sodiwm hydrocsid dyfrllyd â chrynodiad 0.500 môl dm⁻³ ei ychwanegu at 50.0 cm³ o hydoddiant asid nitrig dyfrllyd â chrynodiad 0.500 môl dm⁻³ mewn calorimedr. Tymereddau cychwynnol yr hydoddiannau oedd 18.0 °C a chododd y tymheredd i 21.4 °C.

Cymerwch fod cynhwysedd gwres sbesiffig yr holl hydoddiannau yn 4.18 J g⁻¹ K⁻¹ cyfrifwch:

(i) Nifer y molau o asid a gafodd eu defnyddio. [1]

(ii) Y gwres a gafodd ei ryddhau yn yr arbrawf, mewn jouleau. [2]

(iii) Y newid enthalpi niwtraliad ar gyfer yr adwaith hwn, mewn cilojouleau y môl. [2]

(b) (i) Nodwch ddeddf Hess. [1]

(ii) Eglurwch pam mae deddf Hess yn dilyn o egwyddor cadwraeth egni. [1]

(c) Defnyddiwch y gwerthoedd newid enthalpi ffurfiant safonol, $\Delta_f H^\ominus$ yn y tabl isod i gyfrifo'r newid enthalpi safonol, $\Delta H^\ominus$, ar gyfer yr adwaith canlynol.

$2N_2(n) + 2H_2O(n) + 5O_2(n) \longrightarrow 4HNO_3(h)$ [2]

Rhywogaeth	$\Delta_f H^\ominus$ / kJ môl⁻¹
$N_2(n)$	0
$H_2O(n)$	−242
$O_2(n)$	0
$HNO_3(h)$	−176

5 (a) Mae'n bosibl hydrogenu ethen gyda chatalydd gan ffurfio ethan. Yr hafaliad ar gyfer yr adwaith yw

$C_2H_4(n) + H_2(n) \longrightarrow C_2H_6(n)$ $\Delta H = -124$ kJ môl⁻¹

Cyfrifwch yr enthalpi bond cyfartalog, mewn kJ môl⁻¹, ar gyfer y bond C = C, drwy ddefnyddio'r newid enthalpi ar gyfer yr adwaith a'r gwerthoedd enthalpi bond cyfartalog yn y tabl isod. [3]

Bond	Enthalpi bond cyfartalog/kJ môl⁻¹
C — H	412
H — H	436
C — C	348

(b) Darganfyddwch werth ΔH, mewn kJ môl⁻¹, yn y cylchred egni isod [1]

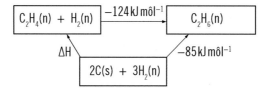

(c) Mae'n bosibl ffurfio sylffwr deuocsid yn yr atmosffer, pan fydd hydrogen sylffid, sy'n cael ei allyrru mewn nwyon o losgfynyddoedd, yn adweithio â'r aer. Yr hafaliad ar gyfer yr adwaith yw

$$2H_2S(n) + 3O_2(n) \longrightarrow 2H_2O(h) + 2SO_2(n)$$

(i) Defnyddiwch y gwerthoedd newid enthalpi ffurfiant safonol yn y tabl i gyfrifo'r newid enthalpi safonol, $\Delta H^\ominus$, ar gyfer yr adwaith uchod. [2]

Cyfansoddyn	$\Delta_f H^\ominus$ / kJ môl^{-1}
$H_2S(n)$	-20.2
$O_2(n)$	0
$H_2O(h)$	-286
$SO_2(n)$	-297

(ii) Eglurwch pam mae'r newid enthalpi ffurfiant safonol ar gyfer $O_2(n)$ yn sero. [1]

6 Defnyddiodd Iwan y cyfarpar isod i ddarganfod newid enthalpi hylosgiad nonan, C_9H_{20}.

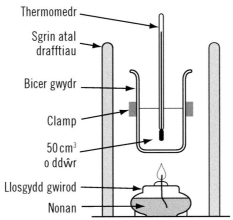

Thermomedr
Sgrin atal drafftiau
Bicer gwydr
Clamp
50 cm³ o ddŵr
Llosgydd gwirod
Nonan

(a) Mesurodd Iwan fàs y llosgydd gwirod ar ddechrau a diwedd yr arbrawf, a gwelodd fod 0.20 g o nonan wedi'i losgi.

Cyfrifwch nifer y molau o nonan sy'n bresennol mewn 0.20g. [2]

(b) Roedd tymheredd cychwynnol y dŵr yn 22.5 °C, a'r tymheredd uchaf a gafodd ei gofnodi yn ystod yr arbrawf oedd 53.2 °C. Cyfrifwch newid enthalpi hylosgiad nonan, mewn kJ môl^{-1}. Dangoswch eich gwaith cyfrifo. [3]

(*c* yw cynhwysedd gwres sbesiffig dŵr, sef 4.18 J g^{-1} K^{-1}).

(c) Rhowch y prif reswm pam mae'r gwerth arbrofol a gafodd Iwan yn wahanol i'r gwerth yn y llyfrau. Awgrymwch unrhyw welliannau i'r arbrawf fyddai'n rhoi gwerth mwy manwl gywir. [2]

2.2

1 Mae cobalt yn adweithio ag asid hydroclorig gan roi cobalt clorid a hydrogen.

$$Co(s) + 2HCl(d) \longrightarrow CoCl_2(d) + H_2(n)$$

    (a) Awgrymwch ddull o fesur cyfradd yr adwaith hwn. [1]

    (b) Nodwch beth y byddai'n bosibl ei wneud i'r cobalt i gynyddu cyfradd yr adwaith hwn. [1]

2 (a) Mae'r diagram isod yn dangos dosraniad egnïon y moleciwlau ar gyfer sampl o fwt-1-en.

    Ar y diagram lluniwch gromlin dosraniad egnïon y moleciwlau ar gyfer yr un sampl o fwt-1-en ar dymheredd uwch. [1]

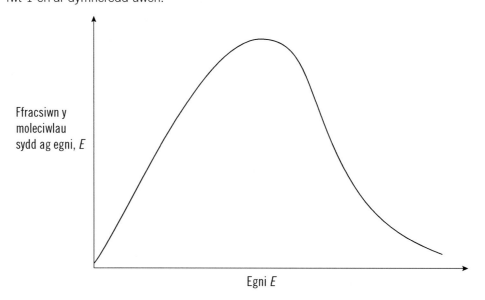

(b) Mae bwt-1,3-deuen yn deumereiddio yn araf pan gaiff ei wresogi i dros 200 °C fel sydd i'w weld yn yr hafaliad isod.

$$2C_4H_6(n) \longrightarrow C_8H_{12}(n)$$

Mae'r tabl isod yn dangos crynodiad cychwynnol bwt-1,3-deuen a'i grynodiad ar ôl 200 eiliad.

Crynodiad bwt-1,3-deuen / môl dm^{-3}	Amser / s
1.66×10^{-2}	0
1.60×10^{-2}	200

    (i) Defnyddiwch y gwerthoedd i gyfrifo'r gyfradd adwaith gychwynnol mewn môl dm^{-3} s^{-1} [1]

    (ii) Nodwch sut y byddai'r gwerth ar gyfer y gyfradd adwaith yn newid wrth i'r adwaith fynd yn ei flaen ar dymheredd cyson. Rhowch reswm dros eich ateb. [2]

    (iii) Mae deumereiddiad bwt-1,3-deuen yn broses endothermig.

        Brasluniwch broffil egni ar gyfer yr adwaith hwn, gan ddangos yr egni actifadu, E_a, yn glir. [2]

3 Mae amonia yn cael ei gynhyrchu drwy broses Haber

$$N_2(n) + 3H_2(n) \rightleftharpoons 2NH_3(n) \qquad \Delta H = -92 \, kJ \, môl^{-1}$$

Nodwch, gan roi rhesymau, beth sy'n digwydd i gyfradd yr adwaith:

    (a) wrth i'r tymheredd gael ei gynyddu. [2]

    (b) wrth i gyfanswm y gwasgedd gael ei gynyddu. [2]

4 (a) Mae'r hafaliad isod yn cynrychioli dadelfeniad hydrogen ïodid, HI, nwyol,

$$2HI(n) \rightleftharpoons H_2(n) + I_2(n) \qquad \Delta H = -53\,kJ\,môl^{-1}$$

Brasluniwch a labelwch ar yr echelinau isod:

(i) y proffil egni ar gyfer y dadelfeniad uchod. [1]

(ii) y proffil egni ar gyfer yr un adwaith petai'n cael ei gatalyddu. [1]

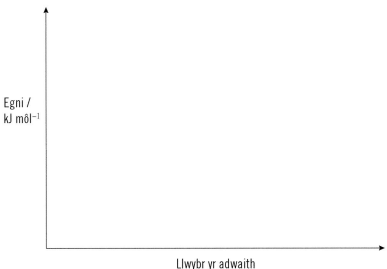

Egni /
kJ môl⁻¹

Llwybr yr adwaith
(pa mor bell mae'r adwaith wedi mynd)

(b) Nodwch sut mae'r ddamcaniaeth gwrthdrawiadau yn egluro effaith newidiadau mewn tymheredd ar gyfradd adwaith. [3]

5 (a) Mae cyfradd yr adwaith rhwng dolomit, sef mwyn sy'n cynnwys magnesiwm carbonad a chalsiwm carbonad, ac asid hydroclorig yn cynyddu'n fawr os yw'r tymheredd yn cael ei gynyddu.

Cwblhewch ddiagram y gromlin dosraniad egni canlynol drwy lunio dwy linell sy'n dangos dosraniad egnïon ar ddau dymheredd gwahanol.

Labelwch y llinell ar y tymheredd isaf yn T_1 a'r llinell ar y tymheredd uchaf yn T_2. Defnyddiwch y diagram i'ch helpu i egluro pam mae'r gyfradd yn cynyddu wrth i'r tymheredd gynyddu. [3]

Ffracsiwn y
moleciwlau
sydd ag egni, E

Egni E

(b) Un dull ar gyfer dilyn y gyfradd adwaith yw mesur cyfaint y carbon deuocsid sydd wedi cael ei ryddhau ar amserau addas. Amlinellwch yn fyr ddull gwahanol o ddilyn y gyfradd adwaith rhwng dolomit ac asid hydroclorig. [2]

6 Mae llawer o gatalyddion yn ddrud iawn ond drwy eu defnyddio mae'r diwydiant cemegion yn gallu gwneud mwy o elw. Eglurwch pam mae defnyddio catalyddion yn rhoi buddiannau economaidd ac amgylcheddol. [3]

7 Gofynnir i Eurig fesur cyfradd adwaith calsiwm carbonad ag asid hydroclorig gwanedig. Mae'n cael 1.50g o'r carbonad a 10.0cm³ o'r asid â chrynodiad 2.00môldm⁻³.

$CaCO_3(s) + 2HCl(d) \longrightarrow CaCl_2(d) + CO_2(n) + H_2O(h)$

(a) Nodwch un arsylw y mae Eurig yn ei wneud yn ystod yr adwaith hwn. [1]

(b) Enwch gyfarpar y gallai ei ddefnyddio i gasglu a mesur cyfaint y carbon deuocsid sy'n cael ei gynhyrchu. [1]

(c) Awgrymwch ddull, heblaw mesur faint o garbon deuocsid sydd wedi cael ei gynhyrchu ar ôl cyfnodau penodol o amser, y gallai Eurig fod wedi ei ddefnyddio i ddilyn cyfradd yr adwaith hwn. [1]

(ch) Mae Eurig yn cynnal yr arbrawf eto gan ddechrau gyda màs mwy o galsiwm carbonad. Mae'n dilyn cyfradd yr adwaith am 3 munud.

Mae'n gwneud nifer o fesuriadau sy'n cynnwys 150cm³ o garbon deuocsid ar 1 munud a 200cm³ ar 2 funud pan fydd yr adwaith yn dod i ben.

(i) Brasluniwch gromlin ar grid fel yr un isod i ddangos y canlyniadau hyn. Labelwch y graff hwn yn **A**. [1]

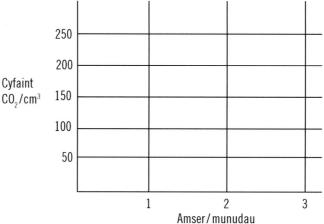

(ii) Ar yr un grid brasluniwch y graff y byddai'n ei gael petai'n cynnal yr arbrawf eto gan ddefnyddio asid hydroclorig â hanner y crynodiad gwreiddiol a chadw'r ffactorau eraill i gyd yr un fath. Labelwch y graff hwn yn **B**. [2]

(iii) Eglurwch, gan ddefnyddio damcaniaeth gwrthdrawiadau syml, pam mae cyfraddau'r ddau adwaith hyn yn wahanol. [2]

(d) Gyda chymorth diagram cromlin dosraniad egni, eglurwch pam mae codi'r tymheredd ychydig yn peri i gyfradd adwaith cemegol gynyddu'n fawr. [3]

8 Cynhaliodd Carys dri arbrawf **A**, **B** ac **C**, er mwyn astudio'r adwaith rhwng powdr magnesiwm ac asid hydroclorig.

Defnyddiodd chwistrell nwy i fesur cyfaint yr hydrogen oedd wedi'i gynhyrchu ar dymheredd a gwasgedd ystafell ar ôl amserau penodol. Ym mhob achos, roedd digon o asid i adweithio â'r holl fagnesiwm.

$Mg(s) + 2HCl(d) \longrightarrow MgCl_2(d) + H_2(n)$

Mae manylion pob arbrawf i'w gweld yn Nhabl 1.

Arbrawf	Màs y magnesiwm / g	Cyfaint yr HCl / cm³	Crynodiad yr HCl / môl dm⁻³
A	0.061	40.0	0.50
B	0.101	40.0	1.00
C	0.101	20.0	2.00

▲ Tabl 1

Mae'r canlyniadau a gafodd yn arbrawf C i'w gweld yn Nhabl 2 isod.

Amser / s	Cyfaint yr hydrogen / cm³
0	0
20	50
40	75
60	88
80	92
100	100
120	100

▲ Tabl 2

(a) Mae'r canlyniadau ar gyfer arbrofion A a B eisoes wedi'u plotio ar y grid isod. Ar gopi o'r un grid, plotiwch y canlyniadau ar gyfer arbrawf C a lluniwch linell ffit orau. [3]

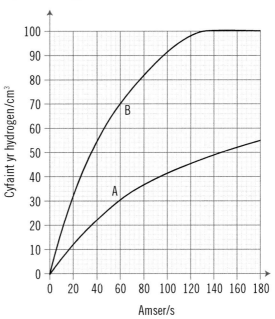

(b) (i) Nodwch ym mha arbrawf y mae'r adwaith yn dechrau gyflymaf a **defnyddiwch eich graff** i egluro eich dewis. [2]

(ii) Drwy gyfeirio at Dabl 1 rhowch eglurhad ar eich ateb yn rhan (i). [1]

(c) Nodwch gyfaint yr hydrogen sydd wedi'i gynhyrchu ar ôl 30 eiliad yn arbrawf **B**. [1]

(ch) Nodwch un dull o arafu'r adwaith yn arbrawf **C** a defnyddiwch ddamcaniaeth gwrthdrawiadau i egluro eich dewis. Tybiwch fod symiau'r magnesiwm a'r asid hydroclorig yr un fath ag yn Nhabl 1. [3]

9 Mae mesur cyfraddau adweithiau cemegol yn bwysig iawn mewn prosesau diwydiannol, astudiaethau amgylcheddol a gwaith meddygol.

(a) Enwch **dri** ffactor sy'n gallu effeithio ar gyfradd adwaith cemegol. [3]

(b) Dyma ganlyniadau arbrawf i ddarganfod cyfradd dadelfeniad hydrogen perocsid.

$$2H_2O_2 \longrightarrow 2H_2O + O_2$$

Amser (s)	0	50	100	150	200	250	300
Cyfaint O_2 (cm³)	0	5.0	10.0	14.8	19.0	22.5	25.0

(i) Plotiwch y canlyniadau hyn ar bapur graff a chyfrifwch y gyfradd adwaith gychwynnol o'ch graff. **Dangoswch eich gwaith cyfrifo a nodwch yr unedau ar gyfer y gyfradd.** [5]

(ii) Nodwch sut mae'r gyfradd adwaith yn newid dros amser a rhowch reswm dros unrhyw wahaniaeth. [2]

(iii) Disgrifiwch yn fyr sut y byddech yn gallu cynnal yr arbrawf hwn. [2]

(c) Gan ddefnyddio damcaniaeth gwrthdrawiadau ar gyfer adwaith, er enghraifft:

A(n) + B(n) $\longrightarrow$ C(n)

eglurwch pam mae'r gyfradd adwaith yn dibynnu ar wasgedd yr adweithyddion a hefyd ar y tymheredd. [4]

10 Dyma ganlyniadau arbrawf i fesur ar ba gyfradd y mae hydrogen perocsid yn ocsidio ïonau ïodid mewn hydoddiant asidig, yn ôl yr hafaliad isod. Cafodd yr adwaith ei gynnal ar dymheredd o 20°C.

$H_2O_2 + 2H^+ + 2I^- \longrightarrow I_2(brown) + 2H_2O$

Amser (s)	0	100	200	300	400	500
Crynodiad I_2 (môl dm⁻³)	0	0.0115	0.0228	0.0347	0.0420	0.0509

(a) Plotiwch y canlyniadau ar bapur graff, gan labelu'r echelinau a dewis graddfa addas. Lluniwch y llinell ffit orau. [3]

(b) Defnyddiwch y graff i gyfrifo'r gyfradd adwaith gychwynnol a rhowch yr unedau. [2]

(c) Disgrifiwch yn fyr nodweddion allweddol y dull a fyddai wedi cael ei ddefnyddio i gael y canlyniadau hyn. [3]

(ch) Cafodd arbrawf tebyg ei gynnal gan ddefnyddio hydoddiannau hydrogen perocsid ac ïodid â chrynodiadau gwahanol. Mae'r cyfraddau cychwynnol a gafodd eu cyfrifo ar gyfer pob adwaith i'w gweld yn y tabl.

Crynodiad H_2O_2 (unedau cymharol)	Crynodiad I^- (unedau cymharol)	Cyfradd gychwynnol (unedau cymharol)
0.60	0.050	4.1×10^{-4}
1.2	0.050	7.9×10^{-4}
1.2	0.10	1.6×10^{-3}

Dadansoddwch y data a nodwch y berthynas rhwng crynodiad hydrogen perocsid ac ïonau ïodid a'r gyfradd adwaith gychwynnol . [2]

2.3

1 (a) Cyfrifwch yr egnïon sy'n cael eu cynhyrchu **am bob gram** pan gaiff methan a bwtan eu hylosgi.

ΔH(hylosgiad)methan = −890 kJ môl⁻¹ ΔH(hylosgiad)bwtan = −2811 kJ môl⁻¹ [2]

(b) Cyfrifwch fàs y carbon deuocsid sy'n ffurfio pan gaiff **un gram** o fethan ac **un gram** o fwtan eu hylosgi. [2]

(c) O (a) a (b) nodwch pa un fyddai'r tanwydd mwyaf buddiol o ran yr amgylchedd ar gyfer ei ddefnyddio mewn gorsafoedd trydan, gan roi rheswm. [2]

2 Mae effeithiau amgylcheddol cerbydau modur yn cael eu barnu ar sail nifer y gramau o garbon deuocsid sy'n cael eu hallyrru yn ystod pob cilomedr o daith.

Dyma'r hafaliadau ar gyfer hylosgiad bioethanol ac ethan a'r egni sy'n cael ei gynhyrchu:

$C_2H_5OH + 3O_2 = 2CO_2 + 3H_2O$ $\Delta H = -1371$ kJ môl⁻¹

$C_2H_6 + \frac{7}{2}O_2 = 2CO_2 + 3H_2O$ $\Delta H = -1560$ kJ môl⁻¹

Gan gofio bod y car yn cael ei yrru gan yr egni sy'n cael ei gynhyrchu, nodwch pa danwydd fyddai'r mwyaf manteisiol i'r amgylchedd am bob môl ar sail y canlyniadau hyn, gan roi eich rheswm.

Fodd bynnag, mae ffactor arall y dylech ei ystyried. Trafodwch hyn a nodwch a ddylech newid eich casgliad cychwynnol ai peidio. [3]

3 Oherwydd y cysylltiad â chynhesu byd-eang, mae llawer o ymdrech yn cael ei gwneud i ymchwilio i sut y gallwn leihau neu ddileu allyriadau carbon deuocsid, CO_2, i'r atmosffer o orsafoedd trydan sy'n llosgi tanwyddau ffosil.

(a) Un maes sy'n destun ymchwil yw defnyddio sodiwm carbonad i ddileu CO_2. Tri adwaith posibl yw:

$Na_2CO_3(s) + CO_2(n) + H_2O(h) = 2NaHCO_3(s)$ **1**

$3Na_2CO_3(s) + CO_2(n) + 5H_2O(h) = 2Na_2CO_3.NaHCO_3.2H_2O(s)$ **2**

$5Na_2CO_3(s) + 3CO_2(n) + 3H_2O(h) = 2Na_2CO_3.3NaHCO_3(s)$ **3**

(i) Gan roi rheswm, cyfrifwch o'r hafaliadau pa un o'r tri adwaith hyn sy'n defnyddio sodiwm carbonad, $Na_2CO_3(s)$, yn fwyaf effeithiol i amsugno $CO_2(n)$. [2]

(ii) Nodwch egwyddor Le Chatelier. [1]

(iii) Gan roi eich rhesymau, defnyddiwch egwyddor Le Chatelier i ddarganfod a fyddai dileu $CO_2(n)$ yn fwy effeithlon naill ai ar wasgedd nwy uchel neu ar wasgedd nwy isel. [2]

(b) Maes arall sy'n destun ymchwil yw defnyddio math newydd o bilen blastig, gan ddefnyddio nanotechnoleg i greu ei hadeiledd, i ddal nwy carbon deuocsid ar yr un pryd ag y bydd nwyon gwastraff eraill yn gallu mynd drwyddi'n rhydd.

Os yw $1000\,dm^3$ o nwy gwastraff ar $25°C$ yn cynnwys $275g$ o garbon deuocsid, sy'n cael ei wahanu gan bilen blastig, cyfrifwch:

(i) Nifer y molau o garbon deuocsid yn y $275g$ sy'n cael ei wahanu gan y bilen. [1]

(ii) Cyfaint y carbon deuocsid sy'n cael ei wahanu ar $25°C$. [1]

[Cyfaint un môl o nwy yw $24.0\,dm^3$ ar $25°C$ a gwasgedd 1 atm.]

(iii) Canran y carbon deuocsid yn ôl cyfaint yn y nwy gwastraff. [1]

(c) Mae carbon deuocsid, CO_2 yn nwy asidig.

(i) Diffiniwch y term 'asid'. [1]

(ii) Drwy ystyried ei ryngweithiad â dŵr, eglurwch sut mae carbon deuocsid yn gallu ymddwyn fel asid. [1]

(iii) Er bod pH dŵr pur yn 7, eglurwch pam mae gan ddŵr naturiol sydd mewn cyswllt ag aer pH o lai na 7. [1]

4 (a) Mae'r rhan fwyaf o gerbydau modur ledled y byd yn cael eu gyrru gan betrol neu ddiesel sy'n dod o olew crai. Rhowch **ddau** reswm pam na fyddwn yn gallu dibynnu ar olew am byth fel ffynhonnell tanwydd ar gyfer cerbydau. [2]

(b) Mae datblygu tanwyddau amgen yn flaenoriaeth i lawer o gynhyrchwyr cerbydau ledled y byd. Un tanwydd o'r fath sy'n cael ei astudio yw hydrogen.

Ei brif fantais yw'r ffaith mai dŵr yw'r unig gynnyrch. Fodd bynnag, nid yw hydrogen yn digwydd yn naturiol ar y Ddaear. Mae'n gallu cael ei gynhyrchu drwy yrru cerrynt trydan drwy ddŵr.

(i) Dywedodd un cynhyrchydd ceir blaenllaw, 'Ni fydd ceir sy'n cael eu gyrru gan hydrogen yn cynhyrchu llygredd.' Rhowch **ddau** reswm pam nad yw hyn o reidrwydd yn wir. [2]

(ii) Dywedodd llefarydd ar ran grŵp sy'n ymgyrchu dros ddiogelwch, 'Mae hydrogen yn gallu llosgi'n ffrwydrol. Rhaid i ni beidio â'i ddefnyddio mewn ceir oni bai ei fod 100 % yn ddiogel.'

Rhowch sylw ar hyn. [1]

(c) Disgrifiwch sut mae diwydiant yn addasu i heriau cemeg gwyrdd. Dylai eich ateb gyfeirio at:

    1 Nodau cyffredinol cemeg gwyrdd.

    2 Defnyddiau sy'n cael eu defnyddio neu eu cynhyrchu.

    3 Yr egni sy'n cael ei ddefnyddio. [5]

5 Mae hydrocarbonau yn chwarae rhan bwysig yn ein bywyd heddiw, fel tanwyddau ac fel nwyddau crai ar gyfer syntheseiddio amrywiaeth eang o ddefnyddiau. Mae'r rhan fwyaf o hydrocarbonau yn cael eu harunigo o olew crai; fodd bynnag, mae diddordeb cynyddol mewn dulliau eraill o gael y moleciwlau hyn.

Un llwybr ar gyfer cynhyrchu hydrocarbonau yw proses Fischer–Tropsch, sy'n defnyddio hydrogen a carbon monocsid fel defnyddiau cychwynnol i gynhyrchu amrywiaeth o foleciwlau. Mae'r hafaliad isod yn dangos cynhyrchu pentan, C_5H_{12}, drwy'r llwybr hwn.

$11H_2(n) + 5CO(n) = C_5H_{12}(h) + 5H_2O(h)$ $\Delta H = -1049\,kJ\,môl^{-1}$

Mae'r tabl isod yn dangos enthalpïau ffurfiant rhai o'r sylweddau hyn:

Sylwedd	Enthalpi ffurfiant safonol, $\Delta_f H^\ominus$ / $kJ\,môl^{-1}$
Hydrogen, $H_2(n)$	0
Carbon monocsid, $CO(n)$	−111
Dŵr, $H_2O(h)$	−286

(a) **(i)** Nodwch y tymheredd a'r gwasgedd sy'n cael eu defnyddio fel amodau safonol. Rhowch unedau ar gyfer y ddau. [2]

    (ii) Nodwch pam mae'r enthalpi ffurfiant safonol ar gyfer hydrogen nwyol yn $0\,kJ\,môl^{-1}$. [1]

    (iii) Defnyddiwch y gwerthoedd uchod i gyfrifo'r enthalpi ffurfiant safonol ar gyfer pentan [2]

(b) Un dull o gynhyrchu'r nwy hydrogen sydd ei angen ar gyfer proses Fischer–Tropsch yw defnyddio'r adwaith cildroadwy isod.

$CO(n) + H_2O(n) = CO_2(n) + H_2(n)$ $\Delta H = -42\,kJ\,môl^{-1}$

    (i) Nodwch ac eglurwch effaith cynyddu'r gwasgedd ar gynnyrch yr hydrogen nwyol sy'n cael ei gynhyrchu ar ecwilibriwm, os oes effaith. [2]

    (ii) Nodwch ac eglurwch effaith cynyddu'r tymheredd ar gynnyrch yr hydrogen nwyol sy'n cael ei gynhyrchu ar ecwilibriwm, os oes effaith. [2]

    (iii) Mae'r adwaith hwn yn defnyddio catalydd sy'n seiliedig ar haearn ocsid. Nodwch effaith defnyddio catalydd ar y safle ecwilibriwm. [1]

2.4

1 **(a)** Nodwch ystyr y term 'ymholltiad heterolytig'. [1]

(b) Cwblhewch yr hafaliad isod i ddangos cynhyrchion ymholltiad heterolytig y bond C–Cl mewn 2-methyl-2-cloropropan. [1]

2 Mae gan y cyfansoddyn isod arogl tebyg i geirios ac mae'n cael ei ddefnyddio i wneud persawr.

(a) Enwch y grwpiau gweithredol sy'n bresennol yn y cyfansoddyn hwn. [2]

(b) Nodwch fformiwla foleciwlaidd y cyfansoddyn. [1]

3 Cyfansoddion organig sy'n cynnwys sylffwr yw cyfansoddion **A** a **B** ac maen nhw i'w cael yn naturiol mewn rhai bwydydd.

Cyfansoddyn A sydd
i'w gael mewn garlleg

Cyfansoddyn B sy'n cael ei
gynhyrchu drwy goginio
nionod/winwns

(a) Mae'r ddau gyfansoddyn hyn yn isomerau adeileddol. Nodwch beth mae'r term 'isomer adeileddol' yn ei olygu. [1]

(b) Eglurwch pam mai dim ond cyfansoddyn B sy'n gallu bodoli ar ffurf isomerau *E–Z*. [2]

(c) Mae'r cyflenwyr cemegion yn gwerthu cyfansoddyn A am £48.00 am 100 g. Purdeb y defnydd sy'n cael ei werthu yw 73%, ond mae hyn yn foddhaol at y diben.

Cyfrifwch gost 1 môl o gyfansoddyn **A**, sydd â'r fformiwla foleciwlaidd $C_6H_{10}S_2$. [2]

4 Dyma ran o bolymer adio.

Nodwch enw cyfundrefnol y monomer sy'n rhoi'r polymer hwn. [1]

2.5

1 (a) Efallai bod radicalau hydrocsyl yn chwarae rhan yn nadelfeniad hydrogen perocsid, H_2O_2.

Nodwch pam mae hwn yn cael ei alw'n radical. [1]

(b) Adwaith arall sy'n cynhyrchu radicalau yw adwaith clorin â phropan.

(i) Rhowch yr hafaliad ar gyfer adwaith radical propyl a chlorin nwyol. [1]

(ii) Pam mae'r adwaith yn (i) yn cael ei alw'n adwaith lledaenu? [1]

(c) Mae radicalau yn chwarae rhan yng nghracio ffracsiynau petroliwm ar 600 °C.

Un o'r cynhyrchion sy'n cael ei gynhyrchu drwy gracio yw alcan sydd â màs molar 100 g. Diddwythwch fformiwla foleciwlaidd yr alcan hwn. [1]

(ch) Mae radicalau yn cael eu cynhyrchu drwy ymholltiad homolytig bond cofalent. Beth mae ymholltiad homolytig bond yn ei olygu? [1]

2 Mae petroliwm yn gymysgedd o hydrocarbonau dirlawn, ac mae rhai ohonyn nhw'n isomerau adeileddol o'i gilydd. Maen nhw'n cael eu gwahanu yn ffracsiynau drwy ddistylliad. Mae rhai o'r ffracsiynau hyn yn cael eu defnyddio i wneud cemegion pwysig fel ethen; mae ffracsiynau eraill yn cael eu defnyddio i wneud tanwyddau.

(a) Eglurwch beth mae hydrocarbon dirlawn yn ei olygu. [1]

(b) Propan a heptan yw dau o'r hydrocarbonau sydd i'w cael o betroliwm.

    (i) Ysgrifennwch yr hafaliad ar gyfer hylosgiad cyflawn propan. [1]

    (ii) 3-Ethylpentan yw un o isomerau adeileddol heptan. Lluniwch fformiwla sgerbydol yr isomer hwn. [1]

(c) Disgrifiwch yr adeiledd a'r bondio mewn moleciwl ethen. [3]

(ch) Mae'n bosibl defnyddio ethen fel y defnydd cychwynnol ar gyfer paratoi ethanol mewn diwydiant ond mae hefyd yn bosibl gwneud ethanol drwy eplesiad glwcos.

$$C_6H_{12}O_6 \longrightarrow 2C_2H_5OH + 2CO_2$$

Cyfrifwch isafswm màs y glwcos sydd ei angen i roi 230 g o ethanol. [3]

3 Mae olew crai yn gymysgedd cymhleth o hydrocarbonau; mae gan samplau o lefydd gwahanol yn y byd gyfansoddiadau gwahanol. Mae'r tabl isod yn rhoi cyfansoddiad olew crai o ddau leoliad.

Ffracsiwn	Canran yn ôl màs	
	Olew Crai Brent	Gwlff Suez
nwyon petroliwm	2.4	1.2
nafftha	19.1	13.6
cerosin	14.2	12.7
olew nwy	20.9	18.7
gweddillion	43.4	53.8

(a) Mae'r ffracsiynau gwahanol yn cael eu gwahanu gan ddistyllu ffracsiynol. Eglurwch pam mae gan y ffracsiynau gwahanol dymereddau berwi gwahanol. [2]

(b) Mae'r nwyon petroliwm sy'n cael eu cynhyrchu o olew crai yn gallu cynnwys propan a bwtan.

Mae màs casgen o olew crai Gwlff Suez yn 145 kg. Gan dybio mai bwtan yw'r holl nwy petroliwm sy'n cael ei ryddhau o'r olew, cyfrifwch gyfaint y nwy hwn ar wasgedd 1 atmosffer. [3]

(c) Mae nafftha yn cael ei ddefnyddio fel defnydd cychwynnol i gynhyrchu cyfansoddion eraill. Dan amodau addas mae'n bosibl ei gracio gan gynhyrchu ethen ac alcanau. Yna mae'r ethen yn cael ei ddefnyddio i gynhyrchu poly(ethen). Trafodwch sut mae poly(ethen) yn cael ei gynhyrchu o nafftha, drwy ymateb i'r pwyntiau bwled isod.

    • Eglurhad ar ba un o'r ddau fath o olew crai a roddwyd fyddai'r mwyaf defnyddiol i gynhyrchu alcenau, fel ethen.

    • Hafaliad ar gyfer cracio decan, gan roi ethen fel un o'r cynhyrchion.

    • Eglurhad ar beth mae polymeriad yn ei olygu.

    • Hafaliad ar gyfer polymeriad ethen, gan nodi'n glir pa fath o bolymeriad sy'n digwydd.

    • Nodwch bolymer gwahanol sy'n cael ei ddefnyddio'n gyffredin ac adeiledd y monomer sy'n cael ei ddefnyddio i'w gynhyrchu. [5]

2.6

1 (a) Nodwch fformiwla foleciwlaidd cyfansoddyn L, sydd â'r fformiwla sgerbydol isod. [1]

(b) Mae cyfansoddyn L yn adweithio â hydoddiant sodiwm hydrocsid alcoholig gan roi hecs-1,3-deuen fel un o'r cynhyrchion.

Nodwch y math o adwaith sydd wedi digwydd. [1]

2 Un o'r cyfansoddion oedd yn arfer cael ei ddefnyddio mewn hylif cywiro oedd 1,1,1-tricloroethan ond mae cyfansoddion fel methylcylchohecsan, sydd ag effaith lai andwyol o lawer ar yr amgylchedd, wedi cymryd ei le.

1,1,1–tricloroethan   Methylcylchohecsan

(a) Eglurwch, yn nhermau cryfder bond, pam mae 1,1,1-tricloroethan yn cael effaith ar yr haen oson ond nid felly methylcylchohecsan. [2]

(b) Mae hept-1-en yn un o isomerau methylcylchohecsan. Disgrifiwch brawf cemegol sy'n rhoi canlyniad positif ar gyfer hept-1-en ond nid ar gyfer methylcylchohecsan. [2]

3 Mae'n bosibl profi ar gyfer presenoldeb atomau halogen mewn halogenoalcan drwy hydrolysu'r moleciwl a phrofi ar gyfer yr ïon halid sy'n cael ei ryddhau, gan ddefnyddio hydoddiant arian nitrad.

Cafodd hydrolysis tri chyfansoddyn ei gynnal dan amodau unfath, gan fesur yr amser i waddod ffurfio. Roedd y canlyniadau fel a ganlyn:

Cyfansoddyn	Amser i waddod ffurfio / munudau
1-cloropropan	17
1-bromopropan	4
1-ïodopropan	Llai nag 1

Dyma egnïon y bondiau carbon–halogen a'r gwahaniaethau mewn electronegatifedd ar gyfer pob bond:

Bond	Enthalpi bond cyfartalog/ kJ môl⁻¹	Gwahaniaeth mewn electronegatifedd
C — Cl	338	0.61
C — Br	276	0.41
C — I	238	0.11

Defnyddiwch y ddau dabl i roi sylwadau ar y ffactorau sy'n effeithio ar y gyfradd adwaith. [6]

2.7

1 (a) Mae 1-Bromobwtan yn hylif sy'n anhydawdd mewn dŵr. Mae'n bosibl ei drawsnewid yn fwtan-1-ol mewn adwaith un cam.

(i) Rhowch yr adweithydd(ion) a'r amodau sydd eu hangen ar gyfer yr adwaith hwn. [2]

(ii) Eglurwch pam mae bwtan-1-ol yn fwy hydawdd mewn dŵr nag 1-bromobwtan. [3]

(b) Mae'n bosibl trawsnewid bwtan-1-ol yn asid bwtanöig hylifol mewn adwaith un cam.

(i) Rhowch yr adweithydd(ion) a'r amod(au) sydd eu hangen ar gyfer yr adwaith hwn. [2]

(ii) Mae'r adwaith uchod yn aml yn cynhyrchu cymysgedd sy'n cynnwys bwtan-1-ol heb adweithio ac asid bwtanöig. Nodwch sut y gallech wahanu'r hylifau hyn. [1]

2   Mae alcenau yn gallu bod yn fan cychwyn ar gyfer llawer o gyfansoddion organig fel sydd i'w weld isod.

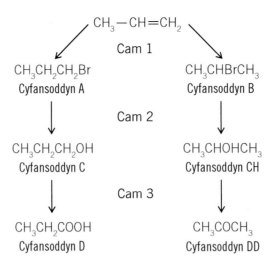

(a) (i) Lluniwch y mecanwaith ar gyfer cynhyrchu'r prif gynnyrch yng ngham 1. Yn eich ateb dylech ddosbarthu'r math o fecanwaith sy'n digwydd.   [5]

   (ii) Eglurwch pam mae dau gynnyrch yn ffurfio yng ngham 1 a pham mae un o'r cynhyrchion yn cael ei ffafrio.   [2]

(b) Yng ngham 3, ffurfiodd trydydd cynnyrch hefyd nad yw'n cael ei ddangos uchod. Mae gan y cyfansoddyn hwn dri atom carbon hefyd ac mae ei sbectrwm NMR yn cynnwys brig ar symudiad cemegol $\delta = 9.8$ ppm. Mae ei sbectrwm isgoch yn cynnwys brig ar $1715\,cm^{-1}$.

Defnyddiwch yr wybodaeth uchod i ddiddwytho a yw'r cyfansoddyn hwn wedi ffurfio o ganlyniad i adwaith cyfansoddyn **C** neu gyfansoddyn **CH**. Yn eich ateb dylech hefyd gynnwys y math o adwaith sy'n digwydd yng ngham 3.   [4]

(c) Fel rhan o broject, gofynnwyd i ddau fyfyriwr adrodd ar ganlyniadau ar gyfer y grwpiau gweithredol sy'n bresennol yn y cyfansoddyn isod:

```
      H        H  H
      |        |  |
  H — C — C = C — C — Br
      |    |       |
      H    H       H
```

Adroddodd Nia, wrth brofi ar gyfer y grŵp C=C:

•   Dylai bromin dyfrllyd gael ei ychwanegu at y cyfansoddyn ac os yw'r prawf yn bositif bydd y lliw yn newid o borffor i ddi-liw.

•   Enw'r cyfansoddyn sy'n ffurfio yn y prawf hwn yw 2,3,4-tribromobwtan.

   (i) Cywirwch y **ddau** gamgymeriad yn ei hadroddiad.   [2]

   (ii) Adroddodd David, wrth brofi ar gyfer bromin yn y cyfansoddyn:

   •   Dylai asid hydroclorig gwanedig gael ei ychwanegu at y cyfansoddyn.

   •   Yna dylai arian nitrad dyfrllyd gael ei ychwanegu.

   •   Dylech weld gwaddod lliw hufen.

Nodwch ac eglurwch yr arsylwadau y byddai David wedi'u gwneud petai wedi cynnal y prawf hwn.   [1]

Amlinellwch y dull cywir ar gyfer cynnal prawf ar gyfer bromin yn y cyfansoddyn. Dylech gynnwys yn eich ateb unrhyw adweithyddion sy'n cael eu defnyddio.   [2]

2.8

1 **(a)** Mae propen yn adweithio â hydrogen bromid gan roi 2-bromopropan.

    (i) Lluniwch y mecanwaith ar gyfer yr adwaith hwn. [3]

    (ii) Eglurwch pam mai cynnyrch yr adwaith hwn yw 2-bromopropan yn bennaf yn hytrach nag 1-bromopropan. [2]

  (b) Mae cyfansoddyn **C** yn cynnwys carbon, hydrogen a bromin yn unig. Mae gan fromin ddau isotop, ^{79}Br a ^{81}Br, sydd yr un mor gyffredin â'i gilydd. Defnyddiwch yr holl wybodaeth isod i ddiddwytho adeiledd cyfansoddyn **C**, gan roi eich ymresymu.

    • Mae cyfansoddyn **C** yn cynnwys 29.8% carbon, 4.2% hydrogen a 66.0% bromin yn ôl màs.

    • Mae sbectrwm màs cyfansoddyn **C** yn cynnwys brigau ar m/z 15 a 41 a phâr o frigau ar 120 a 122.

    • Mae sbectrwm isgoch cyfansoddyn **C** yn dangos amsugniadau ar $550\,\text{cm}^{-1}$, $1630\,\text{cm}^{-1}$ a $3030\,\text{cm}^{-1}$.

    • Mae cyfansoddyn **C** yn isomer Z. [6]

2 Mae asid ethanöig, CH_3COOH, yn asid organig sy'n rhoi i finegr ei flas sur a'i arogl siarp.

  (a) Dyma sbectrwm isgoch asid ethanöig. Labelwch y sbectrwm hwn i ddangos yr amsugniadau nodweddiadol ar gyfer tri bond sy'n bresennol mewn asid ethanöig. [2]

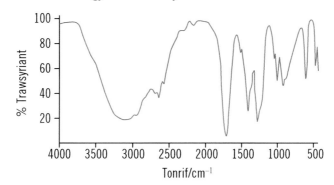

  (b) Dyma sbectrwm màs asid ethanöig.

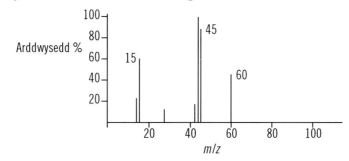

    Eglurwch sut mae'r sbectrwm hwn yn dangos mai fformiwla asid ethanöig yw CH_3COOH. [2]

  (c) Mae'n bosibl ffurfio asid ethanöig drwy ocsidio ethanol.

    (i) Nodwch ocsidydd addas a'r amodau sydd eu hangen i gynnal yr ocsidiad hwn. [1]

    (ii) Beth byddech yn ei weld yn ystod yr ocsidiad hwn? [1]

  (ch) Tymheredd berwi ethanol yw $78\,°C$. Gan roi rheswm ym mhob achos, nodwch sut y byddech yn disgwyl y byddai tymereddau berwi'r cyfansoddion canlynol yn wahanol i dymheredd berwi ethanol.

    (i) Propan

    (ii) Bwtan-1-ol [2]

Uned 1

1.1

1 **(a)** P = 4, O = 10

   (b) Al = 2, O = 6, H = 6

2 27

3 **(a)** Sodiwm sylffad

   (b) Calsiwm hydrogencarbonad

   (c) Copr(II) clorid

4 **(a)** Al_2O_3

   (b) K_2CO_3

   (c) $(NH_4)_2SO_4$

5 **(a)** −3

   (b) 0

   (c) +7

   (ch) +6

6 **(a)** $2SO_2 + O_2 \longrightarrow 2SO_3$

   (b) $Fe_2O_3 + 3CO \longrightarrow 2Fe + 3CO_2$

7 $Ba^{2+}(d) + SO_4^{2-}(d) \longrightarrow BaSO_4(s)$

1.2

8 Cu-63: 29 p, 29 e, 34 n

   Cu-65: 29 p, 29 e, 36 n

9 **(a)** 53 p, 54 e

   (b) 12 p, 10 e

10 ^{234}Pa

11 24 diwrnod

12 **(a)** **(i)**

   (ii)

   (b) $1s^2 2s^2 2p^6 3s^2 3p^6 3d^{10} 4s^1$

13 9 (1 s, 3 p a 5 d)

14 Mae'r elfen yn perthyn i grŵp **2** yn y tabl cyfnodol oherwydd bod **naid fawr** rhwng yr **ail** a'r **trydydd** egni ïoneiddiad.

15 **(a)** Y llinell ag amledd 690 THz sydd â'r egni uchaf oherwydd $E \propto f$

   (b) Y llinell ag amledd 460 THz sydd â'r donfedd uchaf oherwydd $f \propto 1/\lambda$

16 C

17 495 kJ môl^{-1}

1.3

18 248.3

19 1.008

20 Nid yw'r ïon moleciwlaidd, H_2^+, yn sefydlog ac mae'n ymhollti gan roi atom hydrogen ac ïon H^+.

21 **(a)** 23.0 g

   (b) 1533 g

22 **(a)** 2.12 g

   (b) 0.0136 môl

23 $FeCl_3$

24 0.816 dm^3

25 Gwasgedd mewn Pa

   Cyfaint mewn m^3

   Tymheredd mewn K

26 3.15 dm^3

27 338 cm^3

28 2.50×10^{-3} môl dm^{-3}

29 0.148 môl dm^{-3}

30 45.8%

31 **(a)** 4

   (b) 4

   (c) 1

   (ch) 3

   (d) 5

1.4

32 **(i)** ïonig, cofalent, cyd-drefnol

   (ii) ïonig, cofalent, metelig, cofalent, ïonig.

33 MgO

34 Mae A ac CH yn rhyngfoleciwlaidd; mae B ac C yn fewnfoleciwlaidd.

35 A 3, B 2, C 1

36 **(i)** tetrahedrol, tetrahedrol, llinol, planar trigonol, deubyramid trigonol.

   (ii) 120°, 180°, 109°, 90°, 90/120° yn ôl eu trefn.

1.6

37 **(i)** Yn lleihau, yn cynyddu

(ii) Yn cynyddu, yn lleihau.

38 Electronau, electron, rhydwythydd, ocsidio, rydwytho, yn ôl eu trefn.

39 **(i)** Fe 3, Cl –1, H 1, O –1, K 1, Cr 6, O –2, Br 0, H 1, C 4, O –2.

(ii) Ochr chwith Na 1, I –1, H 1, S 6, O –2,

Ochr dde Na 1, S 6, O –2, I 0, H 1, S–2, H 1, O –2.

40 **(b) ac (c).**

41 **(a)** **Dim adwaith.**

(b) Caiff bromin ei ryddhau.

42 Copr(II) carbonad ac asid hydroclorig

1.7

43 **(a)** Dim effaith. Mae 2 fôl o nwy ar bob ochr i'r hafaliad.

(b) Symud i'r dde. Mae'n symud i'r cyfeiriad endothermig. Mae'r adwaith yn endothermig o'r chwith i'r dde.

44 **(a)** $K_c = \dfrac{[SO_3]^2}{[SO_2]^2\,[O_2]}\ dm^3\,môl^{-1}$

(b) $K_c = \dfrac{[PCl_3]\,[Cl_2]}{[PCl_5]}\ môl\,dm^{-3}$

45 50

46 Mae asid nitrig yn daduno'n llwyr mewn hydoddiant dyfrllyd. Mae crynodiad yr ïonau hydrogen dyfrllyd yn hafal i grynodiad yr asid.

47 Asid cryf yw asid sy'n daduno'n llwyr mewn hydoddiant dyfrllyd ac asid crynodedig yw hydoddiant sy'n cynnwys llawer o asid a dim ond ychydig o ddŵr.

48 **(a)** 2

(b) $3.16 \times 10^{-3}\,môl\,dm^{-3}$

49 Potasiwm nitrad a dŵr

50 Nid yw'n sefydlog (mewn aer) gan ei fod yn adweithio â charbon deuocsid yn yr atmosffer ac mae ganddo fàs molar isel.

51 **(a)** Nid yw silindr mesur yn ddigon manwl gywir ac felly ni fyddem yn gwybod yn union faint o folau o'r bas sy'n bresennol / byddai'r cyfeiliornad canrannol oherwydd yr offer yn rhy fawr.

(b) I ddangos y diweddbwynt / pryd i stopio ychwanegu asid.

Uned 2

2.1

1 Dyma'r newid enthalpi pan fydd un môl o sylwedd yn ffurfio o'r elfennau y mae'n eu cynnwys yn eu cyflyrau safonol o dan amodau safonol.

2 Mae ocsigen nwyol yn elfen yn ei chyflwr safonol.

3 $-235\,kJ\,môl^{-1}$

4 $-313\,kJ\,môl^{-1}$

5 $-484\,kJ\,môl^{-1}$

6 $83.6\,kJ$

7 $-54.3\,kJ\,môl^{-1}$

8 **(a)** Mae'r gyfradd adwaith yn gyflymach.

(b) Mae allosod yn rhoi'r tymheredd y byddai'r cymysgedd wedi'i gyrraedd petai'r adwaith yn digwydd yn syth / mae allosod yn gwneud i fyny am y gwres sydd wedi'i golli yn ystod yr arbrawf.

2.2

9 $0.004\,môl\,dm^{-3}\,s^{-1}$

10 Mae crynodiad yr asid yn fwy ac felly mae mwy o foleciwlau mewn cyfaint penodol ac felly mae mwy o wrthdrawiadau mewn amser penodol. Mae hyn yn golygu ei bod yn fwy tebygol y bydd nifer y gwrthdrawiadau effeithiol yn cynyddu.

11 $-52\,kJ\,môl^{-1}$

12 Dim ond y moleciwlau sydd ag egni sy'n hafal i'r egni actifadu neu'n fwy sy'n gallu adweithio. Ar y tymheredd uwch, mae egni cinetig cyfartalog y moleciwlau asid yn cynyddu ac mae gan fwy o lawer o foleciwlau ddigon o egni i adweithio.

13 Sylwedd sy'n cynyddu cyfradd adwaith cemegol heb gael ei ddisbyddu yn y broses yw catalydd. Mae'n cynyddu'r gyfradd adwaith drwy ddarparu llwybr arall sydd ag egni actifadu is.

14 Mesur cyfaint y carbon deuocsid sy'n cael ei gynhyrchu (gan ddefnyddio chwistrell nwy) ar gyfyngau amser cyson / mesur y newid mewn màs ar wahanol amserau (gan ddefnyddio clorian).

15 Byddai peth o'r nwy hydrogen yn dianc cyn i'r topyn gael ei osod yn ôl yn iawn.

16 **(a)** Mae cyfanswm y cyfaint yn effeithio ar grynodiadau adweithyddion ac mae'n rhaid iddo aros yr un fath er mwyn gwneud cymhariaeth deg rhwng arbrofion.

(b) Mae cyfraddau yn amrywio'n fawr gyda newidiadau mewn tymheredd.

2.3

17 Hydrogen

2.4

18 Mae gan y gadwyn garbon hiraf 8 atom carbon. Mae'r enw yn seiliedig ar 'oct'.

19 (a)

H—C—C—C=C (Cl, H, H on chain with H's)

(b)

(structure of branched alcohol)

20 (a) 3-methyl pent-1-en.

(b) 2-bromo, 2-cloropropan-1-ol.

21 (a) C_4H_7OCl

(b)

(structure)

(c)

(structure with Cl and OH)

22 Mae gan alcenau briodweddau **cemegol** tebyg ond maen nhw'n dangos tuedd mewn priodweddau **ffisegol** oherwydd eu bod i gyd yn perthyn i'r un **gyfres homologaidd**.

23 $C_{100}H_{202}$.

24 Cymhareb nifer y molau C:H:O $= \dfrac{40.00}{12.0} : \dfrac{6.67}{1.01} : \dfrac{53.33}{16.0}$

$= 3.33 : 6.67 : 3.33$

Rhannu â'r lleiaf $= 1 : 2 : 1$

Fformiwla empirig $= CH_2O$

Màs empirig cymharol $= 12 + 2 + 16 = 30$

$M_r = 55$ Fformiwla foleciwlaidd $= C_2H_4O_2$

25 Mae 0.660 g o CO_2 yn cynnwys $0.660 \times \dfrac{12}{44}$ g o garbon $= 0.18$ g.

Mae 0.225 g o H_2O yn cynnwys $0.225 \times \dfrac{2}{18}$ g o hydrogen $= 0.025$ g

Cymhareb C:H $= \dfrac{0.180}{12.0} : \dfrac{0.025}{1.01}$

$= 0.015 : 0.0248$

Rhannu â'r lleiaf $= 1 : 1.65$

$= 3 : 5$

Fformiwla empirig $= C_3H_5$

Màs empirig cymharol $= 41$.

M_r a roddwyd oedd tua 80.

Fformiwla foleciwlaidd $= C_6H_{10}$.

26

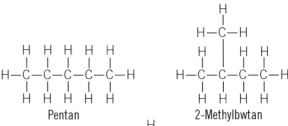

Pentan   2-Methylbwtan

2, 2-Deumethylpropan

27

Pent-1-en   Pent-2-en

28 A a B sy'n isomerau o'i gilydd.

29

Br, H / C=C / H, Cl

30 Isomer Z. Mae A_r Cl yn fwy nag A_r C.

31 (a)

Br—C—C—Br (with Br, H)   H—C—C—H (with Br, Br)

(b) Yr un cyfansoddyn ydyn nhw.

32

Grym mewnfoleciwlaidd

Grym rhyngfoleciwlaidd

33 Byddai unrhyw dymheredd mewn ystod uwch na 36 °C yn dderbyniol. Awgrymwch rywbeth rhwng 50 °C a 70 °C.

2.5

34 Unrhyw ddau o blith dŵr, carbon deuocsid a methan.

35 Mae presenoldeb asid **nitrig** ac asid **sylffwrig** mewn dŵr glaw yn **lleihau'r** pH.

36 $CaCO_3(s) + 2HNO_3(d) \longrightarrow Ca(NO_3)_2(d) + CO_2(n)$
$+ H_2O(h)$

37 Y mwg yw carbon – mae'n ffurfio o ganlyniad i hylosgiad anghyflawn tanwydd.

38 $C_4H_{10} + 4\frac{1}{2}O_2 \longrightarrow 4CO + 5H_2O$

39 $C_8H_{18} + 12\frac{1}{2}O_2 \longrightarrow 8CO_2 + 9H_2O$

40 Mae alcanau yn anadweithiol fel rheol oherwydd **eu bod yn amholar ac nad ydyn nhw'n cynnwys bondiau lluosol**. Mae radicalau yn adweithiol iawn oherwydd **bod ganddyn nhw electron heb ei baru**.

41 $CH_4 + 4Cl_2 \longrightarrow CCl_4 + 4HCl$

42 Mae mygdarth niwlog i'w weld oherwydd bod hydrogen clorid yn ffurfio.

43

44 Gan fod angen eu gwneud o alcanau, mae'n fwy cost effeithiol defnyddio'r alcanau yn uniongyrchol fel tanwyddau.

45 **1** Mae dŵr bromin yn frown ac felly mae'n haws gweld colli lliw.

2 Mae dŵr bromin yn hylif ac yn haws ei drin na'r nwy clorin.

46 Mae nicel yn rhatach. Er na ddylai catalyddion gael eu newid ar ôl cael eu defnyddio, yn y pen draw maen nhw'n cael eu 'gwenwyno' gan amhureddau yn yr hydrocarbonau ac yn dod yn llai effeithiol.

47 $(CH_3)_2C{=}CH_2 + HBr \longrightarrow (CH_3)_2CBrCH_3$.

48 Poly(1-bromo, 2-nitroethen).

49

50 CH_2.

51

2.6

52 2-methyl, 2-halogenobwtan a sodiwm hydrocsid.

53 Sodiwm hydrocsid dyfrllyd a gwres.

54

55 Mae atom clorin yn llai na bromin. Felly mae'r niwclews yn atynnu electronau yn gryfach.

56 Mae atom clorin yn llai na bromin. Mae'r atom clorin yn gallu dod yn agosach at yr atom carbon ac felly mae'r atyniad rhwng y pâr o electronau sy'n cael ei rannu a'r niwclysau yn fwy.

57 Cynheswch y cyfansoddyn rydych yn amau ei fod yn cynnwys bromin gyda sodiwm hydrocsid dyfrllyd. Niwtralwch y gormodedd o sodiwm hydrocsid ag asid nitrig gwanedig. Ychwanegwch arian nitrad dyfrllyd. Os yw'r cyfansoddyn yn fromoalcan, bydd gwaddod lliw hufen yn ffurfio sy'n hydawdd mewn amonia crynodedig.

58 $Ag^+(d) + I^-(d) \longrightarrow AgI(s)$

59 **(a)** 2-methyl bwtan-1-ol.

(b) 2-methyl bwt-1-en.

60 **(a)** 2-methyl bwtan-2-ol.

(b) 2-methyl bwt-1-en a 2-methyl bwt-2-en.

61 Mae angen torri bond yn homolytig er mwyn ffurfio radical. Y bond C—Cl yw'r gwannaf ac felly dyma'r un sy'n torri rwyddaf.

62 Mae atom fflworin yn llai na chlorin. Mae'r atom fflworin yn gallu dod yn agosach at yr atom carbon ac felly mae'r atyniad rhwng y pâr o electronau sy'n cael ei rannu a'r niwclysau yn fwy.

2.7

63 Byddai'n bosibl tynnu ethanol drwy oeri'r cymysgedd nwyol. Bydd ethanol ac ager (stêm) yn cyddwyso'n hylifau. Mae'n bosibl gwahanu'r cymysgedd hylifol drwy ddistylliad ffracsiynol.

64 Mae angen distylliad ffracsiynol oherwydd bod tymereddau berwi dŵr ac ethanol yn eithaf agos at ei gilydd.

65

66

'Mae'n bosibl colli'r H o'r naill ochr i'r C neu'r llall gyda'r OH.'

67 **(a)** Cynradd.

(b) Trydyddol.

(c) Eilaidd.

(ch) Cynradd.

68 Cyfarpar sy'n addas ar gyfer adlifiad. Mae angen i chi allu gwresogi'r hylifau am gyfnod heb eu colli drwy anweddiad.

69 **(a)** $CaCO_3(s) + 2CH_3COOH(d)$
$\longrightarrow (CH_3COO)_2Ca(d) + CO_2(n) + H_2O(h)$

(b) $KHCO_3(d) + HCOOH(d)$
$\longrightarrow HCOOK(d) + CO_2(n) + H_2O(h)$

70 **(a)**

(b) Mae'r asid sylffwrig yn gweithredu fel catalydd.

71 Yr ester sydd â'r tymheredd berwi isaf.

Mae alcoholau, asidau carbocsilig a dŵr i gyd yn cynnwys y grŵp −OH ac yn gallu ffurfio bondiau hydrogen. Mae hyn yn cynyddu'r tymereddau berwi. Nid yw esterau yn gallu ffurfio bondiau hydrogen.

2.8

72 Mewn sbectromedr màs caiff ïonau **positif** eu cynhyrchu pan gaiff **electron** ei fwrw i ffwrdd. Caiff yr ïonau hyn eu gwyro gan **faes magnetig** gyda'r rhai **trymaf** yn cael eu gwyro leiaf. Mae'r **brig sydd â'r m/z mwyaf** yn y sbectrwm màs yn dangos M_r y cyfansoddyn.

73 **(a)** 60. Dyma'r ïon moleciwlaidd ac felly yr m/z yw'r M_r.

(b) Mae darn sydd ag m/z o 17 wedi cael ei golli. Mae hyn yn awgrymu −OH.

74 Mae gan bron i bob cyfansoddyn organig fondiau C—H. Mae'r rhain yn amsugno yn y rhanbarth hwn.

75

oherwydd ei fod yn cynnwys —C=O ond nid felly CH_3OCH_3. C=O sy'n rhoi amsugniad ar 1700 i 1720 cm^{-1}.

76 **(a)** 2 frig gyda δ yn yr ystod 50 i 70 ac yn yr ystod 5 to 55.

(b) 4 brig, 1 gyda δ yn yr ystod 190 i 210 a 3 gyda δ yn yr ystod 5 to 55.

77 **(a)** 1 brig gyda δ yn yr ystod 1.9 i 2.9

(b) 3 brig gydag arwynebeddau'r brigau yn ôl y gymhareb 3:2:1.

C**H**$_3$CH$_2$CHO δ yn yr ystod 0.7 i 1.6

CH$_3$C**H**$_2$CHO δ yn yr ystod1.9 i 2.9, CH$_3$CH$_2$C**H**O δ yn yr ystod 9.1 i 10.1

(c) 2 frig gydag arwynebeddau'r brigau yn ôl y gymhareb 9:1. δ ar gyfer y ddau frig yn yr ystod 1.0 i 2.0

Uned 1

1.1

1 $Ca_3(PO_4)_2$

2 $M(OH)_2$

3 +6

4 $Fe_3O_4 + \mathbf{4}CO \longrightarrow 3Fe + \mathbf{4}CO_2$

5 $C_2H_5OH + \mathbf{3}O_2 \longrightarrow \mathbf{2}CO_2 + \mathbf{3}H_2O$

6 $Ca + 2H_2O \longrightarrow Ca(OH)_2 + H_2$

7 $PCl_5 + 4H_2O \longrightarrow H_3PO_4 + 5HCl$

8 $2H^+(d) + Mg(s) \longrightarrow Mg^{2+}(d) + H_2(n)$

9 $CH_4 + 4CuO \longrightarrow 4Cu + CO_2 + 2H_2O$

10 $Mg_3N_2 + \mathbf{6}H_2O \longrightarrow 3Mg(OH)_2 + \mathbf{2}NH_3$

11 **(a)** $\mathbf{4}NH_3(n) + \mathbf{5}\,O_2(n) \longrightarrow \mathbf{4}NO(n) + \mathbf{6}H_2O(n)$

(b)

Elfen	Rhif ocsidiad cychwynnol	Rhif ocsidiad terfynol
Nitrogen	−3	+2
Hydrogen	+1	+1
Ocsigen	0	−2

12 $Ca^{2+}(d) + CO_3^{2-}(d) \longrightarrow CaCO_3(s)$

1.2

1 **(a)**

Gronyn	Màs cymharol	Gwefr gymharol
proton	1	+1
niwtron	1	0

(b) 9 proton, 10 electron

(c) **(i)** Nifer y protonau yn niwclews atom, e.e. mae gan Cl 17 proton.

(ii) Atomau sydd â'r un nifer o brotonau ond niferoedd gwahanol o niwtronau / yr un rhif atomig ond rhif màs gwahanol, e.e. mae gan Cl-35 17 proton a 18 niwtron ond mae gan Cl-37 17 proton ac 20 niwtron.

(ch)

(d) $1s^2\,2s^2\,2p^6\,3s^2\,3p^6\,4s^1$

2 **(a)** **(i)** Yr amser i hanner yr atomau mewn sampl o radioisotop ddadfeilio (neu ateb tebyg)

(ii) $^{14}_{7}N$

(iii) Mae niwtron yn newid yn broton (ac mae'r niwclews yn allyrru electron)

(iv) 17 190 mlynedd

(b) ^{63}Ni

Mae'n rhaid iddo fod yn allyrrydd β gan fod pelydrau γ yn mynd drwy ffoil tenau yn hawdd. (1)

Mae'n rhaid iddo fod â hanner oes hir. (1)

(Dim marc ar gyfer dewis ateb heb roi rheswm)

3 **(a)** **(i)** 12 proton

(ii) 14 niwtron

(b) **(i)** 0.125g

(c) e.e. Cobalt-60 (1) mewn radiotherapi (1) / Carbon-14 (1) mewn dyddio ymbelydrol (1) / Ïodin-131 (1) fel olinydd mewn chwarennau thyroid (1)

(ch) **(i)** ^{218}Po

(ii) Gan fod radon yn nwy, bydd gronynnau α yn cael eu hallyrru yn yr ysgyfaint (a allai achosi canser)

4 **(a)** **(i)** $^{40}_{19}K \longrightarrow\ ^{40}_{20}Ca +\ ^{0}_{-1}\beta$ (derbynnir $^{0}_{-1}e$)

(1 marc ar gyfer Ca, 1 marc ar gyfer hafaliad cytbwys)

(ii) 3.75×10^9 mlynedd

(b) Mae ymbelydredd yn achosi mwtaniadau / yn dinistrio neu'n niweidio DNA (1)

Ymbelydredd alffa sy'n achosi'r difrod mwyaf / sy'n ïoneiddio fwyaf (1)

Mae gan blatinwm hanner oes hir ac felly mae'n allyrru ymbelydredd yn araf iawn / mae bismwth yn allyrru ymbelydredd yn gyflymach o lawer (1)

^{190}Bi yw'r mwyaf niweidiol (1)

5 **(a)** C B Ch D A

(Un marc os oes un camgymeriad, e.e. C a B yn y drefn anghywir neu A yn y lle anghywir)

(b) Ch (1)

Mae Si yng Ngrŵp 4 ac felly byddai'r naid fawr mewn egni ïoneiddiad ar ôl y pedwerydd egni ïoneiddiad ac nid o'i flaen / mae A, B ac C yn dangos naid fawr cyn y pedwerydd egni ïoneiddiad ac felly nid ydyn nhw'n gallu bod yng Ngrŵp 4 (1)

6 **(a)** Mae ganddo wefr niwclear fwy (1) ond fawr ddim cysgodi / dim rhagor o gysgodi (1)

(b) Mae electron allanol sodiwm yn nes at y niwclews (felly atyniad cryfach at y niwclews) (1) ac mae llai o gysgodi gan yr electronau mewnol (1)

(c) **(i)** Mae angen gormod / llawer o egni i ffurfio ïon B^{3+}

(ii) $K^+(n) \longrightarrow K^{2+}(n) + e^-$

(iii) Bydd gwerth yr egni ïoneiddiad cyntaf a'r trydydd egni ïoneiddiad yn uwch (1)

Bydd gwerth yr ail egni ïoneiddiad yn llai (1)

(Derbynnir ar gyfer 1 marc: byddai naid fawr yng ngwerth yr egni ïoneiddiad rhwng yr ail a'r trydydd electron)

7 **(a)** Adeiledd electronig Ca yw 2.8.8.2 ac adeiledd electronig Mg yw 2.8.2 / mae gan Ca blisgyn ychwanegol o electronau (1)

Mae'r electronau sy'n cael eu tynnu yn cael eu cysgodi'n fwy / ymhellach o'r niwclews (ac felly yn cael llai o atyniad at y niwclews). (1)

(b) (Adeiledd electronig Na yw 2.8.1) felly mae'r ail electron yn cael ei dynnu o blisgyn mewnol. (1)

Mae'r effaith gysgodi'n llai / mae'r atyniad at y niwclews yn fwy / mae'n nes at y niwclews. (1)

8 **(a)** **(i)** Dim ond newidiadau rhwng lefelau egni sy'n cael eu caniatáu / mae electron yn disgyn o lefelau egni uwch i lefelau egni is (1)

Mae'r egni sy'n cael ei allyrru yn gysylltiedig â'r amledd / $E = hf$ / mae'r gwahaniaeth rhwng unrhyw ddwy lefel egni yn sefydlog / mae lefelau egni yn gwanteiddiedig (1)

(ii)

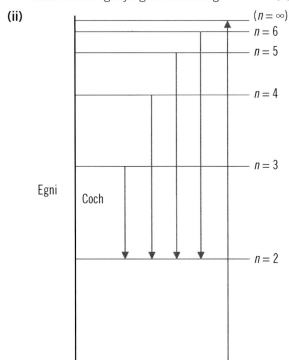

Labelu unrhyw 3 llinell lorweddol (1)

Trosiadau yn mynd i $n = 2$ (1)

Llinell goch o $n = 3$ i $n = 2$ (1)

(Os byddwch wedi llunio'r holl linellau yn mynd i $n = 1$ derbynnir ateb yn dweud bod y llinell goch yn mynd o $n = 2$ i $n = 1$)

(iii) Trosiad o $n = 1$ i $n = \infty$

(b) **(i)** Hydrogen gan fod amledd mewn cyfrannedd wrthdro â thonfedd

(ii) Hydrogen gan fod egni mewn cyfrannedd ag amledd

(c) **(i)** $f = c/\lambda = 3.28 \times 10^{15}$ (1)

$E = hf$ (1)

2.17×10^{-18} (1)

(ii) Egni = rhif Avogadro × egni yn rhan (i) (1)

$= 6.02 \times 10^{23} \times 2.17 \times 10^{-18}$

$= 1\ 306\ 340$ J $= 1306$ kJ môl^{-1} (1)

9 **(a)** $1s^2\ 2s^2\ 2p^3$ (1)

Mae electronau mewn atomau yn llenwi lefelau egni sefydlog neu blisg ag egni cynyddol (1)

Mae electronau yn llenwi orbitalau atomig o fewn y plisg hyn / Mae'r plisgyn cyntaf mewn nitrogen yn cynnwys orbitalau s ac mae'r ail blisgyn yn cynnwys orbitalau s a p (1)

Mae uchafswm o ddau electron yn gallu llenwi unrhyw orbital / Mae pob orbital s mewn nitrogen yn cynnwys dau electron (1)

Pob un â sbin dirgroes (1)

Mae orbitalau o'r un fath yn cael eu grwpio fel isblisgyn / Mae tri orbital p yn isblisgyn nitrogen (1)

Bydd un electron yn mynd i bob orbital mewn isblisgyn cyn dechrau paru / Yn isblisgyn p nitrogen mae pob orbital yn cynnwys un electron (1)

(Un marc ar gyfer y ffurfwedd + unrhyw 3 o blith y pwyntiau uchod)

(b) Awgrymiadau ar gyfer cynnwys

• Mae sbectrwm atomig hydrogen yn cynnwys cyfres o linellau

• Mae'r llinellau yn dod yn agosach at ei gilydd

• wrth i'w hamledd gynyddu

(Gallwch ennill y marciau hyn gyda diagram wedi'i labelu)

• Mae'r llinellau yn digwydd oherwydd bod atom yn cynhyrfu drwy amsugno egni

• Mae electron yn neidio i fyny i lefel egni uwch

• yn disgyn yn ôl i lawr ac yn allyrru egni (ar ffurf pelydriad electromagnetig)

• i lefel $n = 2$

- Gan fod y llinellau yn arwahanol, mae'n rhaid i'r lefelau egni fod â gwerthoedd sefydlog / Gan fod yr egni sy'n cael ei allyrru yn hafal i'r gwahaniaeth rhwng dwy lefel egni, mae ΔE yn swm sefydlog neu gwantwm

5–6 marc:

Mae'n disgrifio ac yn egluro'r prif nodweddion yn llawn ac yn nodi sut rydym yn cael tystiolaeth dros lefelau egni.

Mae'r ymgeisydd yn llunio ateb sy'n berthnasol a chydlynol ac sydd wedi'i strwythuro'n rhesymegol gan gynnwys holl elfennau allweddol yr awgrymiadau ar gyfer cynnwys. Mae'n amlwg yn cynnal ac yn cyfiawnhau ei ymresymu ac yn defnyddio confensiynau a geirfa wyddonol yn briodol ac yn gywir.

3–4 marc

Mae'n disgrifio'r prif nodweddion ac yn rhoi eglurhad syml o sut mae'r nodweddion yn digwydd.

Mae'r ymgeisydd yn llunio ateb cydlynol sy'n cynnwys y rhan fwyaf o'r elfennau allweddol yn yr awgrymiadau ar gyfer cynnwys. Mae rhywfaint o resymu i'w weld wrth gysylltu pwyntiau allweddol ac ar y cyfan mae'n defnyddio confensiynau gwyddonol a geirfa yn gadarn.

1–2 marc

Mae'n disgrifio'r prif nodweddion yn unig neu'n rhoi eglurhad syml o sut mae'r nodweddion yn digwydd.

Mae'r ymgeisydd yn rhoi cynnig ar gysylltu o leiaf dau bwynt perthnasol o'r awgrymiadau ar gyfer cynnwys. Mae hepgor deunydd a/neu gynnwys deunydd amherthnasol yn effeithio ar y cydlynedd. Ceir peth tystiolaeth o ddefnyddio confensiynau a geirfa wyddonol yn briodol.

0 marc

Nid yw'r ymgeisydd yn gwneud unrhyw ymdrech nac yn rhoi ateb perthnasol sy'n haeddu marc.

1.3

1 27 g

2 **(a)** 172.24 g môl⁻¹

   (b) 20.9%

3 **(a)** **(i)** 1/12^{fed} màs un atom o garbon-12

      (ii) $A_r = \dfrac{(39 \times 93.26) + (40 \times 0.012) + (41 \times 6.73)}{100}$ (1)

           = 39.14 (1)

          (Derbynnir 39.13 os byddwch wedi defnyddio 100.002)

   (b) Er mwyn sicrhau nad yw'r ïonau yn cael eu harafu gan ronynnau aer

4 **(a)** Rhif màs 2 yw $^2H^+$, Rhif màs 18 yw $(^1H_2O)^+$, Rhif màs 20 yw $(^2H_2O)^+$

      (1 marc os bydd dau o'r tri yn gywir)

   (b) **(i)** Brig ar m/z 127 (1)

          Brig ar m/z 254 (1) Anwybyddir uchderau 'r brigau

      (ii) Mae'n rhaid ei fod yn cynnwys isotop sydd â màs cymharol uwch na'r isotop sefydlog ^{127}I

5 **(a)** Clorin-35 a chlorin-37

   (b) Ïon moleciwlaidd 350 = pedwar Cl-35

      Ïon moleciwlaidd 352 = tri Cl-35, un Cl-37

      Ïon moleciwlaidd 354 = dau Cl-35, dau Cl-37

      Ïon moleciwlaidd 356 = un Cl-35, tri Cl-37

      Ïon moleciwlaidd 358 = pedwar Cl-37

      (1 marc os bydd tri yn gywir)

   (c) Caiff atomau nwyol eu peledu gan electronau / gwn electron gan ffurfio ïonau (1)

      Caiff yr ïonau eu cyflymu gan faes trydanol i fuanedd uchel (1)

      Maen nhw'n cael eu gwyro drwy faes magnetig / electromagnet (yn ôl y gymhareb m/e) (1)

6 **(a)**

Na	Cl	O	
$\dfrac{21.6}{23}$	$\dfrac{33.3}{35.5}$	$\dfrac{45.1}{16}$	(1)
0.939	0.938	2.82	
1	1	3	

      Fformiwla = $NaClO_3$ (1)

   (b) M_r / Nifer yr atomau o unrhyw elfen yn y cyfansoddyn

7 **(a)** Molau Na_2CO_3 = 0.025 × 0.045 = 1.125 × 10⁻³ (1)

      Molau HNO_3 = 2 × 1.125 × 10⁻³ = 2.25 × 10⁻³ (1)

      Crynodiad HNO_3 $= \dfrac{2.25 \times 10^{-3}}{0.0236}$

              = 0.0953 môl dm⁻³ (1)

   (b) $PV = nRT$

      $n = \dfrac{PV}{RT}$ (1)

      P = 101 000 Pa

      V = 0.0007 m³

      T = 301 K (1)

      $n = \dfrac{101\,000 \times 0.0007}{8.31 \times 301}$

      n = 2.83 × 10⁻² môl (1)

8 **(a)** Molau HCl = 0.024 (1)

   (b) Molau $CaCO_3$ = 0.012 (1)

      Màs = 1.20 g (1)

(c) Molau $CO_2 = 0.012$ (1)

Cyfaint $= 0.288\,dm^3$ (1)

(ch) $\dfrac{V_1}{T_1} = \dfrac{V_2}{T_2}$

$V_2 = \dfrac{0.288 \times 323}{298}$ (1)

$V_2 = 0.312\,dm^3$ (1)

9 (a) Economi atom

$= \dfrac{\text{màs y cynnyrch sydd ei angen}}{\text{cyfanswm màs yr adweithyddion}} \times 100$ (1)

$= \dfrac{84.01}{58.5 + 17.03 + 44.0 + 18.02} \times 100$

$= 61.1\%$ (1)

(b) Molau NaCl $= \dfrac{900}{58.5} = 15.38$

Molau $Na_2CO_3 = 7.69$ (1)

Màs $Na_2CO_3 = 7.69 \times 106 = 815(.4)\,g$ (1)

10 Molau $MgSO_4 = \dfrac{3.60}{120.4} = 0.030$ (1)

Molau $H_2O = \dfrac{3.78}{18.02} = 0.210$ (1)

$x = 7$

11 (a) (i) Molau HCl $= \dfrac{0.1 \times 23.15}{1000} = 2.315 \times 10^{-3}$ (1)

Molau $Na_2CO_3 = 1.158 \times 10^{-3}$ (1)

(ii) Molau yn yr hydoddiant gwreiddiol $= 1.158 \times 10^{-2}$ (1)

Màs $Na_2CO_3 = 1.227\,g$ (1)

% $Na_2CO_3 = \dfrac{1.227}{2.05} = 59.9\%$ (1)

(b) (i) Dim ond màs y solid sydd ei angen / roedd yr holl garbonad yn cael ei gwaddodi o'r hydoddiant.

(ii) Molau $BaCO_3 = \dfrac{2.3}{197} = 1.17 \times 10^{-2}$ (1)

Molau $Na_2CO_3 = 1.17 \times 10^{-2}$

Màs $Na_2CO_3 = 1.17 \times 10^{-2} \times 106 = 1.24\,g$ (1)

% $Na_2CO_3 = \dfrac{1.24}{2.1} \times 100 = 59\%$ (1)

(c) (i) Titradiad sy'n rhoi'r gwerth mwyaf manwl gywir oherwydd ei fod yn werth cymedrig (yn cael ei gyfrifo o ganlyniadau cyfamserol) / yn defnyddio cyfarpar neu dechneg fwy manwl gywir neu fwy trachywir

(ii) Ail-wneud y gwaddodi / golchi'r gwaddod / gwresogi hyd fàs cyson / defnyddio clorian fwy trachywir

(Unrhyw ddau ar gyfer (1) marc yr un)

12 (a) Molau $= \dfrac{0.730}{36.5} = 0.0200$ (1)

Crynodiad $= \dfrac{0.02}{0.1} = 0.200\,môl\,dm^{-3}$ (1)

Molau yn y titradiad $= 0.2 \times 0.0238 = 0.00476$ (1)

(b) Molau MOH mewn 25.0 cm^3 o hydoddiant $= 0.00476$ (1)

Molau MOH yn yr hydoddiant gwreiddiol $= 0.00476 \times 10$

$= 0.0476$ (1)

(c) $M_r = \dfrac{1.14}{0.0476} = 23.95$ (1)

$A_r = 23.95 - 17.01 = 6.94$

Y metel yw lithiwm (1)

13 Molau $SO_2 = \dfrac{1000}{64.1} = 15.6$ (1)

(Cymhareb SO_2:SO_3 yw 2:2) molau $SO_3 = 15.6$

Cynnyrch damcaniaethol o $SO_3 = 15.6 \times 80.1 = 1250\,g$ (1)

% cynnyrch $= \dfrac{1225}{1250} \times 100 = 98.0\%$ (1)

14 (a) Molau NaOH = molau HCl sydd heb adweithio

$= 0.0248 \times 0.188 = 4.66 \times 10^{-3}$ (1)

Molau HCl $= 0.025 \times 0.515 = 1.29 \times 10^{-2}$ (1)

Molau HCl a ddefnyddiwyd yn yr adwaith

$= 1.29 \times 10^{-2} - 4.66 \times 10^{-3} = 8.24 \times 10^{-3}$ (1)

(b) Molau $CaCO_3 = \dfrac{8.24 \times 10^{-3}}{2} = 4.12 \times 10^{-3}$ (1)

Màs $CaCO_3 = 4.12 \times 10^{-3} \times 100.1 = 0.412\,g$ (1)

% $CaCO_3 = \dfrac{0.412}{0.497} \times 100 = 82.9\%$ (1)

1.4

1 $Ca^{\times}_{\times} + 2\,{}^{\circ\circ}_{\circ\circ}Cl^{\circ} \longrightarrow Ca^{2+} + 2\left[{}^{\circ\circ}_{\circ\circ}Cl^{\times}\right]^{-}$ (2)

2 Bond cofalent yw bond sy'n cael ei ffurfio gan bâr electron rhwng dau atom lle mae pob atom wedi cyfrannu un electron at y bond. Mewn bond cyd-drefnol mae'r ddau electron yn y bond wedi dod o un o'r atomau. (2)

3 (a) $\delta-\ \ \delta+\ \ \ \delta-\ \ \delta+$

N—H   O—Cl (1)

(b) Mae'r gwahaniaeth rhwng electronegatifedd Al ac electronegatifedd Cl, sef 1.4 uned, yn llai'r na'r gwahaniaeth rhwng electronegatifeddau Al ac O, sef 1.9 uned, ac felly mae'r electronau yn cael eu rhannu'n fwy cyfartal yn y clorid ac mae'r bondiau yn fwy cofalent eu natur. (1)

4 **(a)** δ+   δ−

CL — F (1)

(b) $\overset{\circ\circ}{\underset{\circ\circ}{\text{Cl}}}\overset{\times\times}{\underset{\times\times}{\text{F}}}\times$ (1)

5 **(a)** Ïodin – grym van der Waals,

Diemwnt – bond cofalent (2)

(b) Diemwnt gan fod cryfder bond cofalent yn fwy o lawer na grym van der Waals. (1)

6 Grymoedd van der Waals < bondiau hydrogen < bondiau cofalent (1)

7 **(a)** Mae tri electron mewn BF_3 sy'n ffurfio parau bondio â fflworin. Mae'r bondiau unfath yn cael eu trefnu'n rheolaidd mewn plân gan roi onglau bond o 120°. Mewn NH_3 unwaith eto mae tri phâr bondio ond hefyd pâr unig ar y nitrogen. Mae'r gwrthyriad mwy sydd rhwng y pâr unig a'r parau bondio, yn unol â damcaniaeth VSEPR, yn gwthio'r tri phâr bondio allan o blân yr atom nitrogen gan roi pyramid trigonol. Mae siâp yr orbitalau yn detrahedrol er nad oes bond yn safle'r pâr unig. Fodd bynnag, gan fod y gwrthyriad pâr unig–pâr bondio yn fwy na'r gwrthyriad pâr bondio –pâr bondio, mae ongl y bondiau mewn NH_3 yn 107°, sy'n llai na'r gwerth tetrahedrol, sef 109.5°. (2)

(b) **(i)** Bond cyd-drefnol (1)

(ii) Gwerth o 109.5°. Mae pâr unig yr atom nitrogen sy'n ffurfio'r bond hwn yn darparu gwrthyriad pâr unig–pâr bondio yn y BF_3 ac yn rhoi siâp tetrahedrol. (1)

8 **(i)** Mae gan fethan bedwar pâr bondio unfath a dim parau unig ac felly mae'n ffurfio siâp tetrahedrol cymesur. (2)

(ii) Mewn dŵr mae siâp yr orbital yn detrahedrol bron ond mae'r ddau bâr unig ar yr atom ocsigen yn gwrthyrru'r ddau bâr bondio yn gryfach nag y maen nhw'n gwrthyrru ei gilydd ac felly mae'r ongl bond detrahedrol, sef 109.5° yn cael ei lleihau i 104.5°. (2)

9 **(i)** Mae alwminiwm a boron yng Ngrŵp 3 ac felly dim ond tri electron bondio sydd ganddyn nhw a dim pâr unig. Maen nhw felly yn ffurfio tri phâr bondio unfath â chlorin gyda gwrthyriad cyfartal sy'n rhoi moleciwlau planar trigonol ag onglau'r bondiau yn 120°. Mae nitrogen, fodd bynnag, yng Ngrŵp 5 ac mae ganddo bâr unig yn weddill ar ôl i'w dri phâr fondio ag atomau clorin. (3)

(ii) Gan ddefnyddio VSEPR gallwn weld y bydd y gwrthyriad mwy rhwng pâr unig a phâr bondio yn troi'r trefniant a fyddai fel arall yn blanar trigonol yn siâp pyramid trigonol ag ongl bond 107°. (3)

10 SF_6 , H_2O, NH_3 (2)

11 **(a)** Mewn SO_2 mae sylffwr wedi'i gyfuno â dau atom ocsigen mewn moleciwl niwtral ac felly ei rif ocsidiad yw 4. Mae'n adweithio â dau atom fflworin sy'n newid o rifau ocsidiad sero yn −1; hynny yw maen nhw'n cael eu rhydwytho wrth ocsidio'r atom sylffwr o 4 i 6. Mae'n bosibl cael yr ateb hefyd drwy edrych ar y moleciwl niwtral gyda'r sylffwr yn cydbwyso'r ddau atom ocsigen a'r ddau atom fflworin. (2)

(b) Nid oes gan y moleciwl barau unig ond mae ganddo bedwar bond, sef dau fond dwbl ag atomau ocsigen a dau fond sengl ag atomau fflworin. Mae'r ddamcaniaeth VSEPR yn trin bondiau sengl a dwbl yr un fath ac felly mae'r pedwar bond o'r atom sylffwr yn ffurfio tetrahedron. (1)

12 Mae tymereddau berwi yn gyffredinol yn cynyddu gyda màs moleciwlaidd gan fod nifer yr electronau sy'n cymryd rhan mewn rhyngweithiadau deupol anwythol hefyd yn cynyddu. Felly tymheredd berwi HCl < HBr < HI. Fodd bynnag, mae grym rhyngfoleciwlaidd gwahanol yn bodoli yn achos HF lle mae'r atom fflworin bach, electronegatif yn ffurfio bondiau hydrogen sy'n gryfach na'r grymoedd deupol anwythol. Felly er y byddem y disgwyl y byddai tymheredd berwi HF tua 160 K, mae dros 100 K yn uwch na hynny. (4)

1.5

1 Mae pob ○ yn Br⁻ a phob ● yn Li⁺.

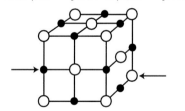

(1)

2 **(a)** **(i)**

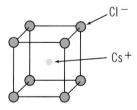

(2)

(ii) Mae'r ïonau Na yn llai na'r ïonau Cs ac felly dim ond chwech o'r anionau clorid, sy'n fwy, sy'n gallu pacio o'u hamgylch ond mae wyth yn gallu pacio o amgylch yr ïon Cs, sy'n fwy. (1)

(b)

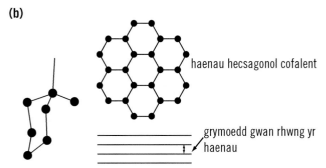

haenau hecsagonol cofalent

grymoedd gwan rhwng yr haenau

(i) Mewn diemwnt mae pedwar bond cofalent cryf yn cysylltu pob atom carbon â phedwar arall mewn adeiledd tetrahedrol enfawr.

Mae graffit yn ffurfio adeiledd haenog planar hecsagonol lle mae pob atom carbon yn bondio â thri arall mewn system ddadleoledig. Mae'r haenau yn cael eu dal ynghyd yn y grisial gan rymoedd rhyngfoleciwlaidd gwan. (2)

(ii) Mae gan ddiemwnt a graffit dymereddau ymdoddi uchel oherwydd y bondio cofalent cryf yn eu hadeileddau moleciwlaidd enfawr. Fodd bynnag, mae graffit yn feddal oherwydd y grymoedd rhyngfoleciwlaidd gwan ond mae diemwnt yn galed dros ben. (2)

3 Mae'r bondiau cofalent mewn ïodin yn cael eu defnyddio i fondio dau atom ïodin ynghyd gan ffurfio'r moleciwlau I_2 sydd wedyn yn cael eu dal ynghyd yn y grisial moleciwlaidd gan rymoedd gwan van der Waals yn unig. Mae angen egni sy'n cyfateb i dymheredd dros 3000 gradd i dorri'r bondiau cofalent cryf mewn diemwnt ond bydd y grymoedd rhyngfoleciwlaidd gwan sy'n dal y moleciwlau I_2 ynghyd yn y grisial yn torri ar tua 100 gradd. (3)

4 Mae'n cynnwys electronau dadleoledig mewn môr electronau sy'n rhydd i gludo'r cerrynt trydanol.

5 (i) Mae diemwnt yn adeiledd cofalent enfawr sydd â bondiau tetrahedrol cryf. Mae gan fetelau fath gwahanol o fondio cryf lle mae pob atom metel yn cyfrannu un neu ragor o electronau i 'nwy' neu 'fôr' o electronau dadleoledig sy'n bondio'r ïonau positif sydd wedi'u ffurfio wrth gyfrannu'r electronau drwy'r atyniad rhwng gwefrau dirgroes. Mae'r ïonau positif yn aml wedi'u pacio'n dynn. (3)

(ii) Mae gan ddiemwnt a metelau fondiau cryf ac mae ganddyn nhw dymereddau ymdoddi uchel (fel rheol yn achos y metelau). Mae metelau yn ddargludyddion trydan da drwy'r electronau dadleoledig sydd ganddyn nhw, ond mae diemwnt yn ynysydd gan fod yr electronau i gyd wedi'u clymu yn y pedwar bond cofalent. (3)

6 (a) $Fe_2O_3 + \mathbf{3}CO = 2Fe + \mathbf{3}CO_2$. (1)

(b) Cyflwr ocsidiad haearn yw 3 mewn Fe_2O_3 ac mae'r CO yn ei rydwytho i gyflwr ocsidiad sero ar gyfer yr elfen. Cyflwr ocsidiad carbon mewn CO yw 2 ac mae'n cael ei ocsidio i gyflwr 4 wrth iddo rydwytho'r haearn ocsid. (2)

(c) (i) 6:6 (1)

(ii) Dylai'r llun ddangos trefniant cymesur o chwe anion ocsid o amgylch y catïon Fe(II), sy'n llai, yn yr un ffordd y caiff chwe anion clorid eu trefnu o amgylch y catïon sodiwm. (1)

(ch) Mewn bondiau cofalent, mae'r ddau atom sy'n bondio yn cyfrannu un electron i'r pâr bondio ac felly mae pob atom yn cyfrannu dau electron mewn CO. Mae'r bond cyd-drefnol yn cael ei ffurfio wrth i un atom (ocsigen yn yr achos hwn) gyfrannu'r ddau electron at y bond. (2)

(d) Mewn bondio metelig, mae pob atom yn cyfrannu un neu ragor o electronau i 'nwy' neu 'fôr' o electronau dadleoledig gan adael dellten o ïonau positif sy'n cael ei dal ynghyd gan atyniadau electrostatig rhwng y catïonau a'r môr electronau. Mae'r bondio yn gryf iawn ac felly nid yw haearn yn ymdoddi cyn cyrraedd tymheredd o dros 1500° C. (4)

1.6

1 (a) (i) $Ba^{2+} + SO_4^{2-} \longrightarrow BaSO_4$ (1)

(ii) Mae gwaddod gwyn o fariwm sylffad i'w weld. (1)

(b) (i) Gwyrdd, lliw afal (1)

(ii) Mae ychwanegu hydoddiant arian nitrad yn rhoi gwaddod gwyn o arian clorid. (2)

2 Dim ond un electron allanol sy'n cymryd rhan yn y bondio metelig mewn sodiwm ond mae dau yn cymryd rhan gyda magnesiwm. Mae'r bondio cryfach yn golygu bod angen tymheredd uwch er mwyn i'r magnesiwm ymdoddi. (3)

3 (i) Ne, Ar, Cl. (1)

(ii) Mae silicon a hefyd carbon (mewn diemwnt) yn cyfrannu pedwar electron gan ffurfio pedwar bond cofalent cryf sydd wedi'u trefnu'n gymesur; mae hynny'n rhoi adeileddau sefydlog iawn y mae angen egni tymereddau uchel arnynt i ymdoddi. (2)

(iii) Mae gan neon ac argon blisg llawn o electronau ac nid ydyn nhw'n ffurfio bondiau â'i gilydd ac felly nid oes ond bondiau deupol anwythol gwan i ddal yr atomau ynghyd mewn cyflwr cyddwysedig. (2)

(iv) Mae ganddyn nhw un, dau a thri electron yn ôl eu trefn sydd ar gael ar gyfer bondio metelig ac felly mae'r egni clymu'n cynyddu ac mae angen tymereddau uwch er mwyn i'r solidau ymdoddi. (2)

(v) Mae atomau carbon yn llai na rhai silicon ac yn gallu ffurfio adeiledd mwy cryno sydd â bondiau cofalent cryfach. (1)

(vi) Mae gan argon fàs atomig mwy na neon, gyda mwy o electronau ar gael ar gyfer grymoedd rhyng-atomig deupol anwythol ac felly mae angen tymheredd uwch i wahanu'r atomau. (1)

4 Mae pump o'r saith electron yng Ngrŵp 7 yn electronau p ac mae gan yr elfennau yr adeileddau electronig a'r priodweddau cemegol sy'n nodweddiadol o'r bloc p. (1)

5 (i) Maen nhw i gyd yn tueddu i ennill electron a ffurfio ïon negatif sefydlog, X⁻, sydd â phlisgyn electronig allanol llawn. Dyma broses ocsidiad; hynny yw, mae'r rhywogaeth sy'n colli'r electron hwn yn cael ei ocsidio. (1)

(ii) Fflworin yw'r ocsidydd cryfaf, yr elfen fwyaf electronegatif, a bydd yn ocsidio'r halidau eraill i gyd, gan ffurfio fflworid a'r elfen rydd. (1)

(iii) Pump (1)

6 (i) Coch, lliw bricsen (1)

(ii) Ffurfiodd gwaddod lliw hufen. (1)

(iii) $Ag^+ + Br^- = AgBr$ (1)

(iv) Roedd lliw coch-brown i'w weld, yn cyfateb i ryddhau bromin wrth iddo gael ei ocsidio gan glorin. (1)

(v) Mae clorin yn ocsidydd cryfach na bromin ac felly mae'n ocsidio'r ïon bromid i fromin wrth gael ei rydwytho i glorid.
Roedd yr anion bromid yn bresennol mewn cyfansoddyn ïonig gydag ïonau calsiwm.
Hafaliad yr ocsidiad yw: $Br^- + \frac{1}{2}Cl_2 = \frac{1}{2}Br_2 + Cl^-$. (2)

7 Bariwm carbonad (1)
$Ba^{2+} + CO_3^{2-} \longrightarrow BaCO_3$ (1)

8 $MgCO_3.Mg(OH)_2.3H_2O \longrightarrow 2MgO + CO_2 + 4H_2O$
MgO fel cynnyrch [1] cydbwyso cywir [1]

9 (i)

	K_2CO_3	NaOH	$BaCl_2$	$MgCl_2$
K_2CO_3	–	dag	gwaddod	gwaddod
NaOH	dag	–	dag	gwaddod
$BaCl_2$	gwaddod	dag	–	dag
$MgCl_2$	gwaddod	gwaddod	dag	–

Dag yw dim adwaith gweladwy; mae pob gwaddod yn wyn. (4)

(ii) Magnesiwm carbonad;
$Mg^{2+} + CO_3^{2-} \longrightarrow MgCO_3$ (2)

(iii) Mae potasiwm carbonad a sodiwm hydrocsid yn troi litmws yn goch.

Lliwiau'r fflam: potasiwm lelog, sodiwm melyn, bariwm gwyrdd lliw afal, magnesiwm gwyn (neu ddi-liw).

Dim ond bariwm sy'n adweithio gan roi gwaddod gwyn o fariwm sylffad. (4)

1.7

1 (a) (i) $2NH_3 + H_2SO_4 \longrightarrow (NH_4)_2SO_4$

(ii) Mae'n derbyn proton / H⁺

(b) (i) Mae llai o ronynnau nwyol yn y cynnyrch (1)
Mae'r ecwilibriwm yn symud tuag at y cynnyrch er mwyn lleihau'r gwasgedd (1)

(ii) Mae'r ecwilibriwm yn symud tuag at y cynnyrch (1)
er mwyn cael mwy o amonia yn lle'r amonia sy'n cael ei dynnu (1)

(c) Dim newid

(ch) Mae cyfradd yr ôl-adwaith endothermig yn cynyddu (1)
Mae'r ecwilibriwm yn symud tuag at yr adweithyddion ac felly mae K_c yn lleihau (1)

2 (a) (i) Mae cynyddu'r CO_2 yn gwthio'r ecwilibriwm i'r dde. (1)
Bydd pH yn lleihau gan fod [H⁺] yn cynyddu (1)

(ii) Bydd yn lleihau gan fod y cynnydd mewn H⁺ yn symud yr ecwilibriwm i'r dde, (gan leihau swm y carbonad a chynyddu'r hydrogencarbonad)

(b) (i) Adwaith cildroadwy lle mae'r blaenadwaith a'r ôl-adwaith yn digwydd ar yr un gyfradd

(ii) (Mae moleciwlau yn gallu dianc o'r botel) ac felly mae crynodiad /swm/ gwasgedd y $CO_2(n)$ yn lleihau (1) ac mae'r safle ecwilibriwm yn symud i'r chwith (ac felly mae crynodiad y $CO_2(d)$ yn lleihau) (1) mae cyfradd y moleciwlau sy'n mynd i'r hydoddiant yn llai na chyfradd y moleciwlau sy'n gadael yr hydoddiant. (1)
(Derbynnir unrhyw ddau bwynt)

3 (a) (i) $K_c = \dfrac{[CO][H_2]^3}{[CH_4][H_2O]} \, môl^2 dm^{-6}$
mynegiad (1), unedau (1)

(ii) Os bydd newid yn cael ei wneud i system sydd ar ecwilibriwm, bydd y safle ecwilibriwm yn newid er mwyn lleihau effaith y newid hwnnw.

(iii) I Mae cynnyrch yr hydrogen yn cynyddu (1)
Mae'r ecwilibriwm yn symud i gyfeiriad y blaenadwaith endothermig (1)

(iii) II Mae cynnyrch yr hydrogen yn lleihau (1)
Mae'r ecwilibriwm yn symud i'r ochr sydd â'r nifer lleiaf o foleciwlau nwy (1)

(b) (i) I Mae'r cynnyrch yn lleihau

II Mae'r cynnyrch yn cynyddu

    (ii) Mae'r ecwilibriwm yn symud i gyfeiriad yr ôl-adwaith endothermig (1)

        Mae'r ecwilibriwm yn symud i'r ochr sydd â'r nifer lleiaf o foleciwlau nwy (1)

4

Newid	Effaith, os oes effaith, ar y safle ecwilibriwm	Effaith, os oes effaith, ar werth K_c
Ychwanegu adweithydd ar dymheredd cyson	Symud i'r dde	Dim
Lleihau'r tymheredd	Symud i'r dde	Cynyddu

5 (a) (i) Mae gan hydoddiannau asidig pH llai na 7 (1)

        Y lleiaf yw'r ffigur, y mwyaf yw'r asidedd (1)

    (ii) pH = $-\log$ [H⁺], [H⁺] = antilog -5.5 (1)

        [H⁺] = 3.2×10^{-6} môl dm⁻³ (1)

(b) (i) Mae'n cynhyrchu ïonau H⁺(d) wrth adweithio â dŵr

    (ii) Byddai crynodiad yr ïonau hydrogen yn cynyddu (1)

        wrth i'r safle ecwilibriwm symud i'r dde (1)

(c) Asid gwan yw asid sy'n daduno'n rhannol mewn hydoddiant dyfrllyd (1)

    Asid gwanedig yw hydoddiant lle mae ychydig o asid wedi hydoddi mewn cyfaint mawr o ddŵr (1)

6 (a) Ni fyddai'r botel bwyso wedi cael ei golchi / mae'n anodd hydoddi solid mewn fflasg safonol / ni fyddai'r cyfaint terfynol yn 250cm³ o anghenraid

(b) Pibed

(c) I ddangos y diweddbwynt / pryd i stopio ychwanegu asid

(ch) Er mwyn iddo allu ychwanegu cyfaint sylweddol o asid yn gyflym cyn ei ychwanegu fesul diferyn / er mwyn arbed amser cyn gwneud titradiadau manwl gywir / i roi syniad bras o'r diweddbwynt

(d) Er mwyn cael gwerth mwy dibynadwy

7 (a) Molau CuSO₄.5H₂O = $0.25 \times 0.25 = 0.0625$ (1)

    Màs CuSO₄.5H₂O = $0.0625 \times 249.7 = 15.6$ g (1)

(b) Awgrymiadau ar gyfer cynnwys

- Rhoi'r solid mewn bicer ac ychwanegu dŵr
- Troi nes i'r holl solid hydoddi
- Golchi'r llestr gwreiddiol
- Ychwanegu hydoddiant at fflasg safonol 250cm³
- Defnyddio twndis/twmffat
- Gwneud i fyny at y graddnod (â dŵr distyll)
- Ysgwyd / troi pen i lawr

5–6 marc:
Mae'n disgrifio, gan roi'r manylion ymarferol llawn, sut mae'r hydoddiant yn cael ei baratoi.

Mae'r ymgeisydd yn llunio ateb sy'n berthnasol a chydlynol ac sydd wedi'i strwythuro'n rhesymegol gan gynnwys holl elfennau

allweddol yr awgrymiadau ar gyfer cynnwys. Mae'n amlwg yn cynnal ac yn cyfiawnhau ei ymresymu ac yn defnyddio confensiynau a geirfa wyddonol yn briodol ac yn gywir

3–4 marc
Mae'n disgrifio, gan roi'r prif fanylion ymarferol, sut mae'r hydoddiant yn cael ei baratoi.

Mae'r ymgeisydd yn llunio ateb cydlynol sy'n cynnwys y rhan fwyaf o'r elfennau allweddol yn yr awgrymiadau ar gyfer cynnwys. Mae rhywfaint o resymu i'w weld wrth gysylltu pwyntiau allweddol ac ar y cyfan mae'n defnyddio confensiynau gwyddonol a geirfa yn gadarn.

1–2 marc
Mae'n disgrifio rhai manylion o sut mae'r hydoddiant yn cael ei baratoi.

Mae'r ymgeisydd yn rhoi cynnig ar gysylltu o leiaf dau bwynt perthnasol o'r awgrymiadau ar gyfer cynnwys. Mae hepgor deunydd a/neu gynnwys deunydd amherthnasol yn effeithio ar y cydlynedd. Ceir peth tystiolaeth o ddefnyddio confensiynau a geirfa wyddonol yn briodol.

0 marc
Nid yw'r ymgeisydd yn gwneud unrhyw ymdrech nac yn rhoi ateb perthnasol sy'n haeddu marc.

8 (a) Adnabod 23.95 cm³ fel canlyniad afreolaidd (1)

    Titr cymedrig = 23.25 cm³ (1)

(b) 25.00 cm³ o'r hydoddiant potasiwm carbonad yn cael ei **bibedu** i fflasg gonigol (1)

    (Ychydig ddiferion o) ddangosydd yn cael eu hychwanegu (1)

    Titradu (â'r asid) nes i'r dangosydd newydd (1)

    droi'n binc (1)

    Ysgwyd / chwyrlïo / cymysgu (1)

    Darllen y fwred cyn ac ar ôl (1)

    (Mae angen y pwynt cyntaf + unrhyw bedwar pwynt arall)

(c) Twndis/twmffat wedi'i adael yn y fwred (1), aer yn y bibed (1), heb ddarllen y meniscws (1), hydoddiant yn y fflasg heb ei gymysgu'n drwyadl (1), heb ddefnyddio'r solid i gyd i wneud yr hydoddiant (1)

    (Uchafswm o 2 farc ar gyfer ffynonellau cyfeiliornad)

    Petai wedi mynd heibio i'r diweddbwynt, byddai wedi ychwanegu gormod o asid (1) ac felly byddai nifer y molau (màs) o garbonad yr oedd wedi'u cyfrifo yn fwy na'r molau (màs) oedd yn bresennol mewn gwirionedd (1)

(ch) Canlyniad mwy manwl gywir drwy ddefnyddio HCl â chrynodiad 0.2 môl dm⁻³ gan fod angen cyfaint sylweddol (1)

    Mae'r cyfeiliornad canrannol yn fwy wrth fesur cyfaint llai (1)

Uned 2

2.1

1 **(a)** $\Delta H = (2 \times -394) + (3 \times -286) - (-1560)$ (1)

$\Delta H = -86 \text{ kJ môl}^{-1}$ (1)

(b) Y newid enthalpi pan fydd un môl o sylwedd yn ffurfio o'r elfennau y mae'n eu cynnwys (1) yn eu cyflyrau safonol o dan amodau safonol (1)

(c) **(i)** $H_2(n) + \frac{1}{2}O_2(n) \longrightarrow H_2O(n)$

(ii) $-242 = 436 + 248 - 2(O\!-\!H)$ (1)

$2(O\!-\!H) = 926$

$O\!-\!H = 463 \text{ kJ môl}^{-1}$ (1)

2 **(a)** ΔH adwaith $= \Delta_f H$ cynhyrchion $- \Delta_f H$ adweithyddion (1)

$-46 = \Delta_f H$ ethanol $- (52.3 - 242)$

$\Delta_f H$ ethanol $= -46 - 189.7$ (1)

$\Delta_f H$ ethanol $= -235.7 \text{ kJ môl}^{-1}$ (1)

(b) Bondiau sy'n cael eu torri $= 1648 + 612 + 926$

$= 3186 \text{ kJ môl}^{-1}$ (1)

Bondiau sy'n cael eu ffurfio $= 2060 + 348 + 360 + 463$

$= 3231 \text{ kJ môl}^{-1}$ (1)

ΔH adwaith $= 3186 - 3231 = -45 \text{ kJ môl}^{-1}$ (1)

(c) **(i)** Cafodd enthalpïau bond cyfartalog eu defnyddio, nid rhai go iawn

(ii) Ydy, gan fod yr atebion yn agos at ei gilydd

(ch) **(i)** $C_2H_5OH + \mathbf{3}O_2 \longrightarrow \mathbf{2}CO_2 + \mathbf{3}H_2O$

(ii) $\Delta H = (2 \times -394) + (3 \times -286) - (-278)$ (1)

$\Delta H = -1368 \text{ kJ môl}^{-1}$ (1)

(iii) Egni ar gyfer ethanol $= \dfrac{1368}{46} = 29.7 \text{ kJ g}^{-1}$ (1)

Egni ar gyfer octan $= \dfrac{5512}{114} = 48.4 \text{ kJ g}^{-1}$ (1)

(iv) Mae ethanol yn danwydd adnewyddadwy (o'i gael drwy eplesiad) / Mae ethanol yn rhatach mewn gwledydd sy'n tyfu llawer o gansen siwgr / Mae ethanol yn fwy niwtral o ran carbon / Mae ethanol yn llosgi'n lanach

3 **(a)** Er mwyn sicrhau bod y tymheredd (cychwynnol) yn gyson / mae angen y gwahaniaeth tymheredd rhwng y tymheredd cychwynnol a'r tymheredd uchaf.

(b) Gwres $= 50 \times 4.18 \times 9.6$ (1)

Gwres $= 2006 \text{ J}$ (1)

(c) Molau $CuSO_4 = 0.025$ (1)

$\Delta H = -\dfrac{2006}{0.025}$ (1)

$= -80.2 \text{ kJ môl}^{-1}$ (1)

(ch) Bwred / pibed

(d) Roedd magnesiwm mewn gormodedd

(dd) Arwynebedd arwyneb mwy (1)

Mae'r gyfradd adwaith yn gyflymach (1)

(e) $\dfrac{12.9}{93.1} \times 100 = 13.9\%$

(f) Caiff gwres / egni ei golli i'r amgylchedd (1)

Nodi sut mae'r ynysiad yn cael ei wella, e.e. gosod caead ar y cwpan polystyren (1)

4 **(a)** **(i)** Molau asid $= 0.5 \times 0.05 = 0.025$

(ii) Gwres $= 100 \times 4.18 \times 3.4$ (1)

Gwres $= 1421 \text{ J}$ (1)

(iii) $\Delta H = -\dfrac{1421}{0.025}$ (1)

$= -56.8 \text{ kJ môl}^{-1}$ (1)

(b) **(i)** Mae cyfanswm y newid enthalpi ar gyfer adwaith yn annibynnol ar y llwybr a gymerir wrth fynd o'r adweithyddion i'r cynhyrchion.

(ii) Os nad oedd adwaith yn annibynnol ar y llwybr, byddai'n bosibl creu egni drwy wneud y cynhyrchion drwy'r rhyng-gyfansoddyn ar hyd un llwybr ac yna eu trawsnewid yn ôl i'r adweithyddion ar hyd y llwybr arall. Byddai hyn yn groes i ddeddf cadwraeth egni.

(c) $\Delta H = (4 \times -176) - (2 \times -242)$ (1)

$\Delta H = -220 \text{ kJ môl}^{-1}$ (1)

5 **(a)** Bondiau sy'n cael eu torri $= (1\ C\!=\!C) + (4\ C\!-\!H) + (1\ H\!-\!H)$

Bondiau sy'n cael eu ffurfio $= (6 \times C\!-\!H) + (1\ C\!-\!C)$ (1)

$-124 = (C\!=\!C) + (4 \times 412) + 436 - ((6 \times 412) + 348)$ (1)

$(C\!=\!C) = -124 - 2084 + 2820 = 612 \text{ kJ môl}^{-1}$ (1)

(b) $\Delta H = 39 \text{ kJ môl}^{-1}$

(c) **(i)** $\Delta H = (2 \times -286) + (2 \times -297) - (2 \times -20.2)$ (1)

$\Delta H = -1125.6 \text{ kJ môl}^{-1}$ (1)

(ii) Mae nwy ocsigen yn elfen yn ei gyflwr safonol

6 **(a)** $M_r(C_9H_{20}) = 128$ (1)

Molau $= 1.563 \times 10^{-3}$ (1)

(b) Cynnydd mewn tymheredd $= 30.7\,°C$ (1)

Gwres $= 50 \times 4.18 \times 30.7 = 6416 \text{ J}$ (1)

$\Delta H = -4105 \text{ kJ môl}^{-1}$ (1)

(c) Colli gwres i'r amgylchedd / hylosgiad anghyflawn (1)

Lagio'r calorimedr / defnyddio caead (1)

2.2

1 **(a)** Mesur (cyfaint) yr hydrogen sy'n cael ei gynhyrchu (gan ddefnyddio chwistrell nwy) / (màs) yr hydrogen sy'n cael ei golli ar gyfyngau amser cyson

   (b) Malu'r cobalt yn bowdr / cynyddu ei arwynebedd arwyneb / ei wresogi / ei droi

2 **(a)** Mae'n rhaid i frig y gromlin fod yn is ac i'r dde i'r gromlin wreiddiol

   (b) **(i)** Cyfradd = $\dfrac{0.0006}{200}$ = $3.0 \times 10^{-6}\,\text{môl}\,\text{dm}^{-3}\,\text{s}^{-1}$

   (ii) Byddai'n lleihau (1)

   oherwydd bod crynodiad bwt-1,3-deuen yn lleihau (1)

   (iii)

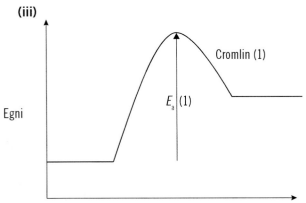

   Cromlin (1)

   E_a (1)

   Egni

   Pa mor bell mae'r adwaith wedi mynd

3 **(a)** Mae'r gyfradd yn cynyddu (1)

   Bydd gan fwy o foleciwlau yr egni actifadu sydd ei angen (1)

   (b) Mae'r gyfradd yn cynyddu (1)

   Mae mwy o foleciwlau mewn cyfaint penodol, mwy o debygolrwydd y bydd gwrthdrawiadau effeithiol (1)

4 **(a)**

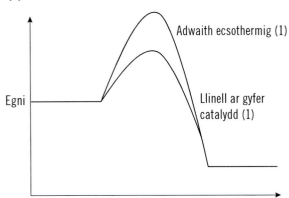

   Adwaith ecsothermig (1)

   Egni

   Llinell ar gyfer catalydd (1)

   Pa mor bell mae'r adwaith wedi mynd

   (b) Os bydd y tymheredd yn cynyddu, bydd egni cinetig y moleciwlau yn cynyddu (1). Bydd gan fwy o foleciwlau egni sy'n fwy na'r egni

actifadu (1) ac felly bydd ffracsiwn mwy o'r gwrthdrawiadau yn effeithiol, sy'n golygu y bydd y gyfradd adwaith yn cynyddu (1)

5 **(a)** Mae'r diagram yn dangos dwy gromlin dosraniad rhesymol lle mae T_2 yn fwy gwastad ac yn 'fwy i'r dde' na T_1 (1)

   Egni actifadu wedi'i labelu'n gywir neu wedi'i grybwyll yn y testun (1)

   Mae ffracsiwn y moleciwlau sydd â'r egni actifadu sydd ei angen yn fwy o lawer ar dymheredd uwch (gan gynyddu amlder y gwrthdrawiadau llwyddiannus) (mewn geiriau) (1)

   (b) Rhoi'r cymysgedd ar glorian a mesur y màs (sy'n cael ei golli) (1) ar gyfyngau amser addas (1)

   Neu ddull addas arall, e.e. samplu ar gyfyngau amser / trochoeri (1) titradu (1)

6 Mae'n bosibl defnyddio tymereddau is (1)

   Arbed costau egni (1)

   Mae'n bosibl gwneud mwy o gynnyrch mewn amser penodol (ac felly gwerthu mwy) (1)

   Galluogi adweithiau i ddigwydd a fyddai'n amhosibl fel arall (1)

   Llosgi llai o danwyddau (ffosil) i roi egni (gan gynhyrchu llai o CO_2) (1)

   (Derbynnir unrhyw 3 phwynt)

7 **(a)** Swigod (o nwy) / sïo / mae (peth) $CaCO_3$ yn diflannu / mae'r cyfarpar yn cynhesu

   (b) Chwistrell nwy / bwred (pen i waered)

   (c) (Defnyddio clorian i) bwyso cynnyrch dyfrllyd / samplu a thitradu / mesur newid mewn pH ar amserau penodol

   (ch) **(i)** Cromlin lefn sy'n mynd drwy 150 cm³ ac yn diweddu yn 200 cm³

   (ii) Cromlin lai serth (1) sy'n diweddu yn 100 cm³ (1)

   (iii) Pan fydd yr asid yn llai crynodedig, mae llai o ronynnau (asid) (1) ac felly mae llai o debygolrwydd o wrthdrawiadau llwyddiannus (rhwng yr asid a charbonad) / llai o wrthdrawiadau ym mhob uned amser (1)

   (d) Diagram â dwy gromlin resymol. (1)

   Labelu'r egni actifadu. (1)

   Mae'r ffracsiwn o foleciwlau sydd â'r egni actifadu sydd ei angen yn fwy o lawer ar dymheredd uwch. (1)

8 **(a)** Plotio cywir – o fewn hanner sgwâr bach (2), un gwall (1)

   Llinell ffit orau briodol wedi'i llunio (1)

(b) **(i)** C (1)

Mae'r gromlin yn fwy serth (1)

(ii) Crynodiad yr asid yw'r mwyaf (1)

(c) 44 cm³ (±1 cm³)

(ch) Lleihau tymheredd yr asid (1)

Mae adweithyddion yn gwrthdaro â llai o egni (1)

Llai o foleciwlau sydd â'r egni actifadu sydd ei angen (1)

neu Defnyddio darnau o fagnesiwm (1) llai arwynebedd arwyneb (1) llai o debygolrwydd o wrthdrawiadau llwyddiannus (1)

9 **(a)** Tymheredd (1), gwasgedd / crynodiad (1), catalydd (1), maint y gronynnau (1), golau (1)

(Derbynnir unrhyw dri)

(b) **(i)** Plotio cywir – o fewn hanner sgwâr bach (2), un gwall (1)

Cromlin a thangiad da (1)

Cyfradd 0.10 ± 0.01 (1)

Unedau cm³ s⁻¹ (1)

(ii) Mae'r gyfradd yn lleihau wrth i'r adwaith fynd yn ei flaen (1) gan fod crynodiad y perocsid yn lleihau (llai o wrthdrawiadau llwyddiannus) (1)

(iii) Gosod chwistrell nwy ar fflasg yr adwaith (1), dechrau'r stopwats a mesur cyfaint y nwy ar gyfyngau amser penodol (1)

(c) Mae'n rhaid i foleciwlau (A a B) wrthdaro â'i gilydd (1) a bod â digon o egni i adweithio (gan ffurfio C) (1)

Mae cynyddu'r gwasgedd yn golygu bod mwy o foleciwlau ym mhob cyfaint penodol ac felly bod mwy o debygolrwydd o gael gwrthdrawiadau effeithiol (1)

Mae cynyddu'r tymheredd yn golygu y bydd gan fwy o foleciwlau yr egni (actifadu) sydd ei angen i adweithio (1)

10 **(a)** O leiaf 5 pwynt wedi'u plotio'n gywir (1)

Llinell syth briodol wedi'i thynnu (1)

Echelinau wedi'u labelu'n gywir (1)

(b) Cyfradd 1.1 × 10⁻⁴ ± 0.1 × 10⁻⁴ (1)

Unedau môl dm⁻³ s⁻¹ (1)

(c) Dull lliwfesuriaeth

Graddnodi'r colorimedr (1) gyda hydoddiant ïodin â chrynodiad hysbys (1). Mesur y golau sy'n mynd drwodd er mwyn darganfod y crynodiad ar gyfyngau amser (1)

(ch) Mae crynodiad yr hydrogen perocsid mewn cyfrannedd union â'r gyfradd / mae dyblu crynodiad yr hydrogen perocsid yn dyblu'r gyfradd (1)

Mae crynodiad yr ïonau ïodid mewn cyfrannedd union â'r gyfradd / mae dyblu crynodiad yr ïonau ïodid yn dyblu'r gyfradd (1)

2.3

1 **(a)** −55.6 kJ g⁻¹ −48.5 kJ g⁻¹ (2)

(b) 2.75 g 3.03 g (2)

(c) Methan oherwydd mae bwtan yn cynhyrchu mwy o CO_2 am bob kJ o egni sy'n cael ei gynhyrchu

[bwtan 0.062; methan 0.049] (2)

2 Mae ethan yn cynhyrchu mwy o egni y môl na bioethanol (1560 kJ o'i gymharu â 1371 kJ).

Fodd bynnag, mae ethan yn danwydd ffosil anadnewyddadwy, yn wahanol i fioethanol y mae'n bosibl ei adnewyddu drwy dyfu cansen siwgr. Mae'n debygol, felly, mai bioethanol yw'r gorau i'r amgylchedd.

Sylwch fod llosgi'r ddau danwydd yn cynhyrchu'r un swm o CO_2/am bob môl o danwydd ac felly bod bioethanol yn cynhyrchu ychydig mwy o CO_2 wrth gynhyrchu'r un swm o egni. (3)

3 **(a)** **(i)** Adwaith **1** sy'n amsugno'r mwyaf o CO_2 am bob môl o garbonad sy'n cael ei ddefnyddio. (2)

(ii) Os bydd newid yn cael ei wneud i system sydd ar ecwilibriwm, mae'r ecwilibriwm yn tueddu i newid er mwyn lleihau effaith y newid hwnnw. (1)

(iii) Bydd cynyddu gwasgedd y nwyon yn achosi i'r ecwilibriwm symud i'r dde ac felly bydd CO_2 yn cael ei ddileu yn fwy effeithlon. (2)

(b) **(i)** 6.25 (1)

(ii) 150 dm³ (1)

(iii) 15% (1)

(c) **(i)** Cyfrannydd protonau yw asid. (1)

(ii) Mae carbon deuocsid yn hydoddi mewn dŵr gan ffurfio asid carbonig sy'n daduno'n wan gan roi ïonau hydrogen:

$CO_2 + H_2O = H_2CO_3 = H^+ + HCO_3^-$ (1)

(iii) Mae'r atmosffer yn cynnwys 400 rhan mewn miliwn o garbon deuocsid sy'n hydoddi mewn dŵr glaw gan roi hydoddiant asidig gwan â pH tua 5. (1)

4 **(a)** Mae olew crai yn danwydd ffosil anadnewyddadwy sydd wedi ffurfio gannoedd o filiynau o flynyddoedd yn ôl a bydd yn rhedeg allan yn y pen draw.

Mae llosgi tanwyddau hydrocarbon yn cynhyrchu carbon deuocsid, ac efallai bod swm cynyddol y carbon deuocsid yn achosi cynhesu byd-eang.

(b) (i) Er bod llosgi hydrogen yn cynhyrchu dŵr yn unig, er mwyn cynhyrchu hydrogen efallai fod angen llawer o drydan sydd wedi'i gynhyrchu gan orsafoedd trydan sy'n llosgi tanwydd. Hefyd gallai peiriannau hylosgiad gynhyrchu ocsidau nitrogen sy'n gallu achosi llygredd a mwrllwch (2)

(ii) Mae'n wir y gall cymysgeddau hydrogen/aer fod yn ffrwydrol dros ystod o gyfraneddau. Hefyd gall gollwng hydrogen o'r system fod yn beryglus (1)

(c) Mae amrywiaeth eang o atebion yn dderbyniol gan gadw mewn cof gwmpas y testun yn y crynodeb isod: (5)

1 Osgoi gwastraff

2 Cynyddu economi atom

3 Defnyddio dulliau, cemegion a hydoddyddion mwy diogel

4 Cynyddu effeithlonrwydd egni

5 Defnyddio nwyddau crai adnewyddadwy

6 Defnyddio catalyddion (yn hytrach nag adweithiau stoichiometrig)

7 Osgoi llygredd a damweiniau

8 Cynllunio ar gyfer bioddiraddadwyedd.

Yn amlwg mae defnyddio egni ac effeithiau hyn o ran cynhesu byd-eang yn ffactor mawr.

5 (a) (i) T yw 298 K; P yw 1 atmosffer neu 10^5 pascal (2)

(ii) Enthalpi ffurfiant safonol elfen yw'r newid egni wrth ffurfio'r elfen ohoni hi ei hun o dan amodau safonol, h.y. sero (1)

(iii) -174 kJ môl^{-1} (2)

(b) (i) Dim effaith gan fod yr un nifer o foleciwlau nwyol ar bob ochr i'r ecwilibriwm (2)

(ii) Gan fod y blaenadwaith yn ecsothermig bydd cynnydd mewn tymheredd yn gyrru'r adwaith i'r chwith, sef y cyfeiriad endothermig, a lleihau'r hydrogen sy'n cael ei gynhyrchu (2)

(iii) Nid yw catalyddion yn cael dim effaith ar y safle ecwilibriwm, dim ond ar ba mor gyflym y mae'r adwaith yn cyrraedd ecwilibriwm (1)

2.4

1 (a) Proses o dorri bond lle mae'r ddau electron yn mynd i un o'r atomau yn y bond

(b) $(CH_3)_3C^+$ a Cl^-

2 (a) Alcen

Alcohol

(b) $C_5H_{10}O$

3 (a) Cyfansoddion sydd â'r un fformiwla foleciwlaidd ond fformiwlâu adeileddol gwahanol

(b) Mae cylchdro cyfyngedig o amgylch bond dwbl.

Mae gan y ddau atom carbon yn y bond dwbl atomau/grwpiau gwahanol wedi'u bondio â nhw yng nghyfansoddyn B

(c) M_r cyfansoddyn A = 146.3

$$\text{Cost y môl} = \frac{146.3 \times 48 \times 100}{100 \times 73} = £96.19$$

4 Hecs-2-en

2.5

1 (a) Mae'n cynnwys electron heb ei baru.

(b) (i) $^\bullet C_3H_7 + Cl_2 \longrightarrow C_3H_7Cl + Cl^\bullet$

(ii) Mae radical yn adweithio gan gynhyrchu radical arall ac mae'r broses yn parhau

(c) C_7H_{16}

(ch) Mae bond cofalent yn torri ac mae pob atom yn derbyn un electron

2 (a) Cyfansoddyn sy'n cynnwys hydrogen a charbon yn unig ac sydd heb fondiau lluosol

(b) (i) $C_3H_8 + 5O_2 \longrightarrow 3CO_2 + 4H_2O$

(ii)

(c) Mae gan ethen fondiau σ rhwng atomau carbon a hydrogen

Mae ganddo fond π hefyd rhwng y 2 atom carbon

Mae'n ffurfio pan fydd electronau p (un ar bob atom carbon) yn gorgyffwrdd i'r ochrau

(ch) M_r ethanol = 46 ac M_r glwcos = 180

230 g o ethanol yw 5 môl ac felly o'r hafaliad mae angen 2.5 môl o glwcos

Màs glwcos = 2.5 × 180 = 450 g

3 (a) Mae gan foleciwlau mewn ffracsiynau gwahanol niferoedd gwahanol o atomau carbon

Mae mwy o atomau carbon yn golygu moleciwlau mwy ac felly grymoedd van der Waals mwy rhwng y moleciwlau

(b) Màs nwyon petroliwm = 1.2% × 145 000 = 1740 g

$$\text{Molau bwtan} = \frac{1740}{58} = 30$$

Cyfaint bwtan = 30 × 24 = 720 dm³

(c) Olew crai Brent fyddai orau gan ei fod yn cynnwys mwy o nafftha

Unrhyw hafaliad sy'n rhoi ethen, e.e.
$C_{10}H_{22} \longrightarrow C_2H_4 + C_8H_{18}$

Polymeriad: llawer o foleciwlau bach yn ymuno â'i gilydd gan wneud moleciwl mawr

Polymeriad adio yw hyn

Llawer o bolymerau posibl, e.e. poly(ffenylethen) (polystyren), poly(cloroethen) (PVC), poly(tetrafflwroethen) (PTFE) a'r monomer perthnasol

2.6

1 (a) $C_6H_{12}Br_2$

(b) Adwaith dileu

2 (a) Mae'r bond C—Cl mewn 1,1,1-tricloroethan yn wannach na'r bondiau C—H ac C—C mewn methylcylchohecsan

Mae'r bond C—Cl yn cael ei dorri gan olau uwchfioled gan gynhyrchu radicalau sy'n niweidio'r haen oson

(b) Ychwanegu bromin

Mae hept-2-en yn dadliwio'r bromin ond nid felly methylcylchohecsan

3 Awgrymiadau ar gyfer cynnwys

• Mae angen torri bond C–halogen er mwyn cynhyrchu ïon halid negatif

• Mae'r bond C–halogen yn dod yn wannach wrth fynd i lawr y grŵp / wrth i faint yr halogen gynyddu

• Byddai hyn yn awgrymu y byddai'r amser ar gyfer hydrolysis yn dod yn fyrrach wrth fynd i lawr y grŵp

• Ymosodiad niwcliofffilig ar garbon δ+ yw hydrolysis

• Mae carbon yn dod yn llai δ+ wrth fynd i lawr y grŵp

• Byddai hyn yn awgrymu y byddai'r amser ar gyfer hydrolysis yn dod yn hirach wrth fynd i lawr y grŵp

• O'r tabl data, gwelwn fod yr amser yn fyrrach ac felly mae effaith cryfder y bondiau yn drech nag effaith polaredd bondiau.

5–6 marc:
Mae polaredd bondiau a chryfder bondiau wedi'u hystyried. Mae wedi adnabod effaith pob ffactor ar amser. Mae wedi dod i gasgliad clir ynghylch pa ffactor sy'n drech.

Mae'r ymgeisydd yn llunio ateb sy'n berthnasol a chydlynol ac sydd wedi'i strwythuro'n rhesymegol gan gynnwys holl elfennau allweddol yr awgrymiadau ar gyfer cynnwys. Mae'n amlwg yn cynnal ac yn cyfiawnhau ei ymresymu ac yn defnyddio confensiynau a geirfa wyddonol yn briodol ac yn gywir.

3–4 marc
Mae polaredd bondiau a chryfder bondiau wedi'u hystyried. Mae wedi adnabod effaith pob ffactor ar amser.

Mae'r ymgeisydd yn llunio ateb cydlynol sy'n cynnwys mwyafrif yr elfennau allweddol yn yr awgrymiadau ar gyfer cynnwys. Mae rhywfaint o resymu i'w weld wrth gysylltu pwyntiau allweddol ac ar y cyfan mae'n defnyddio confensiynau gwyddonol a geirfa yn gadarn.

1–2 marc
Mae polaredd bondiau a chryfder bondiau wedi'u hystyried i ryw raddau.

Mae'r ymgeisydd yn rhoi cynnig ar gysylltu o leiaf dau bwynt perthnasol o'r awgrymiadau ar gyfer cynnwys. Mae hepgor deunydd a/neu gynnwys deunydd amherthnasol yn effeithio ar y cydlynedd. Ceir peth tystiolaeth o ddefnyddio confensiynau a geirfa wyddonol yn briodol.

0 marc
Nid yw'r ymgeisydd yn gwneud unrhyw ymdrech nac yn rhoi ateb perthnasol sy'n haeddu marc.

2.7

1 (a) (i) Sodiwm hydrocsid dyfrllyd

Gwres

(ii) Er mwyn hydoddi mewn dŵr, mae angen bondiau hydrogen

Mae bwtan-1-ol yn cynnwys OH

Mae hyn yn golygu ei fod yn ffurfio bondiau hydrogen â dŵr.

(b) (i) Potasiwm deucromad/manganad(VII) asidiedig a gwres

(ii) Distyllu ffracsiynol.

2 (a) (i) δ+ ar H a δ– ar Br

Saeth yn dangos pâr o electronau yn symud o'r bond H–Br i'r atom Br ac o C=C i atom H δ+

Ïon positif gyda + ar yr ail C

Saeth o Br– i ffurfio bond â'r carbon canolog gan roi'r cynnyrch

Y mecanwaith yw adiad electroffilig.

(ii) Mae'n bosibl ychwanegu atom Br at y naill atom carbon neu'r llall yn y C=C

Mae carbocatïonau eilaidd yn fwy sefydlog na charbocatïonau cynradd

(b) Mae'r brig isgoch ar 1715 cm^{-1} oherwydd C=O

Mae'r δ 9.8 oherwydd R—CHO

Rhaid mai propanal yw'r moleciwl

Mae'n ffurfio o gyfansoddyn **C** gan fod aldehydau yn ffurfio o alcoholau cynradd yn unig

(c) (i) Y newid lliw yw oren i ddi-liw

Y cynnyrch yw 1,2,3-tribromobwtan

(ii) Byddai'n gweld gwaddod gwyn gan fod AgCl yn ffurfio wrth ddefnyddio HCl

Dylai gynhesu'r hydoddiant gyda sodiwm hydrocsid dyfrllyd ac yna ei asidio gydag asid nitrig ac yna ychwanegu arian nitrad dyfrllyd.

2.8

1 **(a)** **(i)**

(ii) Mae 2-bromopropan yn ffurfio o garbocation eilaidd

Mae carbocationau eilaidd yn fwy sefydlog na charbocationau cynradd

(b) Awgrymiadau ar gyfer cynnwys

- Cymhareb C : H : Br $= \dfrac{29.8}{12} : \dfrac{4.2}{1} : \dfrac{66.0}{80}$

$= 2.48 : 4.20 : 0.825$

$= 3 : 5 : 1$

Fformiwla empirig yw C_3H_5Br

- Yn y sbectrwm màs, mae'r ddau frig ïon moleciwlaidd oherwydd dau isotop bromin.

- O'r sbectrwm màs, M_r gyda $^{81}Br = 122$.

$M_r\ C_3H_5Br = 122$.

Y fformiwla foleciwlaidd yw C_3H_5Br

- Mae'r brig yn y sbectrwm màs ar 15 oherwydd CH_3^+ a'r un ar 41 oherwydd $C_3H_5^+$

- Yn y sbectrwm isgoch mae'r amsugniad ar $550\ cm^{-1}$ oherwydd $C-Br$, yr un ar $1630\ cm^{-1}$ oherwydd $C=C$ a'r un ar $3030\ cm^{-1}$ oherwydd $C-H$

- Mae'r moleciwl yn dangos isomeredd *E–Z* ac felly mae'n rhaid i ddau grŵp gwahanol fod ynghlwm wrth bob atom carbon yn y bond dwbl

- Y moleciwl yw

5–6 marc:

Y fformiwla empirig wedi'i darganfod, y fformiwla foleciwlaidd wedi'i darganfod, pob pwynt yn y ddau sbectrwm wedi'i ystyried, arwyddocâd *E–Z* wedi'i nodi.

Fformiwla derfynol gywir.

Mae'r ymgeisydd yn llunio ateb sy'n berthnasol a chydlynol ac sydd wedi'i strwythuro'n rhesymegol gan gynnwys holl elfennau allweddol yr awgrymiadau ar gyfer cynnwys. Mae'n amlwg yn cynnal ac yn cyfiawnhau ei ymresymu ac yn defnyddio confensiynau a geirfa wyddonol yn briodol ac yn gywir.

3–4 marc

Y fformiwla empirig wedi'i darganfod, y fformiwla foleciwlaidd wedi'i darganfod, rhai pwyntiau ym mhob sbectrwm wedi'u hystyried.

Mae'r ymgeisydd yn llunio ateb cydlynol sy'n cynnwys y rhan fwyaf o'r elfennau allweddol yn yr awgrymiadau ar gyfer cynnwys. Mae rhywfaint o resymu i'w weld wrth gysylltu pwyntiau allweddol ac ar y cyfan mae'n defnyddio confensiynau gwyddonol a geirfa yn gadarn.

1–2 marc

Naill ai'r fformiwla empirig neu'r fformiwla foleciwlaidd wedi'i darganfod.

O leiaf un sylw dilys ar bob sbectrwm wedi'i roi.

Mae'r ymgeisydd yn rhoi cynnig ar gysylltu o leiaf dau bwynt perthnasol o'r awgrymiadau ar gyfer cynnwys. Mae hepgor deunydd a/neu gynnwys deunydd amherthnasol yn effeithio ar y cydlynedd. Ceir peth tystiolaeth o ddefnyddio confensiynau a geirfa wyddonol yn briodol.

0 marc

Nid yw'r ymgeisydd yn gwneud unrhyw ymdrech nac yn rhoi ateb perthnasol sy'n haeddu marc.

2 **(a)** Unrhyw dri brig amsugniad wedi'u labelu

O–H ar 3200–3500; C=O ar tua 1750;

C–O ar 1000–1200; C–H ar 3000–3100

(b) M_r yw 60

Mae'r darnau ar 15 oherwydd CH_3^+; mae'r darn ar 45 oherwydd $COOH^+$

(c) **(i)** Gwresogi gyda photasiwm deucromad(VI) asidiedig neu botasiwm manganad(VII) asidiedig.

(ii) Newid lliw o oren i wyrdd neu o borffor i ddi-liw/ pinc golau.

(ch) **(i)** Disgwylir i bropan fod â thymheredd berwi is oherwydd y gall ethanol ffurfio bondiau hydrogen ond nid felly propan.

(ii) Disgwylir i fwtan-1-ol fod â thymheredd berwi uwch oherwydd ei fod yn fwy ac felly mae ganddo fwy o rymoedd rhyngfoleciwlaidd/van der Waals.

Mynegai